中山出版
ZHONGSHAN PUBLISHING
香山承文脉 好书读百年

中山市社会科学界联合会火炬开发区分会 编

东镇史话

SPM
南方出版传媒
广东人民出版社
·广州·

图书在版编目（CIP）数据

东镇史话 / 中山市社会科学联合会火炬开发区分会编. -- 广州：广东人民出版社, 2017.12

ISBN 978-7-218-12422-3

Ⅰ．①东… Ⅱ．①中… Ⅲ．①区(城市)—地方史—中山 Ⅳ.
①K296.54

中国版本图书馆CIP数据核字(2017)第321785号

DONG ZHEN SHI HUA

东镇史话

中山市社会科学界联合会火炬开发区分会　编

出 版 人：肖风华

责任编辑：李锐锋
特邀编辑：刘　颖
装帧设计：蓝美华
封面设计：欧锦强

统　　筹：广东人民出版社中山出版有限公司
执　　行：何腾江　吕斯敏
地　　址：中山市中山五路1号中山日报社8楼（邮编：528403）
电　　话：（0760）89882926　　（0760）89882925

出版发行：广东人民出版社
地　　址：广州市大沙头四马路10号（邮编：510102）
电　　话：（020）83798714（总编室）
传　　真：（020）83780199
网　　址：http://www.gdpph.com
印　　刷：佛山市高明领航彩色印刷有限公司
开　　本：787mm×1092mm　1/16
印　　张：24.25　　字　　数：390千
版　　次：2018年1月第1版　2018年1月第1次印刷
定　　价：68.00元

参加编写人员（按姓氏笔画为序）

王小雪	王淑兰	邓仲锦	邝崧荣	刘平胜
刘居上	阮君政	孙 幸	孙锦源	苏壮贤
吴书丽	吴永明	吴竞龙	吴添渭	邱文娟
何淑燕	欧阳永达		欧锦强	金世彬
郑秀兰	郑富强	徐一川	高鉴垣	高燕芳
郭凤屏	黄逸晓	黄敬潮	黄善池	梅荣辉
梁凤梅	梁永成	梁镜伟	鲁 嘉	谢长贵
蓝彩霞	赖 宇	黎一安	黎晓华	

图片提供者（按姓氏笔画为序）

冯卫权	冯国炜	朱志峰	刘展云	劳朝晖
李灿孚	李结超	巫达新	何 文	张志广
张鉴来	陈立维	陈永解	陈守愚	林丽苗
林锦洪	欧锦强	冼立初	郑锦池	黄池标
黄杰军	曾文当	曾旻雨	曾学先	简国新
简建文	谭国治			

序

　　前事不忘，后世之师。中华民族向来重视从历史中探寻新的启发和镜鉴。习近平总书记在主持十八届中央政治局第七次集体学习时强调，历史是最好的教科书，学习党史、国史，是坚持和发展中国特色社会主义、把党和国家各项事业继续推向前进的必修课。尤其在大力实施创新驱动发展战略的当前，更加需要以历史长河的钩沉来锚定立足之基、创新之仞、发展之要。

　　中山火炬高技术产业开发区地处珠三角地理中心，隶属于广东省中山市，是首批国家级高新区之一，2015年在全国高新区中综合排名第25位，在广东省内仅次于深圳高新区、广州高新区。它不仅在科技创新和经济发展方面出类拔萃，历史文化更是丰富璀璨。据考证，火炬区的历史可以追溯到860年前。南宋咸淳年间（1265～1274年），张凤岗一家从南雄珠玑巷迁徙到位于今天火炬区内的一处住所繁衍，称"张家边"，有张凤岗纪念亭铭记这段渊源。后来此处先后设"永乐乡""得能都"。清光绪年间（1875～1908年），此处设镇，因地处当时的香山县城以东，故称"东镇"，成为火炬区的旧称之一。今天，张家边已经发展成为繁华的商业文化中心，区内有得能湖、东镇大道等。在老一辈中山人，尤其是早年出国的海外华人的心目中，"东镇"更是饱含着浓浓的乡情。

　　承嬗离合，薪火相传。东镇浑厚凝重，火炬熠熠生辉。很欣喜地看到火炬区社科联推出《东镇史话》这部地方乡土历史研究书籍。该书以"东镇"冠名，记载范围实则涵盖了整个火炬区的现有行政区划。通篇采用章回体编排，洋洋洒洒六章九十六篇，供稿者中不乏民俗研究大家和知名前辈。由于不囿于史实细节，以更加广阔的视野、更加鲜活的笔触，记叙这片土地上秀美如画的风景、波澜壮阔的事件和有血有肉的人物。"咸水歌谣悠悠起，余音绕梁半世纪"，讴歌着伶仃洋畔咸淡交融的海洋文化；"千帆竞发中山港，百舸争流达四海"，彰显着伟人故里兼容并蓄的人文特质；"东部崛起树标杆，万象更新创奇迹"，书写着火炬人开拓进取的壮怀雄心。显然，这部史话具有更强的可读性和启发性。

希望全区宣传文化和党史社科工作者继续讲好"东镇故事""火炬故事"，也希望这部书能让新老火炬人熟悉历史、热爱家乡，从传统文化中汲取营养，在各自岗位上唱出时代的"大风歌"。

侯奕斌

2017 年 8 月 16 日

（作者系中共中山市委常委、火炬开发区党工委书记、翠亨新区党工委书记）

目录

第一章　沧海桑田　｜　1

第二章　伟大变革　｜　65

第三章 故里先贤 | 144

第四章 乡村风俗 | 204

第五章　故事遗韵　|　252

概　述

　　中山火炬高技术产业开发区地处原香山县城东，过去被称作"东镇"。而在城里人看来，这里住的都是乡下人，所以人们又常把这里称作"东乡"。

　　历史上，火炬开发区用过多个名字。南宋绍兴二十二年（1152年），香山刚立县时，由于人烟稀少，县衙门只在这里设立乡级的行政机构——"永乐乡"。随着人口增多和生产发展，明洪武十四年（1381年），朝廷决定在香山县实行改乡为坊、都，于是永乐乡升格为相当于镇级的"得能都"。清光绪六年（1880年），香山县再次改都为镇，将得能都与四大都合并，这才第一次出现"东镇"这个地名。30年后，宣统二年（1910年），东镇改镇为区，再次被改名为"第四区"。民国时期，甚至一度改名"东乡区"。抗日战争时期，共产党领导的抗日民主政权还曾将这一带称为"滨海区"。中华人民共和国成立后，这里先后被命名为张家边乡（大乡）、张家边人民公社、张家边镇等。随着中山港的建成与对外开放的需要，1990年11月，经广东省人民政府批准，中山港区正式成立，逐渐发展为现在的国家级中山火炬高技术产业开发区。

　　由于每次改名，都伴随着管辖地域的调整，为了避免混淆，本书所介绍的人和事，就以目前的中山火炬高技术产业开发区所辖区域为准。

　　"东镇"是一百多年前使用的旧称，且前后只沿用了30年。但由于太祖父辈和祖父辈讲述发生在这里的故事时，总是习惯性地使用旧称，因而"东镇"两字给后辈留下了深刻的印象。尤其是对于早年出国的海外乡亲，"东镇"二字已在心中扎下了根，只要提起"东镇"，心中总会涌起一种莫名的亲切感。本书的写作宗旨，是要向与这片土地有着一定渊源的读者，讲述从古至今在这片土地上发生的故事。为了与"正史"和"地方志"有所区别，我们将本书定名为《东镇史话》。

自古以来，包括东镇在内的香山，由于地处珠江口外的南海之滨，直到南宋依然是个孤岛，距离国家的政治、经济、文化中心甚远，所以南宋绍兴二十二年香山立县时，被朝廷划定为"下县"，其落后、闭塞情况可想而知。但就香山海岛而言，东镇的开发年代却不算太晚。据张氏族谱记载，早在南宋咸淳年间（1265～1274年），就有张凤岗一家从南雄珠玑巷逃难来到香山海岛，在此搭寮而居，靠捕鱼、种地为生，"张家边"一名便由此而来。其后，外姓外族的乡民陆续迁到此地，聚族而居，共同开发这方宝地，以自己的热血和汗水，共同谱写出这卷长达八百多年可歌可泣、可敬可爱的"东镇史话"。

多年前，中山曾经流行过一首名为《张家边好地方》的歌曲，这首歌曲充分反映了东镇人的自豪与外乡人对东镇的赞美。

都说东镇山清水秀人勤奋。美丽的神话传说，幽雅的古代建筑和民国时期的碉楼群落，淳朴的民间习俗，委婉动人的咸水歌、东乡民歌，给这方土地涂上了浓厚的岭南色彩。八百多年来，从这里走出了外交家、诗人、教育家、书画家、音乐家、摄影师、医生……甚至在辛亥革命、抗日战争、解放战争时期为国捐躯的英雄。改革开放后，由于地理位置优越，这方土地再次成为社会主义建设的热土——国家级的高技术产业开发区。

回顾往昔，勾起我们浓郁的乡情；展望未来，令人无比向往。现在，请随我们一起翻开这本书，一页一页地读下去，重新认识和了解东镇——我们的家乡。

第一章

沧海桑田

导 读

　　东镇原本是一片临海滩涂，大环、宫花、濠头……每个地名都有清晰的来历和感人的故事，记录着东镇人从古到今的希冀与奋斗。

临海湿地　　　　　　　　　　　　　　　　　　　　　　　摄影　欧锦强

时空变迁说东镇　沧海桑田话历史

进入中山火炬高技术产业开发区（简称"火炬开发区"），映入眼帘的是一条条宽阔、整洁的柏油路，道路左边是高大的绿树或者昂首挺立的棕榈树，隔开了对面车道。道路右边与花红草青的绿化带分隔的是宽阔的非机动车道。行人则会经常处于绿树掩映之下，只有透过那些终年枝叶茂密的树丛间隙，才可以看见一排排林立的高楼。走在道路上，像是穿梭于一个长条形的公园中，好一派生机盎然、安详和美的景象。

当然，在整个开发区里，也不全都是这样一种感觉，有些地方宽阔的大道两旁的树木尚未长成，也有些地方是老街窄巷，飘来饭菜香气。

这是一片古老而时新的土地。

据史料记载，从南宋时期开始便陆续有人从内地迁来此地定居，逐渐形成了几个自然村落。南宋嘉定年间（1208～1224年），黎姓人建立黎村。南宋宝庆元年（1225年），陈氏迁来形成朗尾村。南宋绍定年间（1228～1233年），郑氏从长洲（今中山市西区）迁来形成濠头村。南宋咸淳年间（1265～1274年），张氏从良都张婆澳（今石岐张溪）迁来，逐渐形成张家边村。明清时期则有更多的村落形成。

火炬开发区原属东莞县管辖，后分立香山县。明代香山县设立十一个坊都，如今火炬开发区大部分属永乐乡得能都，小部分属四大都和良都。清光绪初年，香山县改都为镇，得能都与四大都合并称东镇，寓意香山之东。清宣统二年（1910年）改称第四区。1952年，第四区分为上、下四区，火炬开发区大部分属上四区。1953年3月与下四区复合称张家边区（第四区）。20世纪50～60年代，行政区域和名称发生了多次变更，先后用过张家边乡、南朗乡、张家边公社、濠头公社和东风公社等名，还曾细分为张家边公社、濠头公社、西桠公社、小隐公社。红旗公社是"文化大革命"期间曾采用的名字。20世纪70年代后，行政建制先后采用"公社""区""镇"等，但基本上都是冠以"张家边"之名。周边个别自然村也偶有发生划出或并入的情况，但行政建制办公所在地位于张家边村基本没有变更过。"张家边人"或"东镇人"也成为昔日中山"小榄人""隆都人""三乡人"等几大称呼之一。

要说这里是一个时新的区域，大概要从中山撤县改市开始。1986年，张家边镇划入中山城区，改称张家边区，设中山市人民政府张家边办事处。1990年3月，由国家科学技术委员会、广东省人民政府、中山市人民政府共同创办中山火炬高技术产业开发区，1991年3月，经国务院批准正式成立。1990年11月经广东省人民政府批准，从张家边区划出面积五平方公里的部分区域，设置中山港区。1993年1月，张家边、中山港区、中山火炬高技术产业开发区三区合并，定名中山港区，成立中山港区管理委员会。1995年1月，中山港区正式更名为中山火炬高技术产业开发区，属国家高新区，简称中山火炬开发区。设中山火炬高技术产业开发区管理委员会，为市政府派出机构，下辖张家边居委会、中山港居委会和张家边、濠头、濠四、沙边、泗门、五星、陵岗、窈窕、大岭、宫花、江尾头、西桠、神涌、大环、海傍、义学、小隐、二洲、灰炉、黎村、东利、珊洲、茂生、马安24个村委会。2002年，24个自然村合并为4个行政村（六和、联富、城东、海滨）和1个社区（张家边）。

火炬开发区位于中山市东偏北部，北临珠海出海口之一的横门水道，与民众镇相望，东至横门出海处，南至南朗镇，西至东区。全区总面积为92.83平方公里，大部分土地为珠江三角洲中部的冲积平原，土地平坦开阔，河网交织，贯通全区，土壤较肥沃，土质黏性重。地形呈西南向东倾斜，南部为丘陵地带，以平原为主。

区内山体的第一峰是百稔嶂山，海拔277.9米，总面积约500亩，位于区域南部，因山形酷似百个皱稔而得名。山上长满松树，还有神奇的黄牛仔洞。史上有诗赞咏此山："百峦嶂岭峰连，石洞黄牛贯海天。阁老何须挥宝剑，黄巢误认是桃源。"

这里地处北回归线以南，属南亚热带气候，太阳高度角大，日照丰富，濒临珠江口，夏季风、台风带来大量雨水，雨量充沛。

依靠得天独厚的自然条件，东镇人凭借勤劳的双手，艰苦奋斗，创业安家，祖祖辈辈在这片热土上繁衍生息，发掘和培育出不少土特产。如"茂生香蕉"体长肉肥、色泽鲜艳、柔滑香甜；"龙舟地西瓜"清甜可口，肉质带"沙"；"黎村苦瓜"色泽鲜明，外皮圆满，平滑肉厚，口感微甘，苦味甚少。而由于区内河网交织、咸淡水交界的特点，又孕育了"禾虫""风鳝"等名贵水产。

火炬开发区设区之前，一直以自然经济为主，是中山市重点粮食产区之一，产粮高峰期有稻田面积5.8万亩。除水稻外，火炬开发区亦有种植甘蔗、大蕉、蔬菜、水果等经济作物。自古以来当地民众有饲养畜牧的习惯，把养猪视为生财之道，最擅长饲养肉猪和种猪，把饲养鸡、鸭、鹅"三鸟"当做副业增加家庭收入，产品销至珠三角及港澳地区。

作为中山市一个颇具特色的历史名区，"张家边人"最让世人瞩目的，是由"东镇人"向"火炬人"的历史转变。

1979年，张家边服装厂与香港商人签订"三来一补"加工合同，当年开办企业24家，产品由来料厂商出口销售。火炬开发区由此拉开了由自然经济向工业经济转型的序幕。

1986年，依据中山市的总体规划，在火炬区西部建设工业加工区。1991年工业建设开始崛起，确立了"工业强区、科技强区、经济强区"战略。几年间，高新技术企业在工业园区如雨后春笋般涌现，有电子、机械、新材料、新能源等行业企业近百家，还有日本、德国等国家的世界500强企业落户园区。1992年中炬高新成为中国较早的上市公司。

随后几年，火炬开发区先后建立六大国家级产业基地：国家火炬计划中山（临海）装备制造业基地、国家健康科技产业基地、中国包装印刷生产基地、国家高新技术产品出口基地、中国电子（中山）基地、中国技术市场科技成果产业化（中山）示范基地。积极推动五大主题产业：电子信息产业、生物医药产业、包装印刷产业、化工产业、汽配工业产业。

1983年11月5日，中山港建立，孙中山先生的百年港口梦实现。这进一步缩短了中山与世界的距离。短短几年时间，中山港的集装箱吞吐量就进入世界港口百强、中国港口十强，中山至香港客运量常年居于内河客运量的全国首位。中山港为拉动中山区域的经济发展做出了不可或缺的贡献。

2001年11月，中山火炬国际会展中心落成，科研区、商业区、文化教育区、生活服务区相继形成，初具规模。第三产业发展势头迅猛，商贸、物流、建材、汽车贸易、"三高农业"产品等市场繁荣，区民安居乐业，生活水平不断提高，社会保障日益完善。

火炬开发区的方言较复杂，主要有粤语、闽南语和客家话三种方言。同种类之中，不同的自然村语音上亦有差别，素有"邻村不同话"之说，而"村话"（亦称"得都话"）是其独特而带有标志性的方言。不同的乡音，向人们述说着村落独特的人文历史典故，形成了丰富的民俗风情。今天，已成为主流的普通话，更融汇了中国天南地北的口音，而夹杂其中的英、日、德、俄语，已令火炬开发区变得更加国际化。

翻开今天的中山火炬高技术产业开发区地图，我们已很难寻找到昔日那一片汪洋大海及海中显露出的几个礁石和小山包。这片美丽富饶的土地人杰地灵、物华天宝、民风淳朴，汇集了海内外的高精尖人才和领先世界的先进技术，形成了广博而包容的文化氛围。这个曾经偏远落后的海边村落逐步发展为国际性现代化都市。

（供稿　孙　幸　王小雪）

古老名镇张家边　建设中山副中心

时至今日，若非土生土长的张家边本地人，大概很难准确地区分张家边区、张家边社区、张家边与张一村、张二村、张三村、张四村、张五村的关系。

其实，火炬开发区的前身就是张家边区，因区办事处驻于张家边村而得名。张家边村是区内最大的村落，城市化之后的张家边社区就更大了。辖区包括张家边、窈窕、江尾头村和中心城区，总面积 10 平方公里，常住人口 1.9 万，流动人口 6 万。昔日张家边村的所在地已经成为火炬开发区的政治、经济和文化中心。

今天，张家边的繁荣还得从南宋咸淳年间说起。

话说当年，张家边一带处于珠江出海口，往外望是茫茫大海，海边滩涂、礁石四处可见，故此处渔业资源甚是丰富。一个名为张凤岗的人携带着妻子伦氏从南雄珠玑巷迁徙到香山张溪（今石岐区张溪），为了谋生，他来到大沙岗龙舟地种田过活，以捕鱼为生。他见到这里滩涂土地肥沃，出海口咸淡水交界，各种鱼虾甚多，便在此搭草寮而居。由于这里两餐无忧，夫妻俩便常住下来，驰名的龙舟地西瓜就是由他俩种出来的。

后来，他们又带来了兄弟叔侄等二十多人。由于大沙岗易受海水侵袭，一群人就再搬到张家边村头生风林山脚定居，逐渐形成了村落。因为此处所住的都是姓张人家，又近海边，故称张家边，就这样代代相传到今天，这就是张家边名称的由来。

张家边原是涌头滩尾之地，盛产蚝。张凤岗在村头一带以种地、捕鱼虾和搭棚养蚝为生，所以村头又名蚝棚头。如今，这里还有一条蚝棚头大街。

据说，后来张凤岗在生风林山嘴被老虎咬死了，可见当年这里还有野兽出没，十分荒凉。后人在此地建起了一座庙，名凤岗社，以此纪念这位开村祖先。今天，走入张家边一村，与蚝棚头一街相连的是凤岗路，在交汇处还有张凤岗纪念亭，至今香火不断，昭示着后人生生不息，兴旺发达。

历经几百年的发展，到了近代，张家边已不再是中山的边缘，已经演变成位于中山城东的大镇，故清光绪初年，其所在的行政区域被命名为"东镇"，驻点办公地设在了张家边村。如今，火炬开发区仍在使用"东镇"的古称。

新中国成立后，张家边村发展得实在太大了，为了便于管理和开展各项工作，便分出了五个自然村，但这五个村不像其他地方，并没有明显的空地分隔而是紧紧地依靠在一起的。从东镇大街以西至羊头巷和牛港尾，叫张一村，旧名集贤里，有 364 户人家（2014 年统计，不含外来务工人员，下同），村民1556 人（2014 年统计，指农村户籍人口，未含旧统销户居民和外地迁入居民，下同）。从东镇大街以东至黄家庄大街和大庙埗头桥，叫张二村，旧名起凤里，有 618 户，村民 1590 人。从黄家庄大街和新桥下街至环仔巷和新桥下街 8 巷，是张三村，又叫康乐坊，现有 1003 户，村民 2167 人。从环仔巷和新桥下街以至大板埔和星君庙，另有五顷围在狮炎涌东面，是张四村，又叫仁安里，现有1155 户，村民 2517 人。被称为九顷围的地方，是张五村，有 329 户，村民 938 人。

有趣的是，张家边因张姓而得名，后来又有陈、马、吴、何等姓氏的人迁入定居，俨然成了百家村，因此有黄家庄、吴家庄、马家巷等地名。人数最多的是马姓，其次是陈姓，反而姓张的甚少。如今，张凤岗的后裔已经一户也没有了，村中虽也有张姓人家，但已不是张家边立村的张家后人了。

虽然张姓人家在历史岁月中变成了少数人姓氏，但张家边村这一村名依然沿用至今，尽管"文革"时期曾改称为红旗公社胜利大队，但很快又被朴实的村民改了回来。

张家边村虽然地处土地肥沃的珠三角，本是鱼米之乡，但历史上经济并不发达。到了 19 世纪中后期，由于清政府专制腐败，农村 80% 的土地被少数富有者占有，广大农民靠租耕土地维持生活，倘遇自然灾害，歉收失收，生活苦上加苦。同时，他们经不起官僚买办、封建势力的沉重压迫和苛刻剥削，为了摆脱贫困和饥饿，就逐渐有了出洋谋生之念。鸦片战争后，尤其是美洲、澳洲发现金矿后，在淘金潮和人贩子的引诱驱使下，张家边很多人为了谋生，就通过"猪仔馆"（贩卖人口黑窝，俗称卖猪仔）或"契约华工"的途径，离乡背井、抛妻别子，冒着生命危险，远涉重洋，到海外寻找出路。从新中国成立后直至改革开放前，因内地物质生活条件艰苦，村内不少青年男女亦以"偷渡"的形式前往香港、澳门等地谋生或投靠亲友。经过一个多世纪，目前旅居港澳或海外的张家边人已达3367人，占比超过本地人口的三分之一。张家边由此成为中山的著名侨乡。

碉楼是珠三角侨乡的标志性建筑。新中国成立前整个张家边区共有碉楼372座，仅张家边村就有43座。碉楼林立，与当时的社会环境密切相关。

碉楼兴起于清末民初。当时，军阀混战，"大天二"（强盗）亦倚势凌虐乡民。1933年中山的《建中日报》曾刊登这样一条新闻：东镇一旅斐济华侨，因回乡娶妻，翌日即被"大天二"标心（绑架），匿于大沙田蔗林的"青纱帐"里，军警束手无策，后家属捧出大笔款项才放人。如果勒索不到财物，匪徒就会"撕票"杀人，那是当时常有的事情。因此，有条件的华侨和村民，都会纷纷构筑碉楼。楼身多以钢筋水泥构筑，少数以青砖建造，墙厚一尺余，刀枪不入，弹火难攻。事发时可以上楼避难，铁门一关，有枪或猪仔炮（一种小型土炮）的可以通过枪眼抵抗匪徒，没有的则会在楼内备存砖头、石块等，以备防御，楼顶设有专门的投掷孔，使"打明火"的海盗难以接近。村民就是靠这些碉楼，避过不少灾难，并保住自身财产。

后来，乡公所或村民自发集资兴建一些公用碉楼，如现存的张家边四村村尾的更管楼（用于打更报时，因当时很少有人拥有时钟）、闸门碉楼等，当时都派青壮乡丁荷枪驻守，起着瞭望、监视、预警、联防、报时等作用。

抗日战争时期，由于有涌口碉楼和东河口水闸碉楼的预警，加上由大王头山炮台、三仙娘山炮台及水洲山炮台组成的防线，抗联队的英雄们，一次又一次击退了企图从白花海向中山登陆的日寇，让张家边区老弱妇孺有足够的时间向五桂山区撤退疏散，免遭日寇掳掠屠杀。也是由于有涌口碉楼的预警，让驻守于大王头山的抗先队员抓紧战机，将日寇的飞机击落，军民士气大受鼓舞。

在抗日战争和解放战争中，有些碉楼、堡垒的户主，还冒着生命危险收留抗先队的伤病员在碉楼内养伤治病。

新中国成立初期，一些公用碉楼又成为乡政府办公室、民兵队部或广播站，安装在楼顶的高音喇叭声音远播，成为一个时代的风景。

碉楼建筑是华侨吸收了侨居国的建筑风格，结合中国的实际构筑的。如今，走入张家边村，从依然耸立的碉楼上，人们仍然可以领略到融汇中西、多姿多彩的建筑艺术风格，去寻找那些尚未消失的历史人文故事，可以称为一种别具风情的乡村之旅。

随着中山港的落成，1986 年，中山市人民政府制订了《中山市市区总体规划》，规定以张家边为依托的中山港区 8.5 平方公里的面积是市区五大组团之一。1998 年重点规划，完成了张家边旧城改造，完善城市配套功能，依托张家边村发展西南部城市生活居住区。1999 年编制的《中山港中山城区城市设计》，昔日的张家边区，被规划设计为生活服务区、休闲娱乐区、商业街、科研区、商住区、行政办公区、教育区等七大功能区。到 2005 年，昔日的张家边区，已发展成为中山市第二城区。

今天，走进张家边，古村落逼仄的巷子、蜿蜒幽深的小路、灰墙斑驳的碉楼，与宽阔笔直的大马路、有闪亮玻璃外墙的崭新大楼，形成强烈反差。繁忙的中山港直通海外；快速公交专线将人们的生活与中山中心城区连为一体；灵活便捷的村巴令昔日细小的老村小路依然生机勃勃。整个火炬开发区的政治、经济、文化、商业中心都设在张家边村及其附近的区域，真是一座村庄带旺一个区域。

如今，我们信步火炬开发区，不难看到处处都有"张家边"的影子。开发区图书馆即原张家边图书馆；火炬开发区文化中心所在地原是张家边影剧院；开发区第一小学是原张家边村小学；火炬开发区油库设在了张家边的三仙娘山上；而这里的路名、门牌更是依旧未变……在"老中山人"的心目中，张家边仍是整个火炬开发区的"代名词"。

站在张家边公园观音庙前平台向四周望去，今天的张家边村所剩下的瓦房、碉楼已为数不多，星星点点地夹杂在近二三十年来新建的水泥民居中间，整个村落更被四周鳞次栉比的高楼大厦所包围，农村城市化进程在这里可谓大步朝前走。有了张凤岗开村的"创村精神"，我们有理由相信，这座有着数百年历史的张家边古村在火炬开发区大开发、大建设的热潮中，一定能够发挥它应有的历史作用并继续和谐发展。

（供稿 孙 幸）

峰峦叠彩大环村　百年沧桑华佗山

大环村概况

大环小区（过去称大环村）归辖中山火炬高技术产业开发区城东社区，位于张家边东南面 2.4 公里处，地域面积约为 1.5 平方公里，村民 1278 人，外来人口约 2500 人，旅外华侨 255 户，海外侨胞 1100 多人，港澳同胞 1108 人。

现有的岐关路、环茂路、逸仙路、博爱路贯穿大环村南、北两面，交通畅通无比。

大环村建于元朝末年，历经元、明、清、民国，至今有六百多年历史。古时这里为广阔谷地，三面环山，小隐涌上游从此流入，并由东至北倚山环绕，在村前成 S 形，故得名大弯村，后来人们认为"弯"字不吉利，故易名为大环村。清末，这里出洋谋生的人很多，足迹遍布美国、加拿大、澳大利亚、智利、古巴、英国、巴拿马等国，是远近闻名的侨乡。民国初期，一些比较富有的华侨，为了防止土匪、海盗的袭击，纷纷回乡建设碉楼，其中最出名的是蓝碉楼和红碉楼，碉楼里面有精美灰雕和木雕，人物栩栩如生。据统计，大环村现有碉楼 30 座，已被列入文物保护名单。

大环村是民国时期国民政府第一位空军司令、中山县县长张惠长和粤乐宗师、著名音乐家吕文成的故乡。在抗日战争期间，大环村涌现出黎民惠、黎源仔、张鹏光等 13 位受后人缅怀敬仰的烈士。

从华佗庙到华佗山公园

富有特色的碉楼群、院落、名人祖居及庙宇在大环村内随处可见，并且保存完好。华佗山公园，树木常年郁郁葱葱，遮天蔽日，百年古榕树枝叶繁茂，周围鸟语花香，空气清新，景色宜人。在此登高望远，饱览大自然的美景，使人心旷神怡。华大仙洞庙位于华佗山公园山腰处，据传，这座庙宇建于清朝咸丰年间。那时住在山脚下的蔡植彩以采山药为业，他常带着儿子佑辉上山采药，经过大天池时，总要坐下歇息，把药草洗净。蔡阿公对医德高尚、医术精深的华佗十分崇拜，就拜华佗为祖师，父子俩就在天池东面上方立了华佗神位。从此，求医问卜，焚香叩拜者日渐增多。蔡阿公与众人商议，就地取材，于清光绪二十八年（1902 年），用石头砌成简易石墙瓦面之古庙，称作大环石仔庙，这就是如今华佗庙的前身。该庙在 1990 年被中山市人民政府列为市级文物保护单位。1993 年 6 月，该庙宇进行了重新修建，呈中西结合的建筑风格。整个建筑坐东北向西南，砖木结构，面积约为 93 平方米。呈硬山顶，灰塑博古脊，素胎瓦，青砖墙，正面是麻石门框，门前有石级，正门上方檐墙和屋顶上多饰瑞兽、花鸟等灰塑。庙内为穿斗与抬梁混合木架构，置有木雕"百鸟归巢"棚架。与众多寺庙不同的是，该庙正门缺对联，中堂两柱挂着一副木板刻制的对联：神乎其神，可卜勿药有喜；医者意也，应知降福无阶。上联的意思是来此叩拜，真是神秘灵验到了极点，可以预知人能病愈，恢复健康。下联的意思是行医治病，贵在思考，应该知道没有凭空降福的门径。庙内左右有两个小侧门，门外额、联俱全，均为篆书石刻。左门额为"福地"，门联为"一林花影云无际，半壑松涛月有声"。右门额为"洞天"，门联为"风清月白饶生趣，水绕山环极大观"。庙主祀华大仙兼供奉文昌、关帝、财帛星君、金花诸神。华大仙就是妇孺皆知的华佗（约 145 ~ 208 年），沛国谯县（今安徽亳州）人，东汉末年著名的医学家，与董奉、张仲景并称"建安三神医"。华佗的医术十分全面，尤其擅长外科，精于手术，并精通内科、妇科、儿科、针灸科，被后人称为"外科圣手""外科鼻祖"。

如今，到华佗山上的华大仙洞庙上香许愿已经是一个习俗了。凡是新店开张、结婚添丁，或是其他的喜庆日子，村民们都要到庙里上香许愿，祈祷生活顺心，事事如意。

2010 年，开发区管委会出资 2800 万元，依照天然的地势，在这里建成了华佗山公园，该公园集自然生态、绿色环保、医药卫生、休闲运动、养生调理、参观展览等内容于一体，向人们传达生活新理念。今天，华陀山公园已成为开发区居民休闲健身的好去处。

改革发展的脚步

改革开放以来，大环村凭借优越的地理位置和社会各界的支持，以经济建设为中心，对外扩大开放，对内积极搞活，实施"工业强村"战略，大力发展村办工业，配套发展第三产业，全村的经济实力明显提高，经济总量不断增加。大环村现有厂企12家，2003年村总收入达350万元，集体物业面积共25420平方米，人均物业面积为22.75平方米，人均收入2100元，经济指标跃居开发区农村前列。2004年建成厂房5100平方米，在建物业11500平方米，2005年总收入超过了350万元。另外，村委会已对留置的工业用地进行了统一规划报建，"基头围""芦刀基"工业区的二期厂房正在筹建，发展后劲十足，大环村经济总收入至今已经突破了500万元大关。

大环村抓住机遇，积极实施盘活闲置土地及兴建厂房的战略方针，经济实力明显提高。目前，土地出租51123平方米，厂房宿舍出租52563平方米，每年物业租金总收入500多万，居开发区前列。

工商业的蓬勃发展，极大地促进了城乡一体化建设。为创造良好的投资环境，营造舒适的生活环境，每年投入10多万元完善村容村貌建设。如今，村内街道已实现硬底化，主要街巷均装有路牌，村民100%用上自来水，村内绿树成荫，石鼓抗日纪念亭已扩建为石鼓烈士公园。停车场、青少年活动中心、灯光球场、大舞台等生活设施一应俱全，人民生活美满幸福。

在创建市级名村（示范村）过程中，大环村加大资金投入力度，一方面发动社会各界人士捐助，一方面争取区财政支持，一方面由村集体出资，多渠道结合，确保创建资金到位。

1994年集资50万元人民币和2460元澳币，用于修饰古庙，新建寿徵亭和华佗庙牌坊、碑志等。

1999年集资30万元人民币，用于建造大环村南北牌坊。

2000年集资10万元人民币，重建石鼓烈士公园。

2007年大环村唯一的一所卫生站，拆旧建新，深受村民欢迎。

2010年在开发区宣传办的大力支持和区文化站的精心指导下，建成了"大环小区"书屋，目前书屋拥有两千多册各类书籍，供居民免费阅读，营造良好的文化氛围。

2013年大环村被定为首个中山市封闭式管理平安示范小区，向社会各界共集资 80 万元作为大环村平安村居建设的启动资金，建成了初具规模的小区硬件防范体系。

2013 年，在区党委和管委会的大力支持下，由区宣传办和文化站投资 10 万元设立大环文化苑，其中建设有老年人活动室、青少年活动室、健身活动广场、舞蹈训练室、电子阅读室、文化图书室、修身讲堂等多项公共活动设施，开放给小区居民使用，极大地满足了居民的求知欲，大幅度提升和丰富了居民的精神文化生活。

由于环保工作成效显著，大环村 1999 年被评为中山市卫生村，2002 年被评为广东省卫生村。村民每人每月可领到口粮款 100 元，退休后可享受每月 150 元补贴的待遇。同时，老人福利会于 1987 年成立，得到各界人士的关怀，环境条件不断改善，真正做到"老有所乐、老有所托"，安享晚年。

据不完全统计，如今 50% 以上村民建起了新楼房，全村共有摩托车 230 部，汽车 37 辆，家家户户有电话和彩色电视机。

教育——功在当代，利在千秋

早在清末民初，大环村黎族父老，就以太祖松山名义，集资置产办学，校名为"松山小学"，这就是大环村最早的学校。自大环小学的前身"成美学校"开办以后，松山小学停办。成美学校是民初由旅美侨胞李培芬回乡捐资创办的。李培芬夫妇因航事去世，成美学校改名为"培芬学校"以作纪念和缅怀。由于培芬校舍当时被白蚁蛀蚀成了危房，1952 年，村民将该校舍及两间祠堂拆掉，重新建校，当时在美国成立旅美大环建校筹备委员会。海内外乡亲、侨胞一呼百应，由旅穗工程师黄兆祯、李剑峰义务回村测量，并绘图设计。1984 年，以张道生为名誉主席、黎兆光为执行主席成立了建校筹委会，向海内外乡亲发动筹款建新校，共筹集善款折合人民币 305610 元。1986 年 9 月，教学大楼落成并投入使用。新建教学大楼共有课室七间，分别为体育器材室、音乐室、乒乓球室、实验室、教导处、接待室和礼堂，另有教师宿舍一间，总建筑面积为 1300 平方米。

在海内外同胞的热心支持下，村办教育事业连上新台阶，将旧大环小学改建成新的大环学校和幼儿园，并设立了教育奖励基金，2004 年 11 月，改由校产管理委员会掌管。学生素质不断提高，重点院校入学率逐年增长。

大环桥的来历

大环横水渡渡头原是一个海湾，后来淤积成田，中间有一条河流，称大涌，起源于五桂山，流经宫花、西桠，汇合神涌支流及江尾头涌，经大环、小隐、横门流入大海，将东西两岸分隔，河之东岸是四字都，河之西岸属于宁都，来往行人经过，必须搭渡。自大环村建村开始就有人在此摆渡，建有上落码头，故称渡头。1959年于此架木桥，从此结束摆渡生活，今又架起水泥桥，称大环桥。

目前，大环村已被开发区正式列入"秀美村庄"项目建设。

（供稿　邓仲锦　黎晓华）

凄美传奇在宫花　宗祠庙堂有说法

在中山市博爱七路与京珠高速公路交界处，有一个坐落在半山区的村落，村口屹立着一座橙色琉璃瓦牌坊，牌坊上闪耀着两个金色的大字"宫花"，让人一看便知这个村落叫宫花村了。

宫花村旧称竹迳坑。建村时以王姓为始祖，王姓祖先于元朝末年（约1303年），从山西太原南迁到广东番禺沙湾村，后来两兄弟分迁到香山县的"竹迳坑"，以捕鱼、种田为生。另一林姓氏族祖先从现今的火炬开发区珊洲村迁到"斧碌坑"。数年后，王姓又从"竹迳坑"迁到本村南堡的"十格巷"，林姓随后又迁到"竹迳坑"定居下来。郭姓氏族祖先于明朝末年从山西太原迁到香山县的竹秀园村，后又迁到"竹迳坑"，王、林、郭三姓繁衍至今成为"竹迳坑"村的三大氏族。别的氏族还有陈姓、张姓、黄姓、吴姓、马姓、杨姓等较小的族群。

宫花村数百年来流传着一个凄美的故事：相传在明正德年间，因宫中皇后、妃嫔没有人生下儿子，皇太后为此很焦急，连忙召集众大臣商议。一位大臣说，他观测天象发现有一股紫气直下南方，那是母鸡精降世，而皇上是公鸡精，如果他们相配，肯定能生育很多儿女。这位大臣还说，被选的人必须是骑黑牛托黑旗的。于是正德皇帝派出了选美队，从京城出发，一直寻找。他们来到了香山县的竹迳坑村，刚好雨过天晴，见到一位村姑浑身被雨水淋湿，拿着竹竿，上面晾着黑头巾，骑着黑水牛从远处走来。那位选美队的钦差眼前一亮，这不就是大臣所说的骑黑牛托黑旗的人吗？于是，他跟随着村姑走去，看她是哪户人家的女儿。村姑回到家里问大嫂，外面是些什么人，她大嫂开玩笑说，是选美队，准备选你进皇宫呢。话刚说完，就听到有人敲门，进来的官兵，二话不说就把村姑拥上了大花轿，回京城复命了。说来奇怪，那位在农村劳作的村姑原本被太阳晒得黑黑的，可是一过了梅岭，就变得肌肤雪白，貌若天仙。当时朝中有一位身居要职的官员，是广东人，名叫梁柱。他和正德皇帝的关系很好，两人经常下棋。一次正德皇帝说不用广东进贡槟榔，梁柱马上就谢主隆恩，并谎称广东的槟榔很不好吃。梁柱听说选美队选来的美女来自广东，害怕她会把真相告诉正德皇帝，让皇帝判他欺君之罪。为了保住身家性命，梁柱就准备设法杀掉村姑。村姑到了皇宫后，梁柱叫人把一些宫中礼节教给村姑，但就是没有教她过门槛的礼数。当村姑把裙子抬得高高跨过门槛拜见正德皇帝时，梁柱立刻斥骂她欺君，正德皇帝也不分青红皂白地下旨将村姑拉出去砍杀。杀了村姑后，正德皇帝感到非常后悔和惋惜。为了纪念村姑，正德皇帝追封村姑为皇娘，并御赐村姑家乡竹迳坑村改名为"宫花"，宫花村因此而得名。因为是历史传说，大家口口相传，难免说法不尽相同，也足见百姓对这个传说是多么津津乐道。

宫花村南面有一座海拔 280 米的八稔嶂山，山脉连贯，有大、小八瓣山脉，主峰称为"第一脑"，故称八稔嶂，又有说八峦嶂。八稔嶂山有多条大小山涧，大山涧流水如小瀑布，小山涧流水则潺潺不绝，一路向北流入宫花村的大溪中。在晴天的时候，溪水好像一面镜子，清澈照人，自古就有"长江之水，宫花之溪"的美誉。

走进宫花村，所见民居多为低矮的平房，村中较为起眼的是那些华侨回乡建造的三层高的小楼房。楼房各有特色，或描窗画栋，或门楣雕花，颇具洋味。绿树掩映中的几座碉楼，仿佛在诉说着当年宫花村的历史。

宫花村虽然不大，但是庙宇较多，有王氏宗祠、康公庙和先锋庙等五间庙宇。

王氏宗祠是一幢砖木结构的房子，屋顶盖瓦，始建于清代。王氏宗祠分为前、中、后三殿，里面结构是八柱担梁，中殿有一口大天井，两侧是走廊，正门前有拱楼，中间由两柱支撑，总面积达 321 平方米。1983 年 7 月拆掉前殿和中殿，仅留下后殿，面积为 110 平方米。王氏宗祠至今仍空置着，由于年长日久，砖瓦上面严重漏水，正梁处还出现了裂缝，已属危房，大家正筹划重建。王氏宗祠现在已经是大门紧闭，透过旁边的窗户，可以看到内部四根漆红色的木柱子已经斑驳不堪。这里曾是宫花村最早的学校，据《宫花村史》记载，宫花小学创办于 1908 年，原是村中王、林两大姓氏分别在王氏祠堂和林氏祠堂办起的私塾。到 1910 年春，王氏宗族聘请陈英吕先生执教，同时合并两所私塾，统一在王氏宗祠上课，当时有学生四十多人。

宫花村龟地坑   摄影 黄池标

　　坐落在宫花村正街榕树旁边的康公庙是村中人拜祭最多的一间庙宇。这间康公庙也是始建于清代，1950 年被全部拆掉。1993 年由华侨、港澳同胞和本村热心人士捐资重建，仍是砖瓦结构，坐西向东，面积为 70.5 平方米。2000年重新塑造康公神像，并塑造"坐神"和"行神"各一个。庙门匾额上书"康真君庙"，门口有一副四字对联"道成无漏，法证上真"，均为旧制。此对联意思是说如果道能够修成，是因为掌握了断绝一切烦恼根源之法。

　　康真君，人称康公，又称康公主帅。关于其人，民间说法有三：其一为汉代元帅李烈，因护国立功，受皇封康公；其二为唐代进士康骈，其羽化成仙后，受佛祖赐号为康公菩萨，后转世为宋朝抗辽大臣康保裔。其三谓转世为宋高宗赵构，北宋时，其受皇封康王。传说南渡时的"泥马渡康王"故事即指康真君。而民间祭拜多以李烈和康保裔为康真君奉祀。民间也流传着两个故事：一说康真君修道时以戒杀为道果，苦行道成，朝天面圣，路遇牧鸭者，刚好群鸭肥美，深印脑际。在面圣时，被视为嗜杀，真君否认，天帝拊其背，而口中吐出鸭，乃再下苦功始成道果。另一说为鸭子救康公主帅。康保裔当年镇守边关，有一次由于寡不敌众，战败出逃，被一条大河挡住退路，只好弃马趟河，因河水太深，不识水性的康保裔过不去。这时追兵已到，危急之下，连忙躲在岸边的水草中。追兵沿着康保裔留下的脚印寻找，这时河边刚好来了一大群鸭子，把康保裔的脚印踩掉了。追杀上来的敌军找不到踪迹，康保裔因此幸得逃脱。从此以后，康保裔发誓不吃鸭子。康公主帅率兵抗敌，大仗小仗打过无数次，最后战死沙场，为国捐躯，受皇封为康王。岭南各地建立庙宇纪念这位民族英雄。每年农历七月初七的"康公诞辰"便成为村中的传统节日，这一天家家户户像过新年一般，备好鸡、酒祭拜康真君，但绝不能以鸭祭拜。因为村民都知道，鸭子是当年康公的救命"恩人"。

（供稿　邓仲锦）

东乡盛景数濠头　古筑遗风情悠悠

濠头村位于中山市城区东郊，背靠五马峰山，辖区有濠一、濠二、濠三（李家村）、上陂头、下陂头、员山等村及丽港城、尚城、御豪花园、濠东、东庭濠园和峰景花园等住宅小区。现为火炬开发区管辖。濠头村旧称蚝（蠔）溪村、濠头乡，始建于南宋时期，传说南宋绍定年间（1228～1233年），浙江籍郑谷彝、郑谷纯兄弟乘船从长洲乡沿石岐海至东濠沙入濠头涌。其时，海风剧烈，波涛汹涌，将郑氏兄弟所乘之船推向五马峰山下的港湾。郑氏兄弟连忙抛锚下舟避风浪，却只见五马峰下有一溪流，溪中盛产蚝，问及当地的一位长者："此为何溪涧？"长者答道："此为蚝溪。"兄弟俩沿溪而上，行至一山腰，此处地势甚是壮观，只见两人所站立处，为五马峰之山腰，眼前平畴铺展，一望无际，山上草木茂盛，鸟声和鸣。正所谓"左青龙，右白虎"，兄弟俩认为此处是风水宝地，于是决定定居于五马峰下，成为蚝（蠔）溪村郑氏开村始祖（被后人并称为綸絅祖）。后将耷家井、赤坭企两村合并，易名为濠头，即今之濠头村。

濠头村乃中山市内较大的村落之一。濠头村侨联办公室门口的大榕树下的空地，原来是濠头街市的所在地，附近村落的百姓，均经常来此，乡民们川流不息，使得这一带成为东乡一处繁华的地方。由于在清末民初时，有很多的"金山客"回到家乡定居。这些侨民回乡后，不堪家乡的贫穷，打算出资捐建，帮助家乡改变落后面貌。村内的振兴社就是那个时候建立的，其实是一个慈善会，由郑泗全和郑灵先等归侨组建，资金和成员都来自海外侨民。当时，石板路并不是村内的主要道路，村里更多的是泥路。振兴社出资将村内所有的道路都铺上了石板，使得整个村庄都是石板路。建于清末民初的骑楼以及含有西式建筑风格的民居也比比皆是。村里有条街，名为濠头正街，昔日商业繁华堪比石岐地区。在这条几百米长的正街上，曾有三家药材铺、两间茶楼，还有很多间杂货铺，至于长生店、布店、缸瓦店更是不计其数。而今依然能在这条街上找到传统的缸瓦店、长生店、杂货店，而濠头饼铺是这条繁华商业街上最有名气的店铺。濠头村还有两座年代久远的小桥，沿着濠头正街、涌口正街、涌口下街一直往濠二村走，就能看到鹤仙桥。过去，由于村民家门口就是河涌，出门劳作、购物均要撑船过河，非常不便，因此河涌对岸人家"森武元"出资建造了这座桥，它连接着河涌两岸的百姓人家，以方便出行。沿着涌口下街往村外走，青云桥便呈现在眼前。据桥头碑文记载，桥为清宣统元年（1909 年）建造，是东西走向的三孔石桥。经过百年风雨，桥身上约 80 公分高的铁护栏坚固依旧，其中一个护栏上所刻"谢钜昌店"四个字依然清晰可见。

濠头村除了石板桥、石板街、骑楼建筑以及西式建筑风格的民居外，还有探花牌坊、郑氏大宗祠、谷口牌坊、山斋拱门、北极殿、汉忠武侯庙等古建筑。虽然这些古建筑历经重修、重建，依然可以感受其深厚的历史文化底蕴。

探花牌坊，又名浦江世泽牌坊。该牌坊始建于明崇祯九年（1636 年），为四柱三间三楼牌坊，以花岗石雕凿构筑。据义门家谱记载："崇祯九年（1636 年）丙子，邑侯虞国镇赠坊。曰：'浦江世泽''昭世褒崇'。清雍正八年（1730 年）庚戌重修。"20 世纪六七十年代曾用水泥覆盖牌坊横额之字，改为"中山县濠头中学"，后得复原。它是中山较早的牌坊建筑，现仍保存完整。牌坊与围墙连接，院内有郑氏大宗祠。牌坊左右两侧红墙嵌有花岗岩石刻对联"荥阳派远，浙水支长"，坊额刻有"浦江世泽"四字。上联的"荥阳"，位于郑州西 15 公里，是河南省距省会最近的县级市，是郑氏的祖地。下联的"浙水"，古水名，今钱塘江及其上游的总称，即浙江。坊额的"浦江"是县名，地处浙江省中部，既是'荥阳'郑氏的分支地，也是濠头村郑氏的祖地。濠头村地灵人杰，历史上名人辈出。有被孙中山先生赞誉"一邑物望所归，闻于乡间，无善不举"的郑藻如；有联合乡中归侨侨眷，捐资办厂，大兴慈善事业的郑泗全；有支持孙中山先生革命活动的郑彼岸；也有香山诗坛名宿郑哲园等。

谷口牌坊和山斋拱门位于濠头村东面的一座小山丘上，是清朝时濠头村的一处文人雅舍。该建筑始建年份不详，曾于清乾隆三年（1738 年）重修，今建筑物已毁。古时香山县有八景，濠头村也有自己的八景，即虾泉试茗、谷口听莺、香林避暑、山斋步月、文阁观潮、青云晚眺、涌桥夜泊和鹅峰闻笛。其中除了涌桥夜泊、鹅峰闻笛外，其余都是当年濠头村内美丽的自然景观。随着农村城市化的发展和当地环境的变化，"文阁观潮"中的文阁塔、"香林避暑"中的沉香林已经不在，"涌桥夜泊"中也不再有船家停泊之场景，"鹅峰闻笛"中放牛娃的笛声更是难以听闻。如今濠头村内只能看到山斋步月、青云晚眺、谷口听莺等寥寥几个景色。现在的谷口牌坊及山斋拱门均为重建，对联亦为新制。谷口牌坊门额前为"别有天地"四字，后为"谷口"二字。谷口牌坊有门联两副，前联为"山重水复疑无路，树豁云开别有天"，后联为"谷口啼莺惊晓梦，山斋步月听松声"。山斋拱门门额为"山斋"二字，门联为"步入阶前观景致，登上楼台赏月圆"。品读这些对联，可以想象当年濠头村的文风之鼎盛。

北极殿，又名北帝庙，它与谷口牌坊及山斋拱门相邻，该庙为清代所立，现建筑物于 1993 年重建。殿内除供奉北帝和观音菩萨神祇外，还供奉着两条清同治七年（1868 年）所制的木龙。

关于木龙的由来有一段故事，相传在南宋年间蚝溪村（濠头村之前身）一郑姓渔夫出海打鱼时，突然觉得手中渔网猛然一沉，就拼命拉网上船，可是除一截三四尺长的树头缠绕网中外并无他物。此后渔夫数次撒网捞上来的均是树头，筋疲力尽之际，发现网中的树头越看越像龙头。渔夫大吃一惊后祷告，如能天天满载而归，日后定把龙体世代供奉在庙堂之上。祷告之后抛出渔网，拉上来时只见满网鱼虾。此后渔夫天天渔获满舱。于是他履行诺言，请工匠把从海中捞起的树头雕成龙状，供奉在村中庙宇神坛之上，日夜烧香点烛奉之为"柴龙"。后人为重现蛟龙翻江倒海之势，每年四月初七将供奉在庙堂之上的"柴龙"舞弄一番，捋龙须，抛龙头，摆龙尾，也顺便讨一个丰收的好彩头，这便为"濠头木龙"之鼻祖。木龙别具一格，分为三截，有雄雌之分，体格之大为众木龙之首。木龙全身金黄，鳍翠绿，鼻前两条长须上挂彩球，唇下朱红胡子一尺来长。供奉和舞动木龙时的讲究颇为繁杂，要在龙角上插上金箔或用金纸刻成的花叶状装饰物。龙角在制作上也是多种多样，除叉角、鹿角外，还有与龙头连在一起镂空制作的。在彩绘上，主要以朱赤为重彩，黑色作点睛。舞龙主要以捋龙须、抛龙头、摆龙尾、踢腿为主，多以并排游动的方式前行，没有音乐伴奏，随金龙、醒狮一起舞动，随锣鼓声而行。按照习俗，木龙舞是在每年四月初七晚上11 点左右的方式前行，在此之前要为木龙洗去尘垢、点睛，这样才能为村里带来大丰收。舞龙地点就在北极殿前的坪坝。每年四月初七晚上，无疑是全村最热闹的时候，濠头村全村人都会聚集在北极殿前的坪坝上翘首期待木龙的出现，将坪坝围个水泄不通，晚来的村民只得在人墙之外听听锣鼓声。

北极殿门联为"盛德在水，降康自天"。殿内有壁柱联三副，其一为"帝德普南天，旗展祥云覆宇内；神威昭北岳，剑挥瑞气霭关中"。其二为"披发制龙泉，驱逐尘寰妖孽；化身临金阙，维持宇宙苍生"。其三为"道显武当，证无上道得，道不可道；玄通北极，悟个中玄妙，玄之又玄"。龛联两副，其一为"如慈佛子安身外，也似儒门立雪人"。其二为"一尘不染慈悲地，万法同归自在天"。北帝，全称北方真武玄天上帝，据说其拥有消灾解困、治水御火及延年益寿的神力，故颇受拥戴。三月初三上巳节为北帝诞生之日。一如其他神明的诞辰，当地善信均带着香烛元宝祭拜，以祈消灾解难，平平安安。

汉忠武侯庙位于濠头二村。该庙为清朝时的建筑物，门额"汉忠武侯庙"为花岗岩石刻制。门额上壁绘有山水彩画，门联用木板刻制悬挂。上联为"功成汉室三分鼎"，下联为"名就蜀国八阵图"。其主祀为汉忠武侯诸葛亮。诸葛亮（181～234年），字孔明，号卧龙（也作伏龙），汉族人，徐州琅琊阳都（今山东临沂市沂南县）人，三国时期蜀汉丞相，在世时被封为武乡侯，死后被追谥为忠武侯，故后世常以武侯、诸葛武侯尊称诸葛亮。诸葛亮一生"鞠躬尽瘁，死而后已"，是中国传统文化中忠臣与智者的代表人物，深得濠头村民的爱戴。

（供稿　邓仲锦）

五星古村换新颜　食街美誉有口碑

五星村的历史沿革

1195 年，南宋庆元元年，已有人迁入五星村居住。经历代变迁，形成了如今白庙、朗尾外堡、朗尾内堡、上巷、新村共五个自然村。新中国成立前属尚武乡（辖大岭、陵岗、窈窕、五星），新中国成立初改称大岭乡。1958 年公社化后，白庙和朗尾外堡两村合并为白庙大队（联队），朗尾内堡、上巷、新村合并为上巷大队。

1961 年，白庙大队、上巷大队、陵岗大队、大岭大队和窈窕大队共五个大队合并称五星大队，寓意是在五星红旗的指引下前进。1967 年分出大岭大队和窈窕大队，仍和陵岗大队一起，也称五星大队。1972 年再分出陵岗大队，剩下白庙、朗尾外堡、朗尾内堡、上巷、新村五个村，仍称五星大队。1985 年，再与陵岗、大岭、窈窕合并称作大岭乡，五星大队改称五星村。1987 年，大岭独立称乡，五星村又改称五星管理区，1996 年改称五星村民委员会。2002 年，五星、陵岗、大岭、西桠、宫花、神涌六个自然村合并为一个行政单位，称作六和行政村。2003 年，农村实行股份制，2007 年成立五星股份经济合作联社，现属六和社区管辖。2008 年至今称为五星小区。

五星各村及姓氏的由来

朗尾村陈氏　朗尾祖籍属颍川陈氏。南宋庆元年间（1195 ~ 1200 年），陈禹功从福建武平来到广东，几经艰辛，来到一片芦苇（俗称水朗、朗仔）尾处的一座山丘下，在此就地取材，用芦苇在山边搭棚居住，故称为朗尾。陈禹功一家人曾在烟筒山北面居住。因此地面向北且靠海，每到寒冬腊月，寒冷的北风令人难以忍受，他们又沿山脚向西搬迁，曾在现在的沙边、泗门、白庙等地方居住过，最后又搬回朗尾。禹功之后，鼎新四代单传，直到第六代陈碧岗才是朗尾建立村场的创始人。

白庙　陈禹功一家人住在朗尾山西麓时，在山脚开井，连打了几处井眼也没有水。休息时，在河滩拾到一木偶，用水洗净，原来是太白金星神像，三爷孙继续挖井。奇怪的是，井深五尺清泉涌。之后他们将太白金星神像放入石屋内供奉，称作太白金星庙。后来许多外来人家、船家，特意来此庙恭拜太白金星。此庙香火鼎盛，人们称其为白庙。

白庙谭氏　北宋建隆元年（960年），谭姓在南雄保昌，因避战乱，从韶关仁化迁往广州城东双桥街，后来又迁居番禺小珑乡。谭姓后裔"太伯"迁居东莞大宁，历十三世祖迁入香山仁厚街。太伯之后，1511年"介宾"迁星聚里，之后，日纶、日纲迁居朗尾白庙。直至二十世祖日中、东明、东伟、东元四兄弟兴建白庙村。

白庙高氏　白庙高氏与新村高氏源于一族，属渤海郡。传至十二世祖"南州公"由南雄迁至香山濠涌居住（系白庙高氏与新村高氏的始祖）。直到十五世祖"云生公"才开始繁荣昌盛，与谭氏族人共建白庙村。

新村高氏　新村高氏与白庙高氏源出一脉，是南州公之后裔。经数代相传，佛光公为新村高氏始祖。据说，新村人本姓陈，后来朗尾部分人迁到此居住。据有关资料及族谱记载，新村高氏一族其祖先源流，一世祖住在江门，二世祖住在濠涌村，后迁入濠吐村，直到十世祖高礼祯迁入朗尾新村居住后，才得以繁荣昌盛。在乡间传说中有句俗语：新村老高扫旧陈。是说新村由陈姓人立村，但到后来没有姓陈的人在新村居住。

上巷村黄氏　明朝时从长洲黄氏家族的七世祖迁徙至上巷始建。清乾隆时由于上巷村小，人口不多，于1736年起扩展为朗尾上巷村，后经子孙繁衍，村庄逐渐扩大，到中华人民共和国成立之时正式命名为上巷村。上巷村的始祖是黄振东公，全村人氏都姓黄，祠堂称为黄氏大宗祠。

现有江夏黄族米氏太婆遗诗：

策马登程往异疆

任从随处立纲常

年深异境犹吾境

日久他乡思故乡

朝夕莫忘亲命语

晨昏须念祖宗香

但愿苍天垂庇佑

三七男儿永炽昌

五星村祠堂

祠堂是前辈所建的物业，是本族、本房亲的后人为纪念前辈并进行祭祀的场所，或议事之会所。五星村有朗尾陈氏祠堂，建于 1422 年，距今已有 595 年的历史。

白庙谭氏祠堂，建于 1783 年；白庙高氏祠堂，建于 1898 年；上巷黄氏祠堂，建于 1858 年；新村高氏祠堂，建于 1888 年。

在颂扬先辈艰苦创业精神之时，五星村后人继往开来、团结进取、奋发图强，为家乡和社会的发展贡献应有的力量。

五星村的碉楼

五星村是开发区重点侨乡之一，也是碉楼较多的村庄。经过数十年的风风雨雨，全村还有碉楼 18 座。这些碉楼大多数建在 20 世纪二三十年代。当时兵荒马乱，匪盗横行，是海外华侨用自己辛苦积攒的血汗钱建成碉楼。这些碉楼的建筑风格中西结合，高至四层，坚固安全，有厚厚的铁门，将近一尺宽的三合土墙身，楼顶上都有窄窄的枪炮眼。在防盗贼、土匪"打明火"（抢劫、绑架），保护家人和村民生命财产中，都起过重要的作用。

中华人民共和国成立以后，随着治安状况好转，人们的生活改善，碉楼的防盗和居住功能逐渐淡化，但它们仍无声地屹立在村中。高锦铭的碉楼高达六层，而且顶层四面都有一个"大耳朵"，可瞭望四方，据说是全村最高的。

日寇火烧白庙村

抗日战争时期，在中山沦陷后，五星村村民和全国人民一样饱受日寇蹂躏，苦不堪言。1939年4月初，白庙村有一谭姓地痞与村中人士不和，他密告伪侦缉队，谎称白庙胡家教堂是五桂山游击队据点，并列出假名单。日寇信以为真，即兴师动众，派出三百多名日伪军，在汉奸的带领下，于1939年农历四月初一早上4点，在村闸门和两边山头，分三路包围白庙村。霎时，枪声四起，惊动早起正在烧香拜神，祈求平安的村民。只见如狼似虎的日寇冲入村内。随着枪声响起，村里有19间房屋浓烟滚滚，火光冲天（其中有一间教堂）。日寇在汉奸带领下，逐户搜查，有11名妇女惨遭摧残，另有十多人被押赴石岐，关在伪警察所。其余村民大多躲在碉楼里，日寇看见窗口有人影晃动，便乱枪扫射。这次，有三名村民被鬼子杀害，还有华侨谭容基和几名村民受伤。后来，被抓去的十多名村民被放回家中，但均已遍体鳞伤。

五星村旅居海外侨亲情况

五星村是火炬区重点侨乡。据侨情调查，情况如下：澳洲18户49人、美国87户492人、加拿大22户68人、智利8户28人、新西兰7户48人、古巴、印度尼西亚、秘鲁等近一千人。据知五星村在19世纪后期就有村民出国谋生，皆因当时政府无能，政治腐败，家乡穷困，民不聊生，人贩子乘虚而入，诱骗村民当"猪仔"到外国去寻求"生财之道"。村民抛妻别子，背井离乡，凄风苦雨，饱受饥寒。据老一辈的华侨说，他们先到澳门或香港乘坐大桅杆船，或是大洋船，冒着生命危险，有四五十天都在黑暗潮湿、不见天日的船舱里遭受折磨，经常晕船呕吐，甚至不省人事，经过万分困苦艰辛和挣扎磨难才到达目的地。在居住国谋生时，由于语言不通，又没有一定的技术，他们只能给资本家、庄园主做苦力，不但劳动时间长、强度大，工价低廉，还时时遭受欺侮、打骂，生活十分凄苦。为了生存，为了家计，他们唯有挨下去，等待时机，另谋出路。老一辈的华侨历来爱国爱乡，关爱家人。比如在20世纪二三十年代，在家乡建造碉楼（炮楼），防止土匪、贼兵"打明火"等。在20世纪60年代旅美侨胞及香港乡亲筹集了一批资金，为家乡购买了十多吨化肥及一些农业所需的机械设备，大力支持家乡的农业生产。特别是在兴学育人、修桥建路、建牌楼、社会福利事业方面，华侨总是视为己任，使家乡建设有了显著的改变。

五星食街

在孙文东路和中山港大道的连接处，五星小区朗尾外村村口大桥头，有一条远近闻名的繁华商业街，这就是五星食街。

五星食街兴起于2003年，到现在只有短短的14年。由于地理位置优越，短短的14年，从一间承办酒席，只有几十平方米的小店，发展到今天有20个门面，建筑面积达2000多平方米的颇具规模的五星食街。

五星食街所在地是一块商业用地，而且是紧挨孙文东路和中山港大道连接处，在土地就是黄金的今天，如果把土地出售，是一笔可观的收入。但村民认为，应该充分发挥此地的环境优势，兴建物业进行出租，使集体经济得以持续发展。

现在的五星食街有20个卡位的店面（每个店面面积为108平方米），一共有八个店号，都属于大排档式中低档经营模式，面向的潜在客户是周边广大的打工群体以及当地的普通家庭。由于选对了经营方向，所以五星食街十余年来一直生意兴隆。"黄牛仔""猪肚鸡""文生羊杂""铭溪烧鹅"已经成为这里的品牌名吃，吸引着来自四面八方的食客。

五星食街的成功还起到了凝聚作用。投资者看上了这里的人气，近年来，五星食街周边也有几间颇具规模的酒楼开张，使这里更加繁荣。

（供稿　高鉴垣　高燕芳）

千年龙母江尾头　四海闻名雨露稠

江尾头村位于中山市城区东郊约十公里处，明成化初年（1465～1471年），唐东溪从唐家湾（今属珠海市）迁此建村。建村之初起名江美头，后改称"江尾头"，寓意万事均有始有终（有头有尾）。江尾头村内主要有上、中、下三条街，这三条街串起整个村子，这里的屋舍，一间间或密或疏地挨着"脊梁"排列开去，其间的横巷达20条之多，村落结构由此划分得很有层次。街街相通相达，巷巷互接互邻。村中街巷之名亦有意思，大多与江、水和码头有关，也许是因为很早以前江尾头村就拥有水乡的景致。

江尾头村至今还保存有二十多座碉楼，大部分都是民国时期，由出国华侨出资修建。其中以旅澳华侨李可宽建的碉楼最具代表性，这是一座四层高仿欧洲古堡式设计的碉楼，它坐东南向西北，高15米，属砖、木、石、钢筋水泥混合结构。一层为铁门框，镶半月形门楣，饰人物花卉灰雕，楼内壁有壁画。四层楼上三分之一为平天台，砖砌护栏，栏内脚处设有枪眼、炮眼，外栏饰有人物花卉灰雕和砖雕。这些碉楼的修建，同样是防御伶仃洋海盗的需要。江尾头村的碉楼集中在村子的最里面，外面基本上都是现代民居。高高的碉楼矗立其间，如同历经风雨的巨人，以一种高傲姿态，默默地扛起一片天。

位于江尾头村长堤街十八巷13号的唐向明故居也是一座颇有文化底蕴的古建筑。该故居为唐向明父亲唐贻标所建，故居里有一副撰于民国时期的对联：香生桂苑，泽溯桐封。这副对联很能说明唐氏族之来历不凡。唐氏族的唐国安、唐绍仪均为清末民初名人。唐向明，香山县东镇江尾头村人，生于1920年，1951年移居澳大利亚。他与郑嘉乐、李炳鸿、李惠毓、梁培等十余人发起，于1982年7月6日组建澳大利亚中山同乡会，会址建在悉尼。唐向明于2000年在澳大利亚逝世。

江尾头村有两座神庙。一座叫"文昌阁",规模较小,庙门嵌有"诗书传世道,翰墨乐人生"的石刻对联。另一座便是声名远播的"龙母庙"了。江尾头村年代最久远的建筑非"龙母庙"莫属。它位于江尾头村中街,至今已有五百多年历史了。该庙曾于清乾隆元年(1736年)扩建,至清光绪九年(1883年)再次进行修葺。龙母庙以坚硬的蚝壳作庙墙,历经数百年风雨,仍能保持完好。庙门额"龙母庙"及门联"声灵超海国,惠泽播江邨",均用花岗岩石刻制。庙内有堂联一副:龙泽江溪,万古灵钟胜地;母沾雨露,四方民仰慈航。

龙母有预知人间祸福的本领,精通各种医术,经常救死扶伤,义务为乡里百姓服务。关于龙母的起源,有很多传说。流传比较广的一种说法是这样的:龙母是一位奇女子,其父亲系广西藤县人氏,姓温,名天瑞;母亲系广东德庆县悦城人氏,姓梁。她一生下来,头发就有一尺长,身材高挑。从小喜欢读书,一目十行,过目不忘。特别值得称道的是,她有一颗善良的心,当她长成亭亭玉立的少女时候,就和自己的姐姐、妹妹以及邻居的四位姑娘结成"金兰七姐妹",并立下誓言:要惠泽天下,为老百姓做点好事。使温氏成为龙母的是拾卵豢龙的传说。一天温氏到江边去洗衣服,洗着洗着,突然见到旁边水中熠熠发光,顿觉奇怪,便慢慢地走过去。只见水中沉着一颗像"斗"那么大的蛋,于是温氏把它抱起来带回家里,当做宝贝一样珍藏起来。经过了七个月又二十七天,那只巨蛋忽然裂开,从中蹿出五条蛇状且能活动的"小龙",非常喜欢玩水。温氏像母亲对待自己的孩子似的细心喂养它们。"小龙"长大后果然是五条活灵活现的小龙。五小龙感念于温氏的养育之恩,衔鱼孝敬温氏,并帮助她与水灾、旱灾、虫灾做斗争,造福黎民百姓。于是,温氏被西江流域的百姓尊称为"龙母",成为造福百姓保平安的"神女"。后来西江流域的百姓们及为生计到东南沿海和东南亚谋生的群众,世代念念不忘龙母的恩泽,建龙母庙,年年祭祀龙母,祈求风调雨顺,国泰民安。在人们的眼中,龙母就是他们的一位伟大而又仁慈的母亲。人们对龙母四时礼拜,就像向祖宗、母亲倾诉一样,向龙母祈祷,从而获得心灵的慰藉。千百年来,许多人正是怀着这种寻根拜祖的感情来参拜龙母。

(供稿 邓仲锦)

珊洲古殿祭侯王　宋氏祠堂古韵扬

在中山火炬开发区辖区内，有一处不为人知的山坳。这里山林茂密，处处鸟语花香，仿佛是都市里的"桃花源"，这就是珊洲村。

珊洲村是位于中山火炬开发区东南角"山窝窝"内的一个小村落，该村始建于明代，至今已经有六百多年的历史。因为村子多面环山，夏季焦热，故而建村初期，被称为"山焦坑"。清道光七年（1827年），香山（今称中山）调整全县建制，将原来的11个坊改为9个都，珊洲村归属当时"四大都"管理，并把"山焦坑"一名改为"山洲坑"（客家方言中"焦"和"洲"同音）。中华人民共和国成立后，为规范地名，将"山洲坑"更名为"珊洲村"，只因"山洲坑"靠海，就像大海中的一个珊瑚岛。珊洲村属张家边乡（今中山火炬开发区）管辖。村里只有一千多人，林姓为村中最大氏族，约占80%，剩下的20%为黄、梅、陈、周、何、阮、叶、朱等姓氏。

"有女勿嫁山洲坑，石仔零仃路难行。过完一坑又一坑……"这首民谣是形容旧时珊洲村贫穷落后的面貌。珊洲村地处僻壤，过去从张家边到珊洲并没有通汽车的道路，村子周边都是山，村民们进出都是沿着山边的小路走。当时走到邻近的小隐村起码要一个小时。去张家边公社开会，往返要大半天时间。如果要到县城石岐，先得走山路到南朗，再由南朗到石岐，往返要一天一夜。

也许正是因为一直远离着尘世喧嚣，珊洲村的村民对祖辈生活的土地有着别样的依恋。在这个村庄里，如今满眼是连片花园式的别墅，一排排井然有序的厂房，还有新建的农贸市场、学校。但村民"喜新不厌旧"，在一面大力发展工业文明的同时，珊洲村也在守护着"旧"的风物，守护着后山那片五百多年的风水林和上街的百年庙宇、碉楼、古祠堂、老市亭、石板路，还有蜿蜒的"护村河"。这些老建筑，每一处都有着别样的故事。

先说说珊洲村的庙宇。该村原有北帝庙和侯王殿，位于村子明角那边的北帝庙，在抵抗日军进攻中山时，曾驻扎过张惠长的部队，后日军来到珊洲，放火把明角仅有的二十多栋民居都给烧了，北帝庙也惨遭毁灭。侯王殿位于珊洲村后山脚下，是一座琉璃碧瓦的仿古建筑，庙前面有一个荷花池。入庙先得拾级而上，令庙宇平添神圣。据说该庙最早建于清康熙年间（1662~1722年），"文革"时期，由于"破四旧"，很多庙宇毁于一旦，而这座已有300多年历史的古庙却因村里设立中学，被用作学堂而得以幸存下来。1997年重建该庙，庙的基座、台阶、护栏保留着原庙所用的大麻石，使得重建后的庙宇古韵犹存。

其次说说珊洲村的宗氏祠堂。珊洲村原有祠堂十间，在中华人民共和国成立后，一部分分给了贫困人家作房屋。林氏宗祠成为仅剩的两间之一。据中山地方志载，在明正统末期（1446~1449年），珊洲村先祖林桂森从林屋边（今南朗榄边一带）搬来珊洲，繁衍至今已有20代人了。从祠堂的石刻记载来看，这间祠堂也建于明末清初，有400年历史，曾被用作集体饭堂、生产队办公室、村集体仓库，如今，主要是作村里办喜事的场所。与大多数具有岭南特色的祠堂相似，林氏宗祠内的横梁、瓦角、柱子、墙壁之上装饰着砖雕、泥塑、陶瓷、木刻、花草及人物壁画，显得富丽堂皇。祠堂正中，原本挂着一块木匾，记录先祖的功绩。这块匾是清咸丰皇帝钦赐，上面写着 "敕赏戴蓝翎"，可惜在2009年清明集体拜山聚餐时，这块匾不翼而飞。幸好，祠堂内还保存着一副木刻对联，上联是"松木公椒木叔木木成林皆公叔"，下联是"崇山宗岐山支山山叠出同宗支"。同样的对联也见于中山南朗、大涌一带的林氏祠堂，此对联作者为林召棠。林召棠（1786~1872年），字爱封，号芾南，谥文恭，吴阳（今广东吴川）霞街村人，清道光三年（1823年）癸未科状元，授职翰林院修撰。其任陕甘正主考官，后深感官场污浊，以终生奉母为名告假还乡。别以为这副对联是文字游戏，其实从这副拆字联里面体现出宗支的辈分。虽都是林氏，可来源不一样，分为"公辈"和"叔辈"。但不论"公辈"还是"叔辈"，终归是同一血脉，同一祖宗。联中蕴含着丰富的中国古典文化和现代的和谐思想，彰显着"水有源，树有根"的宗族情意。

历史上的珊洲村没有像同一辖区（中山火炬开发区）的沙边村、大环村那样碉楼林立，只出现过两座炮楼、五座碉楼。这些"上了年纪"的古建筑，至今仍然是珊洲村最宝贵的财富。在村的西角，有一座保护得较完好的碉楼。这座碉楼高四层，其势笔直而上，以青砖灰瓦为主体，装饰着弧形窗户和葫芦状的孔。碉楼顶部的墙沿，有灰雕壁画，"梅花开，野鹿欢"之类的景象栩栩如生，而且顶部还有一个类似于圆形门的装饰，远看如皇冠戴头。与碉楼连在一起的，是一座大型的华侨屋。华侨屋建设于民国二十一年（1932年），高大的房屋内有两层阁楼，有楼梯可直通屋顶。站在屋顶上，全村景色尽入眼眸，在屋顶上的你，不用担心脚下的瓦会碎裂，据住户说，这些瓦是盖了几层的，这么多年来，从未见漏水。此外村里文化广场旁的两座碉楼，也是历经百年岁月的，经过粉饰翻新，显示出时代的新气息。墙上的"仁义礼智信""共筑伟大中国梦"等标语，显示着珊洲人正构筑着自己的"中国梦"。

珊洲村的石板小路也特别值得一说。这条建于民国时期的石板小路，蜿蜒蜒蜒蜒地直接通向山上和山外的康庄大道。漫步于村中的石板小路，置身在三面环山的美景中，呼吸着清新的空气，领略着古朴典雅的风物，令人感受别样的惬意！

这片绿树环绕、枝叶茂密的山就是后门山，海拔不过百米，面积只有三百来亩，却是当地居民休闲娱乐的好去处，因为鸟多，人们索性叫它"小鸟天堂"。

早在20世纪三四十年代，人们一旦进入这片山林拾干柴、摘野果或是采草药，受惊的白鹭就会飞满整个珊洲村的上空，叫声四起，远近可闻，那场面十分壮观。

之所以当年有这个小鸟天堂，得益于当地人对山林的保护。以前的后门山，漫山遍野都是鸟儿，白鹭和斑鸠居多。村民们非常喜欢这些鸟儿，它们也都受到了村民们的保护与善待。村里甚至有条不成文的规定，不准任何进山的人捕捉它们。后门山自古以来就是一片茂林古树，常年青绿。然而到了20世纪"全民公社化"大炼钢铁的年代，后门山的所有树木，都被砍伐一空，白鹭失去了生存的空间，纷纷逃离家园。没有鸟儿鸣叫的珊洲村，似乎也失去了往日的灵性，村民们尝到了破坏环境的恶果。到了20世纪70年代，在珊洲村民的保护下，珊洲葱绿重现，白鹭重返故乡。为了让美丽的白鹭永驻珊洲村，村里作出了规定，任何人不准打鸟、杀鸟。很快，后门山的白鹭一下子就有了一千多只。这些小鸟每天晚上六七点就准时成群结队地出去觅食，到早上四五点，它们又一起飞回来，那时，整个村子都能听到它们欢快悦耳的叫声。

　　那个时候，珊洲村的白鹭有一两千只，它们自由自在地翱翔在绿树白云间，无忧无虑地生活着，晚出觅食，早归歇息，惬意的鸣叫声此起彼伏，成了珊洲村民最喜爱的邻居。旷野飞白鹭，人来鹭不惊，珊洲人享受着白鹭带给他们的欢乐。遗憾的是好景不长，到了20世纪80年代后期，后门山开始有人开山采石，隆隆的炮声再次打破了这里的宁静。后门山前前后后一共开了好几处采石场，成天放炮，那些炮声把小鸟们都吓坏了。它们再也不敢在这里居住了。从此，白鹭一年比一年少。村民们再也没有看到一只白鹭。

（供稿　邓仲锦　徐一川）

一河两岸蔬果香　人世沧桑话海傍

海傍村位于张家边偏东 3.1 公里，地处小隐驻地西南面，与义学相邻，西北面是二洲村，是一个以务农为主的小村庄，面积约 1.3 平方公里，总耕地面积约为 2300 亩。为支持开发区经济发展，海傍村向区管委会提供了 2100 亩耕地。其中房屋面积约占总面积的 10%。海傍村居民以疍家人为主，共有 367 户人家，总人口 1469 人，其中农业户口 1412 人，占总人口数的 96.12%；非农业户口 57 人，占总人口数的 3.88%。居民日常靠打鱼为生，晚上将船只停靠海边休息。因当时沿海出现了"打明火"，为保护人身安全及方便生活，人们陆续搬迁到小隐埠头两侧的陆地居住，慢慢地形成了一河两岸的村庄延续至今。

历史上的小隐叫做小运。为什么叫小运呢？因为现在的小隐涌当年是一条供经商船只运货的小运河，后来为专门运货而成立"八乡渡"，小隐埠头就是以前的八乡渡头，所以海傍村两岸的居民都属小隐管辖。

海傍村陆路交通极为便利，村内道路宽两米以上，全长 2500 米，东镇大道贯穿其中，南接环茂公路，经港义路口与博爱七路对接，西连逸仙公路，路面宽 24 米，还有东镇路、东阳路、环茂路、祥富路，路路相连。也有可以到达珠海、江门、广州、深圳的公路。水路交通非常便利，有小隐涌流经洋关水闸到横门。小隐涌起源于长江水库，上游是很浅的排灌渠道，向东北，流经张家边、宫花、西桠、大环、小隐、海傍、灰炉、东利到横门水道，河面宽 25 至 30 米，因流经小隐、海傍，故名叫"小隐涌"，流经宫花、江尾头、大环，故又名"宫花水"或"大环河"，从小隐至横门水道能容纳 50 吨以下的货轮航行。这条河流直通石岐、民众等地，是开发区重要的排灌河和不可或缺的内运河。

海傍村办公楼于1989年由区工商局扶贫兴建，地址位于小隐埗头二街12号，建筑面积约279平方米，共投资约28万元。同年，区工商局为扶持海傍村的经济，投资约50万元建成一层水泥结构厂房约620平方米。2001年继续投资约5万元兴建厂房配套宿舍约180平方米，合计投资约83万元。同年，村集体年收入增至56万元。

1949年中华人民共和国成立以后，海傍村居民主要以务农为生。村里有许多青年去了香港和澳门地区谋发展，改革开放后，许多港澳同胞陆续回乡支持建设。1978年间，港澳同胞共集资42320元，从小隐鸡头铺接驳自来水到村民家中，还修建村里的公路、安装发电站等。此举有效改善了家乡的生活环境，村民的生活水平也日益提高。

海傍村记载或流传下来的传统风俗并不多，主要有"土地诞"和"老人节"。农历八月初二是"土地诞"，当天村里同年出生并已成家立室的村民聚集一起，白天到村里各处的"土地公"进行祭拜；晚上共享晚餐，相互交流一年以来的工作和生活情况。"老人节"是2000年后由村里成立的老人协会发起的，会在每年农历九月初九重阳佳节邀请村里的老人聚餐欢庆。

在教育方面，1920年创立的小隐学校，育人无数。1989年，由香港同胞李颂龄的儿子李俊驹捐赠资金，在环茂路兴建了由小隐、义学、海傍三村合一的学校，取名"小隐李颂龄学校"。1999年，在开发区管委会的统一规划下，"小隐李颂龄学校"改名为"小隐幼儿园"。近年来小隐、义学、海傍三村投入大量资金，为小隐幼儿园兴建了游泳池，并添加了教学设备及游乐设施，使幼儿园教学质量不断提高，现已晋升为省级幼儿园。

原小隐中学创立于1981年，1999年由开发区政府统一规划，"小隐中学"合并到"开发区第一中学"，"小隐中学"改建为"火炬开发区第五小学"。

小隐原有卫生站一间，是小隐、义学、海傍三村的主要医疗服务站，小隐卫生站于1994年撤销，村医分流到各村进行个体私营。2001年，经统一规划，开发区医院分设城东卫生服务站、海滨卫生服务站等。全村现参加医保人员达到1400人。

全村有老年人239人，其中男子55岁以上有85人，女子50岁以上有154人，这些退休人员每人每月可领取660元社保金，80岁以上另有高龄津贴100元。每逢春节和中秋节则有花生油、糖果、腊肠等节日慰问礼物。海傍村有五户低

小隐幼儿园醒狮   摄影　林锦洪

保户，每人每月发放 500 元生活费，他们的部分医疗费用也可报销。每逢重大节日对孤寡老人和残疾人员发放慰问金及慰问品，"八一"建军节不忘对现役军人家属和光荣退役军人送上慰问金。

（供稿　梁镜伟）

木棉花开报春来　灰炉后人更添彩

灰炉概况

灰炉位于中山市政府东 14.2 公里，张家边东 5 公里处。灰炉村民委员会驻地在烟管山北面，横门水道南岸，与小隐、二洲、黎村相邻。灰炉村有 316 户人家，共有 1306 人，灰炉有 8 户华侨，港澳同胞 327 人。

灰炉的春天是开发区优美画卷的一个缩影。三月正春风，人道木棉红。村中三棵古老的木棉树，木棉花开满枝头，繁花似锦，为小村增添了绚丽的色彩。

一条河涌纵贯整个灰炉村落。清朝初年，这里由海洋淤积成为陆地，人们到此建起灰炉，挖出蚝壳烧灰，日子久了便挖成一条大涌，称之为"灰炉涌"。1949 年前后，各地村民来此垦荒，聚居成村，并沿用涌名，就有了现在的灰炉村。

1958 年灰炉村称灰炉大队，1971 年与二洲合并称永红大队，1981 年再度分开，灰炉之名沿用至今。1985 年至 1987 年灰炉与小隐、海傍、义学、二洲合称小隐乡。1987 年时分出，仍称灰炉大队；1988 年成立灰炉村民委员会；1989 年 2 月改为灰炉管理区；1998 年又由管理区改称灰炉村民委员会；2002 年进行行政区域合并，大环、义学、小隐、海傍、二洲及灰炉六个村民委员会合并由城东行政村管辖，灰炉村民委员会取消，改称灰炉自然村；2003 年进行股份制改革，2005 年 3 月，成立中山火炬开发区灰炉股份合作经济联合社；2007 年 12 月，经"村改居"后过渡到小区。

灰炉村坐落在小隐涌西北与东南两岸，呈线状分布，建筑多为砖木结构平房，村中央有三棵百年木棉树。耕地面积 1830 亩，主产稻谷，次为甘蔗、蕉类，有船舶修理厂、粮食加工厂，小学是港澳同胞捐资和村民集资兴建的二层混凝土结构楼房。这里有卫生站，有港澳同胞捐资兴建的灰炉门楼。村内各主街道已铺设水泥路面。村里有公路接岐茂公路。小隐涌可直达横门水道，可航行 30 吨位船只。

小区居住面积约 1.5 公顷，2014 年成立灰炉服务站，服务范围 1.79 平方公里，东起健康路南至环茂路，西至小隐涌，北止沿江路。灰炉涌为小隐涌的一条支流，主要用于排放烟管山及黎村一带山地的地表水。

改革开放后中山市道路建设完善，有环茂路与东镇东二路连接，并开通公交路线，村民出行方便快捷；村东面有神农路连接，四通八达。

经济状况

1991 年建成村办公大楼，坐落于灰炉涌口桥旁，建筑面积为 250 平方米，一楼为商铺，二楼为村办公点。1993 年由港商投资建成一座 2700 平方米的丝花厂房，2003 年由集体出资人民币 130 万元购买该厂房，使其成为灰炉集体资产；1995 年借贷近 70 万元建成了一座两千多平方米的厂房；另有一千多平方米由征地款置换而成的厂房宿舍物业。现厂房物业每年收入近 45 万元，另土地出租收入有 200 多万元。

1998 年，创办灰炉村"三高"农业示范基地，试行"公司＋基地＋农户＋市场"的经营模式，由公司对农户提供技术、资金扶持并负责销售，推动全区农业产业化、现代信息化的进程。

小区内现有三家企业——森田化工有限公司、中山市赛意德机械设备有限公司、中山火炬开发区旭鑫工艺品制造厂。

百姓生活

小区农业人口有 1250 人，其中 55 岁以上男性 108 人，50 岁以上的女性 183 人。达到市养老年龄的老人，每人每月可领取社保养老金 600 元。小区近年收益不断提高，每逢节日也发放慰问金给群众。2008 年小区租出了 160 亩待征地，收益大大提高，年终分红每人有一千多元。

灰炉村一直保留卫生站，从 2006 年开始每年由集体投入近四万元参加中山市农村医疗保险。

传统习俗——土地诞

在每年农历八月初二，开发区建村历史超过130年的灰炉村，都要举行一年一度的土地诞活动。四面八方的人们，近如邻村，远至港澳，心虔意诚地赶赴这场盛会。

古老的木棉树下，村里的土地庙前，两头烧猪、一只鸡、一条鱼、数个橘子、一根莲藕等被用作祭品供奉土地公，庙门前重新挂上了大大的红灯笼。烧烛点香后，被村里推举为土地诞组织者的乡绅式人物梁荣耀开始带领数十位村民列位于庙前，向土地公鞠躬叩首，一拜身体健康，二拜五谷丰登，三拜国泰民安。

鞭炮声后，由年轻男子组成的两只醒狮左右游移，奔走跳跃，闪转腾挪，伴着喧天的锣鼓声，全村上下一片喜气洋洋。而由年轻女子组成的舞龙则另显一番柔美姿态，众人之手上下翻转之间，红色舞龙似丝绢般飘动，在静止的一刹那，龙头、龙身、龙尾的层次感呼之欲出，刚劲之态尽显。此刻，村民则弯着腰拖家带口地从龙身下钻过，寓意身体健康，无病无灾。

龙狮游毕，高挂于木棉树梢上的鞭炮再一次响起。关于土地诞的记忆碎片以及由此延伸开来的对故土、对神祇的感恩情意，或许也在每个村民的心中回响。

梁宝贵老人在世时，虽早已移居香港，但故土难离，"只要我还能走路，每年土地诞我一定回来拜一下土地公"。去乡仍念桑梓情，每年都有两百多位移居港澳的乡亲专程回村，祭拜他们心中共同的庇护神。尽管岁月变迁，但故乡在，人情在，心中彼此之情意，便最终凝聚在土地诞的高潮环节——村民宴会。宴席数量每年增加，让参加宴会的本地居民与远方朋友欢聚一堂，一边推杯换盏，一边倾听舞台上悠扬的"粤韵"。

文化教育

灰炉学校于1920年创立，1971年改建砖瓦结构教室；1987年由港澳同胞捐赠扩建一幢两百多平方米的教学楼；1997年再次扩建成现在三千多平方米的教学环境；1997年灰炉学校改建为灰炉幼儿园使用至今。

2005年，小区老人协会和侨联自筹资金设立奖学金基金会，专门奖励村优秀学子，这个想法很快得到村民、华侨以及村委会的赞同和支持，在小隐涌一带也被传诵为佳话。

灰炉水乡 摄影 黄杰军

基金会每年举办两期奖学金颁奖大会，为村里的优秀学生颁发奖学金，激励本村学子勤奋学习。

灰炉木棉文化节是灰炉村独具特色的节日。每年春季，在木棉花开的季节，小区内的三棵木棉树总能吸引大批摄影爱好者前来。2014 年灰炉村提出"办好灰炉木棉文化节，缅怀革命先烈"的口号，号召全村群众缅怀烈士，珍惜幸福生活。1995 年，灰炉村青年自主组队，成立了灰炉篮球队，多年来参加区内外举办的篮球比赛，多次获得第一名。2003 年又成立了健身舞蹈队，小区内近50 名妇女参加，也多次参加区内各种演出并获得好评。

灰炉篮球队的故事

　　每当夜幕降临，村中的篮球场上人头攒动。灰炉村民与篮球结缘，历史颇为悠久。但最初基本属于散兵游勇的状态，没有正规的队伍，也没有像样的运动场地。直到2003年，吴广标先生回乡办厂，村里的篮球队才正规建立起来。吴广标先生祖籍在灰炉村，他13岁时就随着家人去了香港，因为喜爱篮球，就进入专业篮球队，一直做到香港南华队的教练。

　　吴广标先生回忆说，那时候自己还是一个小孩子，成天就抓住一个篮球在沙地上玩，那时还没有鞋子穿，但就是喜欢玩篮球。后来，吴广标离开了篮球队，到商海中闯荡。商海风云变幻，潮起潮落，但在球队中形成的永不服输、意志坚定、团结互助的精神让他受益匪浅，事业上也得到了很大的发展。

　　事业有成的吴广标荣归故里，决定在家乡投资办厂，造福桑梓。2003年他创办了发景金属厂，招募本地人进厂务工，解决他们的就业。吴广标还发挥自己的特长，组建了一支篮球队。篮球队像一块具有巨大吸引力的磁石，把村里的年轻人都聚合在一起。吴广标另外组建了一支少年篮球队，并请来一名专职教练训练这些篮球队员。篮球队不仅给村民增添了乐趣，更重要的是，它丰富了青少年的业余生活，激励村民健康向上。

（供稿　何淑燕　徐一川）

一口古井饮一村　义学世代享福荫

义学概况

义学村在凤凰山北面，张家边东南 2.8 公里处，其东北面是海傍村，西面是大环村，东面是小隐村，总面积为 31.3888 公顷。明末清初，小隐部分人迁居至此，在山岩下建村，呈环状，故称勘下环，属小隐。清光绪七年（1881 年），乡绅林应棠等人建义学村于此地。1958 年曾称为义学生产队，1974 年从小隐分出建立义学大队，1983 年改称义学村。1985 ~ 1987 年，义学村与小隐、海傍、二洲、灰炉村合并为小隐乡。1987 年改为义学村民委员会，1989 年 2 月改为义学管理区，1998 年又由义学管理区改回义学村民委员会。2002 年，行政区域合并，义学与小隐、海傍、大环、二洲、灰炉六个自然村合并成为城东村民委员会，同时取消义学村民委员会，改为义学经济联合社。2003 年，进行股份制改革，义学经济联合社改为义学股份合作经济联合社。

义学村水陆交通都十分方便，水路有猪仔沟流经此地，陆路被环茂路贯穿，村内 10 米宽道路约有 300 米长，5 米宽道路有 800 米长，4 米道路有 1300 米长。全村共有摩托车 200 辆，汽车 80 辆。

义学村内有一条河涌，叫"港仔"，村外河涌连接"港仔"，流向小隐涌。"港仔"是村内排泄山中积水和村民生活污水的主要渠道，"港仔"最后经小隐涌流入横门水道。

经济状况

村里投资建厂。1994 年 4 月，建成上佳厂房 2900 平方米，投资 250 万元；同年 12 月建成金川厂，建筑面积 1883.5 平方米，投资 158 万元；1996 年 2 月建成村办公楼，位于老鼠山山脚，建筑面积 760 平方米，投资 40 万元；1996年 12 月建成义学市场，建筑面积 1372 平方米，投资 120 万元。2004 年建成一幢两层厂房及配套宿舍（聚东厂），建筑面积 14630 平方米，投资 1400 万元。

义学村的经济以农业、养殖业、工业为主。农业方面以种植水稻、香蕉为主，其次还种植龙眼、荔枝。养殖业方面以养鸡、猪等家禽家畜为主。工业方面现有企业四家，以生产电子、厨房设备、不锈钢制品和手袋加工为主。

学校教育

1920 年，小隐小学创立，育人无数。1989 年得到香港侨胞李颂龄的儿子李俊驹捐资，兴建了以小隐、义学、海傍三村合一的小隐李颂龄学校，位于环茂路边。1999 年在开发区管委会的统一安排下，小隐李颂龄学校合并到开发区第五小学，选址在小隐中学内。后小隐李颂龄学校转给小隐幼儿园。小隐中学创立于 1981 年，1999 年在开发区管委会的统一安排下合并到开发区第一中学。迁出的小隐中学旧址就被开发区第五小学选用。近年来，村委会投入大量资金，为幼儿园兴建了游泳池，并添置了教学设备及游乐设施，使幼儿园教学质量不断提高。

百姓生活

义学村在木棉街有一棵一百多年的木棉花树，另外有两棵近百年的古老细叶榕树。它们位于村牌坊侧，树高有十多米，遮盖范围一百五十多平方米，是村民乘凉的好地方。

村中有一口古井，井水清澈纯净，冬暖夏凉，是全村人的饮用水源，故有"一口古井饮一村"之说。

小隐村原有卫生站一间，是小隐、义学、海傍等自然村的主要医疗服务站。小隐卫生站于 1994 年撤销，村医分流到各自然村个体执业，义学村成立义学村卫生站。2001 年在开发区管委会的统一安排下，小隐卫生服务站再次建立。服务站直属张家边医院，义学村参加合作医疗人数 1723 人，村委共出资 15775元。现小隐卫生服务站给村民提供医疗服务，村民 100% 参加新型农村合作医疗保险。

近年来，义学村在全面整治村庄居住环境的基础上，着力完善环卫基础设施，建立健全长效保洁机制，村大力加强基础设施建设，实现了道路硬化率100%；加强环境综合整治并在道路两侧进行了绿化美化和安装路灯；改造村内污水管线两千余米；鉴于外来人口逐渐增多，为了保证村民正常生活对基础设施的需求，新建了一个垃圾中转站。

　　义学村农业人口1100人，加入股份制的村民有793人，村里每人每季度发放100元的福利分配款。老人共192人（男性55岁以上，女性50岁以上），他们每人每月还从区社保基金领取100元。有1位"五保"户，村委会拨给其每月300元的生活费，并负责他的所有医疗费用。每逢重大节假日，村委会慰问孤寡老人和残疾人，为他们送上慰问金及慰问品。"八一"建军节，村委会慰问退伍军人及军烈属。对于那些有劳动能力但缺少资金或致富门路的困难家庭，村干部与困难户帮扶结对，千方百计为其寻求脱贫致富的路子，增强困难户早日脱贫的信心。

（供稿　阮君政）

源远流长古神涌　千年变迁史迹浓

神涌村乃东镇的一个古老村落，位于中山市火炬开发区六和社区。这是一个面积不大的村庄，耕地984亩，以前有1000多人口，现在只有703人，在海外定居的乡亲有693人。

村址三面环山，风景优美，早在公元1500年，就已经有了神涌村。它处于火炬开发区的最南面，右邻南朗镇东桠村，左邻火炬开发区西桠村，在岐关东路与博爱路交汇处，京珠高速公路经村西南过，交通十分方便。即使在从前，神涌村的村道往来也称得上熙熙攘攘、繁华热闹，来自各地的人都经此地去往珠海和澳门。

村口有一座小山，绵延至东桠村与之相接，被称为"山仔头"。"山仔头"一路延伸，再与神涌村后门山相连，到高坑交界处断开。最高的山海拔在200米以上。每年农历九月初九重阳节，当地的人们甚至还有众多慕名而来的客人，都将此山作为登高望远、怀念亲友的最佳去处。

神涌村左侧有条河涌，涌水通向西桠村、大环村和小隐村，再注入横门水道。

神涌村的气候条件相当好，一年四季都可种植不同种类的蔬菜与瓜果，种植两季水稻，尤其是大家围，以种植甘蔗和水稻为主。村民家中还长期种植龙眼、荔枝、杨桃、芒果、番石榴、木瓜、柠檬、银稔等各类水果。

自建村以来，黄氏家族、罗氏家族和周氏家族相继定居于神涌村。周氏家族占据了神涌村如今的村头，即以前的村尾；黄氏家族占据了神涌村现今的村中心和村尾；罗氏家族就安插在周氏和黄氏家族的中间。三大家族都修建了各自的祠堂。那时进村，要通过一条很窄的道路，道路右边是个小水塘，即现在神涌村口牌坊前土地公处，道路左边是水稻田，这条狭窄又难行的路直插村中间。进入牌坊，右边是一间大米加工站，以前叫做米机，牌坊的左边有一个水塘，至今尚存。沿着这条路步行大约500米，就是神涌小学，校址至今没变，这间小学也是周氏家族祠堂的前身，小学对面就是周氏家族的晒谷场，也就是现在的球场。神涌村的板石街在当时是最长、最不平整的一条街。

沿着难行的板石街前行100米，有条路通向山边，叫做环仔。整个环仔为神涌村第二队，绕环仔半圈与第一队队尾相接，前行100米左右即从现在的神涌市场到黄氏家族晒谷场，为神涌第三队，谷场到村尾为第四队。再往前走，就是那一望无际的稻田，放眼望去是大片大片的稻浪。

稻田的右边，以前是沙岗下稻田，现今被京珠高速公路分隔开。直行50米左右左转就是高坑，再沿路行1000米左右便是大朗坑。高坑路边稻田为大朗坑稻田，沙岗下稻田和大朗坑稻田便是神涌村第一队和第二队的稻田地。

沿着沙岗下稻田向前走1000米左右，有一座小水泥桥通向右边。这座仅能驶过一辆小车的桥叫做"红黄泥桥"，过了这座桥沿路走，来到"榕树头"。到了"榕树头"如果直行就来到"飞天凤"山脚，再沿路走到"猪仔坑"，经过"猪仔坑"到"白沙滩"，绕进"白沙滩"便是"里家坑"。"里家坑"和"婆嫁坑"连在一起，向右边走就可到长江乐园，再向右边走便又回到了第四队。

到了"榕树头"，左转，那些水稻田名称分别为"高口""上间""下间""九亩""上溪头公园"。沿着榕树头路往前走，先到"大雾坑"，"大雾坑"往前500米是"小雾坑"，亦有人称之为"雾坑仔"。沿路再走300米左右是"补录坑"，"补录坑"向前走400米左右是"西瓜营"。"西瓜营"旁边是"石屋仔"，"石屋仔"再向前走300米左右就是"恭坑"。

回头再讲"红黄泥桥"，通过此桥直走1100米左右又有一座桥，这座桥是用大板石建成的，人们称之为"丁字桥"，由于桥底靠大柱石顶住形成丁字形而得名。过桥就是神涌村的"上溪"，沿着上溪路走三公里左右会与"恭坑"交汇，再往前走就是南朗镇了。

再由"婆嫁坑"向右转出，有一条基驳路可通往神涌"马头墩"和"大家围"。

1972年，神涌村成立了神涌大队，村民分成四个小队。

1987年的神涌因为实在太穷，没有村愿意和其合并，因此单独分出，称为神涌村委会，由黄庆新任当年的村支部书记，带领群众耕地种养，并于当时在高坑开办炼铁厂。炼铁厂很快倒闭了，又将高坑改为林场。

西瓜营因为是沙质土地，土壤营养不好，种植其他作物都不见丰收，因此，这个地方主要种植花生或其他作物。

飞天凤水源充足，山脚下有个山塘，亦称神涌水库，神涌村在这里建起了一个小型发电站。

1989年，神涌村委会又改为神涌管理区，由黄庆麟担任村支部书记。同年，一位香港同胞捐款铺建村道。

黄庆麟因病逝世后由周伟夫担任村支部书记，重新整改村道，覆盖所有村中下水道和水渠，从此板石大街永远地退出了历史的舞台，变成了如今平整干净的水泥大道。

2001年，开发区管委会撤销五星村、陵岗村、大岭村、西椗村、宫花村、神涌村等村民委员会，将其合并组成六和村民委员会，免去周伟夫神涌村支部书记一职，他被调到六和社区任职。

2001年下半年，神涌村支部书记一职由郑锦焕担任，但他在任职期间因急病逝世。

2002年，由黄冠源接任神涌村支部书记一职。在其任职期间，管委会十分重视神涌村的经济发展，把神涌村列入重点开发村。村里很多山地和土地被建设发展公司征用，村中居民得到了征地补助金，神涌村从此开始脱贫致富。

飞天凤

这里的山常年绿树茂密，一溪清水由山顶沿着一条坑溪直流下来，清爽宜人。那时的山景异常幽美，远远望去，一帘瀑布似由天际飞溅下来，真好比神仙居所般。溪水中孕育着鱼虾，溪水甜美甘洌。

飞流直下的水瀑汇成一条激流，而在另一边还有一个水库，因而这里的鱼虾极是肥美。世代村民都是勤勤恳恳的庄稼人。他们开垦了水库下的荒地，在飞天凤山脚种植了茶叶，播下了农作物，自给自足。神涌村开村以来人口稀少，后来由于黄姓家族和罗姓家族的迁入，他们开始共同开垦，最后基本将这个村庄开辟出来。

飞天凤也曾经有过一时的辉煌。在长江村居住的人，如果要到珠海或澳门经商，就要经过飞天凤。他们由"婆嫁坑"进入"白沙滩"，途经"猪仔坑"来到这里，作短暂的逗留小憩之后再度启程。

中华人民共和国成立初期，神涌村发展成为一个有一千多人口的村庄，由于生活艰苦，后来有些村民就离开村庄到外面创业改变生活，最后剩下几百人至今仍然留在村里，过着知足常乐的生活。

马头墩

马头墩是当年神涌村最繁华的一个地方，位于神涌村和西樵村一河两岸的地带。过去，它曾是一个能够接纳许多外来船只停靠的码头，因此取名为马头墩。

神涌村的村民种出来的农作物有相当一部分要通过这个码头运送出去，销往全国各地。而现代人似乎已经逐渐淡忘了这个曾经红火一时的地方。

大家围

传说在 500 年前，由于地壳变迁，海水慢慢退去。村民见那些海水退去的土地虽然面积不大，但比较肥沃，要是围垦起来用作耕种，也是养育后代子孙的一块好地，于是就有了大家围。

马头墩那里的水位早已越来越低，甚至也有消失的可能，于是村民们在现在的河涌边建起了一座小小的石板桥通往大家围。那时的神涌村水路比陆路更为方便，那条河涌的宽度甚至可同时并排四艘五米宽的货船。

神涌村的那条涌溪，当时河水清澈见底，人潜到水底把眼睛睁开，便可看到涌底的小虾小鱼，水面宽约 60 米。外乡人用船装载货物到村里做买卖，也曾有一番热闹的景象。

大家围土壤肥沃，村民常用来种植水稻和甘蔗，所种出来的作物大多数用来交公粮。因为产量高，又近水路，村民们便在大家围的围堤上搭建了几个凉棚，用于避雨遮日或是休息、存放工具。用来榨糖的甘蔗，由村民们砍好、称好后搬运到船上，运送到糖厂。庄稼能卖个好价钱，淳朴的村民就会像过节一样格外高兴。

神涌村小学

从村头走 1000 米左右，便可到达神涌村小学。神涌村小学原是周氏祠堂，由于当地百姓喜爱这块风水宝地，周氏人士也愿意将此祠堂改作教学之用，这无疑是一大善举。因为这所学校，神涌村孕育了一辈又一辈善良又勤劳的子孙后代。

学校门前有一个避雨区，至少可容纳 50 人在这里避雨。进入学校，是一所四合院，课室分别位于左右两边，每间课室可容纳 50 名学生就读。

左边是一年级和二年级，并有一个共同出入口通向大球场。右边也有一条小巷通向球场，小巷旁边就是老师办公室，办公室门口正对着两张用水泥和砖块建成的乒乓球台。办公室旁边是学校厨房，厨房边是菜园，供师生们平时种菜用。

老师办公室最靠外有条通道是进入三年级和四年级教室的必经之路，正对着球场。四年级教室外面也正对着两张乒乓球台。靠山那边是卫生间，卫生间正对面是花基。花基分为四级，种有鲜艳夺目的大红花。

这所学校化解了神涌村周氏家族、黄氏家族、罗氏家族的种种矛盾，让村民们团结起来，共同治村，神涌村才日益兴旺。这也是村民们格外看重教育的原因。

"马骝村"

早已形成的村庄用属于自己的村庄动物命名，好比村庄的一种象征或者图腾，例如西桠村称为猫，江尾头称为狗，大岭称为塘虱，宫花称为龟等。那么，怎样称呼神涌村最为合适呢？周疆宦觉得后代人应以灵敏机警作为创业的取胜之道，于是最后敲定以猴子来称呼，故神涌村被称为"马骝（在粤语中是猴子的意思）"。

村中姓氏分布如下：周姓 149 户，黄姓 47 户，罗姓 23 户，郑姓 6 户，高姓 3 户，何姓 2 户，李姓 1 户，谭姓 1 户，孙姓 1 户，程姓 1 户。

神涌村旅外乡亲们向来有着浓浓的故里情怀，在外创业依然不忘父老乡亲和故园。他们爱国爱乡，热心支持家乡建设。改革开放后，村中兴建了一座高三层的燕式教学大楼、一个标准的灯光篮球场；修建了一座双龙戏珠牌坊，覆盖了大小沟渠，铺设了水泥村道，沿街修建了花基、花坛；改善了街道照明。

从 1978 年至 2005 年间，村中先后有 161 位旅外乡亲向家乡捐赠兴办公益事业的善款，共计美金 15300 元，澳币 1270 元，加币 200 元，港币 90640 元，葡币 100 元，人民币 406431 元，另外捐赠一批彩电、风扇、红木台椅和炊具、餐具等。

改革开放后，村民们不再只是耕地种田，不少人相继进入工厂打工。村中集体经济发展蒸蒸日上，2001 年集体收入 67 万元；2002 年达到 75 万元；2003 年收入达 86 万元；2004 年建好厂房出租，收入 90 万元；2005 年，收入达 160 万元；到 2011 年，实现了厂房全部出租，年收入达 460 万元。近年来，神涌村的经济实现了翻天覆地的变化。

随着集体收入的增加，村民的生活水平也日渐提高。2005 年，村中实施股份合作制、合作医疗和养老保险。

村内股东每月享受福利：厂房租金每人 200 元，口粮补助每人 50 元，老人福利金每人 100 元。全村的屋舍已经翻建了 90% 以上。

（供稿　黄逸晓　徐一川）

沙边碉楼屹百年　历史风云荡心田

沙边是位于河边的一个自然村落，方圆仅一平方公里，有三百多户村民，常住人口两千多人。住在这里的是从珠玑巷南迁的孙姓后裔，他们历代都靠耕种为生。由于地处偏僻，交通不方便，很少与外界联系交往。但到了清朝末期，村中部分青壮年为寻找生活出路，陆续出外谋生。在水利设施还没有兴建和完善的时候，从横门水道可以直接坐船抵达沙边村。在旧社会，横门一带海盗猖獗，海盗从横门水道进入石岐水域，首先经过的村落就是沙边。他们一到沙边就会经常骚扰居民、抢劫财物。为了保卫自家的生命财产不受侵犯，沙边村民纷纷写信给在海外谋生的亲友，请他们资助乡亲父老建造碉楼，防御海盗，故而沙边碉楼密集。

1949 年前沙边的碉楼就有 99 座，现在残存的也还不少。沙边碉楼修建得早，具有代表性。碉楼往往具有侨乡背景，碉楼多的地方往往华侨就多。沙边现旅居国外的华侨就有一千八百多人，相当于全村人口的 90% 以上。沙边的侨史可以上溯到清朝的咸丰年间，当时，村中有人远渡重洋，到"金山"或者南洋谋生。凭着艰苦的奋斗，不少人开始发家，家中亲属们的生活渐渐富裕。更有一些人难耐思乡思亲之苦，归乡定居。于是，一句俗话不胫而走——"金山客，无一千也有八百"。如果是对勤劳致富的肯定，这倒也不失为一句赞赏的话。但在那兵荒马乱的年月，这句俗话却招致了歹人的窥伺。由于沙边近海，到了民国初年，海盗上岸进村打劫，"金山客"成了他们的首要目标。1925 年，贼人入村"打明火"，进行了大洗劫。村里的孙赞祥，如今已是一位白发苍苍的老人了，当时的情景仍历历在目："那时沙边海盗十分猖狂，经常进村大肆抢劫掠夺。当时沙边有一个警长，他竟然作了海盗的线人！引得海盗进村抢东西。"

这场洗劫让"金山客"和亲属们惊悸不已。当整个社会处于无序的状态，没有足够的律法作为支撑的时候，人们就只能借用构筑军事防御堡垒的手段，建碉楼以求自保。不论从哪个角度来看，碉楼都像是防御工事，不像是居家过日子的地方。坚固厚实的墙壁，狭窄紧缩的窗户，顶层望台上的枪械、火炮、石块、铜钟、报警器、探照灯，剑拔弩张，寒光凛凛。一边是幽静怡然的世俗生活，一边却是小心翼翼、提心吊胆，反差如此强烈，很难想象碉楼里的人们承受着怎样的心理压力和情感折磨。他们深居简出，处处防范，能对付的也只能是几个小蟊贼。后来日本人入侵，民族衰微，国难当头，看似坚固的碉楼，也难以抵挡坚船利炮的袭击。

据史料记载，早在1918年，沙边村就建起了第一座碉楼。之后十余年，沙边的碉楼越建越多，最多的时候有103座。直到20世纪30年代，中山沦陷，侨汇邮路不通，得不到海外亲友的资助，沙边村民才不再建造碉楼。掐指一算，沙边碉楼历经了近百年的风雨沧桑，如今还完整地保存着74座。徜徉其间，细看之余，让人不免领略到一种苍凉古朴的隽美。

走进沙边，你一眼便能望到那些钢筋混凝土结构，矮的有两层半，高的达四层半，一般碉楼有三四层楼那么高，面积二三十平方米（少数碉楼楼面较宽大）。外墙多为暗灰色的挺拔建筑矗立于大街横巷两旁。由于碉楼的主要作用在于防盗和抵御外敌入侵，所以设计的窗户较为狭小，且绝大部分都装上厚重的铁门。楼层之间，梯子上方，还装上可推挡的厚铁楼坎，大有"一夫当关，万夫莫开"的气势。听老一辈沙边村民讲，当年每座新建的碉楼，主人家都会在顶屋或瞭望楼亭内放置几堆石块和沙子，有的还装上铁制火炮，甚至还买来枪支弹药，以便在海盗入村"打明火"时用这些武器狠狠地打击来寇。沙边碉楼虽没有开平碉楼那么高、那么阔、那么大气的构造，但其楼形笔直，线条分明，外观简朴，结构坚固，又因其历史的烙印而更显时代的厚重。当年，它是一种抵御盗贼洗劫、保障村民安全的特殊建筑。其风格借鉴了国外的建筑模式，更显中西合璧，有西欧式的、哥特式的、西班牙式的、南洋式的，各具特色，不拘一格。

沙边碉楼不是建在村边或田园中的独体碉堡，而大多数都是与村民当年居住的房屋连成一体的。有的碉楼与住屋之间留有一米多宽的水巷，以利于采光和空气流通，前面围起天街（庭院），旁边建上砖瓦木梁结构的厨房及厕所，墙根下还栽上一两棵龙眼树或三稔树，在当时来说，可以称得上是上等的农村居所，这也是碉楼的最大特色。

从地势较高的地方往下望，碉楼可谓沙边村最为显眼的建筑。这些曾经守护沙边村民走过艰难动荡岁月的碉楼，现在绝大部分已无人居住。原因是早年很多沙边村民外出谋生，一千多人口的村子，就有三百多名乡亲分布于美国、加拿大、澳大利亚、秘鲁等多个国家和地区。这些乡亲们在当地站稳脚跟之后，又将家乡的亲人也带出去一起生活。所以，当年这里靠侨汇建造起来的碉楼，主人们大都出国了。而留下的碉楼，或是主人将钥匙交给村中其他亲友及后人看管，或是作为出租屋租给外地人居住。

目前，沙边碉楼分布在山边巷（1座）、炮台（1座）、上街（25座）、中街（28座）。其中12座有人居住。保管得最好的碉楼是位于上街的冠洲和中街的炳辉。

至今完好保存的碉楼有七十多座，这不仅在中山，就是在整个珠三角也是罕见的。更为珍贵的是，沙边碉楼与中山共产党组织的保存与发展有着深厚的渊源。沙边是一座有着光荣革命历史的村落。当年，中山的第一个共产党地下组织就是在沙边村成立的。当时党小组的负责人孙康在沙边村筹建党小组成立事宜。党小组成立后，孙康又以教师身份在沙边小学教书，主持中共中山县委的工作。在白色恐怖时期，沙边村党组织受到了来自国民党反动派的围剿，沙边村的党小组成员藏身于沙边上街十巷的一间骑楼式碉楼里，才躲过了那次围剿。

此外，位于上街的海筹碉楼主人孙海筹是民国时期的"国民代表大会"代表，当时称为"国大代表"。他负责在海外联系爱国华人，为中山的革命事业做出了积极贡献。孙海筹可以算得上是沙边乃至中山的历史文化名人之一。

沙边碉楼还浓缩了海外侨胞与沙边祖居之间的浓浓亲情。20世纪80年代以来，沙边每年都有旅外乡亲回来寻根问祖，探亲访友。他们都念念不忘祖辈当年在乡下兴建的碉楼和祖屋。在看管人的带领下，他们怀着激动的心情推开尘封的大门逐一观看，虽然再也见不到当年祖辈千辛万苦带回来的罗马钟、玻璃罩大吊灯、金山笼和大小细软，但浓郁的怀念之情仍然油然而生。

上街十巷17号之一的一座碉楼，是南美国家特立尼达和多巴哥共和国财政部长孙仲明的祖居。1992年秋，孙仲明先生就是凭着当年在特立尼达的父亲

（孙桂桐）收到的从乡下寄来的发黄的全家福（照片中的孙仲明是后来在照相馆补晒上去的）和一张乡下碉楼旧相片，在市（区）侨务部门的协助下，几经辗转，才寻找到父亲出生长大的地方——沙边村，完成了他父亲临终的嘱托，也圆了他多年来回乡寻亲问祖的梦想。

与别处的碉楼相比，沙边的碉楼更具人文气息。其他地方的碉楼大都是一座单独建筑，功能也仅仅是防御。而沙边村的碉楼却是和祖屋建在一起的，碉楼建在最外面，紧挨碉楼旁边的是用于生活起居的房子，房子前面还有一个庭院，院子里往往栽有一棵枝繁叶茂的大树。可见，沙边碉楼并不仅仅是一座座抵御入侵的"堡垒"，它们还是沙边村民生活的一个重要组成部分。

沙边现存的碉楼虽然保存良好，但由于年代久远，难免有些残缺，有的也由三层楼拆成两层。为了保护好现存的碉楼，村委会积极开展宣传，大力弘扬沙边碉楼的历史渊源和重大意义，引起村民重视，发动大家自觉保护现有的碉楼，绝不允许擅自拆毁。

2003 年，孙赞祥老人已是 80 岁高龄了。他作为碉楼兴衰历史的见证人，对碉楼有着很深的感情。他说，自己很小的时候，就抱有强国御敌的志向，刻苦攻读，后来从事教育，向学生们讲述碉楼的历史。这成为了他几十年来教书育人的一贯工作。他要让后世子孙永远记住这段辛酸和屈辱的历史。往事悠悠，历经劫难的碉楼虽然存留了下来，但对那些想以坚固的碉楼来避祸求安的人们来说，碉楼的脆弱更让他们感到只有民族强大，才有坚不可摧的安身之地。孙赞祥老人仍然住在碉楼里，关注着碉楼的命运。他的一位朋友将沙边的每一座碉楼都拍成了照片并装订成册。朋友建议说，这些碉楼绝大多数都是当年的华侨兴建的，可以搞些物业管理的方式来加以保护，孙赞祥老人也觉得这样甚好。对碉楼目前迅速废弃的现状，他也很担心。虽然影像是一种记录的方式，但他非常希望能从沙边现存的碉楼中选择几幢特色明显的保留下来。他说，老一辈过世了，年青的一辈没有保护意识。如果能由政府部门出面，牵头进行碉楼保护工作，那就太好了。操作起来的话，需要一笔不小的资金，难度也不小。孙赞祥认为，要保护碉楼，最好的方式是开发性保护，就像是搞旅游开发一样。这不是他一个人的力量能够做到的，他希望，有人能够站出来，为保护碉楼做一些有益的尝试。

来自省、市的各级文化单位特别是文物保护等相关部门，也多次来到沙边，深入开展沙边碉楼的实地调研、考察工作，摸清并掌握了沙边现存的每一座碉楼的来历、主人、典故等史实，完善了第一手珍贵可靠的历史人文资料。

为了更好地保存沙边碉楼原貌，完整地记录火炬开发区乃至中山市这绝无仅有的历史回音壁上每一件可歌可泣的事件和每一位令人肃然起敬的人物，市、区的各级领导部门都先后作出了批示，不仅投入资金对沙边碉楼进行必要的维护和修缮，而且还对有着深厚渊源、对中国革命做出过杰出贡献的沙边碉楼，制作图文音像宣传资料，以扩大其对外影响力，打造知名度，为申报历史文化名村、打造中山市的又一历史文化品牌，做出了不懈的努力，打下了坚实的基础。

沙边碉楼如今已静静地矗立了近百年，它们在一代代后人悉心的挖掘、整合、保护以及对外展示和宣传中，更加体现了自身的宝贵价值，形成了自己的特色优势。

作为沙边最富含历史文化底蕴的重要设施，沙边碉楼不仅让沙边村成为中山市独一无二的村落，更对前来参观考察和学习的后人起到了指引与教育的作用，并由此开辟了一条促进中山旅游开发的新思路。

如今的沙边村早已日新月异，新式的楼房、美丽的花圃、茂密的绿化带比比皆是，但那一座座沉默不语的碉楼却依然保持着往日的姿态，纹丝不动，风雨不侵。现代化的公共设施使古老的沙边焕发青春，更与这碉楼百年的沧桑历史交相辉映。

（供稿　徐一川　孙锦源）

黎村追昔抚旧迹　历史烙印留心中

黎村的由来——历史的渊源

黎村坐落在烟管山与白米山之间，房屋大部分是以砖木为主的平房。虽叫黎村，但村里的人都不姓黎而姓梁。原来，在南宋嘉定年间（1208～1224年），黎姓人迁于此处建村，以姓氏命名，称为黎村。后来，黎姓一族逐渐没落，到了南宋末年，梁姓人从南雄珠玑巷南迁到此落脚，就沿用了原来的村名至今。

黎村特产——不苦的苦瓜

黎村主产稻谷，其次还有甘蔗、花生和各种蔬菜。苦瓜是黎村的名产。这里的地质与土壤特别适合种植苦瓜，而且培育出来的苦瓜完全没有普通苦瓜的那种苦味，甚至还透着淡淡的清香，吃起来格外美味爽口。随着时代的变迁，黎村的土地已经逐渐被征用，用于建厂房以发展现代化产业了，村民的生活水平也日益提高。黎村的这一名产——不苦的苦瓜，产量也大幅减少。虽然如此，它的芬芳和独特的味道却仍然清晰地镌刻在人们的记忆里。

风雨碉楼——无言的诉说

这里有一座两层的碉楼，是由泥和砖搭建而成，墙体上还能清晰地看到当年日伪军与海盗射击留下的弹坑。据该村75岁的梁观湘老人介绍，这座碉楼原来是20世纪40年代用来防御海盗的。当时村里16岁以上的村民都要轮流值班，守在村口，以防御从山路过来的海盗。原先还有围墙围着整个村庄，也是为了防御海盗，但后来都渐渐拆掉了。这座古老却仍然保存完好的碉楼静静地伫立着，在风风雨雨中度过了半个多世纪。它迎视着南来北往的人们，好像在无言地诉说着在残酷的战争年代，它亲眼所见的一幕幕惊心动魄的往事……

抗日烽火——不能忘却的纪念

1945 年，当地的游击队把黎村作为抵抗日伪军的基地，经常在这一带袭击日伪军。疯狂的日伪军为了报复，有一天从洋关水闸出发，突然对村庄发动进攻。日伪军首先占据山头，用大炮轰炸村庄。当时五桂山游击队还没有驻村，而且距离太远，无法救援，而村里也没有足够的枪支弹药与日伪军抵抗。日伪军入村后，将收割的稻谷，家养的鸡、鸭全都抢光，然后用船运走。

当日军投下第一颗炸弹时，村民都躲到村头的碉楼里。后来日伪军进村抢劫时，有一户人家没来得及躲避。之前主人在取蜂蜜时，不小心被蜜蜂蜇了，脸肿得很大。日伪军以为这人得了怪病，不敢进屋抢劫，这户人家才因此幸免于难。

百年芒果树——温情永在

过去，村里有一棵高约 13 米的百年芒果树，已有一百六十多年的历史，茂密的枝叶像一把大伞铺开，树身粗大，两三个人都抱不过来。每到夏夜，村民都十分喜欢聚集在这棵芒果树下纳凉、休息、聊天，这也是孩子们玩耍的好地方。那时大家都穷，也没有钱买什么水果吃，但只要这棵芒果树一开花、结果，他们就会爬上树去采摘果子解解馋。

遗憾的是，2015 年 5 月 24 日，这棵芒果树的树头不知道让什么虫给蛀空了，轰然倒下。

重修北帝武侯二庙碑记——历史的烙印

黎村有一座古庙，一块碑文镶嵌在黎村古庙的墙上。"重修北帝武二庙碑记"，刻于清光绪二十九年（1903 年）。这块碑记用黑麻石阴刻楷书而成，长138 厘米，宽 78 厘米，碑额每字 5 厘米，碑文每字 1 厘米。碑额依稀可以看到"重修北帝武侯二庙碑记"这一行字。碑文为：

重修北帝武侯二庙碑记

　　岁壬寅　北帝　武侯　元山三庙俱遭蚁蚀爰集议重新飞柬各埠签助而集赀少縻费多祗新二庙元山尚遗以俟后窃思各处庙得辉煌俱以逐利要荒盼神庇佑乐输集腋郁成大观我乡客海外者原不乏人而捐助终悭反逊家具之慷慨岂劝捐不得其人抑地运未昌难争气数之穷也诸君子数载经营卒亏一篑不竟其事扣心能无耿耿而未新者驻跸神厅转幸克新者顿成巍焕又未曾不冀行百里已历九十有志者事竟成丞欲为重负未释者激励其善果之终园也　北帝庙经始癸卯年六月十一日落成是年冬十一月十七日共费银壹仟柒佰玖拾九两正　武侯庙经此癸卯年十月十一日落成是年冬十二初六日共费银捌佰肆拾陆两二庙总共支银贰仟陆佰肆拾两正捐签不足联江西会一股得银叁佰两正归结清楚役也总理梁嘉明梁崇明值理陈钟彩梁开英梁美昭梁富仁梁富才梁有业梁勇明梁泰明梁炽明梁理德先条列信士捐签芳名于前次以公产拨银附于后　庇下里人梁煦南拜手敬撰并书丹。

　　光绪二十有九年岁次癸卯仲冬中浣吉旦重修绅耆众信董理等敬立石。

下岐山炮台——又一历史见证

　　下岐山炮台，位于下岐村下岐山的山坡上，建于清咸丰五年（1855年）。炮台占地面积约80平方米，夯土墙修筑，墙身厚80厘米。炮台平面呈半圆形，向北面有7个炮位，原有铁炮一支（已遗失），现炮台保存完好。当时修建这个炮台是为了防范日伪军与海盗的入侵，如今它已是中山市珍贵的历史文物古迹。

（供稿　苏壮贤）

茂生蕉林独守候　小村人家几度秋

　　提起茂生，就得说说茂生香蕉。1994年版的《张家边区志》"地理篇"对茂生香蕉有这样的记载：蕉身长，肥壮，色泽鲜艳，食之柔软，香甜可口，驰名中外。就是凭着这些特点，茂生香蕉成为中山有名的特产，不仅在珠三角的水果市场上占据着一席之地，甚至漂洋过海。抱着这块金字招牌的茂生人是幸运的，因为除了香甜，香蕉还给他们带来了财富。20世纪90年代初，当时的张家边区，茂生香蕉的种植面积就过万亩。很多昔日的渔民弃船上岸从事农耕，出现了很多种蕉人家。

　　杨顺泉，人称泉叔。每年种蕉季节，泉叔总是一大早就骑上摩托车赶去翻地。泉叔曾经也是下海讨口的渔民，后来改行种香蕉。在他二十多年的种蕉生涯中，泉叔总是用心摸索，总结出一套种蕉的经验，成了茂生香蕉种植的代表人物。泉叔种蕉很卖力，他知道一分耕耘一分收获的道理。俗话说，人勤地不懒，凭着这个信念，泉叔种蕉种出了名堂，在村里率先盖起了小楼，成了富裕户。泉叔说："种香蕉嘛，就是要舍得施肥，要多花些成本才能种得好，还必须要自己懂得技术。一年里头如果没有台风入侵的话，每亩可以收2500公斤香蕉。"

　　泉叔特别喜欢种香蕉，因为他这方面的经验足，又熟悉流程，再说一年能挣三五万元，泉叔很知足。

　　随着开发区发展提速，工业区迅速拓展。村民们进厂做工、出租房屋，甚至办厂开店，种蕉已经不再是他们谋生的主要手段了，把心思用在种蕉上的人也越来越少。但泉叔依然在种，他甚至还跑到邻近的横门租种了18亩地。

　　下苗前，需要翻地，头一年翻的地，因为病虫害太厉害而退了租，现在的地是新地，种蕉前要好好翻一翻。以前下地有儿子、女儿一起干，前两年，他们分别成了家，各自地里的活儿都很忙，没时间帮他。大家身在三处不同的地方种着各自的香蕉，泉叔说，儿子、女儿也种得不错。

对失去蕉地，泉叔很矛盾。他知道搞工业是好事，今后的日子一定会越来越好。但他毕竟已经种了这么多年的香蕉了，有了感情。守着蕉地，终老一生，这曾经是他憧憬的生活，哪是说想丢就丢得了的。儿女们跟着自己种了许多年，学到了真本事，也算是后继有人。

但为种蕉，一家人各守一方，少了不少照应。眨眼之间，自己原先的蕉地已经变成了工地，想种蕉只能到外面去。虽然香蕉仍用茂生品牌，但已经不是原来地道的茂生香蕉了。泉叔除了种蕉，还兼任村里的水管员，每年也有不少收入，日子也能过得好。可泉叔认为，香蕉总得种吧，何况是名满粤港澳的茂生香蕉。但有个事实他也不得不承认，茂生香蕉已经没有多少是产自原产地茂生的了，再加上现在种植的各类水果那么多，香蕉已经不像前些年那么走俏了。泉叔却不管这些，他说，喜欢茂生香蕉的，总还有人在，为了这些人，他还要种。2003 年，他种出了一挂重达八十多公斤的"香蕉王"，电视台闻讯后还专门前往报道。泉叔对记者说："就是想种出几挂大香蕉出来，想给我们茂生香蕉出出名，最起码不管到哪里去种，香蕉都是我们茂生人在种。蕉林茂盛，香蕉种

茂生香蕉 摄影 陈守愚

得好，那都是我们茂生的荣誉。"

"香蕉王"只能引起人们一时的兴趣，对他希望能够重振茂生香蕉的想法起不了多大作用。就连泉叔现在租用的蕉地，与正在加紧建设的工厂，也只有一河之隔了。说不定哪一天，轰鸣的推土机就要开到他的蕉地里来。泉叔说，开发区现在的发展确实很快，自己也很担心眼下的这块蕉地没有了。不过，就算没有了这块地，自己也会到其他地方继续种香蕉，去远一些的地方。现在有不少茂生人就是去了比较远的板芙、斗门，有的还去了番禺。

以后还会到什么地方去租地种香蕉，泉叔现在不知道。但有一点他是确信的，那就是，茂生香蕉会在任何一个能长蕉的地方继续生长，而他也会一辈子将茂生香蕉种下去。

（供稿　徐一川）

横门弄潮数十载　披星戴月浪里行

俗话说，靠山吃山，靠海吃海。出海打鱼就曾经是横门水道沿岸居民谋生的主要方式。这些世代依靠横门水道求生的人，视这条水道为衣食父母。他们与水道相亲相守，同时接受着她无私丰厚的馈赠。在她风浪的洗礼中，一代又一代的横门人，成为挽狂澜、搏风浪的弄潮儿！

过去，这些战风斗浪的弄潮儿，被称为"疍民"，在中山俗称"疍家"，是过去广东、广西和福建内河及沿海一带的水上居民。在漫长的岁月里，他们浮家泛宅，居无定所，备受歧视和限制，长期被排斥在主流社会以外。清朝雍正年间，朝廷下诏，让一部分疍家在岸上盖房栖身。到后来，这些水上人家陆续结束了以船为家的漂泊生活，有的仍旧以打鱼、运输为业，另有一大部分上岸务农，开始了新的生活。

时至今天，靠海为生的水上人家已经越来越少了。像泉哥这样把全身心都投入到打鱼上的在茂生已经不到20人。泉哥全名冼金泉，就连他自己都说不上来他是第三代还是第四代的渔民了。做渔民十分辛苦，尤其是在天气寒冷的时节就格外艰难。泉哥从父辈那里学会了出海打鱼的本事，算是有了一门谋生的技能。他靠着打鱼，维持着全家人的生计。打鱼虽然辛苦，但这毕竟是沿袭了千年的营生，他很感谢横门对自己的养育。打鱼和种田一样，也是有着季节的淡旺和收获的丰馑。现在海里的鱼，不像以前那么多了。虽然是打鱼季节，也不是每天都能出海。最值钱的是鳗鱼苗，总是供不应求。当年的一条鳗鱼苗，就能卖到四元多。当时捕捞多的时候，一次能捞到一百多条鳗鱼苗，但有时候又一条都捞不到。海上的东西,总是无法估计的。目前可打的鱼种类已经不多了，主要的收入还是靠捕捞鳗鱼苗，一般都是在晚上出海，渔民对于披星戴月劳作早就习以为常。渔汛来得早，春节期间往往是最忙的季节，经常是一直忙到初十甚至十五，这都是季节性的。由于这几年，鳗鱼苗俏销，收益也不错，短短时间内可以赚到不少钱，泉哥很高兴。但他也知道，打鱼比种田更加不保险，所以，在捕鱼的淡季，泉哥就守着几亩田种植香蕉，每年也有不少的收入。他说，现在村里和自己一样靠打鱼为生的人已经很少了，每次出海阵势很小。上岸不再打鱼的人，有的专职种植香蕉，有的开店做生意，有的干脆靠出租房屋过活，日子都过得很安逸，不像自己总是要出海打鱼那般辛苦。泉哥说，自己不是一个见异思迁的人，以前别人都上了岸，自己留下来单独干，但全家人今后的生活，他也不得不考虑，自己总有老得下不了海的时候。再说，如今情况也不同了，马鞍岛全面开发，对泉哥他们来说是一个发展的好机会，他也不想错过。因此，他把家里的几间空房腾出来，改成了出租屋。他想，有了空房就租出去，也比打工强。日后这里发展得好，租金也可以收高一点，这样自己的收益也就会更好一些。

出租屋还没有租出去，但泉哥并不急，因为现在出租屋很俏，总会有人上门的。倒是下海捕鱼让他为难。自己这辈子看来是丢不了了，内心深处总有一份情结在。但是自己的孩子呢？说到儿子，泉哥已经不想让他再跟着自己干了。时代这样发展，泉哥说，当然不希望自己的后代再从事父辈如此辛苦的劳作了。现在社会这么好，就业机会这么多，这边周围到处都在建厂，年轻人当然是去厂里做事更好。俗话说，耕田的有朝一日也都会洗脚上岸的啦！至于渔民，出海也必须有渔获才值得，这个事情得靠海，不稳定。其实，泉哥的儿子也不想出海捕鱼。他高中毕业以后没有考上大学，去学了电脑，他对自己将来的构想就是看看有什么需要学习的就去学习，有什么需要进修的就去进修，然后再找一份好工作。对儿子的选择，泉哥没有反对，一代人有一代人的想法，强求不来。

泉哥相信，时代在不断地发展，社会也在不停地进步，日子一定会越来越好，路也会越走越宽。他更坚信，世世代代跟大海打交道的渔民，永远是搏风斗浪的弄潮儿。

（供稿　徐一川）

第二章

伟大变革

导 读

　　《孙中山全集》的第一篇，最早是刊登在《濠头月刊》上的。从清末民初的阅报室、《濠头月刊》，到改革开放时期中山市的首个省特级文化站，东镇人独领风骚，勇立时代潮头。

　　发生在东镇的伟大变革，当然不仅仅是文化事业。从以务农为主的单家独斗，到群雄荟萃的火炬高技术产业开发区；从经济落后、生产条件简陋的镇办集体企业，到实力雄厚的企业集团，东镇人一步一个脚印，踏踏实实地从历史的深处走来，铸就今日的辉煌。

中心城区灯火阑珊处　　　　　　　　　　　　　　　　摄影　冼立初

火炬引领高科技　　开发创业新纪元

　　中山火炬高技术产业开发区原属张家边区，区办事处驻地在张家边村。南宋咸淳年间（1265～1274年），张凤岗一家从良字都张婆澳（现中山市郊区张溪）迁于此地。因村处海边，且为张姓首居，故名张家边村。香山立县前属东莞县地，立县后分属得能都和四大都。清光绪初年属东镇。宣统二年（1910年）属四区（1930年四区曾改称东乡区，次年复称四区），抗日民主政权建立时属滨海区，1949年又称四区。1952年7月，四区分为上、下四区时，其称上四区；1953年2月与下四区复合称四区。1957年3月称张家边乡和濠头乡；1958年初称公社，与民众、南朗、翠亨和下栅合并，1959年8月复分，1961年再与南朗合并改称区；1963年分家，复称公社；1966年8月改称红旗公社；1973年复称张家边公社；1983年改为区；1985年初经省政府批准为镇（区级）；1985年10月由省政府确定为珠江三角洲经济开发区首批重点工业卫星镇之一，同年12月经省政府批准划入中山市城区，称为张家边办事处。

　　张家边区总面积65平方公里，人口3.94万。管辖张家边居民委员会；22个村民委员会（张家边、濠头、沙边、濠四、泗门、陵岗、五星、西桠、宫花、神涌、江尾头、大环、小隐、义学、海傍、二洲、灰炉、黎洲、珊洲、东利、茂生、马鞍）；33个自然村（张家边、顷九、五顷围、濠头、上陂头、下陂头、员山、李家村、沙边、濠四、陵岗、五星、朗尾、白庙、上巷、宫花、神涌、江尾头、大环、小隐、义学、海傍、二洲、三洲、壳涌、滘仔、灰炉、黎村、下岐、珊洲、东利、茂生、马鞍）。1990年3月分设为张家边办事处、中山港区办事处及中山火炬高技术产业开发区，1993年三区合一，定名为中山港区。1995年作为市政府派出机构，改称中山火炬高技术产业开发区，设立管理委员会。

中山火炬高技术产业开发区是1991年3月由国务院正式批准的第一批国家级高新技术产业开发之一。距市城区中心12公里，东临横门出海处，南至南朗镇，西与石岐区及东区接壤，北隔横门水道与民众镇相望。2005年，辖区总面积92.23平方公里，总人口18.99万人，其中户籍人口5.39万人，流动人口13.6万人。辖联富、六和、城东、海滨四个行政村及张家边社区。全区生产总值124.74亿元，三次产业结构比例为0.29∶81.32∶18.39，财政收入9.72亿元，税收19.6亿元。区内流行粤语、沙田话、客家话、广州话，通行普通话。

1979年，张家边服装厂与港商签订"三来一补"加工合同，成为区内首家外向型企业，同年底外向型企业增加至24间。1995年初，中山火炬高新技术实业股份有限公司股票在上海上市，成为全国53个国家级开发区中首家上市公司；张家边企业集团公司被评为全国乡镇企业出口创汇先进单位。1997年，中炬高新技术实业股份有限公司进入全国上市公司百强企业之列。2000年全面实施工业立区、科技兴区、外向带动产业战略，调整企业实体经济架构，成立中山市健康科技产业基地发展有限公司、中炬高新技术实业股份有限公司、中山火炬集团有限公司、张家边企业集团有限公司、工业开发有限公司、工业联合有限公司、临海工业园开发有限公司、中阳联合发展有限公司、东南实业有限公司等九家公司，以及国际火炬会展中心、建设发展有限公司、火炬城建开发有限公司、火炬文化艺术发展有限公司等四个经济实体，拥有包括国家健康科技产业基地、国家高技术产品出口基地、中国包装印刷基地、中国电子（中山）基地、中国技术市场科技成果产业化（中山）示范基地、国家火炬计划中山（临海）装备制造产业基地等六个国家级基地，基本形成外向型的工业格局。着力培育电子信息、新材料、新能源、光机电一体化、生物医药、化学工业、现代包装等七大产业群，确立电子信息、包装印刷、化学工业、生物医药和汽车配件等五大支柱产业。2005年，全区工业总产值507.45亿元，比1979年增长9646倍；区内有一定规模以上企业262家，其中年产值超亿元的企业78家，年税收超1000万元的企业31家；全区实际利用外资1.32亿美元，出口总额35.81亿美元，分别比1985年增长104倍和65482倍。区内有来自日本、美国、新加坡、瑞士、马来西亚等国家和中国香港、澳门、台湾的企业376家，其中世界500强企业10家。

1979年前区内商业贸易主要由张家边供销社统管经营，1984年起打破供销社独家经营的格局。1990年个体企业达1100户，联合企业达293家。1997年形成大岭汽车专卖一条街、五星装饰建材一条街、九州通医药物流中心等专业市场，现代物流业逐年兴旺。2001年11月建成中山火炬国际会展中心，占地66亩，建筑面积2.6万平方米。同年12月在会展中心举办首届中国（中山）国际电子信息产品与技术展览会，开启火炬开发区会展经济。首届有310家电子信息技术企业参展，其中世界500强企业15家，签约项目36个，投资与贸易总额52亿元。至2005年共成功举办五届电子展览会、包装印刷展会，三届房车展，一届食品博览会和60次全国性及行业性展会，贸易成交额300亿元。2005年，共有货柜运输、生物医药、装饰材料、包装印刷等物流企业50家，咀香园食品公司、健康基地生物谷等成为工业旅游景点；全区有各类集市贸易市场37家；社会消费品零售总额达18亿元。

火炬开发区1979年前的农业生产以种植水稻、甘蔗、蔬菜、柑橘为主，亦有水产养殖。改革开放后，农民由种粮为主改成以水产养殖为主，辅以畜牧业为侧重点，发展高产、高质、高效益农业。1998年，实施"菜篮子"工程，在灰炉、海傍、濠四、张家边四村建立四个蔬菜生产基地，共260亩，年产蔬菜3800吨。水果种植品种主要有龙眼、芒果、荔枝、香蕉、柑橘，其中茂生香蕉是中山的特色水果。1995年宫花村民营宫果渔农场种植水果2500亩，养鱼塘400亩，是广东省知名的民营果园。从1986年起水产养殖成为区农业经济的龙头，沙边、神涌、宫花、西桠等地将低洼地、沙坑、湖畔地改为鱼塘。2005年全区水产养殖产量达2561吨，农业总产值6200万元。

经国务院批准，区内中山港1984年5月7日成为对外开放口岸，港内有三万吨和5000吨集装箱货运码头共六座，货物吞吐量300万吨，为国内第九大集装箱货运港口，位居世界百强港口之列。1985年2月，港内的中山至香港飞翼船通航。从1996年开始重点规划中心城区，建设高科技产业园、健康医药产业园、电子信息产业园、包装印刷产业园、民族工业园和临海工业园共"一区六园"。1997年兴建小隐水闸及洋关泵站，确保区内排涝。2001年，共建成火炬第一中学、火炬国际会展中心、香晖园住宅区、国宾大酒店、得能湖公园、火炬创业中心、全民健身广场、健康花城小区等基础设施，规划建设了张家边公园、康乐公园等七个绿化广场。至2005年全区村村建有农贸市场、运动场、路灯、公厕，其中16个村有老人活动场所、12个村有公园；"村村通"火炬公交线路覆盖全区；全区修建硬底水泥公路 34 条，总长 184.54 公里，公路密度 2.64 公里 / 平方公里；京珠高速公路从西部贯穿区内。全区陆地总绿化面积达 460 公顷，绿化覆盖率 35.19%，人均公共绿地面积 24.22 平方米。

在教育方面，1979 年全区有中学两所，小学 25 所。1984 年开始普及九年制义务教育。1995 年普及高中教育。1991 ~ 1995 年新建 11 所中小学，改建、扩建 13 所学校，建起占地 103 亩的理工学校，创办中专班及大专班。1998 年，24 个村办起成人技术学校，张家边中心小学被评为省一级学校。1999 年 9 月与湖南株洲工学院合作，在张家边中心区创办株洲工学院中山包装学院。2001 年全区中小学普及校园网。2002 年被评为省教育强区。2003 年开发区管委会与广东外语外贸大学在火炬区中心城区创办广东外语外贸大学附设中山外语学校，民办育英学校开始招生。2004 年创办中山火炬职业技术学院。截至 2005 年全区有高等院一所，普通中学三所，职业中学一所，小学八所，其中省一级学校（含幼儿园）四所、市一级学校十所。

在文化建设方面，1987 年建成张家边影剧院。1997 年成立火炬区有线广播电视台，同年区文化站成为全市首个省特级文化站。2004 年，区管委会在康乐大道成立火炬创业中心，入驻创业企业近 30 家，引进来自美国、加拿大等国及国内科研院所的 20 位博士，与武汉大学、暨南大学、湖南工业大学等开展科技成果转化合作，有 13 个项目分别获省、市、区科技计划立项。2005 年 12 月该中心被科技部定为国家级创业服务中心，开发区被定为广东科技人才中山基地。2005 年，全区有线电视主干线基本完成光纤化改造。全区有图书馆一座，藏书三万册。区文联分会组建火炬艺术团，外来员工歌舞团及东镇、张家边、窈窕三家曲艺社。会展中心广场成为群众娱乐活动的好去处。

在体育运动开展方面，1997 年成立区体育运动学校，开设田径、篮球、游泳、乒乓球及体操五个项目训练基地。同年举办区首届运动会。1998 年区体操队参加香港大埔国际体操邀请赛获金牌 50 枚、其他奖牌 123 枚，实现金牌、奖牌、总分第一。1996 ~ 2000 年被评为全国群众体育先进单位。

在医药卫生方面，张家边医院，现为火炬开发区医院，于 1996 年 4 月成为一级甲等医院，1998 年 12 月被评为二级甲等医院。2005 年，医院有医疗病床 230 张，卫生技术人员 403 人，其中医生 137 人。医院所开展的角膜移植、电生理检查、Ⅱ期人工晶体植入、冠心病患者左心室心肌力学参数研究等科研项目获市科技进步奖。

　　2005年6月动工兴建全区首个农民住宅小区五顷围新村，原五顷围65户村民可以每平方米500元的优惠价格购买新居，余额由村财政承担。同年全区城乡居民人均居住面积达到34平方米；农村居民人均纯收入8300元，城镇在岗职工平均工资22751元，分别比1979年增长21倍和40倍；就业率达97%；在20个自然村及小区实行农村股份合作制，99.6%农民参加农村合作医疗；全区户籍人口共有私人汽车6645台，平均每100人拥有12台；全区城乡居民储蓄存款总额32.93亿元，人均55917元。

　　全区旅外侨胞25928人，分布在美国、加拿大、澳大利亚等40个国家和地区，是中山侨乡之一。港澳同胞16736人、台湾同胞336人。1979～2005年，华侨、港澳台同胞共捐资1.1亿元兴建医院、市场及学校，捐资160万元出版《东镇侨刊》。

（供稿　吴竞龙）

海归创业寻宝地 健康基地显魅力

改革开放三十多年来，火炬开发区从一个偏僻的农村乡镇，发展成为领先全国的高新技术产业开发区，成为资金、技术洼地，人才高地。这里面，广大侨胞功不可没。特别需要指明的是，不仅本土走出的华侨贡献了力量，家乡在祖国各地的海外华侨也看中了这块宝地，他们纷纷携专有技术、资金，从北美、欧洲、澳洲等地回来，离开世界顶级大学、科研机构，来到这个在大多数地图上还没有标注的南方小城开创事业。

为了更好地为热心的海外游子服务，开发区管委会整合了区内相应资源，于2004年成立了中山火炬留学人员创业园。2007年经中山市政府批准，升级为中山市留学人员创业园。2011年又升格为广东中山留学人员创业园。随着入驻人员、项目和企业的增多，创业园的名气越来越响，影响也越来越大，终于在2013年12月经国家人社部批准，成为省部级共建的国家级中国中山留学人员创业园。截至2016年年底，中山留创园培育引进国家"千人计划"创业人才七人，"万人计划"一人，引进市级创新团队九个，海外归国留学人员406名，留学人员企业119家，成功孵化企业七家。

在这些海归企业中，获得"国务院侨办重点华侨华人创业团队"称号的有中山荣思东数码科技有限公司董事长周广滨博士领衔的团队和中山康方生物医药有限公司董事长兼总裁夏瑜博士带领的团队。中山荣思东数码科技有限公司是美国荣思东商务技术公司总裁周广滨在国内创办的第一家研发中心，专门开发新型数码印刷耗材。他自主研发的绿色环保打印介质，包括艺术制品、环保型广告、室内高级装潢、文物保护项目等，可直接应用于室内、儿童活动区域、医院等环保要求高的场所，部分成果已经投入市场，还被美国柯达公司指定为柯达彩喷产品中国生产基地。周广滨博士和夏瑜博士也成为中山留创园自主培育的 2015 年国家第十一批"千人计划"的创业人才，实现了中山市这一层次人才零的突破。

夏瑜博士创办的中山康方生物医药有限公司落户中山并取得令业界瞩目的成绩，生动阐释了中山求贤若渴的心态，从而演绎了尊重知识、尊重人才的一幕，使科学技术是第一生产力在中山得到淋漓尽致的体现。

2011 年初，在美国打拼多年，已有稳定舒适的生活，毕业于欧美国际知名大学的四位生物医药博士夏瑜、王忠民、李百勇、张鹏，他们曾分别担任辉瑞、拜耳、雅培等国际制药公司的研发总监、首席科学家，可是他们毅然放弃这一切，决心回国创业。他们的想法是，国外研发出的新药价格昂贵，国内很多患者根本吃不起，他们希望通过自己的努力，致力于生物医药研发的国产化，让新药、特效药的价格降下来。

要创业，首先要选择合适的地点。他们考察了北京、上海、江苏等城市，但没有找到合适的落脚点。夏瑜的一个朋友建议他们到中山火炬开发区看看健康产业基地，没想到中山一行，就奠定了他们四人的事业基础，为他们的人生打造了崭新的平台。

中山是如何获得他们的青睐的呢？除了健康产业基地已有一定规模，中山环境优雅，交通便捷，足以媲美美国加州。更重要的是中山火炬开发区对高层次人才和项目十分重视。当他们推介自己"从事肿瘤、免疫性疾病、传染性疾病的抗体新药研发"项目时，市、区相关负责人立即专门约谈："我们商量一下，这个项目怎样在中山落实？需要我们提供哪些配套条件？"让他们意想不到的是，有关扶持政策很快提交给他们。按照市、区的人才政策规定，创业团队不仅能够获得风险投资，还能享受科研经费资助以及住房、生活等补贴。详细制定的创业扶持措施、人才的安家落户、提供临时研发场地等方案摆在面前，大到借用场地，小到借用一台车，派专人指引完成设立企业的各类申请，他们没有想到的，开发区想到了，并且逐项落实了。这些帮助对于久居国外，对在国内创办企业毫无经验的他们无疑是雪中送炭。

万事开头难，可是最难的问题火炬开发区帮他们解决了。创业资金是由火炬开发区健康产业基地的领导帮助牵线，找来专为小微企业解决资金难题的中山迅翔股权投资管理企业。双方一拍即合，四位海归博士不用掏一分钱，以技术入股方式占有企业80%股权，迅翔投资1700万元，占20%股权。钱有了，人呢？开发区管委会借给他们一间办公室，摆起四张桌子，开始招聘人才。可是四位技术专家初次上阵，连纸笔都没有准备，来人应聘要记录资料，只好委托应聘者代买。为了延揽人才，夏瑜这位柔弱的女子还单枪匹马来到广东药学院，向院方借一间办公室，拉起横幅就干起来了。

2012年3月28日，康方生物被列为当年中山市引进的"十大重点项目"之一，并登上每年一度的中山招商经贸洽谈会主席台上进行签约。

2012年6月，开发区为康方生物在留创园免费提供的200平方米办公场所投入使用。

2012年7月，健康产业基地专为康方设立了位于生物谷大厦的临时实验场。为了减轻公司初创期的资金压力，基地按公司的要求专门购买了符合国际标准的价值上千万元的全新仪器设备，租给康方使用。公司招聘的20多位科研人员到位，研发工作启动。

创业起步，有了钱，有了人，然而这些对于生物制药企业而言还远远不够，生物制药厂房条件要求十分严苛，创业团队最焦急的是要有专属的研发大楼。健康产业基地急他们所急，领导亲自督导，全力配合创业团队，解决了一个个难题。8000平方米的研发试验大楼在令人惊叹的三个月内完成装修。2013年4月22日，康方生物正式入驻神农路6号，同时与亚宝药业集团股份有限公司、中美华世通生物医药有限公司、暨南大学、北京大学等单位签署战略合作协议，又获得了1500万元的项目投资。

仅仅一年时间，康方生物医药有限公司就从纸上的蓝图，实实在在地成为了祖国大地上一道靓丽的风景。

2014年3月26日，在"首届中山人才节"的海外高层次人才中山创新创业座谈会上，夏瑜博士向近百位海外博士分享创业经。她谈到中山对创业者的体贴入微，比如公司大楼附近没有公交线路，区领导得知后，协调有关部门开通了070路公交车，又优化了线路班次，方便了员工的出行。她以切身经历同博士们交流："中山有着和美包容的人才环境、优惠的人才政策和优质的人才服务，我希望大家能融入中山，感受中山对人才的渴望和尊重，成为敢于做梦、勇于追梦、努力圆梦的新中山人。"

对于夏瑜博士这位母亲来说，不忍放下的还有远在美国读书的12岁女儿。

最终她说服女儿来到中山，可是就读学校难住了她。开发区有关领导得知后，立即安排她女儿进条件较好的外国语学校入读，解除了夏瑜博士的后顾之忧。

这些举措给四人的创业团队带来了巨大的力量，中山市和开发区这么大力支持，没有理由不干出成绩来。他们由衷地感到，中山是想干事、能干事、干得成事的宝地。

仅仅创立四年，康方生物已经建立了针对肿瘤、自身免疫性疾病、炎症和心血管疾病的丰富的产品线，拥有了8000平方米的研发和中试生产大楼，价值3550万元的研发设备、111人的团队以及6500平方米的GMP生产基地。公司的平台规模、软硬件设施、新药产品线数量、研发团队等在国内已经居于同行业领先水平。同时，康方生物已与国际及国内多家制药上市企业建立了合作关系，共同开发创新型抗体新药，是中国以战略合作形式开发抗体新药的先行者。康方生物在2015年7月成功完成了由深圳创新投资集团领投的A轮融资。2015年12月，康方生物与美国默沙东达成一个肿瘤免疫治疗抗体药物的全球开发和销售协议，合同付款总金额达两亿美元。此次合作是国产创新药物在海外市场的新突破，是国内首例由创新型生物科技公司将完全自主研发的单克隆抗体新药成功授权给全球排名前五强的制药巨头，具有里程碑式的意义。此次合作也将对公司未来五年业务收入的持续迅猛增长发挥巨大的作用。

四年来，康方生物共申请专利52项，已获得授权23项，其中包括发明专利2项及实用新型专利21项，另外有4项新药发明专利已获得受理通知书，3项新药发明专利正在撰写，预计近期提交申请全球专利。2篇科技论文在准备中，1篇科研论文已发表。

康方生物自成立以来，得到了各级政府部门的一致认可，获得了三十余项国家级、省级及市、区级科技立项、基金支持及奖励，主要包括：科技部火炬计划、科技部中小型企业技术创新基金、国务院侨办重点华侨华人创新创业团队、中国留学人员回国创业启动支持计划、广东省蛋白工程和抗体药物开发工程实验室、广东省博士后创新实践基地、广东省高新技术企业、广东省发改委战略性新兴产业集聚发展试点项目、中山市引进科技创新团队、中山市工程技术研究中心、中山市新型研发机构等。

对于未来的发展，康方踌躇满志——三年内发展成为国内顶尖的生物技术及制药企业，拥有一定的国内外知名度和市场占有率；成为药企战略合作研制抗体新药的最佳合作伙伴；自主研发的新药成功上市。2016年到2020年，通过"产品定制和新药合作开发"的商务模式收入累计产值两亿元，通过"新药阶段性产品转让"的商务模式收入累计产值超过两亿元；2021年后，自主知识产权新药上市，推向国内外市场，获得巨大市场收益和良好社会效益。康方在2015年已经实现盈利，并实现利润逐年稳定增长，计划2020年前后申请IPO上市。

康方的研究方向和内容符合国家及广东省将生物医药列为战略性新兴产业的"十二五"规划。在5～6年内，康方预期将研发出数个具有自主知识产权的，针对肿瘤、免疫系统疾病、心血管疾病、糖尿病等的单克隆抗体临床药物，并与省内外大型药企合作开启药物的临床实验及产品生产批件的申请，最终把区域性甚至全国的抗体新药的研发和国产化水平带上一个全新的高度。希望四位海归博士创办的康方为中山的创新驱动发展继续贡献更大的力量。

康方生物、荣思东数码在开发区的崛起，只是众多海归企业成长的缩影。如获得第四届中国创新创业大赛先进制造行业全国第二名的中山昂帕微电子技术有限公司，荣获国家高技术产业化示范工程奖、国家高技术产业化十年成就奖的广东博威尔电子科技有限公司，首创批量化生产超高功能新型碳材料螺旋状碳纤维的广东双虹新材料科技有限公司，致力于高智能、高效节能、低成本的电源管理芯片研发的中山芯达电子科技有限公司等，都是在中山这块热土上成长壮大的海归企业。截至2016年年底，中山留创园共引进企业319家，其中海外高层次人才创办的企业119家。除了夏瑜、周广滨两位本土成长的国家"千人计划"创新人才外，还有杨森、姜久兴、杨阳、龚明、余丁山等博士也是国家"千人计划"创新人才，同时不乏像桑钧晟、杨少明、许明伟等已在国际、国内享有盛名的博士。而到2016年年底，开发区累计引进海外高层次人才406人。这些人才在中山找到了施展才华、大展身手的天地，开发区的未来就寄托在他们身上。

（供稿　陈永解）

文联发展跨大步　群众舞台娱万家

作为国家级开发区，开发创业鼓角激荡，文化强区风起云涌。中山市文学艺术界联合会火炬开发区分会（以下简称开发区文联），千余名优秀的文联群众会员各有所长、携手并进，为开发区的文化建设锦上添花。

开发区文联是在中山火炬开发区党工委、管委会领导下的由全区文艺家、文学爱好者组成的民间团体（委托开发区文化站负责领导），是区党工委、管委会联系文艺界的桥梁和纽带，是群众文化艺术的大舞台。

开发区文联成立于1997年，第一届代表大会选举产生了名誉主席两名、主席一名、副主席三名，秘书长一名、副秘书长一名、委员九名。第二届代表大会选举产生了主席一名，常务副主席一名、副主席四名、秘书长一名、副秘书长三名、理事十名、顾问六名。

开发区文联目前有12个协会和团队：文学协会、书法美术协会、摄影协会、音乐舞蹈爱好者协会、集邮收藏协会、曲艺协会、兰花协会、民间武术协会、太极健身舞协会、龙狮协会、火炬民间歌舞团以及威风锣鼓队等。

开发区文联成立以来，在区党工委、管委会的正确领导和市文联的直接指导下，积极研究和思考文化工作的新思路和新方法，努力促进开发区文化事业的繁荣和发展，团结全区文艺爱好者，增强文联与协会的凝聚力，以"请进来，走出去"的交流方式，全面调动会员的积极性，坚持不懈地开展活动，如进行各类比赛，举办讲座、展览，外出采风、交流演出，发表作品等。文联各协会涌现出一批又一批的文化新秀和精英队伍，为建设社会主义精神文明，建设有特色的开发区文化做出了不懈的尝试与努力，使得开发区文艺事业蓬勃发展。

开发区文联创办了"大家乐"广场舞会，迎新春大型美术、书法、摄影、文学作品联展，综合文艺节目、曲艺、电影、摄影作品、春联下小区和进厂企等大型品牌活动，每年都积极策划并举办各种展览、演出、交流、采风、培训、讲座以及比赛等活动。各个协会在全国、省、市的各类比赛中都有所斩获。

书法美术协会成立至今，定期组织会员下乡采风、外出参观作品展、参加书法美术讲座、交流比赛，拓宽了会员的视野，提升了其专业素质。会员余汉松在2008年国际书法摄影作品大赛中荣获毛笔、硬笔书法两项金奖，许多书法作品也被永久收藏。

摄影协会成立以来，积极深入生活，深入基层，下乡体验，切磋交流，足迹遍及大江南北。协会每年都定期开展摄影培训和学术讲座，参加系统内外的摄影交流活动、各类摄影比赛和展览。协会鼓励会员积极进行创作，提高摄影水平，同时以此为平台给会员们一个展示自我和学习交流的机会。经过多年的耕耘，摄影协会取得了不错的成绩。多幅作品获得省级以上奖项，得到了专业人士的高度评价。近年来协会参与了《欢聚中山城》现场抓拍比赛、《人与自然》生态专题摄影大赛等活动，获得多项省、市级大奖，并编辑出版了会员大型作品画册。

文学协会成立以后，建立并完善了一支高素质、高能量的文学创作队伍，繁荣了开发区文化事业，加强了精神文明建设，成为一个展示文化强区的精彩舞台。协会经常组织会员定期学习党的方针政策，学习和研讨文学创作理论和科学文化知识，努力提高文学队伍的思想和业务素质。鼓励和帮助文学爱好者深入生活，汲取营养，丰富自我，创作出一大批反映开发区人民精神面貌和建设新生活实践活动的优秀作品，营造出具有开发区特色的文学创作风格。协会成立至今，会员们所创作的文学作品也屡屡在省内外获奖。

集邮收藏协会于2003年正式成立，通过开办知识讲座、展览、培训等各类交流活动，共同学习集邮收藏知识，交流经验与体会，提高爱好者的鉴赏能力，培养高尚情操，陶冶文化情怀。

音乐舞蹈爱好者协会是由区内音乐、舞蹈爱好者自愿组成的社团，目前已经发展了百余名优秀会员。通过开展各种培训、比赛、演出、观摩活动，提高开发区音乐、舞蹈艺术的整体水平，更为重要的是提高音乐、舞蹈艺术在广大群众中的普及程度，并通过各种途径发展和培养骨干力量，为开发区音乐、舞蹈艺术向更高层次发展打下坚实基础。协会成立后，在音乐和舞蹈表演方面成绩显著，多次获得国家、省、市级大奖。

曲艺协会也是成立于 2003 年。目前共有曲艺分队四支，会员近百人。曲艺协会每年赴区内各社区慰问演出三十多场次，另外还接受其他镇区的邀请，每年进行外出交流演出，获得群众广泛认可与好评。曲艺协会还积极参加省内外的各项比赛，都取得了很好的成绩，在努力传承与弘扬粤曲文化方面作出了积极探索和贡献。

太极健身舞协会于 2007 年成立。它的诞生，进一步推动了广场舞、健身舞活动的全民化开展，丰富和活跃了广大居民的业余文化休闲生活，大力推进社会主义和谐新社区的建设。协会成立以后，举办了一系列有特色的健身舞培训班，如拉丁舞培训班、太极拳培训班等。另外也组织专业教师到各小区文化广场，对各小区健身队队员及健身操爱好者进行现场教学，受到热烈欢迎。到 2015 年为止，拉丁舞培训班已经举办了数百期，太极拳、太极扇培训班也举办了数十期，共有数千名群众参加了培训活动。协会不仅被评为市先进文艺社团，还多次在健身舞大赛中荣获大奖。太极健身舞协会和各小区妇女健身队怀着对生活的热爱，积极投入到开发区建设社会主义新社区、建设和谐文明社区的洪流中，编织出新社区一片靓丽的图景。

兰花协会于 2008 年成立。协会发动、组织、培养、倡导广大群众加入到种兰、养兰、赏兰、爱兰、学兰等各种兰文化的大潮中去，借以净化自然环境，净化心灵，陶冶情操，提升境界。目前，协会的兰友们新种养的兰花总数已逾万苗，品种数百个，且长势良好。协会会员们以兰会友，积极交流养兰经验和心得体会，将兰文化进一步发扬光大。

开发区文联走过了 18 载风雨寒暑，她的功绩，将被永久载入火炬开发区文化发展的历史丰碑中。

（供稿　徐一川）

排名首个省特级　文化强区树美誉

中山火炬开发区文化站坐落在张家边繁华的东镇大道。文化站始建于 20 世纪 70 年代，建筑总面积 10,380 平方米。早在 1997 年，它就荣膺"广东省特级文化站"殊荣，成为中山市率先进入"省特级"的文化站。

2003 年，广东省提出了建设文化大省的目标任务。根据上半年下达的全省文化站评估定级文件精神和省文化厅最新制定的特级文化站各项标准，开发区文化站对现有条件进行了全面评估，把复评保级工作作为建设现代文化先进示范区的突破口，以高起点、高标准的要求对文化站的各项硬件、软件建设重新进行改造与完善，成立了以开发区宣传文化中心领导为组长、党支部书记为副组长的评估保级领导小组。

开发区文化站自 20 世纪 70 年代建立以来，政府先后投资逾 500 万元，对文化站的各项基础设施进行改建，强化其功能，并大幅增添了一些文化项目的建设。重新装修了文化站办公大楼，设置了老年活动厅、少儿活动室、文体活动室、舞蹈排练厅、器乐声乐培训室、青少年活动中心、电脑培训及多媒体阅览室、图书阅览室等文艺活动设施。文化站还先后组建了合唱团、曲艺社、舞蹈队、交谊舞队、鼓乐队、退教艺术团、幼儿体操队、老年扇子、民乐队等十多个群众性的文艺社团，同时还和开发区的火炬艺术团（即现在的火炬歌舞团），保持着长期密切合作的伙伴关系。艺术团汇聚了四十多名来自全国各地的优秀演艺人才，拥有一流的灯光、音响器材和 MIDI 录音制作设备，所编排的节目多次在国家、省、市专业比赛中获奖。文化站和艺术团，犹如开发区的两朵双生姊妹花，相互扶持、密切配合、资源共享，为开发区群众捧出了一场又一场丰富的文化盛宴。

2003 年 7 月，文化站办公大楼一楼的张家边电影院还自筹资金更新了放映设备，购买了当时最先进的高科技数码电影机，配置了环绕立体声设备，使放映效果达到了省内一流水平，吸引了开发区群众观赏电影。工作人员还利用业余时间及周末、节假日，牺牲自己的休息时间，积极送电影下乡。

作为火炬文联的依托机构，开发区文化站原有的文学、书法、美术、摄影协会等进行了优化改组，于 2003 年上半年成立了集邮收藏协会、音乐舞蹈爱好者协会和曲艺协会，吸收了三百多名文艺骨干及爱好者参加，壮大了文联队伍。2003 年 6 月 13 日，文化站组织召开了第二届火炬开发区文联代表大会，首次聘请了社区文化辅导员 24 名。开发区文化站的先进工作经验引起了省里的重视，在当年召开的全省文联工作会议上，开发区文联作为省内唯一的一个基层文联被特邀列席并在会上介绍了开发区整合文化资源、打造"五个一"文化品牌工程的思路与做法——创办省一流的文化报、打造省一流的文化广场、办市一流的电视节目、办珠三角一流的艺术团、创全国一流的文化精品。开发区打造文化品牌的思路与做法，得到了省里领导及同行的一致赞赏。

2003 年 6 月，开发区文化站与中山市民营企业培训中心以及来自广州的几所高等院校强强联合，创办了综合性的培训机构——中山火炬教育培训中心。中心开设了艺术培训、企业培训、技能培训等项目，引起了极大的社会反响，成为开发区知名培训机构。同时，中心还在文化站的全力扶持下，进一步加大投入，改善设施，引进培训人才，打造良好的学习氛围，为把培训中心建设成为开发区的专业技术人员继续教育培训基地和青少年、外来员工教育培训基地奠定了坚实的基础。

长期以来，开发区文化站对各类文艺人才及爱好者进行广泛的调查、挖掘、培养和吸收，建立详细的人才资料库。近年来，开发区的文艺事业取得了可喜的成绩，在文学、戏剧、音乐、美术、摄影、书法、曲艺、舞蹈和民间艺术等方面都涌现出一批优秀新作和文艺新秀。不少作品分别在国际、国家、市级比赛中获奖，多项大型活动获得优秀文化组织奖。文化站还发动各文艺社团，积极开展多项群众文艺活动，举办美术、书法、摄影采风创作比赛和联展、艺术培训班以及专家讲座等。"建区十周年"大型书画、摄影、诗歌比赛及展览，就是其中一项影响深远、广受好评的群众文艺创作活动。

一直以来，文化站积极送文化下乡，每年都认真组织大型群众文艺赛事。

近年来，文化站保证每年组织大型演出近 20 场次，送戏、露天电影下乡近 150 场次。每年的春节，文化站工作人员为开发区外来留守员工组织大型游艺活动，参加的群众累计达到了 100 多万人次。特别是在 2008 年年初雪灾寒潮期间，文化站为成千上万因雪灾不能回家过年的留守群众举办了灯谜会、送春联等活动。此外，以广场文化为特色的"大家乐"群众交谊舞晚会，成为全市群众文化活动的一个亮点。每个周末，火炬开发区会展中心广场都是一片高歌热舞、笑语欢腾的景象。"大家乐"晚会成为开发区群众周末温馨的休闲港湾、节假日快乐舞蹈的欢乐家园。为了办好"大家乐"广场交谊舞晚会，文化站负责音响、灯光的工作人员，每次总是提前来到会展中心做好准备工作。

开发区文化站在 2003 年度隆重推出了为期两个多月的"火炬之夜"大型群众文艺调演活动，将"大家乐"群众文化推向了高潮。作为具体承办单位，文化站从策划到组织，从宣传到协调，从节目报名整理统筹到舞台现场布置调度都认真做好。每一个环节、每一个步骤、每一场节目都留下了全体工作人员辛勤的汗水。

如今又是一个十年过去了，开发区管委会再度对文化站投入巨资进行新一轮的大规模装修改造，将一楼张家边电影院全部改建成健身广场舞、老年扇子舞、

世纪广场辉煌夜 　　　　　　　　　　　　　　　　　　摄影　欧锦强

太极拳排练大厅，并安装了中央空调，免费对文联会员开放。"太极健身舞协会"也在这时成立。

2003年5月文化站创办《火炬文报》。其作为开发区的一扇文化宣传窗口，成为开发区文化品牌之一。

在开发区文化市场管理方面，文化站认真行使管理职权，努力实行正面引导，并配合公安、消防、工商等部门对全区娱乐场所进行每周两次的常规检查和监督，公布了群众举报电话。一有群众举报，立刻进行调查，及时展开行动。把易于发生安全隐患的KTV歌舞厅、电子游戏机室、网吧、影剧院等作为检查的重点。对不符合检查标准的，责令其停业整顿；对无证照经营的，坚决予以取缔。同时，对区内音像制品销售市场进行了全面整顿，严厉打击销售盗版光碟的猖狂势头。歌舞娱乐场所色情服务和吸毒现象得到了有效打击与遏制。近年来，文化站每年都收缴非法音像制品五千多张。文化站每年都组织开展互联网上网服务营业场所（网吧）专项治理行动，取缔无证经营。

此外，开发区文化站认真贯彻执行上级关于整顿和规范印刷业的有关精神，配合宣传办召开印刷企业经营工作会议，积极做好印刷企业的年审工作，促使印刷业朝着健康有序的方向发展。

（供稿　徐一川）

抚今追昔忆濠头　文艺风骨代代传

阅书报社拾遗

濠头阅书报社于民国三年（1914年）由郑氏大宗祠维持会出资兴建。该阅书报社坐落于濠头一村元成上街，建筑面积50平方米，是砖木结构的一层半建筑（半层为木楼）。阅书报社内设图书馆和阅览室，存有各类书籍、刊物和多种报纸，免费供村民阅读，丰富村民的文化生活。

阅书报社的日常经费开支基本由郑氏大宗祠维持会负责，此外还经常得到热心人士的捐助，在西椏村购置两亩地，用于出租，将出租所收费用捐赠给阅书报社，作为经费。阅书报社一共运作了35年，由于各种原因，于中华人民共和国成立后停办。

文化、老人活动中心的历史变迁

中华人民共和国成立后，濠头乡一直重视文化设施建设。20世纪五六十年代，该乡建有业余的群众性文化娱乐组织及场所，由当地村民组织，以集会形式自由演唱和演奏曲艺粤剧，无固定人员和固定经费。

从20世纪80年代起，濠头乡各自然村纷纷出资兴建一批文化、老人活动中心。1989年，濠头一村率先在大村正街，耗资六万元建成濠头乡第一间文化、老人活动中心.该活动中心占地面积100平方米，建筑面积为70平方米，是混凝土框架结构的二层楼房，内设电视室、阅览室、麻将室等。同年，二村出资七万元，在新村仔下街建成90平方米二层楼房的文化、老人活动中心。1992年，耗资20万元在元山竹园中道建成190平方米二层楼房、占地面积为250平方米的活动中心。1995年，上、下陂头分别出资45万元和50万元在上陂正街和下陂球场边建起二层半的混凝土框架结构活动中心，其占地面积分别为 250 平方米和 350 平方米，建筑面积各为 400 平方米和 250 平方米。2001 年，濠头乡一村、二村再次分别出资 32 万元和 16 万元，在一村赤圳企和二村上街建成两座活动中心，是占地面积分别为 200 平方米和 70 平方米、建筑面积各为 350 平方米和 150 平方米的楼房，前者二层，后者三层。2008 年，耗资 20 万元，在濠头三村上街建成 170 平方米的二层楼房活动中心。至 2008 年，濠头乡各自然村共出资 196 万元，建成八座总建筑面积为 1670 平方米混凝土框架结构二至三层楼房的活动中心。各活动中心均设置图书室、阅览室、电视室、娱乐室、桌球室等，极大地活跃、丰富了广大村民的文化生活，特别是为老年人的文化娱乐生活提供了一个好去处、好平台。

曾经风靡一时的群众文化

粤剧团

濠头业余粤剧团成立于 1951 年 2 月，团长是郑洪元和周振华，成员有郑敬然、郑丽韶、郑惠斌、古文盛等四十余人。

为响应国家号召，粤剧团大力配合文化宣传，先后演出的剧目有《欢迎你入社》《两条道路》《两兄弟》《妇女代表》等，深受广大群众的喜爱。

1953 年，粤剧团参加中山县第四届民间业余文艺演出，荣获优秀奖。1957 年到石岐中华戏院演出粤剧《搜书院》，深受观众赞赏，门票供不应求。当时买不到票的群众就站在戏院门口听戏。

粤剧团除常在本乡演出外，还到石岐中华戏院、张家边、沙边、朗尾、神涌、濠四、榄边等地演出，都受到了广大观众的欢迎。

当时生活条件艰苦，剧团经费靠自筹。团员出外演出靠步行，白天要工作，晚上还要排练和演出。然而他们团结合作，不辞劳苦，坚持数年。粤剧团坚持了七年后，于 1958 年因团员工作繁忙而解散。

灯棚歌

灯棚歌是濠头村的一种风俗，邻近各乡村也有，但没有濠头那么流行。

中华人民共和国成立前，如果家里生了男孩，则于翌年农历正月初二开始，为男孩"开灯"。各村有各村的开灯日。濠头村的开灯日为正月初十，在祖祠及"社坛"处盖搭棚厂，悬挂彩色纸灯以示庆祝，并唱"灯棚歌"，以庆祝"开灯"的儿童出生。灯棚歌最先由儿童唱起来，后来对歌谣感兴趣的男女老少也参加进来，同他们一起唱。

唱歌也有规律，由开唱的人先唱几句吉祥语，例如，"灯棚歌，今年好过旧年多，撒落老糠就系禾，收成谷来一箩箩"。一人唱完，另有一人作答，以四句为一首，中间亦有四句以上的。意思不外是祝颂乡中太平盛世、国泰民安，农夫收获丰富、五谷丰登。亦有人借此机会来唱唱自己的难处，也有的借此机会来嘲笑他人。例如有一个人唱："有人难无我咁难，搭起茅寮无下间（厨房），伙计又多米又贵，一天还要吃三餐。"他的伙计答道："有人悭无你咁悭，朝朝晚晚空菜篮，番薯芋仔多过饭，伙计常要吃单餐。"不管内容是什么，总之都是一种娱乐方式，甚为流行。其他村的爱好者也前来参加助兴，在乡民比较集中的地方对唱，非常热闹。中华人民共和国成立后此种风俗渐淡。

宣传队

1968 年，在"文革"期间濠联大队成立了一支毛泽东思想业余文艺宣传队，简称宣传队。

宣传队成员来自濠联大队的 13 个生产队，成员有陈帜玲、卢丽瑜、钟伟奇、郑胜英、郑燕萍、郑子光、郑金燕、黄连金等 18 人，队长是郑志雄。宣传队是业余性质的，队员回生产队领劳动工分。

那时经常召开社员大会，由宣传队表演文艺节目，以唱革命歌曲和毛主席语录歌为主，还有相声、小品、"革命样板戏"《红灯记》《沙家浜》《智取威虎山》等京剧选段。此外他们还要当群众的老师，教唱毛主席语录歌和革命歌曲。

当时男女老幼都会唱一些毛主席语录歌和革命歌曲，特别是《大海航行靠舵手》这首歌。

宣传队于 1970 年解散。

舞蹈队

濠头村中老年人早在 20 世纪 90 年代就自发组织起来，每天清早在大操场练太极拳、太极剑、太极功夫扇、六通拳等。开始只有十余人，后来队伍不断发展壮大，目前约有八十多人。他们中的精英队员分别组建了濠头常青健身舞蹈队、濠头晚霞健身舞队和濠头大众健身舞队。他们不管寒冬酷暑，都坚持练耍拳剑，练健身操，跳民族舞和形体舞等，从不间断。

濠头常青健身舞蹈队于 2006 年 4 月正式命名，现有队员四十余人，队员平均年龄在 50 岁以上。常青健身舞蹈队多次代表濠头村参加区举办的表演、比赛及迎宾演出活动，取得了良好的成绩。在 2011 年至 2013 年三年间代表火炬开发区体委参加中山市的第一届、第二届、第三届广场健身舞比赛，获得优秀奖一次、特等奖两次。

民间艺术，火花灿烂

舞木龙

濠头舞木龙比较特别。这种木龙（原称柴龙）由龙头、龙身、龙尾三部分组成，每截长约二尺，由三个人来舞，每人舞一截。

每年农历四月初七浴佛节时，以柚叶水净浴龙体，由三人饮完黄瓜酒后从庙中将龙舞起来，到全村巡游。小小的木龙，动作多变，酷似蛟龙翻腾，栩栩如生。

濠头舞木龙始于何时，已无法考查，估计有数百年历史。北帝庙内的一对木龙（雌雄各一条），在同治二年（1863 年）制造，至今已有 154 年的历史了。雄性木龙的角浪凹峭，目深鼻豁，鳞密；雌性木龙则具角靡浪平，目肆鼻直，鳞直等特点。

舞木龙来自一个传说，根据地方文献记载，在南宋绍定年间（1228 ～ 1233 年），浙江籍郑谷彝、郑谷纯两兄弟从长洲乡沿石岐海至东濠沙入濠头涌，定居五马峰下，山下临海湾，有小溪，溪中盛产蠔，因而得名濠溪，两人成为濠溪村的开村之祖。后来疍家井、赤坭企合并称为濠头。郑氏后人多以种植甘蔗、水稻为生，因近石岐海和横门水道，也有人以捕鱼为生。

有一年，村中郑氏渔民出海打鱼，从早上到中午都没有收获。在一筹莫展之际，手中渔网的网绳似有重物拖住，几乎连人带船被翻下海。他用尽全力将渔网拉上船，网中并无鱼虾，却有一截三四尺长的树头缠绕在网中，渔夫将其远远扔回海中，只见那树头像蛟龙般翻腾了几下扎入海中。渔夫多次抛网，但捞上来的都是那树头，树头越看越像龙头，他心里暗暗祷告：如果能保佑我天天打鱼满载而归，我发誓把龙体供奉在庙堂之上，日后塑造金身，世代香烛供奉。渔夫叩拜之后重新将树头放入海中，然后再次抛出渔网，霎时间鳞光闪烁，似有巨龙游近船旁。他忙拉上网，见满网鱼虾纷纷跃入船舱中。从此，渔夫天天渔获丰盛。于是，他履行诺言，请工匠将从海中捞起的树头雕成龙状，供奉在村中庙坛之上,日夜烧香点灯奉为柴龙。后人将柴龙雕成龙头、龙身、龙尾三截,舞木龙的习俗也一直保留至今。

舞龙狮

龙和狮都是吉祥物。我们中华民族是龙的传人,对龙情有独钟。狮乃百兽之王,自古以来就受到国人的尊崇与敬畏。人们通过舞龙舞狮,祈求国泰民安、风调雨顺,还能增添节日气氛。

濠头舞龙舞狮历史悠久。每年农历四月初八浴佛节,龙狮齐齐出动,在乡中巡游,锣鼓喧天,热闹非常。除龙狮外,有时还有飘色、花篮、灯色、大旗、布绣等。1942年,金龙、银龙大巡游,醒狮随驾,飘色、花篮、灯色、大旗、布绣等俱全,到邻乡巡游,可谓万人空巷,四周山头及公路上人山人海,盛况空前。

龙有金龙和银龙,醒狮有黑狮和雄狮。舞龙除巡游外还有过龙门、摆龙阵等套路;舞狮除巡游外,还有"采青"、高桩表演等。

除浴佛节外,在重大喜庆节日都有舞龙狮的习俗,除在本乡巡游外,有时还会到邻乡巡游。1988年还参加中山市慈善万人行龙狮游行,参加人数达200人。

濠头现有金银龙四条,还有国标龙、众多醒狮及花篮等物。龙狮召集人有郑志发、郑昔其等。

舞龙与舞狮可谓各有特色,舞龙身长、体大,气势磅礴,声势浩大;舞狮则灵活多变,动作逼真生动,配合默契。

濠头舞龙狮历史悠久,技艺高超,年青一代茁壮成长,将舞龙狮发扬光大,青出于蓝胜于蓝,技术水平不断提高,先后夺得2000年沙溪服装杯冠军、中山黄圃体育杯殿军、中山夏惠杯季军、中山市民间醒狮大赛卓达杯季军等奖项。濠头龙狮团被推荐为全市龙狮运动协会的团体会员,近年来还多次受邀到香港、澳门、广州、华山、顺德、南海及晋城等地表演交流。

《濠头月刊》,历史烽烟

《濠头月刊》创办于抗战前,由汝棵君等人发起,经费由侨胞和乡人资助,创办后只出版了数期,中山沦陷期间停刊,抗战胜利后复刊。目前所能见到的刊物均为民国35年至民国38年(1946～1949年)期间出版的。主办方是濠头中小学学生会,多为血气方刚的年轻人。社长为郑汉全,先后任编辑的有郑官泽、郑汉英、郑凤韶、郑君实和郑品树等人。他们均为学校老师。复刊后共出版了

27 期。该刊办刊四大主旨有：策动乡建工作；揭露乡民疾苦；搜集本乡文献；联络旅外乡人。

《濠头月刊》内容丰富，多姿多彩。有针对乡村的时弊，揭露乡民的疾苦，有"物价调查表"，该栏目主要调查追踪比较当时生活必需品的价格变动情况，包括柴、米、油、糖、炭、面粉、蛋、蔬菜等等，几乎每期必出。究其原因，与当时漫天飞涨的物价有关。如民国 36 年（1947 年）第 7、8 期的《濠头月刊》曾有一篇名为"金融发生风潮，物价一时腾"的文章，对当时物价有生动的描述："有一乡人早上赴市，购肉向第一台问价要每斤七千，第二台要九千，第三台要一万，再回第一台要一万二，数分钟几升价一倍，惟翌日物价即猛泻矣。"该刊还有对教育事业的建议及动态，有体育运动的新闻，有县闻、乡闻，村民出生及死亡的调查，风俗习惯，人物介绍等，还有评论、本乡文献等，总之包罗万象，是当时历史的记载。可惜本乡没有留存，只有市图书馆才有复刊后的《濠头月刊》实物。

据说，当时村级能出版这样的刊物在全县为数不多，非常难得。

（供稿　郑秀兰　吴书丽）

东镇明珠应运生　星光熠熠耀征程

中山火炬歌舞团和打工歌舞团是火炬开发区两颗熠熠生辉的"东镇明珠"。

中山火炬歌舞团

她的问世，应运而生

2001年9月15日，歌舞团的前身——中山火炬艺术团成立了。当时的办公环境十分简陋，在张家边新村租下了两套住宅便开始了工作，团员也仅有13人。管理模式为区财政拨款，艺术团负责节目编排。一切都是从无到有，包括资金、设备、器材和优秀的演艺人才。

她的首秀，一炮打响

2001年12月1～4日，首届中国（中山）国际电子信息产品与技术展览会暨开发区成立十周年文艺晚会在中山火炬开发区举行，艺术团和区校企文艺骨干共同演绎了一台原创文艺作品，受到了领导的高度肯定和观众的喜爱。从此，在开发区领导的大力支持和关怀下，艺术团激发了源源不断的创作动力，开始以轻骑队的形式活跃在开发区各个企业、单位、学校和乡村，逐渐成为开发区乃至中山市最具代表性的文化艺术宣传窗口。

她的发展，一路跋涉

目前，中山火炬艺术团已经走过了14年的发展历程，更名为中山火炬歌舞团，并于2004年4月16日成立中山火炬文化艺术发展有限公司，下设舞蹈队、声乐队、工程部、办公室及市场策划部等五大部门。发展到今天，歌舞团已拥有在职员工50人。由于全球金融风暴，2008年雪灾、地震因素的影响，全球经济陷入低迷，歌舞团演出业务量骤减，收入接近为零，此现象一直延续至2010

上半年。尽管歌舞团从 2010 年下半年至今，经营状况有所起色，但依然处于入不敷出、捉襟见肘的营业状况。

尽管在经营、运作上，公司困难重重，然而十余年来，歌舞团仍坚持每年送戏下乡 16 场以上，每年的转场演出皆悉心创作、精心编排、精益求精，力图雅俗共赏，力争贴近群众、服务百姓，满足人们的精神文化需求。在完成区里指派任务的同时，歌舞团还积极探索市场化道路，策划、承办了一系列大型专场专题演出活动共计 1000 余场，创作节目约 120 个，其中歌曲约 60 首、音乐快板近 40 首、舞蹈 50 支。参演中央电视台"春暖""中华情""激情广场"等系列晚会；创作、演出"清风正气""一畅两会""建设社会主义新农村""三打两建"等专题文艺晚会；加强对外文化交流，展示中山文化特色，先后参加厄瓜多尔第四届"舞蹈中的女性"国际舞蹈节，印度尼西亚第五届世界广东同乡联谊大会巡回演出，马来西亚第八届世界中山同乡恳亲会文艺汇演等。

她的成就，有目共睹

歌舞团十余年来先后获得三十多个国家、省市级奖项，其中舞蹈《喜》荣获 2004 年广东省群众文艺作品评选舞蹈三等奖；舞蹈《落水天》荣获 2006 年广东省群众文艺作品评选一等奖；第二届"金色彼岸之声"全国新人新作歌手选拔大赛优秀奖；音乐快板《新人新事新农村》获得中山市最佳编创奖；表演唱《看看看》运用说、唱、跳、演的方式贴切地展现了火炬开发区近年来的发展成效，在广东省星火科技颁奖晚会中获得了专业人士和领导的高度赞扬。

随着歌舞团的成长壮大，人员不断增加，演出活动随之增多，所需的经费也越来越多。为了减轻政府财政负担，也为了歌舞团的长远发展，火炬歌舞团于 2004 年进行改革，成立中山火炬文化艺术发展有限公司，开始了市场化的运作。

2006 年初，歌舞团应南美洲国家厄瓜多尔首都基多市的邀请，参加了第四届"舞蹈中的女性——国际舞蹈节"，交流期间，歌舞团的表演展现了中国特色舞蹈的魅力，得到了厄瓜多尔人民的热烈欢迎和参加国际舞蹈节的其他国家代表团的好评，中国驻厄大使刘玉琴女士高度评价歌舞团演职员工"吃苦耐劳，不辱使命"。2009 年 5 月，歌舞团代表广东省海外交流协会参加第五届世界广东同乡联谊大会，先后在雅加达、泗水、日惹等城市进行巡演，每场文艺表演都受到了当地华侨的热烈欢迎和喜爱，缓解了在外游子的思乡之情，为中国和印度尼西亚的文化交流做出了应有的贡献。

她的未来，任重道远

中山火炬歌舞团从 2001 年成立至今，已由 15 人发展到如今 50 余人的专业团队，成长为珠三角小有名气的艺术团体。一直以来，歌舞团以繁荣社会主义和谐文化为己任，在中山市委宣传部、文广新局和火炬区党委、管委会的直接领导和关怀下，成功地策划承办了从舞台舞美、灯光音响到演出等一系列大型专场专题演出活动共计 500 余场，极大地丰富了人民群众的文化生活。

打工歌舞团

火炬开发区打工歌舞团于 2003 年 11 月 28 日成立，成员都是来自开发区企业的外来务工者，年龄在 17 ~ 25 岁。乐观、阳光是这个群体的共同特点。他们都有着自己的一份本职工作，一面在工厂、车间里做工，一面利用业余时间进行节目排练，参加开发区送文化下乡、下厂的演出和慰问活动。

2003 年 11 月 28 日晚上，开发区打工歌舞团成立并举办首场演出，一共为大家奉献出了 16 个精品节目。团歌《为爱流浪》唱出了打工一族漂泊的情感和执着的追求。《我不想说》《情哥哥去南方》《离家的孩子》《愚公移山》等经典歌曲也分别由工厂生产流水线上的员工倾心演绎。

打工歌舞团，有着自己的宣言

"带着青春的活力，带着生命的激情，带着艺术的禀赋，带着生活的欢欣，我们携手相伴，我们歌舞相随，结成快乐的阵营！

"从大山深处走来，我们展示山野质朴的风情；从大江两岸走来，我们带着澎湃浪花般激越的豪情；从天涯海角走来，我们摘来鲜花般的云彩；从天南地北走来，我们擎起矫健的帆影；从流水线上走来，我们让麻木的灵魂在创造中苏醒；从写字楼走来，我们为未来的梦想放飞向往的深情……

"我们打工，自强自立刷新南方的天空；我们歌舞，多姿多彩点缀火炬的夜空；我们创造的艺术欢乐，我们编织的美丽风景，托举这火炬开发区现代文明的巍巍长龙！"

如今，打工歌舞团已经不仅仅局限于外来员工的范围了，凡是在火炬开发区生活和工作的群众，只要具备一定的才艺和文艺素养，能抽出时间进行训练和排练，能积极跟随团队不定期地下乡、下基层巡回演出，都能进入这个团队。

昔日的打工歌舞团，现在已正式更名为"民间歌舞团"，不断聚集开发区群众性的各类文艺人才和骨干队员，朝着大众化、群众化、多元化的方向发展。

（供稿　豆清华　徐一川）

花来岭南无月令　豆到中山有杏香

　　咀香园,坐落在国家中山火炬高新技术开发区健康基地,它占地面积100亩,厂区四周环境优美,风景秀丽,绿化覆盖率在50%以上。百余年来,咀香园人代代相传,秉承传统秘方结合现代科技,不断创新发展,已成为生产"正宗中山特产"杏仁饼,集开发、生产、加工、销售、连锁专卖、旅游观光于一体的食品企业。进入园区里,空气中到处散发着一股股杏香味,一个高三米的大型饼模具雕刻,仿佛向人们诉说着她的前世今生,通过咀香园故事,印证香山人用勤劳、智慧传送的"花来岭南无月令,豆到中山有杏香"的传奇佳话。

百年前率先注册商标　如今工厂成景点

　　咀香园传统制作工艺的始创者萧家所处的兴宁里,正处于香山县城石岐繁华的"十八间"附近。清光绪末年,位于香山县城石岐兴宁里8号一个书香世家,家道日渐衰落。时值萧家老夫人寿辰,萧友柏为经济拮据难以招待亲友而发愁。其家中婢女潘雁湘,在萧友柏的妾侍林大姑指导下,将绿豆磨成粉、用糖腌制肥猪肉片,经过一系列手工技艺制作成绿豆夹肉饼用来孝敬老夫人,并以此招待宾客。此饼入口甘香松化,肥而不腻,咀嚼之有杏仁香味,宾客品尝后,赞不绝口。其时,有人将该饼呈奉时任香山知县的覃寿堃品尝。覃知县食后回味无穷,即令师爷取文房四宝,挥毫写下"齿颊留香"四个大字。从此,绿豆夹肉饼成为萧家节日送礼和招待亲友的佳品。因其形状似杏仁和有杏仁香味,故称杏仁饼。

　　民间商贸的兴旺令家道中落的萧家放下了书香世家的面子,融进了民间商贩的行列,1911年,萧家家人为帮补家计,以传统手工艺开始了作坊式杏仁饼生产，并让婢女到附近地处"十八间"之间的泰东戏院等地叫卖，杏仁饼广受欢迎。民国七年（1918年），萧家正式进行工商登记生产杏仁饼，店号"咀香园"，这便是如今中山市内人尽皆知的咀香园杏仁饼的前身。

从民国初年开始，以传统手工技艺制作的杏仁饼不但在本地区和港澳地区大受欢迎，旅居海外的华侨也纷纷将钱汇回国内购买，通过香港的"金山庄"将杏仁饼邮寄往北美洲和东南亚等地区，咀香园杏仁饼传统制作工艺成为了一条凝结海内外乡亲浓厚乡情的重要纽带。

萧友柏逝世后，其子萧干伟继承传统制作工艺。1935年，以传统工艺制作的咀香园杏仁饼参加美国檀香山国际食品博览会，并荣获"金鸡奖"，蜚声海内外，成为雄霸一方的特色食品。之后，该企业虽历经多番改制和搬迁，但其传统制作工艺一直被传承下来，历经百年时光，而今更为兴旺。2005年，凭着深厚的传统饮食文化底蕴和精湛的传统制作工艺，咀香园杏仁饼的生产企业咀香园健康食品（中山）有限公司被商务部授予"中华老字号"。2009年，咀香园杏仁饼传统制作工艺被广东省人民政府列为第三批省级非物质文化遗产名录。

如今，中山市咀香园健康食品有限公司（下称"咀香园"）除了蒸蒸日上的食品生意，还开发出了一条工业旅游路线，供参观者了解这百年品牌的发展历程。

精工细作成中山特产　专门登报打假

咀香园杏仁饼最早是家庭手工作坊式生产。由于举家专心制作，饼味甘香，松化适宜，件件保质，一下子食客大增，供不应求。

其时，咀香园制饼先选用上乘绿豆作为原料，经冲洗、烘干后，慢火炒熟，去皮，再磨成幼粉，配以糖腌肥猪肉片。据称，一头猪只能用背部肥肉十斤左右，其余不要，再用沙糖浆等捞成湿粉。其后，用两个木桶顶承，内放炭炉烘熟，烘饼时精工细作，稍有瑕疵都要除去。

也是在这一时期，咀香园杏仁饼通过侨胞走向了世界。海外华侨回乡品尝后念念不忘，都以咀香园杏仁饼为家乡特产馈赠亲友，信誉甚佳，引来"花来岭南无月令，豆到中山有杏香"的佳话。

由于产品长期畅销，不少同行开始模仿并假冒生产咀香园杏仁饼，中山先后冒出数十家规模不一的咀香园杏仁饼店。同时，香港、澳门、广州，乃至广西梧州也出现了咀香园杏仁饼店。为维护自身权益，萧家开始在报纸上连续刊登打假广告。

在 1948 年出版的中山《建中日报》上，有这样一段话："本园在中山石岐创制杏仁饼垂三十年余，素以出品精良深得中外人士赞许，畅销各埠有口皆碑。近查有无耻之徒竟冒用本园名义，在省港澳各地设店仿制图利，殊属刁狡违法。本园用玫鹤商标先后在经济部商标局注册，国内外各地并无设支店及代理惠点，诸君幸留意焉。"这则打假广告一连刊登了 25 期，"打"得粤港澳"李鬼"逐渐销声匿迹。

坚守传统工艺　屡次改制引领风潮

中华人民共和国的成立，是咀香园发展史上的一个关键点。1949 年 10 月 30 日中山解放，为迎接解放军入城，咀香园对解放军购买杏仁饼八折优惠。在当时，咀香园已经是中山饼食业的翘楚。

随后，国家对私营工商业实行社会主义改造，咀香园在 1956 年实行公私合营。咀香园搬离旧址，迁到岐江边的凤鸣路，与中山三十多家私营饼家合并为中山县国营糖果食品商店。整合之后，咀香园成为加工厂。

1978 年十一届三中全会后，沐浴改革开放的春风，咀香园陆续上马新机器扩大生产规模，开始半机械化生产。而在制饼这一环节仍要手工打模制作，否则就全然失去其独特风味，因此无论公司如何改制，这一传统工艺始终不变。而这一令咀香园杏仁饼长盛不衰的"秘诀"，正是成功申请广东省非物质文化遗产这一法宝。

从国有企业再次回归到民营企业的过程中，咀香园广泛征求了各方意见，认为根本的出路在于改变小作坊模式，建立现代化的企业制度。于是在 1997 年 5 月，咀香园进行第一次改制，成立股份合作制公司。改制后，国有股占 76.78%，职工股占 23.22%。1998 年底，咀香园进行二次改制，作为首批进行新一轮改革的试点单位，实行了内部员工赎买经营，103 名职工筹集四百多万元赎买了企业股份，成为中山市首家全面转制的国企；1999 年 1 月 1 日，所有公有股权全部转让，咀香园率先成为中山市第一批转制民营企业。

创新技术手段　丰富老字号内涵

通过科技手段解密传统工艺，咀香园走上了一条丰富老字号文化内涵，使之更好得以传承发展的道路。每年，都要投入 5% 的研发费用，引进先进检测仪器，研究杏仁饼、广式月饼等传统产品的工艺，观测产品硬度、水分、炉烤的过程如何变化，包括引进无线高温温度计、远红外仪器等。在传统食品行业投入如此大规模研发费用，也可以将一块小小的杏仁饼做到"高精尖"。

老字号该如何发展

作为由商务部认定的第一批"中华老字号"，咀香园这家百年老店关注的并不仅仅是自身的发展。此前，咀香园曾持续推动学术研究，对行业现状发问，为老字号的未来思谋远虑。

2011 年初，历时多年的《中华老字号现状及创新发展的研究》由中山咀香园社科建设基地课题组完成。对于"老字号如何发展"这一课题，咀香园做出了自己的回答："一般有三条路径：一是保留小而精、小而特、小而专的小企业发展模式；二是发展连锁店模式，适当扩大经营，如稻香村、全聚德、东来顺、咀香园；三是发展壮大成集团公司，实现现代化、产业化、规模化，如北京同仁堂。"

在市场经济的大背景下，老字号的根本出路在于改变传统运作模式，创新生产机制和营销模式，并积极挖掘、传承传统的文化符号。咀香园也正是从自己的探索中寻求转型和蜕变，从小店铺到小食品加工厂，从公私合营到市场化运作，最终成为年产值过亿元的大企业。

当网购成为时尚时，咀香园及时"赶时髦"，开始在阿里巴巴、淘宝、拍拍网等网店售卖产品。随后，团购之风盛行，咀香园又自主开辟了"团购"营销方式，紧跟时代步伐。除了专卖店和连锁店，目前网店销售已经成为咀香园最主要的零售方式。

（供稿　郭凤屏）

小村书香飘满园　琅琅书声似天籁

珊洲小学最早建于民国 20 年，是按照新式小学的标准和格局建设起来的。学校的规模很小，在读的只是珊洲村里的学生，被称为"麻雀小学"，20 世纪 90 年代，曾是珊洲小学学生的村支书林德明，对学校当时的情况仍然记忆犹新，旧时，村子附近还有几个小村落，那里的孩子们也都集中在珊洲小学一起读书。那时办学的条件比较差，因为当时村里的经济发展也不怎么样。但是村民们却很踊跃地参加学校的一些活动，经常主动到学校里帮师生们一起除草、打扫校园，美化布置校园。

1992 年，火炬开发区因为建设用地的需要，从珊洲村征用了一部分山林用于开发。补偿款本来是准备给每家每户去平分的，但就在分钱的当天，村民们提出要从中拿出一部分钱用以改善学校的办学条件，修建新的教学大楼。当时并不十分富裕的乡亲们的办学义举，也感动了珊洲籍的华侨，以时任香港金凤饮食集团的老板林志强为代表的一批关心家乡建设的华侨同胞决定捐款办学。教师们的补助也由在美国医学会工作的一位珊洲籍华侨捐资。崭新的教学大楼很快建成了，60 岁的珊洲小学以全新的面貌出现在人们的面前。正当珊洲人为学校的未来进一步谋划的时候，1997 年，由于开发区教育资源的调整，珊洲小学被取消，本村的孩子们被安排到附近的中心小学就读。对于学校的合并，珊洲人一时想不明白。林德明回忆起当时的情景，说："村民们心中的想法就是不服气，觉得想不通，为什么这么好的学校就合并了呢？怎么要把这么好的大楼拿去办厂了呢？大家还是希望有机会能办回学校。"

香港的林志强老先生看到复校无望，一气之下将珊洲小学的校牌扛走留作纪念。

重建学校，把村里几十年的办学历史续写下去，一直是珊洲村民心头的一个梦想。后来学校被一家工厂租用，村里还与工厂约法三章，第一就是要保持学校各项设施的完善。林书记说："我们在引进厂的时候，也是对厂商再三作了说明的，我们租给他们厂的租期也不是很长，因为我们始终抱着早晚总有一天要把它办回学校的想法，所以租期也不是太久。另外又和他们约法三章，在办厂期间，只能把校舍大楼维护好，绝对不可以有所破坏。哪怕我们在租金方面收少一些也无所谓，但就是不能把学校设施给弄坏了。我们坚信，总有一天，我们珊洲村还是会继续办学的！"

这样一晃就是六年。这六年来对一直没有听到村里孩子们读书声的珊洲人来说，两千多个日日夜夜，无疑是一种煎熬。林书记说，村里一直就有优良的办学传统，大家对办学一直非常热爱。

2003 年，终于有人开启了珊洲人办学的希望。他，就是从湖南来的洪军。洪军出身于教育世家，有过多年办学的经历，特别是在音乐教学上，有着独到的见解。考虑到中山经济这些年来的飞速发展，火炬开发区外来员工的急剧膨胀，外来员工子女的教育将会是一个十分热门的需求。在经过认真考察后，洪军将目光定格在素有办学传统的珊洲。洪军说："这个地方真的是非常清静，这儿的环境也非常的好，四面环山，感觉这里是一个读书的好地方。再一看教室，就像一个完整的小学一样，只要有师资，有启动资金，这儿就可以很快办起学校来。"

林德明书记说："如果纯粹是从经济效益的角度来考虑，我们把学校出租给厂方去办厂所得的收入，比现在办学校要多很多。跟办厂相比，每年办学损失起码有十几万元，但是我们为什么宁愿不要这十几万也都要办学校呢？大家都希望在我们珊洲村能够一直有一个浓厚的文化氛围。"

洪军说："我们感觉到村委会很支持这件事，刚开始学校没有办公地点，村委会干脆就把村委办公大楼最上面的一层给我们用，也不收我们的租金。"

一所崭新的育英学校，在珊洲小学的原址上建立了起来。琅琅的读书声又回荡在珊洲村的上空。

洪军有一个愿望，那就是将林志强先生的那块校牌重新请回来，让它和重视教育、热爱教育、支持教育事业的珊洲村人永远在一起，再也不分开！

（供稿　徐一川）

扇舞翩翩迎朝阳 迟暮之年再逢春

2000 年，张家边社区居委会为了活跃妇女们的业余文化生活，决定成立太极扇子队。社区里的人找到了早年从砂场退休的郭连英，人称英姐。英姐的家人对此都非常支持。她的女儿在电视上看到她跳舞的镜头，表演太极双扇，惊喜地连声说："妈妈上电视了！"

参加了太极扇子队的英姐就好像变了一个人，每天早早起床，买完菜就赶紧上活动室排练，时间安排得非常紧凑，她却感到乐趣无穷，十分充实。

"现在参加了扇子队，就有了寄托了，精神好多了，身体明显好多了，平时常犯的小毛病都少了！"英姐说，是扇子队改变了她的生活，让她品尝到了

太极扇舞   摄影 曾文当

更多的生活乐趣。"有时候，扇子队也有不少好节目。姐妹们相约着一起去旅游，或者聚到一起喝喝茶、唱唱歌，很开心。"

太极扇子队为英姐和她的姐妹们打开了一扇窗户。扇子队由开初的二十多人发展到五十多人，成为居委会活动最多、最活跃的妇女社团。

在英姐的带动下，张家边三村的十多名妇女也加入了扇子队，成了扇子队成员最多的村。这些年来，开发区一有节目或者文艺演出的时候，都会一下子想到这支扇子队。她们的表演机会也越来越多了。除了开发区，连石岐和珠海也慕名邀请扇子队去表演。英姐说："我们也算是训练出一些成绩来了，就是把我们的节目表演出来给大家看，观众喜欢，我们的感觉就很好，很有成就感，自己又开心，学到了这么多东西，还结交了这么多姐妹。"

（供稿　徐一川）

顷九屡屡破难题　且看巨变跨世纪

　　顷九是被工业区紧紧包围的村庄，现代化的大生产与传统农业在这里和谐并存。20世纪90年代，顷九开始进入从农村向城市化的转型时期。

　　顷九位于东河南侧，清朝中叶由大海淤积成为沙洲。清末民国初年，各地渔民到此定居，筑起面积为190亩的围堤，以其面积成为顷九围，因为村子就建在围侧，故而有了顷九的村名。又由于近水，历年来以种植水稻、甘蔗为主，过着典型的农耕生活。村民也以农耕收入为主。但在2000年前，以农业为主的收入相对来说还是很低的。

　　当时的村支书吴容辉说，顷九的巨变发生在20世纪90年代。随着现代化工业向顷九快速开发，昔日的稻田、蔗地，也变成了一片片工业园。小小的渔村也迎来了崭新的发展时期。由农业向工业转型，无疑改变着顷九的发展进程。但一个难题又同时摆在了顷九村民面前，那就是，逐渐失去了土地之后，应该如何发家致富，得到想要的平稳安逸的生活？面对这个难题的不仅是农民，更为焦虑的是村干部。作为全村人的主心骨，既要顺应工业化的历史步伐，又要考虑农民眼前的生活出路。鉴于村内企业的迅速增长，外来员工的大量涌入，出租房屋具有很大的市场。一些头脑活络的农民，开始从事房屋出租业务，他们的收入也有了很大的增加。到后来，越来越多的村民开始以出租房屋为业，整个村子里有90%以上的家庭都建有出租屋。全村村民只有八百多人，但外来员工却有三千多人，成为名副其实的外来员工村。到了2003年，顷九村村民的出租屋达到了1800多间，租客的人数更是全村村民人数的三倍多。

　　随着开发区周边厂企的不断兴建和扩大，特别是宏碁、波若威等大规模企业建成以后，对顷九的经济发展起到了很大的促进作用。破解了收入难题，顷九人的生活水平迅速提升，但随之而来的问题也不断出现。出租屋多了是好事，既满足了众多外来员工的生活需求，又促使村民的收入增加，但管理难度也开始不断加大了。人口增加，在治安、卫生等方面也就随之发生了一些新的变化，出现了不少新难题。比如在前些年，村里人口少的时候，并不需要花费多少力气去特意清理垃圾，但是现在，每天都要安排专人去清理。针对日益增加的治安和卫生等方面的问题，村里不得不花费大量的人力、物力进行规范管理。为此，村里加大在治安防范、卫生管理上的投入力度，创造一个良好而安定的社会环境。治安方面，村里增加了治安员，24小时不间断巡逻，昼夜值班。由于园区扩展的需要，顷九开始面临着整体搬迁的局面。今后，顷九如何生存与发展，仍是一道需要破解的难题。村委会集中力量，利用村里留用的土地，广泛招商引资，建设大型市场，以壮大集体经济的方式来提高村民的收入。

顷九是火炬开发区的城中村，村民在集中居住后，住宅用地大大缩小了，可利用的土地大大增加了。目前，顷九剩余的几百亩禾田，在办理了土地证之后，以余下的土地与外商合作建厂办企业，这样一来，将会对村集体经济起到更大的推动作用。

（供稿　徐一川）

千帆竞发中山港　百舸争流达四海

中山港坐落于风景秀丽、繁荣富庶的著名侨乡—火炬开发区内，地处珠江三角洲横门水道南岸，陆路距市中心13公里，30米宽的中山港大道与连接广州、珠海的广珠公路及番禺的番中公路相连。水路自中山港新港区东出横门距香港52海里，北距广州76海里，南出磨刀门，距澳门50海里，内接珠江水系，外连伶仃水道，可通往沿海各港口及国际航线。中山港已开辟了至广州、香港、澳门、江门等地的港口航线，建有海关、边检、卫检、动植检、商检、联检、港监、客运综合服务、货运综合服务、商业及银行等单位，设施先进，环境优美，所处位置得天独厚，交通便利，是中山市和火炬开发区经济发展的重要港口。

中山港起源于解放初期，在中山石岐长堤路一带的码头泊位群，由于当时的生产工具贫乏，工人们只能通过最简单的手工方式进行生产和作业。除了货运外，当时的中山港还兼营着到省内外的客运，可以说是中山市唯一的水上交通枢纽。人们也许难以想象，三十多年前的中山市交通还处在水运时代，从中山到省城广州，曾需要多次换轮渡，需要两三天才能到达目的地。后来，随着改革开放，中山市的经济开始腾飞，货物进出口贸易日趋增多，但岐江河道狭窄曲折，稍大的船只无法通行，很难满足日后经济发展的需要，因此，中山市政府决定将中山港迁移到现在的火炬开发区沿江东路。20世纪20年代，东镇东路经过张家边折江尾头。20世纪70年代后石岐—三角公路开通，从张家边可去往民众、浪网、沙栏、三角等。20世纪80年代新的中山港建设时，另外开通中山港公路（今中山港大道），新建窈窕去往中山港段。20世纪90年代开通番中公路及逸仙公路。三十多前，中山港国际货柜码头在一片芦苇荡里建成，中山港客运码头还没有开建。那里不通公路，城区公路只通到张家边，建筑钢筋、砖石等建材只能通过水路运输，施工人员上下班只能坐船，码头部分留守工人长期住在一艘报废船上，直到中山港客运码头建成启用，如今边检一段投资 50 万元的道路才修通。三十多年惊回首，当年当家的交通工具船只已逐渐淡出内河航运，内河客船已经成为久远的历史。

1984 年中山口岸经国务院批准为对外开放的国家一类口岸，1985 年 2 月 9 日，这是一个可以载入史册的日子，在中山市市委、市政府的大力支持下，由中山市口岸实业发展总公司和香港珠江船务有限公司联合经营的"中港客运联营有限公司"乘着改革开放的东风应运而生，同日，中山—香港客运航线开通首航。"秀丽湖"号客轮船首航中山至香港，为中山经济社会发展插上了腾飞的翅膀。随后，"中港客运"陆续从挪威、泰国、澳大利亚等国购进"中山""逸仙湖""翠亨湖""岐江""兴中"等多艘具现代化设备的豪华高速双体客轮，总客位 1761 个，总马力 19320 千瓦。

在多方的共同努力下，"中港客运"的客运量逐年增长，2010 年起每年超过 120 万人次，达到历史高位，三十多年来，"中港客运"累计安全运送旅客超过 2600 万人次，成为连接中山和香港的重要水上交通枢纽。

2002 年 5 月 28 日，"中港客运"开通了中山往返香港的夜航班次，从此

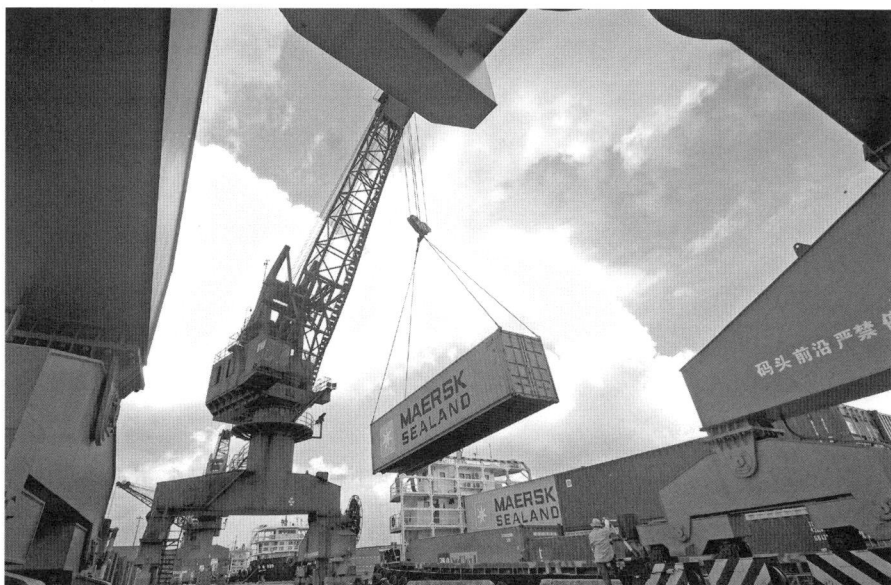

繁忙的中山港货运码头 　　　　　　　　　　　　　　　摄影　张銮来

结束了中港之间没有夜航互通的历史。2004 年 12 月 10 日，中山与香港国际机场航线首航，大大方便了世界各地来往中山及珠江西岸的宾客。"中港客运"三十多年来始终坚持"安全第一，顾客至上"的服务宗旨，赢得了广大旅客的赞誉，取得良好的经济效益和社会效益。先后荣获广东省和中山市的"文明窗口"、省"三资"企业"金匙奖"的先进称号，多次被全国、省、市外商投资企业协会授予"创汇先进"、"双优一等奖"和"全国外商投资先进企业"等奖项和荣誉。不久前，国家质检总局口岸核心能力建设考核组对中港客运码头的核心能力建设进行了考核验收，给出了综合分 94.76 分的高分，成为广东检验检疫局属下首批通过国家质检总局考核验收的两个口岸之一。

为方便旅客购票，在中山市各镇区还设有六十多个客运票电脑销售网点，开设有四条客车联运线，免费为旅客服务，中山港口岸还特设华侨、外籍人士签证业务，手续简便，服务周到。

据了解，中山港将从二类口岸升级为一类口岸，中山港东移和升级后，将落户临海工业园的马鞍港区。开往香港中港码头航程将缩短至 1 小时，通往香港国际机场将缩短至 45 分钟，通往深圳机场更短至 20 分钟，这将极大地提升中山港客运竞争优势。

（供稿　王小雪）

雄鹰振翅击长空　笑傲千里搏苍穹

在中山火炬开发区康乐大道上，耸立着一座酷似一只展翅待飞雄鹰的建筑物——张企大厦，这是中山市张家边企业集团的办公大楼。

1979 年以前，张家边的经济主要是以农业为主，集体收入很少，随着改革开放的到来，张家边成立了以服务和管理当时镇办企业为目的的工交办，将张家边镇所设立的分散企业如：运输队、石粉加工厂、公路维修队、张家边轧钢厂、濠头机械厂、小隐木工厂、张家边农械厂和制车厂、弹棉厂等纳入统筹管理。借助张家边优越的地理位置和有利条件，推动港澳同胞在张家边投资设厂，发展港澳"三来一补"的加工产业，正式拉开了与外向型企业合作的序幕。南华行、玩具厂、印刷企业、电子企业等一批"三资"企业陆续落户张家边。据当年资料显示共有生产项目 25 个，包括服装、玩具、首饰盒、纸箱、皮革制品、印刷、塑料制品、水暖器材、电子产品等，并引进生产设备 1000 台套。

20 世纪 80 年代中期，在工交办基础上成立的张家边经济发展总公司，对辖下的公有企业实行兼并重组。为推进企业的生产主动性和生产效率，进行了大刀阔斧的体制改革，实行民主选举厂长，推进分配制度改革，实行管理人员集体承包经营责任制，超额利润提成奖励，工人按件计酬等措施。关闭亏损的企业，腾出空间引进外资企业，1990 年张家边经济发展总公司先后引进外向型企业 25 家，从业人员超过 7500 人，工业总产值达 2.72 亿元。1994 年公司推行新一轮的改革分配激励机制，当年就实现工业总产值 16 亿元，出口创汇 1.29 亿美元，分别比 1993 年增长 46.78%、39.4%。当时每年在香港举行"春茗"招商会活动，公司通过这些活动大力推广，吸引越来越多的企业落户张家边。

1995 年公司采用了现代企业改造重组制度，以资本经营为纽带，通过控股、参股、合资等形式，并按照产权多元化、产品多元化、收入多元化的发展思路，不断使公司得到扩张壮大，公司也步入了规范统一的管理，从较单一的发展模式转变成为一个集经营实业投资、物业管理、商业贸易、进出口服务于一体的多元化发展模式。当时已有十多个国家和地区的九十多家企业在公司的工业园区投资办厂。同年12月，随着公司发展的需要，由张家边经济发展总公司、张家边房地产开发公司、张家边实业发展公司、张家边商业贸易公司、张家边联合实业公司各出资20%组建成立中山市张家边企业集团有限公司，注册资金一亿元。集团公司也由原来加工型企业向经营实业投资、物业管理转变，重点发展商业贸易、电子信息、包装印刷、玩具及塑料制品的工业经济。集团公司刚成立时，属下企业仅仅四十多家，年工业总产值刚过25亿元。经过归并管理整合后，当年引进项目达20个，投资总额1.53亿美元，实现工业总产值35亿元，出口创汇2.48亿美元。1996年对原总公司架构进行改革，由原单一行政管理为主，转变为融经营、管理、服务于一体的管理体制，同年赴港洽谈，共签订项目15个。1997年获得广东省"五一"劳动奖状。1998年实现四个"最"：（1）经济发展最快，总产值比1997年增长10.5亿元；（2）招商引资取得成效最好，引进项目23个，合同利用外资8100多万美元；（3）履约率最高；（4）基础设施建设规模最大，新建、改建厂房16.3万平方米，投入资金1.1亿元。两个文明建设成果丰硕，连续两届获"全国乡镇企业创汇五强"称号。

从一片田园风光的乡镇到群雄聚集的火炬开发区，从一个经济落后、生产条件简陋的镇办集体企业到今天的拥有十多亿元资产的综合性企业集团，张家边企业集团有限公司走出了一条康庄大道。

原副总经理林国云说："包装对于产品是十分重要的，过去由于中国不重视产品的包装，一流的产品，二流的包装，结果就是三流的价格。"有市场就要抓住先机，因此有了中国包装生产基地的诞生。1999年，经中国包装技术协会和中国包装总公司批准，以中山市张家边企业集团有限公司现有包装印刷企业为依托，成立了中国包装印刷生产基地。该基地的成立，使集团公司的包装印刷业得到迅速发展壮大，国内外著名的包装印刷企业纷纷落户，使基地内涌现出一批产值和纳税大户。现在基地内的企业拥有世界最先进的生产设备，包装印刷领域也由原先的纸制品印刷包装，延伸到塑料包装、环保包装、容器包装、首饰包装等领域。基地逐渐形成了一个产业聚集明显、配套完善、技术水平较高、经济效益较好的特色产业群。

为了让基地能有充足的人才储备和保持稳定良好的发展势头，张家边集团走出一条产、学、研、贸相结合的一体化发展道路。2000 年，集团公司与湖南工业大学共同创办了中山包装印刷学院，经过几年的努力，学院现今已能够开设多个专业本科教育，并大力发展成人培训，为包装印刷行业提供源源不断的人力资源，也为开发区企业人员提供再培训和后继教育。集团公司还通过大力扶持有能力的企业开设科研中心和研究所，保证企业的强大竞争力和增长点，中国包装印刷生产基地由此得到了巩固和壮大。

张家边企业集团以包装印刷企业为支柱产业，大力发展如电子信息、装备制造及金属制品等多元化产业。集团公司以中国包装印刷基地为载体，吸引国内外包装企业的聚集，并通过开发区内庞大的工业体系，促进其相互合作，共创双赢。同时凭借火炬开发区的优越地理环境和优惠政策，稳步发展，已经成为一个在国内外享有一定知名度的企业。在集团的发展历程中，结识了一大批国内外投资客商并建立了良好的合作关系，通过他们的穿针引线，使集团不断得到充实和发展，目前已与德国蒂森克虏伯集团、香港鸿兴集团、美国西迪斯公司等建立合作关系。

"用最优质全面的服务留住投资者，用以商引商的方式拓宽招商渠道"，这是公司的经营理念。张家边集团一向很重视客户投资环境的完善，除了合理的园区规划、整齐的布局和优美的环境，公司还对客户展开全方位的企业服务，为此公司专门设立多个对口服务部门，如负责跟踪客商的招商部，负责为客商办理海关、税务、工商、环保等事项的投资服务部，安全生产管理部和行政部。这些部门的设立大大方便了客商的日常生产和投资运作。一流的服务得到了广大客商的认可，良好的口碑为其赢得了更多的客户。

（供稿　梁永成）

理工学校两乔迁　职教发展育人才

1991年10月，国务院正式发出了《关于大力发展职业技术教育的决定》(国发〔1991〕55号)。据统计，1993年，中山市共有36所中等职业技术学校，其中包括普通高中学校内设的职高班。中山火炬开发区理工学校是其中一所乡镇创办的公立职业高中学校。

第一次大搬迁——从山下搬到山上

1993年9月1日，中山火炬开发区理工学校前身——张家边理工中学开学了。办学地点为张家边村大庙街、张家边区公所旧址，占地面积不足十亩，围屋式结构，一栋办公楼、一栋三层教学楼，区教育办公室也在校内，就设在教师办公室旁。张家边医院部分医生也住在学校教工宿舍楼，楼下就是张家边派出所。学校只有一个电脑室，拥有386型号电脑56台，家电维修专业实训室只有几台电视机、电风扇、电饭锅等。学校只有一个篮球场，黄土地面，那是教师们下班后最热闹的地方。

当年，学校只有13名教师，开设电脑、家电维修两个专业共三个班，学制两年。首届高一教学班共有学生152人。校长孙成结、副校长杨元守、总务主任阮步滕组成校领导班子。电脑专业教师孙俭、孙昕游、石伟民，家电电子专业教师熊震世，语文教师黎樱、刘湘萍，数学教师张艳，英语教师周瑞华，物理教师唐爱军，体育教师周达。

除三位校级领导是本地人，其余教师均为外地人。学校领导对教师关怀备至，每逢重大节日先与教师一起过节，然后再回家过节；教师生病了，主动给他们找医生诊治；工作之余，组织教师开展文体娱乐活动等。这些关怀照顾看起来是生活小事，但让教师感到领导如亲人，虽身在异乡，也倍觉温暖安心。

到张家边理工中学读书的学生绝大多数是考不上普通高中的"中考漏子"，可以想象这样的学生聚在一起会是一个什么状况？因此，理工学校教师第一个本事就是要学会管理学生。

陈旧的校舍、简陋的教学设备、综合素质相对较差的学生，这一切并没有影响广大教师的工作热情，反而更加激发了教师们的斗志。全校教师团结一心，教书育人，力争上游。

1994年4月，孙昕游老师带领她的五名学生陈嘉正、朱展华、陈玉华参加中山市"金叶杯"中英文录入邀请赛。三位选手以每分钟205个字母的录入成绩荣获高中一年级团体英文打字第二名。5月，在中山市举办的第七届中小学生电脑程序设计比赛中，孙俭老师指导的学生张宇云荣获高中组二等奖、孙昕游老师辅导的学生朱展华荣获三等奖，荣获集体电脑竞赛进步奖。

这是张家边理工中学首次参加市级比赛，成绩喜人，全校师生欢欣鼓舞，同时，也引起了各级领导的关注。中山市教委职教科领导到学校视察，发现理工学校"硬件不达标"。开发区党委高度重视主管部门意见，区党委决定投资三千万按照大学标准新建一所理工学校，市委常委、区党委书记李练江亲自挂帅，从选校址、设计教学大楼、实验室（场）、体育馆、读书走廊、师生宿舍乃至运动场、校园绿化等，全程策划、全程监管。

1995年7月23日，在张家边村文伟山上，开发区党委副书记阮汉文亲自主持新校奠基仪式。

这一年，家电维修专业教师杨廷桦指导的学生参加中山市中职学校奥林匹克专业技能竞赛，荣获团体总分第三名，学生阮剑峰荣获个人竞赛第六名。学校还被评为"中山市精神文明建设先进单位"。

1997年1月23日，举行新校落成典礼。搬迁仪式隆重而热烈，邀请省市相关领导参加。张家边理工中学从山下搬迁至中山港大道侧文伟山上，同时更名为"中山火炬开发区理工学校"，由中山市原市委书记谢明仁题写校匾。当时还请谢明仁书记题写了另一幅"中山火炬开发区理工学院"字样备存，区党委设想有一天把中山火炬开发区理工学校办成中山的"香港理工大学"。

新校建在山上，曲径通幽，花草树木错落有致。所有建筑物均为黄色琉璃瓦屋顶，别具风格。校园占地面积120亩，建筑面积23000平方米。办公大楼与教学大楼相连，教室 24 间。实验大楼内设物理实验室两间、家电专业实验室三间、电子电工实验室三间、财会模拟室一间、英语语音室两间、电脑室五间，另有综合电教馆一间。学校另建有综合体育馆、标准的足球场和 400 米环形塑胶跑道，还有四个篮球场、两幢教师宿舍楼和两幢学生宿舍楼。

据说，将新校落成典礼时间定为 1 月 23 日，谐音（粤语）"一意生"，"生"即"发"的意思，象征火炬开发区理工学校蒸蒸日上，大展宏图。然而天公不作美，那一天却是乌云密布，大雨哗啦啦下起来。

迁入新校址的第一年，学校确定"今年打基础，明年力争一次性通过省级重点职业高中评估验收"的奋斗目标。全校师生共同努力，出成绩，做贡献。

开学伊始，校领导亲自带领部分教师到高新科技园区、东茗电子厂等企业进行社会调查，根据企业用人情况，制定学校未来五年发展规划，确立"围绕社会需要办教育，办好教育为社会服务"的办学宗旨，提倡教师一专多能，建设"双师型"教师队伍，办学形式也由单一型向多元化发展。在原有的家电维修、电脑、财会等专业的基础上，增设电工电子专业，与中山中专合办"涉外专业"，应国家健康科技产业（中山）基地的需要与中山学院联合举办"制药专业""经济管理专业"大专班。

在学校领导班子的带领下，教师们不辞辛苦，不计名利，"认真备好每一节课、认真上好每一节课"。当时学校只有六台幻灯机，教师们抢着用，经常是供不应求。教师们自己刻钢板、印资料。电脑专业教师孙俭还将自己设计的图书分类系统应用于学校图书馆的管理。

教师利用业余时间辅导学生，整理学校资料，布置校园读书走廊。有的班主任请自己家人来到教室帮忙指导班级墙报设计，还有的班主任亲自请校外专业人员指导学生排练节目……学校组建了管乐队、舞蹈队、篮球队、田径队。各学科开展兴趣小组活动，每天第七节课是校园里最热闹、最欢快的时光。

学校搬到山上后，第一次召开学生家长会。当时只有少数学生父母亲自来，绝大多数是家长代表参加。姑婆、表姐、表哥，更多的是爷爷、奶奶。有的家长趿着皮鞋，有的家长头戴草帽、脚踩拖鞋，有的家长嘴里叼着烟卷，身边还有土狗跟随……最有趣的是，很多家长不知道孩子在哪个专业班学习。曾有某家长问负责接待的老师"去边度开会？（去哪里开会？）"老师问："你个仔系边个班？（您的孩子在哪个班？）"家长回答："管乐队。"

教师宿舍楼二栋北阳台正对着山。山上有许多树，在树与树之间的空地零星地点缀着些坟茔，阴森森的，有些吓人。教哲学的杨老师风趣地说："就当它是一道风景吧。"偶尔会有拜山的人们，扛着烧乳猪，带着祭品，大摇大摆地从校园穿过。上课时可以清楚地听见山那边燃放的爆竹声。

次年，开发区理工学校硕果累累，成绩喜人。

在中山市奥林匹克电脑操作技能竞赛中，孙昕游老师指导的学生陈浩琛荣获个人竞赛第三名，团体荣获第二名。在中山市第四届家电维修奥林匹克技能竞赛中，杨廷桦老师指导的学生吴立建、孙沛锋、邵魁组成的竞赛小组荣获团体第四名，其中吴立建荣获个人竞赛第一名，并于同年获得吴桂显奖学金。家电维修专业教师杨廷桦、周双斌、陈白良、何国义，电脑专业教师孙昕游、孙俭带领学生参加中山市首届科技创新节，成绩斐然。在中山市劳动局的技术考核中，电脑专业、家电维修专业班毕业生一次性全部通过技术考核，受到上级领导的好评。

1999年1月，开发区理工学校顺利晋升为市级重点职业中学。

1999年9月，孙成结校长退休，杨元守继任校长。10月，学校顺利通过省级重点职业中学评估验收。11月，孙昕游老师指导的学生林广生、何润娣参加广东省信息学奥林匹克编程竞赛荣获三等奖，参加市级比赛获得二等奖。

同年，学校有四位青年教师入党。在参加"九五"规划国家级重点课题"整体构建学校德育体系"的课题成果评审过程中，有12位教师科研成果获奖；在中山市职教优秀论文评比中有六位教师获奖。学校被中央教科所德育研究中心评为"整体构建学校德育体系"优秀实验校，被火炬开发区评为"目标管理先进学校"。

2000年1月28日，火炬开发区理工学校举行隆重的省级重点职业中学挂牌仪式。即日起，火炬开发区党委、管委会决定给火炬开发区理工学校每位教师每月增加工资500元。

第二次大搬迁——从山上搬到山下

从2000年开始，随着产业结构调整和发展方式转变，高技能型人才紧缺的客观现实已严重阻碍了火炬开发区产业发展。为打破这一瓶颈，区党委决定创办一所培养高素质、高技能人才的大学。

2004 年 4 月 28 日，中山火炬职业技术学院挂牌成立。校址就在火炬开发区理工学校校园内，即"一个校园挂两块牌子"。

2005 年 9 月，中山火炬开发区理工学校纳入中山火炬职业技术学院统一管理，成为学院的一个系部——职高部。先后由陈胜春、邓波、杨廷桦、夏义山等人担任负责人。

当时，学院党委对职高部非常重视，大力鼓励教师积极进取，实现高等职业教育与中等职业教育的衔接。职高部教师们整个暑假没有休息，积极参加高等学校教师资格考试培训，并全部通过考核。

在学院的统一管理下，职高部的教师们看到新的希望，精神面貌焕然一新，先后有 13 位青年教师攻读在职硕士学位。

2005 年，职高部参加高考学生人数达 97 人，其中 92 人上线，上线率为 94.85%，超全市平均上线率 2.45 个百分点；三个高考班的语文、数学、英语等九科中，有五科平均成绩超过市平均分；总分 600 分以上的有 10 人；97 名考生中有 91 人填报了"中山火炬职业技术学院"的志愿，占考生人数的 94%。

职高部依据人才市场的需要，在高三最后一个学期，各专业学生全部进行顶岗实习。学生在企业顶岗实习期间，接受学校和企业的双重管理，通过实习，完成从"校园人"到"企业人"的过渡。大部分学生顶岗实习期满即被所在企业招聘为员工，真正实现了"零距离"就业。

同一个校园实行两种学制，学校管理时有统一，也有矛盾。特别是职高部的学生管理难度加大。比如，大学生可以谈恋爱，职高生不允许；大学生可以不上晚修，职高生必须上晚修……

2008 年 9 月，职高部从中山火炬职业技术学院分离，指派专人办理相关手续，恢复原校名"中山火炬开发区理工学校"，使其成为独立法人单位。

中山火炬职业技术学院招生数量每年递增，课室、宿舍、饭堂、学生活动场地等明显滞后。为了大局，火炬开发区党委决定火炬开发区理工学校搬离原本属于自己的校园。

2011 年 4 月 15 日，由火炬开发区管委会主任梁欣主持召开火炬开发区理工学校择址改建专题会议。会议决定将联合鞋业厂区改建成火炬开发区理工学校新校区，6 月正式动工。

新校址位于中山火炬开发区沿江东路 20 号东利村牌坊侧。校园一片平坦，占地面积 132 亩，建筑面积 5.5 万平方米。

新校址建设分为两期进行，预算总投资约为 2.5 亿元，现已完成第一期工程，完成投资 1.8 亿元。第一期工程主要包括购买土地、房产，建筑物的装修改造，田径场的新建以及设备设施的采购；第二期工程包括新建一座体育馆、一栋学生宿舍、一栋实训大楼及 2000 万元左右的设备设施的采购。

新校区分为办公区、教学实训区、生活区、运动区四部分。

办公区为一座办公大楼，内含党政办公室、教师办公室、成教办公室、会议室、接待室、校史室、学生团体办公室等共计三十余间。

教学实训区由四栋相连的三层大楼组成。四栋楼分别为机械加工楼、电子技术楼、信息技术楼、经济管理楼。内含教室 45 间、实验室 49 间、大型实训车间 3 间、校企合作厂房 3 间、竞赛辅导室 15 间。

生活区由学生宿舍大楼、师生饭堂、体育馆等组成。

运动区由一个内含 300 米环形塑胶跑道的田径场、八个篮球场、四个羽毛球场及其他运动场（室）构成。

2012 年 1 月 11 日，火炬开发区理工学校从文伟山上搬下来。新校区落成典礼在新校区田径场隆重举行，邀请省、市、区相关领导出席。校园里彩旗飘飘，教师们穿上新校服，师生们兴高采烈。

然而，落成典礼刚刚开始不久，天空阴云密布，淅淅沥沥又下起雨来。

2015 年 2 月，程少辉任校长。

风雨过后见彩虹。经过二十多年的建设和发展，中山火炬开发区理工学校现有专任教师 106 人、其中专业教师 61 人、双师型专业教师 55 人，高级职称教师 30 人。开设有计算机平面设计、计算机应用、电子技术应用、机械加工技术、会计、物业管理、电子商务等七个专业，全日制教学班 45 个，在校学生达两千余人。如今，理工学校迎来了新的发展机遇，坚持"学校有特色，专业有特点，教师有特技，学生有特长"的办学思路，为把学校建设成为中山市东部地区具有品牌效应的国家级示范性中等职业技术学校而奋斗。

（供稿　鲁　嘉）

民营典范数明阳　春华秋实展宏图

广东明阳集团，从22年前一个名不见经传的专门生产电力开关的小集体企业，发展成为一家在美国上市的大公司、一个实力雄厚的跨国集团。它以盈利能力相对稳定的成套电器产业为基础与依托，以具有高成长性、自主研发的电力电子产业为中继，以具有广阔市场前景与核心技术的兆瓦级风电整机产业为重点，目前正处于快速上升阶段。它由中山市明阳电器有限公司、广东明阳龙源电力电子有限公司、广东明阳风电技术有限公司三家核心企业组成。

中山市明阳电器有限公司

1993年6月1日，中山市明阳电器有限公司的前身信阳航空电器厂中山制造分厂成立。1994年11月，在信阳航空电器厂中山制造分厂的基础上组建了中山市明阳电器厂。当时的中山市明阳电器厂属集体企业，注册资金30万元，主要从事加工、制造和销售高低压成套电器开关及其元件。当时的明阳电器厂领头人张传卫，为了研发新产品，曾经带着手下的一批技术骨干，昼夜加班，整整一个月顿顿都吃方便面。

明阳电器的主要客户来源为电源、电网、冶金、煤炭、石化等行业，包括电厂、电站等重大工程用户，以及石油、石化、冶金、煤炭、市政建设等产业。重点客户有华能集团、国电集团、中国石油、中国石化、白云机场、深圳机场等。

明阳电器拥有一支高素质、高技术的销售工程师队伍，在全国建立了完整的市场销售体系。设有五大区域销售市场，即以北京、天津为中心的华北销售市场，以武汉、郑州为中心的华中销售市场，以重庆、西安为中心的西北销售市场，以南昌、杭州为中心的华东销售市场和以广州、长沙为中心的华南销售市场。全国拥有 18 个销售分公司和办事处。目前有营销人员三十余人，代理商 28 个。三分之一的工程和技术人员也同时负责公司产品销售、商务和维护工作，为用户提供先进快捷的售后服务与技术支持，让用户百分百满意。这在其他同类企业中是绝无仅有的。

售后服务主要跟区域市场联动，设置办事处，配备商务人员及售后服务人员。产品实行一年保修，终身维护。明阳电器的成套开关设备业务在 2007 年已经达到五亿多元的规模，人均产值、人均生产效率、人均利税等指标在全国同行业中位于前列。

取得的业绩和荣誉有：国家能源及大型建设项目电气装备提供商、中国电气装备制造业前十强、广东省 20 家装备制造业重点企业之一、国家火炬计划重点高技术企业、广东省高新技术企业、广东省民营科技企业、广东省电力电子及自动化工程研究开发中心设在明阳电气、广东省风电技术研究工程院设在明阳电气等。自 2001 年起连续四年被中山市工商行政管理局授予"重合同、守信用"企业；2004 年广东省技术质量监督局授予明阳电气生产的明阳图标高低压电器成套开关设备产品为"广东省名牌产品"。

明阳电器向省国内外八十余座发电厂、两百余座电网变电站，以及包括北京地铁、新白云机场、深圳机场、北京 301 医院、武汉亚洲心脏病医院、首都钢铁集团、唐山钢铁集团、广州石化、燕山石化、黄河小浪底水利枢纽工程等重大行业提供了大量高性能、高标准、民族品牌的电气装备与技术服务；风电整机产业列入中山市重大装备产业计划与广东省"十一五"重大装备产业计划；与粤电力集团签署了合作开发火风电整机装备产业的协议，与新疆金风科技股份有限公司签署了提供配套风机电控系统的协议；占有国内风力发电市场 30% 以上份额的国电龙源集团已经承诺在其采购的风电设备中优先选用明阳电气的电控装置。

广东明阳龙源电力电子有限公司

2004 年 11 月 11 日，广东明阳龙源电力电子有限公司成立，厂址设在中山火炬高技术产业开发区大岭管理区。

明阳龙源是明阳电气与中国国电龙源电力（集团）公司共同投资组建的以研发、生产、销售大型高压电力电子设备为主的国家火炬计划重点高新技术企业，致力于以高压大功率电力电子器件以及相关控制技术为基础的电力拖动与电气传动、风力发电、电力系统无功补偿等高科技与绿色新能源产业的产品研发。

明阳龙源主要生产 MLVERT–D 系列、MLVERT–S 系列高压变频器，该系列产品是 2003 年国家级火炬计划、国家科技攻关计划项目。经过近五年的研制，该产品拥有五项达到国际领先水平的发明专利，并荣获"广东省节能标志产品"称号。从目前高压变频器的使用情况来看，平均节电可达 30%，无论是在新建项目，还是在技改项目中，高压变频系统投入使用的节能效果不言而喻。

根据目前销售产品的反馈来看，客户购买高压变频器的投资回收期一般在 1～2 年，因此国内客户纷纷采购高压变频器。随着高压变频器逐渐应用于多个行业，未来数年市场将呈爆炸式增长。目前高压变频器市场容量约十亿元，2016 年市场容量将增加至 100 亿元。

明阳龙源具备强大的竞争优势。一是生产的产品系列多，技术水平高。明阳龙源是目前国内唯一一家能够同时提供单元串联多电平高压变频器以及三电平高压变频器的厂家。二是拥有良好的客户基础。明阳龙源的股东明阳电气在成套设备产业方面有多年的积累，另一股东国电龙源本身需要很多高压变频器。三是拥有优良的产品质量及市场口碑。明阳龙源目前已形成产品的批量生产，并广泛应用于多个发电集团以及冶金集团，产品质量优，运行好，客户满意度高，市场口碑良好。四是拥有一支稳定的管理及技术研发队伍，员工流失率低，保证了产品质量的稳定，维护了良好的客户关系。

广东明阳风电技术有限公司

我国已初步探明风电资源在陆地上约为 2.53 亿千瓦，沿海地区估计为 7.5 亿千瓦，具备大规模发展风力发电的资源条件。

根据 2008 年 3 月 18 日国家发改委公布的《可再生能源发展"十一五"规划》，2010 年我国风电总装机容量可达 1000 万千瓦，形成五个 100 万千瓦级的风电基地；而根据 2007 年 8 月公布的《可再生能源中长期发展规划》，2020 年我国风电累计装机容量可达 3000 万千瓦。

近年来，国内五大发电集团都加大了风电项目的开发建设力度。

在这样的市场背景下，2006 年 6 月 2 日，广东明阳风电技术有限公司成立。生产适用于国内沿海地区的 1.5MW 风机以及适用于内陆三北地区的 1.5MW 风机，样机在 2007 年 11 月试运行，已步入大批量生产阶段。

国内风电装备市场容量前景广阔。公司以风电整机机组集成商及核心风机控制器等部件制造商的身份参与市场竞争，利用本公司的产品优势、技术优势、资源整合优势、客户关系资源优势，从发展 1.5 兆瓦沿海兆瓦级并网发电型风电整机起步，迅速形成批量生产，占据广东及其他省份沿海区域以及内陆三北市场风电发电机组的绝大多数份额，最终进入国内风电机组行业前三强。利用本公司的技术实力，开发多种装机容量类型的风电机组，满足区域风电场的气象需求，并向高端市场迈进，进军海上风机领域。公司不断壮大自身力量，并且已经稳步走出国门，积极参与全球化竞争，成长为颇具竞争力的跨国集团。

明阳风电在业界内具备如下六大优势：

一、核心技术优势

它是国内唯一一家同时具备针对台风和低平均风速环境的沿海 1.5MW 风机机型（定位为 1.5S）以及适应内陆三北地区风场的 1.5MW 风机机型（定位为 1.5SE）的厂家；是国内唯一一家在风机制造过程中在设计、工程以及整机集成方面均通过劳埃德船级社认证的厂家；是国内唯一一家通过设计与工艺优化，在不增加风电设备成本造价的基础上，提高发电效率 12% ~ 15% 的厂家；是国内唯一一家以整机为主体、建立大功率试验平台、实现风电机组现代化与专业化生产并搭建风电产业链的企业，能够提供从设计、安装、测试到运营的整体解决方案；是国内唯一一家能够自主生产风电整机中核心的电气系统装置和变频器装置的厂家。

二、资金优势

2008 年一季度，获得国开行、工行、建行、农行、中行、广发行等各大银行的大力支持，取得约 20 亿元的授信以及 10 亿元的项目贷款授信。

深创投、美林、凯莱、索法芙、格林亨特等战略及产业投资者已入股明阳。

2009 年，广东明阳风电产业集团股份有限公司在美国纽交所顺利上市。

借助世纪明阳的融资租赁平台，运用新世纪国际 200 亿元的租赁资金额度带动产业发展和自营风场建设。

三、政府支持

中国政府大力支持中国风电产业的发展。而明阳集团作为中国风电企业中的优秀企业，尤其得到各地政府的大力支持。

明阳集团风电生产线   摄影　曾旻雨

明阳集团成立了广东风电技术研究院，对风电产业的前瞻性课题开展研究；承担国家 863 计划、粤港招标、教育部—广东省产学研项目。

四、知识产权与技术

2007 年 6 月完成风电整机详细设计，并通过德国劳埃德船级 GL 设计认证。

通过联合设计，拥有北方内陆低温型和南方沿海抗台风型 1.5MW/1.65MW/1.8MW/2.5MW/3MW 机型风电机组的知识产权，电控系统拥有核心技术和源代码。

五、产品研发

建立明阳研发平台，以明阳风电研究院、国家研究中心为依托，分别在广东、天津、西安设立研发中心，形成创新优势。

六、人力资源

明阳集团拥有高素质的领导团队。团队的每个成员都具有丰富的管理或研发经验。

聚集包括外聘德籍专家、教授、博士等两百多位高智商团队，涵盖空气动力学、机电一体化、电力电子、工艺制造等多专业学科的风能及电力电子工程技术人才和技师团队。

明阳集团着力打造员工队伍，集团形成 1500 人的多层次、多专业、中外人才结合的专业研发、技术、技师、工程、服务、管理（生产、供应、经贸、市场、企划、资本财务、政府事务）队伍。

（供稿　徐一川）

印刷百强作坊始　中荣基业振人心

中荣在中山火炬区扎根、成长，至今已走过了 39 个年头。如今，中荣连续 12 年当选"中国印刷百强企业"，获得"国家印刷示范企业"、"广东省十大最具竞争力印刷企业"等荣誉，已发展成为一家以高档包装彩盒、纸制展示架、精装礼盒、纸袋等纸制品为主要产品的大型包装印刷企业，与 13 个全球 500 强客户长期合作，为全球 120 个品牌客户提供印刷包装服务，总销售额超过 12 亿元。

从小作坊开始，中荣走上了艰苦创业之路（1978~1985年）

1978 年，乘着改革开放的春风，11 个年轻人扛起了组建张家边印刷厂的任务。初期的印刷厂，条件非常简陋，整间厂房仅有 8000 元的启动资金和对印刷毫无认识的 11 名干部员工。投资方张家边工商联合总公司只在其下属企业——张家边服装厂划拨了一个不到 200 平方米的小车间作为印刷厂的生产基地。

张家边印刷厂成立初期，从简单原始的凸印生产起步。从其他印刷厂买来别人淘汰的二手设备，边摸边学开始了艰苦的创业之路。

没有技术，一个人干三个人的活，把省下来的钱请技术师傅。为了节省费用，全厂十几人甚至没有明确分工：生产时是印刷工人，卸货时是搬运工，开拓时是业务员……中荣印刷厂，就是这样一步一步建立起来的。

印刷厂成立初期，主要生产简单的药袋、处方笺、出仓单等产品。1980 年，印刷厂搬出服装厂，第一次有了自己独立的厂房。1981 年，印刷厂产品开始向练习簿转型。1982 年起逐步成为珠江三角洲各大百货批发公司学生练习簿的主要供应商，市场占有率达 40% 以上。与此同时，印刷厂依托省文体进出口公司、轻工业进出口公司开始通过香港制簿协会向香港学校供应学生簿册，市场占有率最高峰达到 65% 以上。截至 1985 年，印刷厂先后三次进行厂房搬迁、扩建，厂房面积扩大到 2000 平方米左右，员工近 100 人，年销售额达八百多万元，初步完成了企业创业阶段的原始积累。张家边印刷厂更名为张家边印刷实业公司。

技术改造，中荣在发展的道路上不断开拓创新（1986~2002年）

在第三代掌门人黄焕然先生的带领下，从 1986 年开始，公司技术升级，由凸印全面向胶印转型，同时进军包装印刷领域。1986 ~ 1989 年，公司先后完成了国产二手胶印机、国产全新胶印机及进口二手胶印机的设备换代改造，同时配套引进了半自动啤机、粘盒机等设备，开始涉足彩色包装印刷。主要产品除了练习簿外，还包括以蜡笔盒、药盒等为代表的简单胶印产品，为进一步在包装印刷领域发展壮大奠定了坚实的基础。通过技术改造，中荣踏上了平版印刷的第一步，填补了中山火炬开发区彩色印刷的空白。那几年，公司的年产值、收入、利润稳步上升，成为张家边经济发展总公司的十大旗舰企业之一。1988 年，公司被评为"省级先进企业"，连续几年被评为中山市"先进单位""守合同重信用企业""百强企业"等。1990 年，中山中荣纸类印刷制品有限公司成立。

20 世纪 80 年代末，全球 500 强跨国企业开始进入中国，当时毗邻港澳和拥有两个经济特区的珠三角地区成了这些公司在中国南方进驻的首选地。中荣于 20 世纪 90 年代初开始与这些全球知名跨国公司的合作，确定了开拓高档彩盒包装市场的战略定位。

1996 年，经过扩建、改建旧厂房，调整车间布局，公司已发展成为厂房面积达一万多平方米，固定资产超过 4000 万元，员工超过 380 人的企业。同年 12 月 18 日，公司举办盛大的建厂 18 周年庆典，邀请了众多知名客商和市政府重要领导出席盛会。在庆典上，黄总向与会嘉宾介绍了中荣耗资 2000 万港元引进的罗兰五色＋印油印刷机、瑞士博斯特模切机以及来自德国、日本和台湾地区的电脑切纸机、晒版机、黏合机和折页机等配套设备。这是中荣第一次引进世界顶级的印刷设备。

1999 年，中荣第五代厂房正式投入使用。厂址位于中山火炬开发区明珠路主干道上，占地 65000 平方米。

2000 年，公司投入 3000 万，继续引进 R706+UV 印刷机、R704 印刷机，

装备制造业生产线　　　　　　　　　　　　　　　　摄影　冯卫权

以及其他配套设备，初步形成了以平印为主体，凸印、丝印及凹印为补充的多元化印刷体系。2001年，公司综合实力达到了一个新的高度，公司再次投入3000万元，率先引进了CTP、CD-74印刷机、900印刷机，以及一系列印后自动化加工设备，在加强技术实力的同时，也填补了公司某些处理工序的空白。经过努力，公司已发展成为一家以平印为主，同时可兼顾多种印刷方式、多种后加工方式的大型综合性印刷企业。

跨地域发展，中荣迈开了全国布局的步伐（2003~2012年）

随着珠三角印刷业竞争的日益白热化，供需市场已基本细化划分，中荣的发展壮大出路在哪里？在对华北市场的探索接近成熟之际，2003年，"立足华南、布局全国"的企业发展战略启动，以收购有恒（天津）印刷有限公司为标志，拉开了公司冲出中山、进军华北的序幕。这是公司突破地域，实现跨区域发展的一次成功尝试。天津中荣生产基地的成立，走出了公司异地扩张的第一步，让公司形成了南北呼应的有利竞争形势，满足客户中央采购的国际化要求，使企业更具有竞争力。2006年天津中荣新厂房投入使用。

2003年，公司继续保持了稳定、健康、快速的发展势头，在设备、工艺、厂房的资产投入达到 5000 多万元，为历史之最。其中，扩建厂房 17000 平方米，新厂房投入使用后，整体厂房面积达 52000 平方米。引进最新款的海德堡 CD-74 印刷机，针对客户个性化要求不断增加，产品种类越来越多的趋势，使短版高质量产品的生产效率进一步提高。同时引进德国曼罗兰 R706 双 UV 印刷机，加大了新技术的研发力度，如激光膜的复合、卷筒材料的分切、凹凸烫金一体化，还有胶片彩盒的印刷、模切、加工制作，局部 UV 技术等。

2003 ~ 2007 年，公司先后引进了适合小幅面短版印刷、适合高档 UV 产品印刷，以及适合大幅面印刷的生产设备。公司继续鼓励技术创新和研发，如 PET 盒和 POP 纸制展示架的技术研讨、激光膜复合技术等，进一步提升了公司的整体竞争力。

2008 年，中荣研发中心成立。这标志着中荣已具备为客户提供从设计到生产的全方位服务的能力。当时的中荣，拥有代表当今世界平印最高水平的印刷生产线及全球领先的色彩管理系统，可完成多种印刷和印后加工，已跻身华南地区设备最先进、配套生产能力最强的印刷企业之一。

华北市场投资的巨大成功，为中荣人异地扩张增加了信心和力量。中荣把目光投向了华东地区——印刷业成熟但充满机遇的长三角土地。2008 年，中荣决定投资华东地区，在昆山市建立第三个生产基地。昆山中荣于 2009 年正式投产，位于江苏省昆山市淀山湖镇，占地面积 16000 平方米。

收获、感恩，再腾飞，追求中荣基业长青梦想（2013年至今）

凭借着三十多年的用心服务，中荣被多家跨国公司和国内著名公司指定为包装制品核心供应商。中荣与客户建立了战略伙伴关系，从产品包装的研发设计到生产交付，中荣都本着以客户为先的理念，以中荣特色全方位服务客户，陪伴客户的成长。通过努力，中荣得到了客户的认可和肯定，获得了多个客户颁发的供应商大奖。其中，2009—2013 年，中荣四次获得"宝洁全球供应商卓越奖"（宝洁在其全球八万多个供应商里仅评选 50 个，中荣是中国所有宝洁供应商中唯一获此殊荣的企业）。

在全体中荣人的努力下，公司在创新方面硕果累累，获得了中华印制大奖金奖、奢侈品包装绿色革命大奖、"中国包装设计 30 年成果展"大赛环保类金奖、"Premier Print Award"（美国印制大奖）铜奖、宝洁全球包装设计和印刷质量奖银奖、箭牌创意汇——供应商新创意奖等。

2013 年，天津新厂房、昆山二期厂房项目启动。2015 年 5 月，昆山二期厂房完工并交付使用。位于昆山中荣二期厂房内的中荣集团第一个自动化仓库，已于 2015 年底建成。

天津中荣占地面积 150 亩的新厂房已经完工并于 2015 年下半年全面投入了使用。

2013 年，中荣启动开拓东北市场的战略举措。2014 年，沈阳中荣成立。沈阳中荣、中山中荣新厂房经过紧张的筹建，于 2016 年投入使用。

2015 年 4 月 7 日，中山中荣纸类印刷制品有限公司正式更名为中荣印刷集团有限公司。

中荣的发展，离不开中荣人对印刷事业的执着拼搏。中荣一直在为员工打造一个公平、公正、富有挑战的发展平台。中荣的团队由来自不同地域、不同背景的人员组成。有在跨国公司任职经历的高管、有来自五湖四海的一线员工，也有从全国不同高等院校毕业的管培生。2013 年 7 月 8 日，中荣管理培训学院成立，学院定期举办集训营和培训课程，为公司的新员工、在职骨干、各级技术和管理人员提供了一个学习发展的平台。

中荣第三代掌门人黄焕然先生曾被问："中荣是怎样看待公司的发展问题？"他的回答是，发展的机遇时刻存在，如果没有迎难而上的勇气和毅力，中荣不可能走到今天。

中荣提出了未来 1—3—5 规划，计划用五年时间，通过"主营业务持续增长""进入相关产品多元化""在东北或华中组建第四、第五个生产基地"这三驾马车驱动，实现销售翻番，成为中国消费品包装行业第一品牌。

如今，中荣印刷集团已逐步形成了立足华南，辐射华中、华北、东北的全国服务网络。

（供稿　邱文娟）

东部崛起树标杆　万象更新创奇迹

从中山市区驱车向东约五公里，是一座占地五平方公里的新城。雨后春笋般的建筑，车水马龙的景象，展现着这座新城的活力与生机。这就是中山市城市副中心，日益腾飞的火炬高技术产业开发区。

火炬开发区位于中山市东部，于 1990 年 3 月由国家科委、广东省政府和中山市政府联合创办。1991 年 3 月经国务院批准为国家级的高新技术产业开发区。1994 年创办首家规模最大的国家健康科技产业基地；1999 年兴建全国规模最大、技术设备最为先进的中国包装印刷生产基地；2000 年被国家科技部和外贸部认定为第一批国家高新技术产品出口基地；2001 年 12 月被中国电子信息产业部批准为中国电子（中山）基地，成为拥有五个国家级基地牌子的高技术产业开发区。经过二十余年的建设，已经形成了电子信息、生物医药、现代包装印刷、化工与新材料等高新技术产业群，并逐步整合形成了电子信息科技园、高新技术产业园、包装印刷产业园、健康医药产业园、民族工业园、临海工业园六大工业园区。火炬开发区已经成为中山市经济的"龙头"和带动全市高新技术产业发展的基地，是中山经济发展前景最为广阔的区域。

火炬开发区也是一个在全国为数不多的包含了传统农业体制的高新区。目前，这里拥有七个社区居委会，下辖 24 个小区。常住人口 24 万人，其中本地户籍人口七万人，外来人口 17 万人。

坚持走新型工业化道路是开发区党委、管委会一直坚持的原则。进一步提高园区建设、加大招商引资力度、提高产业发展水平，始终坚持办高新区的宗旨，建高科技园区，引高技术企业，使整个园区开发建设做到"大规模、低消耗、高效益"三者并重。比如，生物医药产业是火炬开发区极具特色和发展潜力的产业，于是充分发挥国家健康基地的优势，紧紧瞄准国际、国内医药50强企业进行招商引资，形成医药企业"舰群"，使健康基地成为全国最具特色、集"产、学、研、贸"于一体的新型工业园区；积极引进资金和技术，加大光电产业和微电子产业的引进力度；在包装基地内重点引进一大批包装材料生产企业和包装机械制造企业，进一步完善包装印刷上下游产业。

而在科技创新方面，全区引进和建立了近30个研发机构。总投资达五亿元，占地面积46万平方米的火炬创业园，成为了留学生创业基地、博士后工作基地和软件基地。开发区还投资数千万元，建设医药研究中心、软件科技园和中山火炬大学园等项目，走上一条可持续发展的道路。

目前，开发区内一半以上的工业厂房、70%的商铺、高品位的公共建筑都属于开发区本级和各大工业开发公司所有，牢牢控制了开发区土地物业开发的主动权。每年投入到中心城区道路等公共项目的资金就在一亿元以上，还准备拉动投资30亿，土地资产也提升到30亿，并形成了130万平方米的物业。中山城市副中心已然形成。

经营好城市内有限的资源是城市发展的动力。火炬开发区将土地资源、公有资本、社会工商资本、金融资本有机结合起来，从土地物业经营、资源资本转换和公有资产流动中获益。打破过去传统的滚动发展开发模式，采取连片大面积开发，全面拉开路网、水电、通信等基础设施建设，并由区属公司实行园区配套投资建设、租赁，高效带动整个园区物业的升格。

在这种思路指导下，开发区的面貌发生了翻天覆地的变化。中心区承载着对高新园区的聚集和服务功能，成为火炬开发区的行政、经济、文化服务中心和具有生态型居住环境的新型城区，拥有"五纵五横"的道路网骨架。

在引人瞩目的临海工业园，先后投入了二十余亿元，目标是"再造一个开发区"。届时园区面积将增加2.5万亩；工业总产值将增加300亿元以上；税收将增加8亿元以上；出口创汇将增加12亿美元以上；增加规模以上企业300家以上。

为了承载较大规模的工业体系，适应经济规模快速扩张，促进高新技术产业聚集发展，近年来，开发区党委、管委会把高标准规划、高起点建设、高素质园区作为高新技术产业发展的基础性工作来抓，对全区的工商业配置和产业布局重新进行了调整。按照产业归类整合扩建了包括现在正方兴未艾的临海工业园等六大工业园区，初步形成了"区中有园、园中有区"的规划科学、配置合理、相对集中、管理到位的工业区域体系。坚持"以招引跨国公司、大企业集团为主；以招引技术含量高、资金密集型企业为主；以招引龙头企业为主；以招引高效益、纳税多的企业为主"的原则，加大力度，调整思路，实现电子信息、生物医药、现代包装印刷、精细化工材料、汽车配件等高新技术产业的快速集聚。佳能、住友等一大批世界500强企业相继落户开发区。区内组建了中炬高新技术实业（集团）股份有限公司、张家边企业集团有限公司、工业开发有限公司、健康科技产业基地有限公司、工业联合总公司、临海工业园公司六大工业总公司，引进和创办工业企业近400家。年销售收入超亿元的企业近百家，超10亿元的企业近10家。从1995年起，开发区的工业产值实现了每两年翻一番，工业总产值和出口创汇均占到全市的三分之一以上。电子信息、包装印刷、化学工业和生物医药四大主题产业进一步壮大，占到全区工业总产值的85%以上。

作为国家级高新技术产业开发区，坚持"四个引进"的科技创新工作思路，企业的技术水平和科技创新能力持续增强。十余年来，全区共承担重点国家级火炬计划项目1项，国家火炬计划项目40多项，省级火炬计划项目20多项；国家"863"计划9项；国家攻关计划5项；科技型中小企业技术创新基金6项；国家重点新产品计划9项；省级重点新产品计划40多项；科技兴贸重点项目5项；经广东省认定的高新技术企业近50家。

开发区努力加快城市化、信息化建设。按照集政治文化中心、科研开发中心、行政管理中心、商业贸易中心和信息物流中心于一体的要求，从2001年开始启动中心城区的建设。会展中心、招商大厦、科技人员创业园、外商活动中心、包装中心大厦、投资大厦等十大工程已经拔地而起。一个展现开发区良好形象、聚集众多的高素质企业、为国内外客商提供集科研、工作、生活和休闲娱乐于一体的现代化城区已然成熟。

近年来，根据中山市委、市政府关于东部沿海经济带发展战略和关于城市经济发展组团式布局的部署，开发区20平方公里临海工业园的开发建设也正如火如荼，进一步拓宽了开发区经济发展和城市发展的空间。到目前，开发区已经建设成为一个以高新技术产业为主导、以临海特色工业为方向、以电子信息、汽车配件、精细化工、包装印刷、新材料新能源五大产业为主体的现代化工业区和海滨新城，形成了以5平方公里的中心城区和25平方公里的现代化工业园区为载体、以临港工业和高新技术产业为特色、以五大产业为支柱、以技术密集和人才密集为支撑的区域科技创新体系、创业孵化体系和现代制造业体系的全国一流高科技产业示范园区。

火炬开发区处于沿海高速、京珠高速、广珠城际轻轨、伶仃洋航线所构成的交通大网络的中心。前期的投入、规划和产业链的培育已经发挥出可喜的效应，是中山在未来合作又竞争的"伶仃洋时代"的核心竞争力。火炬开发区产业规划的科学性和发育的优良性，是未来中山引领珠三角新型工业化的重要保证。中山市中心城区的东移，将使这片昔日滩涂受益无穷、前程似锦。

（供稿　徐一川）

无畏非典大肆虐　招商突围志不灭

2003 年上半年，"非典"蔓延全国。火炬开发区是中山经济的龙头，也是中山招商的"中流砥柱"。即使在全国"非典"阴影的笼罩下，开发区的招商引资工作仍然比 2002 年同期略有增长。

受"非典"影响，洽谈的项目少了，谈好的项目签约延期了，签好的项目立项推迟了，已立项的项目开工延误了。提起那段焦灼不安、磨难万千的日子，区经贸办原主任欧阳锦全仍然十分感慨："当时，我们一是提出'戴着口罩出去招商'，先后派出 20 批人到境内外把客商请进来进行项目洽谈；二是充分发挥网络资讯、招商代理的作用，保持与客商的联系不断、跟踪不断，千方百计下大力气稳住客商；三是加大国内招商力度，要求区属各大总公司在国内部分城市设立办事处，聘请有经验的人员作招商代理；四是重新制订招商引资激励机制、充分调动社会各方面的力量进行招商引资，并要求机关干部和各大总公司副总经理以上的领导每人都要负责引进一个以上的项目。"

此外，开发区管委会在提高服务水平上采取了一系列措施。一是成立了企业服务中心，从有关单位和部门抽调人员集中办公、实行"一条龙"服务、为外商提供咨询、为落户企业解决问题；二是出台费用减免政策，对在五六月间外商报建打桩和进行基建的工业项目，减免报建费，促使一批项目动工，加快建设进度。仅在"非典"最严重的两个多月时间里，有四十多个项目开工建设，面积达七十多万平方米；三是加紧申办公共保税仓，为企业搞好通关协调，使企业原材料和产品流转速度加快。

经过了"非典"的磨难，开发区的招商理念更加得以熟练运用。"优惠不如优势"，成为开发区招商引资百试不爽、屡战屡胜的重要法宝。"我们不是简单以降低地价和税费减免来吸引客商投资，而是充分利用已经形成的优势（政策优势、区位优势、基础优势、环境优势和产业聚集优势），打响五块国家级牌子，突出五大工业园以及主体产业的凝聚力和吸引力。"开发区管委会主任对"优惠不如优势"进行了这样简明扼要的概括。

健康产业基地最早对自身的优势进行了分析，认为六大优势促使基地在"非典"重大影响下，对2003年的招商仍起到了积极作用。优势之一是医药行业信息汇聚。一家家西药、中药、生物工程、保健品、医疗器械、医药包装、医药商贸等多种类型的企业和机构正在这里组建一个"医药"大家庭，形成了一条从研发、临床实验、新药申报到原料供应、成品生产、包装、再到市场推广的产业链。优势之二是高效优质专业服务。健康产业基地对落户的企业项目提供高效率的、"保姆式"的一条龙专业服务，健康产业基地提供土地购买、公司成立、厂房设计和报建、设备安装调试、新药开发、药品检验、市场开拓、人才招聘、法律咨询、税务规划等服务，将项目的建设周期从3～5年缩短为1～2年，减轻了投资商的运营成本，同时为医药企业提供 GMP、GSP 认证的咨询和办理服务。优势之三是科技创新优势。通过先进科技成果的广泛应用，带动健康行业在高起点上迅速发展，中山市、火炬区和健康基地每年配套2000万元专项经费支持健康基地落户企业的科技创新，广东省中山市药品检验所、中山大学药物研究开发中心、中山大学医学院博士后工作站等十多个医药科研单位先后进驻健康基地，聚集具有独立知识产权的核心技术和创新项目，同时为基地企业今后的发展培养和输送各类合格的药学人才。优势之四是强势的融资渠道，为推动健康基地招商引资工作的开展、健康产业基地与各家商业银行携手合作，建立了支持落户基地企业的银企关系合作操作模式。优势之五是医药销售网络发达。健康产业基地建立起了包括药品批发、零售、新药销售以及物流在内的医药贸易平台，如以广东九州通医药物流中心为龙头，由三才医药、中智医药、启泰医药、东诺医药等企业组成的药品批发平台；由三才连锁药店、中智连锁药店、中山堂连锁药店等组成的药品零售平台；由中健医药进口公司、中健医药贸易有限公司等组成的新特药销售平台。优势之六是高品位的产业园为企业提供了一个良好的经营环境。健康产业基地立足于全球市场竞争的高度，按照目前国际最高标准建设基地的各项基础设施。正因为拥有这些独一无二的优势，健康基地在"非典"最困难的时期，仍然引入了八个重点项目，合同利用外资1087万美元、内资2.75亿元人民币。中大产业集团在考察了花都、增城等众多地方之后，决定将医药项目放在健康基地。

招商引资不仅讲数量，更要讲质量。开发区党委、管委会负责人高瞻远瞩，在经过了一番考察后，认为新加坡高新区规模小、含金量高，非常值得火炬区借鉴。"非典"期间，开发区开始规划建设的科技创业园便引入了新加坡的经验，准备将占地700亩的创业园变成小型科技企业的孵化器。在不断的尝试和创新过程中，开发区逐步摸索出一套行之有效的招商方式和渠道：一是以大带小，以行业巨头吸引关联企业入园；二是培育特色产业，众多关联企业聚集，最终吸引龙头企业落户；三是以行业展会吸引周边企业参观，壮大区内特色产业的声势；四是以高水平、专业化服务为客商排忧解难，提高客商的满意度；五是政府招商机构、代理机构、中介机构、行业协会等多途径并举招商。"非典"期间，开发区所取得的业绩和招商成果也正是得益于此。

在2003年"非典"蔓延的不利形势下，健康基地因主动出击，紧紧围绕壮大生物医药产业，在香港、欧洲和日本、韩国开展系列招商活动。全球招商网络初具规模，先后引进了包括加拿大、马来西亚、韩国等八个外资项目和16个内资项目。中炬高新及时把握日本汽车产业向华南地区转移的机遇，主动承接汽车产业辐射，引进了十家日资汽车零部件企业落户。通过"以商引商"狠抓招商成功率，全年引进以包装印刷产业为主的项目16个。许多公司不等不靠，积极探索，培育招商资源，发挥招商代理、中介机构、行业协会的作用，一大批跨国公司和企业集团如飞利浦、日信、伟福、华北制药均落户投资。

2003年上半年，火炬开发区引进的企业总数近600家。其中外资企业占了一半以上，来自二十多个国家和地区。在全区的工业产值中，外企占90%以上。

（供稿　徐一川）

风起云涌大工业　七大园区耀群星

经过多年的建设，中山火炬高技术产业开发区已经形成的电子信息、新能源、新材料、生物医药工程、机电一体化、化工、现代包装行业等七大高新技术产业如群星耀目。

国家健康科技产业基地（下称"健康基地"）

健康基地是由国家科技部、广东省人民政府和中山市人民政府于1994年4月联合创办的。是我国按照国际认可的 GLP、GCP、GMP、GSP 标准建设的一个集创新药物、医疗器械、健康产品的研究与开发、临床试验、生产和销售的综合性健康产业园区。

健康基地规划占地总面积13.5平方公里。基地建有华南最大的药品物流配送中心，为基地企业产品进入市场提供便利畅通的渠道。同时，还建立了博士后流动工作站，探索产、学、研发展的新路子。目前，各项指标正以每年翻一番的速度快速增长。

中炬高新产业园

中炬高新产业园，是由全国53个国家级高技术产业开发区中的首家上市公司——中炬高新技术实业（集团）股份有限公司综合开发管理的高新技术产业园，占地面积5.3平方公里。2002年就被评为广东省优秀示范工业园区。

中炬高新产业园吸引了一大批国内外知名企业前来投资建厂。这些企业包括日本住友电气工业株式会社、日本东丽株式会社、日本花王、日本武藏涂料、日本住友橡胶、日本佳能、大日本油墨化学株式会社、日本大桥化工、瑞士

中炬高新股份公司大楼   摄影　陈永解

FORMATEST、德国 MEIKO、英国 VOLEX、美国 SHIPLEY、台湾联成石化公司、台湾聚合化学品公司、台湾祥丰电子等。

中炬汽配工业园

中炬汽配工业园由中炬高新技术实业（集团）股份有限公司综合开发管理。目前已有世界 500 强企业日绵株式会社、有信株式会社、丽光精密有限公司、日本 PLAST 株式会社、山下橡胶株式会社、日信工业株式会社等企业在园区投资置业，主要产品有：底盘冲压件、汽车合成油箱、汽车门锁、热交换器、汽车刹车总成、汽车安全气囊、电子控制制动防抱死系统等汽车关键零部件，投资总额达两亿美元，年产值达 40 亿美元。

中国包装印刷生产基地

中国包装印刷生产基地成立于 1999 年，是经中国包装技术协会、中国包装总公司批准，由中山火炬开发区管委会和张家边企业集团有限公司承办，集产、学、研、贸于一体的国家级包装印刷生产基地。基地规划用地 5000 亩，目前已经全部开发完毕。

基地在产学研贸一体化方面进行了成功的探索，1999年，中国包装印刷生产基地与中国包装科学技术研究所联合成立研究机构，共同开发包装科研项目。2000年，中国包装印刷生产基地与中国包装系统唯一的本科高校——株洲工学院强强联合，在基地成立了"株洲工学院中山包装学院"，为基地企业进行人才培养及提供技术支持。此外，基地还建立了包装印刷器材交易中心。

中国电子（中山）基地

中国电子（中山）基地，是由连年荣获省、市"文明单位"及"市优秀工业示范区"称号的工业开发有限公司综合开发管理的高新技术园，规划占地7000亩，目前已经全部开发完毕。

电子基地大力发展以电子信息和光电科技产业为主导的高新技术产业，聚集了纬创资通、国碁电子、船井电子、波若威光纤通讯等数十家电子企业，已形成了一个完善、具有一定规模的电子信息科技产业群。2002年，基地综合管理通过了ISO 9001国际质量认证，实现了工业总产值122.8亿元，并以每年20%的速度递增，成为珠三角地区电子信息行业的投资热土。

民族工业园

中山火炬民族工业园是于1998年经中山市发展计划局批准设立，由中山火炬开发区工业联合总公司开发管理，总规划面积6900亩。目前已有中外货运物流等众多项目入驻。

临海工业园

开发区从提升产业竞争力的角度出发，在一个40平方公里的海岛上开辟出一个堪称珠三角"重量级"的临海工业园。该工业园立足于搞大产业、大港口、大物流、大规模、大发展，瞄准上游产业，将重点发展装备制造、新能源、新材料和现代物流业。38亿元的巨资投入、万吨级深水码头的兴建，2000公顷的规划用地，将书写中山大工业格局中浓墨重彩的一笔。

（供稿　徐一川）

龙头产业会电展　助燃火炬谱新篇

　　如果说电子信息产业是火炬高科技产业的一个缩影，那么"电展会"则是一扇窗口。透过这扇窗口，我们可以窥见开发区的产业现状及未来发展趋势。作为全国唯一拥有五块国家级牌子的高新技术产业开发区，依托国家级的产业平台，形成了资金、技术、信息、人才密集型产业为主导的格局，人均创年产值高达 50 万元。

　　火炬开发区不断整合建设七大工业园区，以这些产业园区为载体，重点面向大型高科技龙头企业招商，带动引进与龙头企业相配套的上下游企业进区入园，形成企业集群，实现产业快速聚集，扩大产业规模。经过 25 年的高速发展，开发区目前已经形成了临港经济和高新技术产业为特色，以五大产业为支柱，以技术密集和科技人才密集为支撑的区域科技创新体系、创业孵化体系和现代制造业体系，形成了以码头、港口、仓储等组成的现代物流体系。

　　占中山市工业总产值四分之一以上的电子信息制造业，是五大支柱产业中当之无愧的龙头产业。火炬开发区已然成为珠江口西岸最重要的电子信息制造业基地。自 2001 年起，一年一度的中国（中山）国际电子信息产品与技术展览会一直备受业界瞩目。龙头产业支撑的"电展会"，助燃了熊熊"火炬"。

　　由中山市人民政府、中国电子信息产业集团主办，中山市经贸局和火炬开发区管委会承办的"电展会"，以电子信息产业为基础，得到了国家科技部、省经贸委、省科技厅、省信息产业厅的大力支持，中山市信息产业局、信息产业协会、电子基地、各大 IT 产业公司、科技公司以及中国电信、移动和联通等多家单位，都倾力协助"电展会"的举办。

　　目前，中山市已经形成了种类齐全的电子信息产业体系。在电子信息大类的 21 个小类行业中，中山市就涉及了三分之二，并具备成熟经营模式。其中，一大批世界知名的电子信息龙头企业已落户中山火炬开发区，包括世界第三大 PC 制造厂商宏碁电脑下属企业纬创资通、美国朗讯关联企业腾讯科技、日本东芝关联企业东茗影音，产品占激光打印机市场 70% 份额的佳能株式会社，居喷墨打印机市场首席的日本船井电机，新加坡维信集团属下企业维用电子，世界最大的 ADSL 和笔记本电脑电源系统制造厂商国碁电子，世界光纤元（配）件最大的生产企业波若威光纤公司等。国内电子巨头长虹、TCL 继 2000 年落户后也不断增加投资。中山市电子信息产业科研水平和研发能力显著增强，十多家著名的信息类科研机构和研发中心已在中山火炬开发区成立，包括与北京邮电大学合作组建的中山泰康通信技术研究所，与中国科学院空间科学应用中心合作组建的中山火炬电子研究所，帝禾电子科技公司研发中心，日本东茗影音公司研发中心，明阳电器公司研发中心，纬创资通电脑公司技术开发部等。

中山市电子信息企业主要集中在火炬开发区。目前，已有一百多家电子信息企业落户，年产值占全市的 80%。形成了电脑、打印机、化工电子、电池新能源、光电、微电子、家电等七大电子信息企业群。一是以纬创资通、联益、协昱、丽光等企业为主的电脑企业群；二是以船井、嘉财入谷、加惠、佳能等企业为主的激光和喷墨打印机企业群；三是以祥丰、神达等企业为主的化工电子企业群；四是以科威、新士达、天骄稀土等企业为主的电池新能源企业群；五是以先达峰、波若威等企业为主的光电企业群；六是以国碁电子、台鹏、宏钜、益能达等企业为主的微电子企业群；七是以东茗、帝禾、迈科、明佳等企业为主的家电企业群。目前，火炬开发区电子信息产业已经达到国际领先水平。

每年"电展会"的重要活动内容主要有项目签约、工业企业项目巡礼、电子信息产业专题高级论坛、经贸洽谈、企业年会、订货会、新产品与新技术交流发布会以及投资推介会等。

"电展会"的举办，进一步扩大了招商渠道，聚集国内外著名电子信息企业到中山投资置业，增强了中山经济发展后劲，促进中山电子信息科技产业向高层次、大规模方向发展，突出中山电子信息产业在珠三角经济带中不可取代的地位和发展实力，同时也进一步发挥电子信息产业作为中山市支柱产业龙头的作用，推进全市工业化和信息化的进程。"电展会"展示了一个现代化城市风貌和国家级开发区的建设成果，促进了投资环境的优化，进一步提高中山和

电展会机器人大赛   摄影　简建文

火炬开发区的知名度。一年一度的"电展会",达到了"四个一批"的效果——促成一批项目在开发区落户;促进一批企业上规模、上水平;聚集一批国内外知名企业;争取一批新客商前来中山投资兴业。

　　如今,"电展会"已经举办了十多届,每一届都取得了阶段性的成果和突破。最大的突破体现在:一是参展企业和产品的质量都逐年有所提升,不仅参展企业中国内外知名企业的比率比往届有所提高,而且展品的电子信息科技含量也在逐年提升;二是在布展方面不断进行改良与突破,丰富并强化电子信息展览会的特色和风格,总体把握方向要求明快、活泼、简约、清新、健康富有生机,在视觉效果上要求耳目一新,有强大的冲击力和吸引力;三是在历届"电展会"的活动日程安排上,也力求新突破,增添新内容。既要有高规模、高档次又雅俗共赏的专业论坛和丰富多彩的产品推介会、演示会,又要有能感染大众、满足百姓需求的文艺表演、趣味活动、奖项设置等。既要体现电子信息产业高科技的规格和层次,又不能忽视众多前来参观展会的普通群体的观赏和参与要求。

　　　　　　　　　　　　　　　　　　　　　　　　（供稿　徐一川）

筑巢引凤凤恋巢　滨海明珠照东方

筑巢引凤

在第二届全国小城镇综合发展水平 1000 强中，中山火炬高技术产业开发区位列 20 名。按照规划设计，开发区中心城区建成后将形成八大功能区，分别为行政办公区、会展区、生活服务区、休闲娱乐区、科研区、商业区、商住区以及教育区，将被打造成集政治、科技、文化、物流、信息、休闲娱乐、商务、商住于一体的现代化商务区。

种下金桐树，自有凤凰来。作为广东省科技人才基地，这里聚集着上万名来自世界各地的才智精英，拥有新型储能材料研究及电子、通信、生物、化工、包装印刷技术等六十多个市级以上的科研机构和研发中心，共承担国家 863 计划 12 项、国家火炬计划 56 项、国家重点新产品开发 15 项，创造了两百多个科研成果，其中半数获得科技成果奖。投资五亿元建成的火炬创业园已成为中小型企业孵化基地、博士后工作站和留学生创业基地，并逐步形成了大学科技园区。先后创办了株洲工学院中山包装学院、广州外语外贸大学中山外语学校（原卓雅学校）、中山火炬高等职业技术学院。庞大的科技创新体系和科技创新平台，为高新区的科技腾飞插上了坚实的翅膀。

全区拥有 50 家高新技术企业，约占全市总数的四分之一；2009 年全区高新技术产品产值突破 558 亿元，占全区工业总产值的 69.3% 以上，占全市高新技术产品总产值的 44.7% 左右。

为了承载大工业的发展，近年来，开发区每年投入 10 亿元以上资金进行基础设施和配套项目建设，按照工业制造区域、物流配送区域、商业住宅区域、文体休闲区域等对配套设施进行综合配置；并以全新的理念、宏大的气魄、科技的特色精心打造出一座现代化的科技新城。科技新城集行政办公、会展、科研、教育、生活休闲、商业、高级住宅、仓储物流八大功能区和科技研发、科技服务、科技展示、科技贸易、科技金融、科技人员住宅六大科技中心于一体，凸显出雄伟气度和一种联通世界的国际思维。中山火炬国际会展中心，迎来世界商贾如云，已承办五十多个国际性和全国性行业展会，汇聚世界各路商业精英与政界名流，纵论当今世界潮流，搅动国际信息风云，"我们与世界握手"已不再是一句口号。

面对珠三角城市群新一轮的整合和你追我赶的新形势，中山市委、市政府于 2005 年强势启动东部沿海开发。这是一个战略性的选择，而作为东部开发担纲者的开发区，又一次获得了更大的发展机遇。随着东部资源的强势整合，中山火炬将成为中山市未来的城市副中心，发展临港工业、占据高新技术的产业高地，在"环伶仃洋经济圈"竞争的舞台上扮演一个举足轻重的角色。

引凤筑巢

良禽择木而栖。引来了美丽的金凤凰，又应该怎样让她安居乐业呢？应该怎样让金凤凰在日后漫长的生涯中迷恋自家的窝巢，同时也愿意倾力打理和经营自家的窝巢呢？

三大特点"引凤筑巢"

与国内其他五十余个同级别的高新技术产业开发区相较，火炬开发区具有如下三大特点。

一是以产业进划分，从一开始就规划了新材料、电子、医药、化工、包装等几大产业园区。通过产业聚集形成完整的产业结构和产业链。

二是形成从科研创新到产业聚集到人员培训一套完整的体系。

三是技术含量高，技术和信息密集型产业比较集中。目前共有员工 10 万人以上，平均每个人每年创造 50 万元以上的财富。开发区户籍人口大约五万余人，人均 GDP 已达到了两万美元以上，每平方公里创造出 30 亿元以上的财富，这样的经济效益在其他开发区也是极其少见的。

正是因为这三大特点，火炬开发区在"筑巢引凤"的进程中，也顺利地向"引凤筑巢"的模式转变，二者相辅相成、相得益彰。

努力打造高科技发展平台

火炬开发区采取"筑巢引凤"和"引凤筑巢"的办法，努力打造高科技发展的平台，主要体现在以下三个方面。

一是建立科技创业平台来"筑巢引凤"。建成火炬创业园的科技实验研发区、大学科研创业区、孵化中试生产区、外商科技创业区、中小型科技企业创业区、生活服务小区，使之成为留学生创业基地、博士后工作基地和软件开发基地。拥有 50 余家以上的研发机构、100 家以上的孵化器、30 家以上的中小型高科技企业、3000 人的软件开发机构、四大中心实验室，更好地带动人才引进、技术交流、信息共享、成果转化。

二是建立研发创新平台。充分利用已经形成的生物医药、电子信息、精细化工、现代包装印刷四大支柱产业的优势，再引进一批与这些产业相关的高素质的、具有自主知识产权成果和二次开发能力的研发机构，进一步凸现开发区在微电子、光电技术、生物医药、储能材料、应用化学等领域的研发和成果优势。

三是建立政策平台来鼓动科技人员的创业积极性。每年拿出 2000 万元注入开发区科技创新基金，用于科研和科技型企业的发展；对在开发区内工作的博士、留学人员和高级科研人员实行津贴补助；兴建科技人才楼，按成本价销售给进区创业发展的高科技人才。继续实施"四个三"人才引进战略。目前，全区有副高职以上专家数百名、中高级职称人才 3000 多名、专业技术骨干 30000 多名。制定和实施"高级人才引进计划"，用优厚的待遇面向全国招聘科研和管理复合型人才和高级理财专业人才。创办高等职业技术学院，以适应来开发区投资的企业对人力资源的需求。

五条原则打造现代化滨海新城区

高素质的工业园区和高品位的城市环境是大企业、大财团和高科技企业投资的首要条件，火炬开发区的园区建设坚持以下五条原则：

一是摒弃低投入，坚持高投入，建设高品位的园区；

二是摒弃分期开发，坚持同时启动，归数聚集；

三是摒弃零散建厂，坚持成片开发，一气呵成，提高土地利用价值；

四是摒弃不管建筑体量的做法，坚持不准建设造价标准很低的铁皮棚，审定建筑立面。

五是摒弃不限容积率的浪费土地行为，坚持用最少的土地资源达到最大的产出。

近年来，开发区按照 ISO14000 的标准，改造和整治各大工业园区，争取领到环保"绿卡"。进一步扩大中心城区的面积，延伸功能。建设了国际会议中心、国际工业展览馆、国际商务大厦、双语学校、大型商业中心、人才楼等建筑，迅速完成了开发区各大楼盘的建设，并完成了五星级的温泉度假村、体育馆的建设。这批一流的工业、生活、娱乐、休闲配套设施的建成，为工业和科技的发展提供了全方位的配套服务，使中心城区成为一个集商务、金融、购物、商住、科技创业、文化休闲于一体的现代化滨海新城。

再造一个开发区

所谓"再造一个开发区"，是指开发区预计投入 32 亿，将临海工业园建设成为一个以高新技术产业为主导，以临海特色工业为方向，以电子信息、汽车配件、化工、包装印刷、新材料新能源五大产业区为主体的现代化工业区和海滨新城。园区面积增加 25000 亩，工业总产值增加 300 亿元以上，税收增加8 亿元以上，出口创汇增加 12 亿美元以上，规模以上企业增加 300 家以上。

临海工业园的规划范围是，东临横门水道，隔水与广州南沙相望，西临横门西水道，隔水与南朗镇横门相望，南隔百米宽的河涌与市围垦公司的围垦用地相接，北与横门水道中山港第二码头作业区的港地相连。园区面积 20 平方公里，约 30000 亩。其中，工业用地 20000 亩，商住用地 5000 亩。工业园整个规划分为 3 个大区，11 个小区。第一个大区为工业区，占地 15000 亩，包括电子信息产业区、精细化工产业区、新材料产业区、包装印刷产业区、其他产业区等区域；第二个大区为港口区，占地 5000 亩，由保税区、仓储区、码头三部分组成；第三个大区为商业生活服务区，占地 5000 亩，由商业服务、员工区和生态区组成。

"十一五"期间，火炬开发区全面贯彻落实科学发展观，加快调整产业结构，促进产业升级，提高自主创新能力，实现经济又好又快发展；加强社会事业建设，统筹城乡协调发展，构建和谐园区。到 2011 年，全区工业产值已超过 1300 亿元，税收达到 45 亿元，出口创汇突破 80 亿美元，一举跨入全国高新区的前列，成为珠三角地区经济发达、科技进步、文化繁荣、社会和谐、人民安康的滨海明珠！

（供稿　徐一川）

第三章

故里先贤

导 读

　　过去，东镇有首名为"望夫归"的民歌，诉说的是东镇妇女对外出丈夫的思念。东镇的男子汉不负众望，无论出洋还是留在国内，都以自己的智慧和毅力，做出骄人的业绩，令家乡的亲朋大感欣慰。

张家边旧城区一角

摄影　简建文

濠头华侨系故里　享誉四方佑桑梓

侨居国外人数与分布状况

濠头村是中山市重点侨乡之一，据 2000 年与 2006 年侨情调查统计资料反映，濠头旅居海外侨胞和港澳台同胞达 3210 人，分布在亚洲、美洲、澳洲、欧洲等四大洲二十多个国家和地区。最早出国的华侨距今已有一百多年，他们在海外繁衍生息，随着世界时势发展，为寻求更好的生活，不少华侨从不甚发达的国家迁移到较发达的国家，所以居住在美国、加拿大、澳大利亚的华侨人数较多。2000 年统计全村海外侨胞分布状况如下：美国 677 人，加拿大 613 人，澳大利亚 309 人，委内瑞拉 6 人，秘鲁 65 人，巴拿马 15 人，智利 32 人，厄瓜多尔 5 人，新加坡 10 人，马来西亚 10 人，日本 12 人，泰国 140 人，印度 7 人，英国 8 人，法国 5 人，比利时 10 人，特立尼达和多巴哥 25 人。

旅外乡亲的侨团组织

香港中山濠头乡亲总会

香港中山濠头乡亲总会设在香港油麻地窝打老道 1 号 L 二楼，成立于 1973 年。成立宗旨是联络乡亲，团结互助，友爱亲善，致力于家乡建设和福利慈善事业。1973 年间，举行第一次筹备委员会会议，有郑棠、郑庆佳、郑次、郑社权、郑沛荣、郑昌伟、郑健乡、郑东生、郑贺新、郑新北、郑子容、郑达明、郑均墀、郑玉佳、郑东旺、郑日辉、郑标、郑荣、郑伯葵、郑鸿钧、郑玉廷、郑汉成、郑瑞生、郑球、郑鸿光、郑德明、郑少宁、郑桂远、郑灿、郑昆、郑光等人出席参加，筹备会成立并申请注册资本。1975 年，由郑标、郑东生、郑次、郑杰雄、郑贤等五人小组发起募捐购置永久会所。

香港中山濠头乡亲总会成立至今已有44年,历届主席是郑次、郑东生、郑标、郑少宁、郑荣,现任主席是郑汉成。

在四十多个春秋中,总会发动了旅居美国、加拿大、日本、檀香山、澳洲、香港和澳门地区等七个国家和地区的乡亲为建设家乡捐资赠物。据不完全统计,捐赠人民币1382368元,港币255195元,加币6695元,美元10985元。另给家乡购买十二座本田汽车一台(扩建道路用)、购买五十铃双排座汽车一台、扩建两幢有12间教室的新教学楼,购买教具、体育、音乐器材一批,建濠头东西牌坊、幼儿园游泳池,重修探花牌坊和濠头村大操场,铺设村中水泥路及购置房屋一座作为侨联会址之用。

香港中山濠头乡亲总会为沟通海内外侨情乡情和联络情谊起着桥梁和纽带的作用。总会为联系乡亲、活跃会务,每年在香港开展春茗活动,又回乡设宴送红包为老人祝寿,组织观光团回乡观光,游览家乡名胜古迹,参观中小学校、幼儿园、中山港投资环境、孙中山故居等。乡亲们看到家乡的美丽风光,倍感欣慰。

加拿大铁城崇义总会

铁城崇义总会设在加拿大,成立至今已有九十多年,历史悠久,会员众多,人才辈出,是中山侨胞旅加较大社团之一。郑今后、郑宗励、李慎满等乡侨曾在该会多年担任主席、会长、部长、董事、干事等职务。现任铁城崇义总会主席是郑宗励。

崇义总会下设崇义实业部、崇义耆英会、崇义体育会、崇义奖学基金会、崇义房屋协会等,规模较大。

会员精诚团结、友爱合作、群策群力,以大局为重,为了社团工作,摒弃个人利益,为振兴繁荣会务,服务侨胞,联络侨亲,沟通情谊,争取和维护华侨利益,弘扬中华传统文化和建设家乡,公益慈善、兴教奖学、培育英才、造福桑梓等方面都做出了贡献。

加拿大温哥华中山濠头侨所

加拿大温哥华中山濠头侨所成立于1926年,它是旅外乡亲成立较早的会所之一,其宗旨是联络乡亲,互相帮助,发展公益慈善事业。濠头侨所历任主席分别是郑官强、郑今后、郑耀鸿和郑宗励。每任主席任期较长,首位主席是郑官强,现任主席是郑宗励。濠头侨所设在加拿大温哥华,每逢重大节日或喜庆大事，都召集乡亲举行庆祝活动。会所在联络乡谊、服务侨胞、争取和维护华侨合法权益以及支持家乡建设等方面都作出了贡献。

情系家园　造福桑梓

侨亲们虽身居异国他乡，但情系家园，鼎力襄助家乡建设和公益事业，造福桑梓。

20世纪初，郑彼岸与其他侨胞受孙中山"驱除鞑虏，恢复中华，创立合众政府"的革命主张影响，毅然回国，直接或间接参与孙中山领导的推翻清朝封建政权，救民于水火之中的武力斗争。他应县长杨子毅之请，旋归故里，一是主修县志，二是办好公益事业。他创办了"保育善会"，帮助孤苦乡亲解决衣食难题。在石岐，他又协办义门小学，并亲任校长，教贫苦儿童读书识字，学习做人的道理。

1916年，郑泗全从澳洲回国，联合乡中归侨、侨眷，合资在家乡办起了碾米厂、织布厂和电灯厂。岐环公路就是郑泗全奔走四方集资修建的。

民国13年（1924年），旅澳洲郑泗全发起集资兴建了濠头振兴社（原名香山东镇濠头村华侨振兴社），是用作华侨、港澳台乡亲聚会、商讨如何振兴濠头村经济和福利事业的场所，乃中山早期在农村成立的华侨社团之一。1974年，由旅港乡亲郑赐、郑悦开、郑重生、郑仲平、郑金源等发起重修。现在这座古建筑物已列入中山市重点保护文物之列，几经沧桑，虽较为古雅陈旧，然而老一辈华侨热爱家乡的情怀，将永远铭刻在后一辈人们的心中。

1952年，濠头旅港乡亲及海外华侨集资以9000元人民币购置濠头大街一座楼房给濠头侨联会作总会址使用。1981年2月，又集资把侨联会里里外外装修一新。2003年5月，旅港乡亲郑荣伉俪又捐赠不锈钢护栏、不锈钢防盗门一套，令侨联会面貌焕然一新。

（供稿　郑秀兰　吴书丽）

矢志航空救国难　空军基业群英创

　　1903 年底，美国莱特兄弟发明了飞机，孙中山敏锐地看到这一新事物对革命事业的重要性，提出了航空救国的思路。香山人杨仙逸成为实践先生梦想的第一人。同一时期，开发区的张惠长、朱卓文等人也不愧为"航空先驱"。

　　大环村人张惠长（1899 ~ 1980 年）读小学时，孙中山元帅府庶务司司长朱卓文（张惠长的表叔）返西桠村探亲，见张惠长身材魁梧、长相英俊，就把他带到广州读书，并介绍给孙中山。1915 年，张惠长与杨仙逸、吴东华等一起成为孙中山创办的中华革命党航空学校首批学员，并成为最终入选的 20 名优秀学员之一，进入美国纽约寇蒂斯航空学校深造。1917 年毕业回国，任大元帅府侍从武官，次年任航空处副处长。1920 年桂系军阀占据广州，张惠长同杨仙逸各驾使一架"鸭婆机"，轰炸了叛军的指挥所。桂系军阀立足未稳，落荒而逃。那时陆军还未赶回参战，由空军独立收复了广州。由此，孙先生认定"飞机将是未来战争决胜之武器"。

　　从 1922 年初孙中山组织第一次北伐，张惠长任航空局副局长、北伐军飞机队队长，空军为北伐胜利起到很大作用。张惠长晚年同晚辈谈起，自己担任航空局副局长时，只有 6 架飞机，第一次北伐时，也只有 12 架。他们轰炸军阀阵地时，没有轰炸机，只有双翼飞机，左右机翼只能各携带两个 50 磅炸弹，他就在机腹开了个井形口，坐在用粗铁丝捆紧的竹凳上，手持炸弹往下投。当时杨仙逸驾机，他投弹，嘴里还不时喊着"左边、右边、高一点、低一点"，为杨仙逸指示。用飞机投弹，大大威慑了敌人，帮助北伐军取得节节胜利。为赢得胜利，他说服了直系军阀孙传芳的一班飞行员，不阻止北伐军前进。后来在北伐军进入上海时，他还策反了这些飞行员，接收了孙传芳军队的全部飞机器材。这在北伐战争和抗日战争中都发挥了很大作用。

1927年，张惠长任广东航空学校校长、航空处处长。广东航校在他的主持下培训了199名学员，建立了中国航空事业的基础。1928年，张惠长擎起孙中山"航空救国"大旗，组织两架飞机分两路环飞神州。他驾驶陆地型"广州"号经汉口、南京、北平、沈阳，再转往天津、上海返回广州，全程5890公里。另一架水上机"珠江号"，由他的副手陈庆云领队，沿海岸线经汕头、福州、宁波飞到上海，同"广州号"会合后，再齐飞往烟台、天津，经长沙、桂林一同返回广州。当时没有无线电通信设备，也没有导航设备，单靠罗盘和目测校正航线，自是困难重重，在世界上也是较早的成功长途飞行。此举成为中国航空事业的空前盛事，一度掀起了全国"航空救国"热。他们驾驶的飞机每到一个城市都引起轰动，成千上万人集会欢迎。1928年11月24日的北平《世界晚报》刊登了张恨水的短评《欢迎飞机》，文中提到"这样横贯中国的长途飞行，在中国倒是破天荒的举动，怪不得昨天上午天安门欢迎飞机大会，到会的多达数万人了。"

张惠长一直牢记孙中山国共合作的主张。时任陆海空军总司令的蒋介石一直想控制他，1929年通过孙科劝说他担任南京政府的航空署长、中央航空学校校长。但他有所防范，坚持兼任广东航空处处长并任西南军区空军总司令，他积极扩充广东空军为五个中队，每个中队有九架飞机，成为国内实力最强的一支空军。期间他曾发出号召空军誓不参加内战的通电，得到广东省空军的签名响应。1932年，他派丁纪徐驾机北上赴上海支援淞沪抗战。1933年，李济深、蔡廷锴等人在福建建立反蒋抗日政府，张惠长又派杨官宇、刘植炎等人率一百多名广东空军，取道香港，前去协助组建十九路军飞机队。但由于福建政府解散，他们只能中途折返。

朱卓文（1875～1935年），西桠村人。1896年，朱卓文与同乡朱会文到美国旧金山，经营一间小裁缝店。1910年初，他加入同盟会。从此，他一直追随孙中山。孙中山在欧美演讲，发动华侨捐款，他侍应身边，保卫孙中山的安全，照顾生活起居。孙中山在其著作《建国方略》中，曾提及他同朱卓文考察欧洲的经过。在孙中山的鼓励下，朱卓文开始学习飞行技术。1911年9月，芝加哥同盟会用孙中山及朱卓文在欧美募捐的资金购买了六架飞机，送回国内。1912年，朱卓文随孙中山回国，任总统府庶务司司长。1920年年底，孙中山再度组织政府，成立航空局，朱卓文任首任局长，组建了两个飞机队，并购置水上飞机两架、陆上飞机四架、双翼飞机一架，建立了中国空军的雏形。

窈窕村民吴东华同张惠长一起，于1915年成为首批在美国学习飞行的人员，毕业后回国参加组建空军。1919年2月，他随张惠长一起到福建建立援闽粤军飞机队，为福建培养了一批飞行员和机械员。1922年，孙中山重组北伐军飞机队，吴东华也参与其中。当他们逼近南昌时，忽闻广州陈炯明叛变，飞机队立即回师南雄，配合陆军张民达部队在福建水口与北洋军队李厚基作战，收复水口，进军建城。在这次战斗中，吴东华不幸受重伤，从此退出空军队伍。这次血洒长空，使得吴东华终生不能生育，且早早离开人世，但他永远活在故乡人民心中！

中国早期的航空事业中，三位来自中山的英姿飒爽的女飞行员也格外引人注目。一位是西桠村的朱慕飞（1897～1932年），另两位出自大岭村，名字同音的欧阳英（1895～1920年）与欧阳瑛（1896～1932年）。朱慕飞原名朱慕菲，她的父亲便是1920年年底孙中山成立航空局时首任局长的朱卓文。孙中山见她喜爱飞行，特地为她改名，希望她能够为航空救国事业贡献力量。她出生于美国，性格豪爽，胆识过人，是颇具江湖豪气的新女性。她跟表哥张惠长学习飞行，很快就熟练掌握了飞机飞行和修理的知识和技巧，还能进行飞行特技表演。1912年，她随父回国，成为孙中山大元帅府的飞行员，是当时中国的第一位女飞行员。可惜的是，1922年春，她驾驶一架试飞飞机，经过虎门附近莲花山时突遇气流漩涡，强行在水面降落时不幸负伤。1932年病逝于香港。

欧阳英的父亲欧阳初、丈夫李培芬早年就追随孙中山。丈夫在美国航空学校学过飞行。欧阳英自小聪颖过人，又热爱体育活动，骑马、驾驶汽车都很出色。20岁结婚后，在丈夫鼓励下进入航空学校，在著名教练Frank Bryant训练下，很快掌握了全套飞行技术，能单独驾机飞行，成为美国首位华裔女飞行员，教练也称赞她是极难得之航空人才。她想回国在广州创办航空学校，并设飞机制造厂，她的丈夫为此给张惠长等人写信，得到肯定答复。可惜当时美国正参加第一次世界大战欧洲战场的战争，一时不能成行。她得知很多华工被调往战地服务，却不能享受美国人的待遇，便积极参加取消歧视华人的斗争，为华工争取了同等待遇。1920年，她终于回到祖国，着手创办飞行学校。然而那年11月，在一次飞行中，飞机发生故障，她不幸坠机身亡，年仅25岁。

　　欧阳瑛的父亲欧阳克航是旅美华侨，她的两个兄长都学习飞行，欲追随孙中山航空救国。1906年旧金山发生大地震，全家遇难，仅存她一孤儿，幸被当时的中国驻旧金山总领事、同乡欧阳庚夫妻收留。她16岁时，欧阳庚告知其父兄的遗志，于是她决心考上航空学校。1924年，她已成为美国知名女飞行家，曾驾机由美国洛杉矶长途飞抵智利圣地亚哥，比1930年英国两位女飞行员的长途飞行还早六年。当时获美国总统接见，媒体作了大幅报道。欧阳庚曾将此事报告给北京段祺瑞政府，可惜没有受到重视。在1932年的一次空难中，欧阳瑛不幸去世，未能实现报效祖国的宿愿。

（供稿　陈永解）

心系华工郑藻如　外交生涯垂青史

翻开中华书局出版的《孙中山全集》，卷首第一篇文章就是《致郑藻如书》。郑藻如何许人也，竟令青年孙中山仰慕如斯？

郑藻如（1824～1894年），字志翔，号稼轩，又名玉轩，香山县（今中山市）濠头村人。清道光二十六年（1864年）生，咸丰元年（1851年）辛亥恩科第10名乡试举人。这一年适逢太平天国起义，两年后定都天京（今南京），整个神州大地都被震撼，全国各地与之策应的反清运动风起云涌。1854年，广东天地会陈开率众起义，占领佛山；香山县内则有以卢灵飞、黄福为首的红巾军在小榄起义，且一度逼近县城石岐。郑藻如就是在这样的局势下登上政治舞台的。他与同乡的另一位举人林谦组织东乡总局团练，协助清兵坚守石岐城，在镇压红巾军之役中立下战功，得授内阁中书衔，并得到曾国藩、李鸿章的赏识，协办洋务外交。由此飞黄腾达，升至内阁侍读学士、鸿胪寺卿、通政司副使、光禄寺卿，获赐赏花翎二品。

如果郑藻如的历史到镇压红巾军立下战功为止，那他就没有什么值得称道的了。实际上，这仅仅是他政治生涯的前奏。郑藻如的才华和胆识，是在他从事外交和洋务工作后，才充分表现出来的。

主持江南制造总局

当时的中国处于什么样的政治环境呢？是正值丧权辱国的鸦片战争以后。当时，清政府中的洋务派痛定思痛，感到不能再这样任由西方列强宰割了。他们的对策是大兴军事工业，1861～1864年，曾国藩、李鸿章等人先后在安庆、苏州和南京等地设立军工厂，1865年，更进一步在上海设立江南制造总局。

1869 年，郑藻如被李鸿章聘请到上海，以选用同知衔（后升知府）任江南制造局帮办，不久又升为总理局务。后又接管广东方言馆，主要任务是培养熟悉外语的人才，并聘请西洋人与局内通晓外文的官员协同翻译、刊印国外的科技著作。郑藻如办事认真，熟悉业务，具有管理才干，甚得曾国藩、李鸿章及历任两江总督所赏识。李鸿章自 1872 年初就有调任郑藻如主持天津机器局的打算，却屡因"沪局乏人"而未能实现。当时李鸿章致函曾国藩说，冯焌光于"局务主持七年，尚一日离郑不得"，"沪局不可无玉轩，鸿章言之屡矣"。同年夏，李鸿章在奏折中称许郑藻如"才大心细，洞悉机要，有裨军国"，荐为记名海关道，透露了他拟提拔郑藻如任津海关道的意图。1874 年冯焌光调离江南制造总局后，由郑藻如总理局务。李鸿章对他的工作表现甚为满意，于 1877 年再次作出了"玉轩机器熟手……无人能替"的高度评价。我们从李鸿章的函扎、奏折中，常可看到对其僚属的缺点与不足予以品评，唯独对郑藻如赞扬备至而无一贬语，足见倚重之深。

作为江南制造总局的一名主要负责人，郑藻如对该局各项建设事业的发展作出了重要贡献。任职十多年中，他监制机器、厂房、轮船、船坞、枪炮、水雷、弹药等，使该局的生产规模不断扩大，并负责督造我国沿海规模最大、被称为"沿岸诸炮台之冠"的吴淞口炮台。

江南制造总局是封建官僚所控制的官办企业，但从外国引进机器生产和借鉴先进的资本主义经营方法，对中国民族资本主义的发展却起到一定的促进作用。任职期间，郑藻如与郑观应等交往甚密，和王韬是文字知己，常就如何使国家富强等问题交换意见。

参与中外交涉事宜

清光绪四年九月（1873 年 10 月），李鸿章以郑藻如"廉干沉毅，德器深厚，识略闳通，前在上海综理机器局十余年，与洋人交涉已久，深明机要，熟习情形"，奏请清廷简放他担任津海关道，经办外交、通商、税务兼海防事宜。当时李鸿章是直隶总督兼北洋通商大臣，驻扎天津，郑藻如到任后便成为李鸿章办理各项洋务的重要帮手。他接办洋务派的另一个重要军事企业——天津机器局，监制弹药、水雷、电线、行军桥船等。他负责筹建电报总局，会同盛宣怀等拟订章程，派人查勘，购料兴工，并设立电报学堂以培养技术人才。他兼任北洋海防翼长，负责督造大沽船坞，修复天津外城濠墙，并于城墙上筑造炮台。一般外交事务，均由他与各国驻天津领事商洽办理，重大问题才请示李鸿章。李鸿章称赞郑藻如"熟悉洋情，办事精核"，让他直接参与处理中外交涉事件：同巴西使臣谈判，订立两国通商条约；与朝鲜使臣共订章程，接纳朝方所派69名工匠来天津学习机器制造；应朝使之请，代订朝鲜与各国通商章程。俄国垄断蒙古茶叶市场，他建议免除中国内地茶商赴蒙厘税，以便与俄商竞争。此外，郑藻如还采取便民措施，裁撤各关卡海巡；筹集巨款，助赈山西、河南饥民等。

1881年，以三品衔钦差大臣身份出使美国、西班牙、秘鲁三国。1882年，美国通过了"停止华工入美二十年的排华法案"。郑藻如向美国总统阿瑟（Chester. A. Arthur）提出抗议，要求否决这一方案，但美国趁郑藻如前往西班牙递交国书时，依然通过了这个法案，只是将二十年的期限缩短为十年。为此，郑藻如并不罢休，经再三交涉，美国政府终于同意：一、离美返华的华工所需证明可由中国领事馆签发，以便华工还可以返回美国；二、准许往返古巴的华工经由美国过境；三、同意中国在纽约设立领事馆。

郑藻如出使美国、西班牙、秘鲁等国，历时四年，在1885年7月，郑藻如因工作劳累过度患上重疾，于1886年春回到祖国。

郑藻如自从美国回来后，返回祖居濠头村，对家乡的农业生产十分关心，购买了不同类型的种子返乡，教导村民饲畜种植等方法。1888年，他到上海和天津治病。在天津期间，曾拜访李鸿章，后再回到家乡休养。

为海外华人维权

作为一名中国驻外官员，郑藻如深感出外谋生的华人人数很多，而被诱骗为"猪仔"出洋备受虐待歧视的事件时有所闻，因此把保护所在国华人权益视为己任。

1885年9月，美国怀俄明州的石泉镇矿区发生暴力驱逐华人的恶性事件，郑藻如闻讯立即前往，查清华工被杀害28人、受伤15人，其损失财物14.7万美元，他正式照会美政府，要求偿命、逞凶、赔款。这份外交照会证据确凿，义正词严，震惊了整个美国。美国参议员雪尔曼在国会讨论这一事件时，赞扬这一照会是"我所见过的最雄辩、最出色的文章"。美国历史学家也承认它是"在

1897 年伍廷芳出使美国之前，中国外交官发出的最庄严的、有辨识力的、符合逻辑的文件"。这份照会赢得了大多数美国参议员的支持，美国国会终于通过议案，向受害华人赔偿损失 14.7 万美元。

与在美华人相比，华工在秘鲁的处境要恶劣得多。据 1884 年的不完全统计，秘鲁的"猪仔华工"多达 20 万人，大多数受雇于大田庄主，或从事修建铁路、掘挖鸟粪等苦工，月薪仅四元，工作时间长，饮食居住条件恶劣，饱受虐待，华工往往被迫个人或集体逃亡；若不幸被捕获，即受严重体罚，延长合同期，甚至在工作时加上镣铐。其中，在沿海开采鸟粪的劳动条件最恶劣。华工不得不在臭气熏天的环境中每天劳动十多小时，加上饮水不洁，食物不足，患病者极多。又遭工头虐待，在绝望中自杀者甚众。郑藻如获悉后，于 1884 年，抵达秘鲁，见其外务大臣，筹办保护华民一事，"与秘官申正条约，严缉拐匪，积弊稍除"。

郑藻如不仅循外交途径力求维护华工权益，还在生活中千方百计向华工伸出援手。华工别离乡井远赴海外谋生，无法邮寄书信、金钱回乡。为此，郑藻如"集款三万余元于秘都（按：指秘鲁首都利马），创办中华通惠局，广行善举，华民信息始通"。今天，在利马唐人街仍可找到秘鲁华侨的中心团体——通惠总局。走进通惠总局的厅堂，左边是当年光绪皇帝给通惠总局御笔提写的"通商惠工"的匾额。对面墙上的祖宗牌位上，供奉着清政府首任驻秘鲁公使郑藻如的画像。那是光绪皇帝唯一一次为海外侨社题匾。

另一方面，当时旅居夏威夷的中国侨民渐多，由于中国与夏威夷并未订立通商合约，所以未设领事馆。1882 年，郑藻如以钦差的身份驻美，随即派人到夏威夷开设领事馆，又倡议在该地创建中华会馆，协助华工解决实际问题。

秘鲁利马通惠总局至今还供奉着郑藻如画像和孙中山的站立铜像。郑藻如在美国时书写的"商邑会馆"牌额现存于中山市博物馆。

孙中山赞誉他"一邑物望所归"

郑藻如出使美国、西班牙、秘鲁三国共四年，在此期间，他曾致函旧金山领事黄遵宪（广东嘉应州人，著名的爱国诗人），信中说："我辈无论身膺何职，须要有一颗恳切为国为民之心，结为生平至愿。"作为中国历史上一位出色的外交家，他确实说到做到。

郑藻如从 1885 年起右手偏瘫，不得不用左手作书，以病乞休，却为清廷慰留。两广总督张之洞请准李鸿章，要他暂留美国，会同新履任的张荫桓办理石泉矿区被害华工的善后。其后再经多次请辞始获批准。1886 年 5 月 1 日（清光绪十二年三月二十八日）自华盛顿动身，途经芝加哥、旧金山和香港，6 月 10 日（五月初九）返抵香山本籍。

1890 年，孙中山先生在《致郑藻如书》中，称郑藻如"台驾为一邑物望所归，闻于乡间，无善不举"。这是因为郑藻如回家乡濠头定居后，"以邑中蚕桑棉茶之利薄，购种散给居民，教以饲畜种种诸法。本邑之有实业，藻如称先导焉"（见《香山县志续编》）。因此，青年孙中山在信中向这位他仰慕的先贤提出兴农桑、禁鸦片、办教育等三项建议，希望郑藻如出面提倡。致书郑藻如，正是孙中山参与政治、讨论国事的第一次尝试。孙中山这封信最早在澳门报刊中刊登（另一说是在濠头首登），至于是否已投寄郑藻如，或只作为公开信发表，至今仍未发现相关资料。不过，那时郑藻如的身体状况不好，四年后，郑藻如逝世，葬于小隐村仙人掌山山腰，享年 71 岁。

与郑观应的友谊

很少人知道，郑藻如还曾为郑观应的巨著《盛世危言》写序。

在《盛世危言》的序言中，郑藻如谈及他与郑观应两人的结识经过和彼此间的友谊，并对这部匡时救世的巨著作出了很高评价："陶斋之书之切直，洞中夫时局之隐微，斯不啻李将军射虎之矢，靡坚不摧，若采而见诸施行，则女娲氏补天之石，不是过也。"意思是，这部书对时局的论述切中时弊，有如传说中的李广将军射虎，箭无虚发；倘若这些救国措施能够得到切实执行，定将收到有如女娲补天般的奇迹，积弱的中国就有希望了。

《盛世危言》序是 1894 年郑藻如在告病归乡、"养疴田间"时所写，同年逝世。据现有资料显示，《盛世危言》也是在 1894 年印刷成书的。不知郑藻如是否来得及见到溢着油墨芳香的这一部巨著。

（供稿　吴竞龙）

凡夫伟业功不凡　革命一生笔作剑

　　李凡夫（1906～1990年），原名郑锡祥，香山县（今中山市）濠头村人，出生于穷苦华侨工人家庭。1926—1929年在广州中山大学附中读书时，开始接受进步思想。1929年到日本攻读马克思列宁主义理论。1931年"九一八事变"发生后，毅然弃学回国，当轮船驶出日本海域时，立即在轮船上召开了反日侵略大会，被大家推举起草了反对日本侵略的宣言。回国后，又到广州中山大学读书，因发表革命文章，被学校反动当局开除。之后，他转学到上海暨南大学。1934年夏天，在上海加入了"上海社会科学家联盟"。1934年加入了中国共产党，曾任"上海社联"党委书记。1936年，因革命斗争的需要，社联改为"上海著作人协会"，成为公开的文化组织，编辑出版了《现世界》和《时代论坛》等著作，他用李凡夫的笔名发表了文章数百篇，是20世纪30年代上海著名的作家学者。他的论著言之有物，实事求是，文风朴实，给人留下深刻的印象，到后来，读者只知"李凡夫"而不识郑锡祥。为方便工作，他干脆从此改名李凡夫。

　　1936年年初，上海建立中国共产党文化支部，后组成上海临时党委，李凡夫担任临时党委书记。"七七事变"后他到了延安，担任《解放》周刊编辑，又先后担任红军大学、抗日军政大学和陕北公学的教导员。后来任"华北联合大学"副教育长、教育学院副院长。

　　写于1937年5月的《中国与日本》，是李凡夫在那段时期的代表作。他以翔实的资料分析了自古以来、尤其是鸦片战争后，中日关系由友人转为敌人的变化过程；分析了中日政治、经济、军事、外交的现状，说明在日寇蓄意灭亡中国的政策下，任何忍让妥协都绝无苟安的可能；指出当时的唯一出路就是建立抗日统一战线，发动全民抗战直到取得全面胜利。其后的政局发展，证明了他著作的惊人预见性。

李凡夫曾任职中央政策研究室敌伪研究组组长和中央军委办公厅主任。他受命编写《抗战八年来的八路军和新四军》一书，后以"八路军总政治部宣传部"的名义发表，他根据党中央指示，先后访问了朱德、周恩来、刘伯承和陈赓等领导同志，在收集和整理了大量材料的基础上精心编写了这本书。书中以丰富的史料，着重体现了毛泽东《论持久战》和朱德《论解放区战场》的指导思想，自 1945 年 3 月在延安首次出版以来，一直广受读者欢迎。1953 年由人民出版社将这本书列入《中国现代史资料丛刊》并重新修订出版。1980 年再次重印，书名改为《抗日战争时期的八路军和新四军》。

抗日战争胜利后，1945 年至 1946 年 4 月李凡夫任中央军委干部第二大队大队长，由延安赴东北，参加土改、清匪反霸和建立革命政权的工作。1946 年 5 月至 1949 年 6 月，任辽宁省、吉林省委宣传部副部长、吉林省委党校副校长。1949 年随军南下，任江西省委宣传部长。中华人民共和国成立后，任中共华南分局宣传部副部长、中南局宣传部副部长、中央第五中级党校校长兼任党委第一书记。

1958 年，在担任安徽省委常委兼调查研究室主任期间，由于如实向上级反映当时浮夸风对农村造成的严重危害等问题，1959 年被撤销职务，下放到安徽大学当教师。1962 年得到平反，出任安徽省委常委和省委宣传部长。1964 年任安徽省副省长和当选第三届全国人大代表。

在"文化大革命"期间，李凡夫反对林彪的"顶峰论"，被军管了六年，身心受到了极大的摧残。粉碎"四人帮"以后，他得到了平反，在 1979 年担任了安徽省人大常委会副主任。后因长期患病，调到北京市委组织部休养。1990 年 10 月 16 日在北京病逝。

1990 年 12 月 5 日，李凡夫的夫人陈怡偕同子女三人回到中山探亲。陈怡遵照李凡夫的遗愿，把李凡夫在家乡的祖屋及他生前的藏书捐出，以开办"李凡夫书屋"，支持家乡文化教育事业的发展。陈怡还表示，要将李凡夫的一生著作共 30 万字整理出版。

1993 年，《李凡夫文集》由广东人民出版社出版，成为后人了解中国共产党、八路军和新四军，研究抗日战争史和毛泽东军事思想的重要参考书籍。

（供稿　刘居上）

百业待兴教育先　尊师重教树新风

"十年树木，百年树人"，在火炬开发区这方土地上生活的祖祖辈辈都明白这个道理。而早期从这里漂洋过海外出谋生的人，更是从自身经历中深深体悟到只有教育，才是从根本上改变个人穷困、国家落后的唯一出路。

于是，在海外拼搏的华侨，稍有积蓄，就纷纷汇款回乡，除修桥铺路，改变家乡面貌外，最大一部分就是积极支援办学。早在清末，在侨亲的捐助下，开发区就有了现代学校的雏形，濠头乡于清光绪三十三年（1907年）办起私塾，宫花、张家边村等也相继办起私塾，后来逐步过渡到小学。

到了20世纪30年代，开发区的小学教育名噪一时，沙边学校、濠头小学、西桠小学不仅在全省出类拔萃，而且在国内名望甚高。沙边学校是1912年由归国华侨孙景堂等人建起的，当时设在孙氏大宗祠里，学制是七年制，初等四年，高等三年，教师多从广州聘请，开办初有教师7人，学生142人。1931年，孙干宾从浙江宁波解职归田，孙海筹也从上海返乡。时任沙边学校校长的孙子静找来他们及从北美回家的孙溢芳、孙炳才、孙惠康等人商议建设新校区。众人一拍即合，几经商讨，选定风景秀丽的村东角环山麓十余亩地作为校园，成立了建校委员会，向海外侨胞劝捐善款四万余元。1929年底至1933年爆发了第一次世界性经济危机，许多做小本生意的侨胞倾家荡产。然而就是在这样困难的情况下，侨胞们还是节衣缩食，为家乡建校倾尽所有。

历时三年，工程次第完成。校园建筑皆由孙干宾设计绘图并组织施工，孙海筹、孙杏宗现场监工督导。新校园居中是大会堂，两旁各有四间课室。秘鲁侨亲还集资兴建一间"秘鲁教室"。学生在教室里上课，隔壁竟听不到噪声。孙艺园又捐资兴建图书馆一座，还捐赠全套《万有文库》图书以及书报数千册

（份），连书架、桌椅都配套齐全。学校礼堂里还设有仪器室，各类科学实验的标本仪器一应俱全，不仅有自然科学实验仪器、人体模型、动植物标本和挂图，还有老师带领学生采集制作的本地植物、昆虫标本。校园内建有200米田径场，还有两个篮球场、一个排球场。单双杠、高低栏架、乒乓球台、铁饼、标枪、铅球、垒球、沙坑等体育器械应有尽有。由此学生学业成绩、体育成绩称雄全县，扬威省内。所获奖杯、奖旗、奖状太多，村里还专门将孙氏大宗祠正厅辟为荣誉陈列室。沙边学校成为当时广东省校园最漂亮、设施最完善的园林式学校，引得八方游客前来参观，连上海《良友画报》记者也慕名前来参观，赞不绝口，在画报上辟出专刊，刊发了学校全景照片及多幅图片，引起极大反响。沙边学校的童子军在中山也很有名气，同别人的短衫裤不同，制服一律长衫裤。全队有26支喇叭、两个大鼓、八个小鼓，队伍到石岐游行，总要引起轰动。据八十多岁的孙锦源回忆，1948年由孙海筹主持、孙干宾设计的中山县西山公园剪彩时，孙乾县长请他们仪仗队助兴，用单车载去了一个大鼓、两个小鼓、两个喇叭。一时间县城里万人空巷，人们全都上街围观。

1907年，濠头村开办私塾，不久后华侨郑雪舫于此创办女子学校，是国内较早招收女学生的学校。1934年，得到美国、加拿大侨亲及濠头十二太祖捐助，拆除私塾校舍，新建两层钢筋混凝土教学楼，有24间课室和教师宿舍，后面有大礼堂，前有近6000平方米的运动场。规模之大在全省也是少有的。

清末，大环侨亲就以太祖松山的名义，集资置产兴办松山小学。后旅美侨胞李培芬在美集资，回乡创办成美学校。

西桠小学创办于1909年，校址在朱氏大宗祠。1912年由归侨朱卓文、朱学之等人倡议。拆除村中侯王庙，建设西桠学校。海外乡亲大力响应，建起五间教室、两层图书楼和教师宿舍。落成庆典时，孙中山、朱卓文等人专门题词祝贺。后来学校改编为中山县第七小学。

窈窕村的旅美华侨沈惠庭于1924年返乡，以祖业十亩地的永久收入作为学校教育基金，在吴家祠堂办起村中第一所学校。

可以说，20世纪初开发区各村办起的学校，几乎全是靠华侨捐资，并提供校园、校舍设计、组织施工建设等帮助下建立起来的，建于1914年的大环小学，建于1934年的朗尾小学，建于1920年的小隐学校，1945年8月，旅加华侨谭德彰等集资在张家边新校区建起两幢六间课室……也都如此。正是在侨胞的关心、重视下，开发区基层学校打下了良好的基础，源源不断地为国家各行各业输送了大量人才。张家边一村走出了著名军旅摄影家蔡尚雄；濠头村的李凡夫在抗日战争期间就已成为共产党的笔杆子；沙边村的孙康是中山共产党地下党组织的负责人，同时在沙边、西椏以教师、校长的身份，培养了一大批人才；大环村的吕文成，是著名的音乐作曲家、演奏家；沙边村的孙杏佳，是广东著名的体坛名秀，培育出一大批优秀运动员和教练员；祖籍沙边村的孙靖夷，是20世纪90年代世界顶尖的百位电脑科学家之一，被推举为加拿大名人；西椏村的洪昭信，经商有法，成为美国侨领，张家边四村的马干才也是德高望重的侨领；濠头村的郑敏之，是中国最早的乒乓球世界冠军之一；濠头村的郑玉如是20世纪50年代女子100米短跑全国纪录保持者，多次获得全国冠军及社会主义国家田径赛200米冠军等；西椏村的朱灿标，推广科学种植水稻，成为全国劳动模范；濠头的郑国雄，担任中央人民政府驻香港联络办事处副主任……这样的人才不胜枚举，他们无不是幼时在乡里接受了良好的基础教育，得益于在侨胞支持下独步于省内的优越教育条件，身心得以健康成长。

延续老一辈华侨关心、支持教育的优良传统，改革开放以来，海外侨亲回到家乡，纷纷解囊支援家乡教育。1984年，大环村成立建校筹委会，张道生为名誉主席、黎兆光为执行主席，向海内外乡亲筹集善款合人民币三十多万元，建成了新的教学大楼。

1920年创立的灰炉学校，1987年由港澳同胞捐赠扩建了教学楼。早年在家乡学校喜欢上篮球的吴广标，13岁到香港，最后成为香港南华篮球队的教练。2003年他回乡办厂，看到一些年轻人精神空虚，就在村里组建起一支篮球队，并在学校里成立一支少年篮球队，还专门请来一名专业教练。

建于1931年的珊洲小学，是侨胞以当时新式小学的标准和格局建设的。1992年，乡亲们决定改善办学条件，香港金凤饮食集团老板林志强得知后，主动提出捐助，有位在美国医学会工作的乡亲主动承担了全体教师的补助款。

1984年，华侨捐资10多万元人民币，扩建大岭小学，欧阳官昌也捐资10多万元人民币，建成学校礼堂，取名干荣公纪念堂。

1986年，海内外乡亲得知沙边学校要重建校友堂，当即捐出美元2140元、澳币2.013万元、加币4175元、港币7.688万元、人民币2960元。

1986年，旅澳侨胞陈玉生一家捐资3.5万美元，为朗尾小学扩建教室。

1988年又捐资修建围墙。侨胞陈焕生、陈友开、陈永裕等人捐资整修学校，更新桌椅、添置图书及文体设施。侨胞黄金结、黄冬结也捐出1万元为学生购置校服。

1988年，香港李俊驹秉承其父李颂龄遗愿，捐资三百多万元，在环茂公路边，为小隐、义学、海傍三个村合办李颂龄学校，建筑面积三千多平方米，无论校舍建筑、教学设施、环境绿化均按高标准建设，以后又增拨一百多万元作为维护基金。

1985～1988年，旅檀香山濠头乡亲会和各埠侨胞捐资为濠头村小学兴建两幢教学大楼，教室和各类功能室设施配套齐全。1992年后，旅日华侨郑华贵及美国、加拿大、港澳地区的乡亲又不断支持学校配套现代化教学设备，使学校率先成为中山市一级学校。

1991年，为重建西桠小学，海内外校友提议并筹集64.5万元人民币，建成两层教学大楼、运动场及配套设施，侨胞朱东成还捐建校门、围墙、花坛及六角亭等设施。

神涌小学自1978年至2005年，先后有侨胞161人捐款，计美元1.53万元、澳币1270元、加币200元、港币9.064万元、葡币1000元、人民币40.6431万元，兴建了三层燕式教学大楼、标准灯光篮球场、运动场等。

1996年11月，香港大华国际集团有限公司董事长李三元捐资人民币250万元，成立"李三元教育基金会"。

……

一百多年来，开发区侨胞尊师重教、热心助学的感人事例数不胜数，我们的记叙难免挂一漏万。能够告慰先人的是，如同八十多年前沙边学校、濠头小学领先全省一样，火炬开发区也于2002年6月被评为"广东省教育强区"，成为全市第一个教育强区（镇）。经过调整学校布局，统筹教育体系，开发区形成了从幼教、小学、中学、职业中学到大专的完整教育体系，并于1995年实现了普及高中教育。到2016年年底，全区有幼儿园25所，每个自然村都有一所"高大上"的幼儿园，适龄儿童入园率100%；公办小学六所、民办小学两所、普通中学两所、职业中学一所，还有广东外语外贸大学附设中山外语学校、育英学校两所民办学校。创办了全市唯一一所区办全日制普通高等院校——中山火炬职业技术学院，2010年被评为广东省示范性高职院校和国家骨干高职院校。如今开发区拥有省一级学校（幼儿园）四所，市一级学校十所。在前人奠定的雄厚基础上，开发区教育事业已经迈上新台阶。

（供稿　陈永解）

爱国恋乡唐向明　锦水呈祥江尾头

江尾头村口有个江邨公园（现已改为龙母公园），始建于明末清初年代，用麻石砌成的围墙和门楼，已经历了三百多年的风风雨雨，也经历了"文化大革命""破四旧"年代，至今未受到破坏，依然屹立在公园内，这是村中保存较好的亮丽景点。门楼横楣上书写的"锦水呈祥"四个大字，刚劲有力，这是唐向明先生在民国三十八年（1949 年）留下的笔迹。

唐向明 1919 年出生于江尾头村一个书香世家。父亲唐贻彪为人厚道和善，饱读诗书，颇有文才。在青年时代为求生计，由小隐村埗头坐船到香港，再转乘当时的火轮船到澳洲，帮宗亲管理生意，富有积蓄后，荣归故里。曾任尚武乡乡长和江尾头村国民小学校长等职。唐向明是长子，从小受到良好的家庭教育，儿时入张家边私塾就读，1932 年入读中山县简易师范学校。毕业后，曾在本地和外地当过教师，其间接触到共产党领导下的进步团体，接受爱国思想，并秘密加入中国共产党，是江尾头村最早的共产党员。在当时白色统治下，为安全起见，他一直以化名出现，曾在中山县五区区署办任过公职。后前往香港地区经商，继而前往澳洲悉尼寻求新的发展。

1939 年，担任西桠小学校长的中共县委书记孙康，安插了一批共产党员在此任教，该校成为中共中山县委的革命活动基地。

在白色恐怖统治年代，为了不暴露西桠小学的活动基地，中共中山县委委派唐向明在学校附近物色一个可退可守的中共中山县委会址。归侨李可深先生的碉楼与西桠小学仅相距约 200 米，唐向明先生认为这是最合适的会址，经上级同意后，由唐向明出面向屋主借用。1939 年 4 月 9 日 ~ 12 日，中共中山县委在此碉楼召开中山县第二次武装工作会议。在会议召开的三天时间里，唐向明和堂弟唐满添在街巷中担任警戒任务，直到会议圆满结束。直到 1986 年唐向明伉俪回乡省亲，和离别多年的革命老同志孙康、欧初等到现场走访，缅怀当年的战斗情景，这个保守近半个世纪的秘密才公之于众。

唐向明喜爱文学、书法，曾荣获全国华侨书法比赛第二名。1986 年他回乡探亲期间，向村中老年人活动中心赠送了一批诗词书法作品。他的诗词情真意切、寓意深长，是一流的诗作。村里老年人活动中心至今还保存着他的著作。

唐向明先生爱国爱乡、热心支持社会公益事业。他与胞弟唐义明、唐焕枢合捐重建江尾头村的旧望楼，建成后命名为"春晖教学楼"。另捐资安装长堤街的路灯，为村里购买自来水设施。1995 年分别捐资港币 5000 元和 10000 元筹建"开发区侨胞之家"和张家边医院。他德高望重，深受村民敬重。

在澳大利亚期间，他担任过澳大利亚中山同乡会主席和侨青社负责人，为当地侨胞办了许多好事、实事，深得侨胞赞许。唐向明 2001 年于澳大利亚悉尼逝世，享年 82 岁。

（供稿　黄善池）

人才辈出庆馀坊　　大岭之骄数欧阳

中山市大岭村庆馀坊，于清光绪八年（1882年）由驻旧金山总领事欧阳辉庭出资建造，以其爷爷欧阳普培的号庆馀命名，住在这里的全是庆馀公的子孙。这条仅百余米的小巷外观与其他村庄的街巷都差不多，名气却很大——这里住着一户人家，出过四位外交官、五位博士、五位硕士和六十四位大学生。因为清末民初时这条小巷曾经走出了四位驻外领事，因而被称为"领事街"。

四位外交官是：

欧阳辉庭，清知府衔，北直隶州知州，后任美国旧金山总领事官。

欧阳庚（兆庭），美国耶鲁大学毕业，清花翎布政使司衔，历任美国旧金山、温哥华、巴拿马、爪哇等国总领事官、智利国公使，荣获三等嘉禾章、三等保光嘉禾章、二等嘉禾章。

欧阳祺（祉庭），历任美国旧金山总领事官、爪哇总领事官，获三等嘉禾章。

欧阳干昆，曾任爪哇副领事官，获五等嘉禾章。

五位博士是：欧阳悦荣、欧阳悦历、欧阳干秋、欧阳敏、梁细苏（媳）。

五位硕士是：欧阳可佑、欧阳效宇、欧阳效英、欧阳可亮、欧阳敏。

六十四位大学生是：欧阳琴轩、欧阳悦荣、欧阳悦历、欧阳干秋、欧阳乐民、欧阳乐兴、欧阳乐勤、欧阳乐善、欧阳乐昆、欧阳乐廷、欧阳效辉、欧阳效光、欧阳效平、欧阳效台、欧阳可宏、欧阳效宇、欧阳效承、欧阳效安、欧阳效庆、欧阳可祥、欧阳可强、欧阳效昌、欧阳效东、欧阳效群、欧阳效英、欧阳祉庭、欧阳可鹏、欧阳谷衡、欧阳东、欧阳宏、欧阳芳、欧阳渭川、欧阳飞力、欧阳敏、欧阳锦全、欧阳可佑、欧阳德贞、梁细苏（媳）、关他汉（媳）、闫秀颜（媳）、张录泽（媳）、星惠子（媳）、周培真（媳）、孙友宜（媳）、肖国庆（媳）、邢燕鹏（媳）、谢幼如（媳）、顾建时（媳）、尚树芳（媳），另留美大学生十五人。

在六十四位大学生中，尚有 55 人健在。

五位硕士中四人健在，六位博士中三人健在，四位外交官均已去世。

欧阳辉庭

欧阳辉庭是庆馀公的长孙，曾出任北直隶州知州，获知府衔（正五品），并被授为资政大夫、花翎布政司衔等，清同治年间出任驻旧金山总领事。1884 年，欧阳庚（欧阳辉庭堂弟）先到旧金山领事馆见习，后来接任总领事职务。欧阳庚任此职 22 年，后在旧金山大地震中受伤，休养时，推荐美国哈佛大学毕业的弟弟欧阳祺继任。之后，欧阳庚先后任驻温哥华、巴拿马、爪哇等国总领事，民国时代又推荐欧阳祺继任中国驻爪哇副领事。欧阳家族两代四位外交官，见证了中国近代外交风云。

欧阳辉庭在出任驻旧金山总领事期间，努力开拓外交事业，积极促进与美国政府及民众的和睦关系，千方百计维护华侨华工的利益，维护祖国的尊严，认真做好侨务工作，深得华人华工的爱戴。1882 年，美国通过"停止华工入美20 年的排华法案"。欧阳辉庭积极协助郑藻如向美国总统提出抗议，最终与美国政府达成三点协议：一、华工返国所需证明可由中国领事馆签发，以便华工仍可回美；二、准许往返古巴的华工经美国过境；三、中国可在纽约设立领事馆。

中国近代官方派遣留学的先声——幼童留学美国，是香山人容闳倡议并极力促成的，而大岭村庆馀坊的欧阳辉庭力促官派留学的事迹却鲜为人知。欧阳辉庭在任中国驻旧金山总领事期间，积极支持同乡容闳派遣青少年赴美留学的主张，多次向清政府建议，并积极和驻在国政府咨议，筹集经费。终于在 1872年促成清政府派遣 120 人分四批到美国留学，其中广东籍学生 83 名（占留学生总数的三分之二），香山籍学生 39 名（占三分之一）。这批留学生学成回国以后成为国家栋梁。当时，欧阳辉庭之堂弟欧阳庚也考取了第一批清政府官费留美幼童肄业生，进入纽约市曼哈顿西海文小学、纽海文中学及耶鲁大学就读。欧阳庚在 9 年内完成了 16 年的课程，于 1881 年毕业回国。三年后被欧阳辉庭招到旧金山领事馆见习，继而接任总领事。

欧阳庚

欧阳庚（1858～1941年），字兆庭，清末民初的驻外官员。1872年，14岁的欧阳庚应清廷招考，以第一批赴美留学生的身份，随容闳赴美留学。欧阳庚与詹天佑同届，詹天佑学的是工程，他学的是法律。其后，迫于国内保守派的压力，清廷决定撤回留美人员。在3批共120名的留美学生中，只有他与詹天佑两人能做到用9年时间学完16年课程，完成了全部学业，于1881年从美国耶鲁大学毕业。

1884年，欧阳庚应驻美国旧金山总领事欧阳锦棠（又名欧阳明，欧阳庚的堂兄）函召，赴美担任见习领事。1885年晋升为驻美国总领事。此后历任驻温哥华、驻巴拿马总领事，并获清廷赏花翎、布政使衔、江苏尽先补用道。民国初年调任驻爪哇总领事、驻英使馆一等秘书、驻智利代办等职，曾获二、三等嘉禾章、三等保光嘉禾章。欧阳庚一生中，担任驻外总领事的时间长达二十多年。

18世纪初，正是大批华工卖身作契约劳工（俗称卖猪仔），以偷渡的方式远渡重洋，进入美国做苦工的极盛期。当时，在美国西海岸的旧金山发现了金矿。为了开发金矿，美国大量招收华工前往修筑横贯美国大陆东西的铁路。许多华工死在偷渡途中，更多的人则在抵达美国后，被迫在恶劣的条件下从事繁重劳动，过着非人的生活。

欧阳庚继任驻旧金山总领事后，继承堂兄的传统，为了保护华侨、侨工的生命财产安全，往往只身外出交涉，开展有礼有节的斗争。在老华侨的心目中，欧阳庚既是外交家又是华侨领袖，称其为欧阳王（"king"音译为庚，意为"王"），这就是欧阳"庚"的由来。1906年旧金山发生7.7级大地震，香山籍华侨聚居的洛克镇受灾严重。欧阳庚夫妇亲自参与抢救，救出华侨和孤儿无数。最后，他被坍塌的房子压断肋骨，夫人简丽莲（医生）在另一个火场被火柱压至重伤毁容，长女欧阳锡娟也在地震中死亡。灾后，简丽莲仍坚持为受灾华侨义诊，自己却于三年后因伤重逝世，年仅37岁。欧阳庚则着手协助灾民恢复华埠。由于他事事为华侨利益着想，因此华侨众口相传一首歌谣："华夏后裔历八方，五洲万国有虞唐。老人若叙移民史，怀德每称欧阳王。"

后来欧阳庚陆续发表了《同一经纬地震史》《震灾防火》《重建金山中华街》《大坑香山移民史》等文章，并向旧金山银行担保贷款，帮助香山华侨重建洛克镇。清政府为表彰其护侨功绩，封欧阳庚为资政大夫，并赠爵上三代：赠封其曾祖父欧阳应琚、祖父善培、父亲敬庸均为诰光禄大夫。伯父欧阳征庸共受赠诰文林郎，荣传香山张家边大岭村故里。

就在欧阳庚担任驻美总领事期间，八国联军大举入侵北京。1901年，美国政府内部讨论如何处置从中国得来的"庚子赔款"，纷纷攘攘，莫衷一是。社会上盛传，总统西奥多·罗斯福（Theodore Roosevelt）为了改善中美邦交，有意把这笔款退还中国，但既担心舆论压力，也怀疑款项是否能妥善退回中国政府手中而不落进私人腰包里。时任旧金山总领事的欧阳庚因其弟欧阳祺与西奥多·罗斯福总统系哈佛大学同学，就直接和罗斯福总统联系，商定将"庚子赔款"作为教育经费及留美中国学生基金。清华大学就是用这笔款开办的。

欧阳庚的家乡大岭与翠亨很近，他与孙中山先生儿时就认识了。1895年广州起义失败后，孙中山逃出广州，经香港地区、日本抵达美国檀香山，准备用孙逸仙的名字登岸。因为必须有人担保，美国政府才准许入境，所以孙中山从檀香山给欧阳庚写信，请他为自己作保。欧阳庚接信后，不但爽快地为孙中山作保，还把自己的表弟廖仲恺介绍给孙中山认识，后来廖仲恺成为孙中山最忠诚可靠的助手。其后孙中山伦敦蒙难，虽经老师康德黎营救脱险，但清政府反过来开始追究：为什么当时欧阳庚会为孙中山作保，让他进入美国？欧阳庚回答，不知道孙中山就是孙文。此案拖了很长时间。1902年，清政府派出钦差梁诚前往美国办理此案。梁诚与欧阳庚都是当年赴美留学的"幼童"（欧阳庚是第一批，梁诚是第四批），自然好说话。两人见面后经反复磋商，最后达成了君子协定。梁诚回报清廷，说担保孙文进入美国是洪门大哥干的，与欧阳庚无关。作为交换条件，欧阳庚则把向美国交涉退还庚子赔款兴办"清华学堂"的功劳给了梁诚。后来欧阳庚调往智利大使馆任大使，旧金山总领事由欧阳祺接任。冒着极大风险为孙中山做保，使之顺利进入美国的欧阳庚，即使在辛亥革命成功后，也从未以此居功，这正是他令人肃然起敬之处！

民国政府成立后，为维持政府的运作，急需筹款2000万元。当时欧阳庚的侄子欧阳民庆在澳洲悉尼开采金矿发了大财，回国后成为上海永安公司的首任董事长，在欧阳庚的动员下，他认捐了1000万元。国民政府为了表彰欧阳家族所作的贡献，决定以"欧阳"两字命名一条马路。欧阳民庆遵照欧阳庚的意思，表示"决不入租界"。最后在上海当时还不繁华的地区选了一条马路，命名为"欧阳路"，一直沿用至今。

光阴似箭，日月如梭。庆馀坊的子孙早已退出外交舞台。然而，"领事街"内那排自北向南却不显赫的平房，与村口那棵虽历经岁月风雨仍枝繁叶茂的由欧阳辉庭亲手栽种的百年细叶古榕，无不在向人们诉说着中国早期外交官的奋斗史，成为欧阳家族的外交官们为祖国外交事业所做贡献的见证。

欧阳民庆

欧阳民庆，字业熙，1866 年 11 月 8 日出生于大岭村。九岁离乡就读。1882 年后重返澳大利亚经商，曾与郭乐先生两人各出资 300 澳元，会同各亲友集资共 1200 澳元，在澳大利亚开设合利果栏。1897 年合利果栏增资扩展开设永安果栏。当上海永安公司开办时，欧阳民庆出任上海永安公司首任董事长，香港永安保险有限公司创办，又出任总经理。欧阳民庆居港时亦未忘公益，1924 年任东华医院院长，兼管历届香山惠爱医院理财重责。

欧阳民庆关心乡国，慷慨为怀，淡泊名利。孙中山革命成功后，国民政府成立，当局集资人蒋介石曾与上海证券交易所理事长、上海商会会长虞洽卿商量，要筹集国民政府开办费两千万元。在虞洽卿的建议下，欧阳民庆与代表宁波帮的虞洽卿各捐出一千万元办起国民政府。为表彰欧阳民庆和虞洽卿的功绩，国民政府决定分别用他们的名字命名一条街道。欧阳民庆遵照他堂伯、中国驻美国旧金山总领事欧阳庚"决不入租界区"的意见，在当时上海并不繁华的地区选了一条马路，命名为"欧阳路"。多少年过去了，世代变迁，"虞洽卿路"因在租界区，现已改名为"西藏路"，而"欧阳路"在租界外，故一直沿用至今。这是欧阳家族老一辈的丰功伟绩，必将名垂后世，为人们所铭记。

20 世纪 20 年代，欧阳民庆将原乡间之园林大宅捐出，作为大岭学校永久校址，希冀乡校能够培育英才。他生平淡泊名利，勤俭持家，胸怀磊落，以仁义存心，待人处世为人自奉，亦不贪不谋不慕荣利，兼顾热心教育慈善为怀，遗训当以孝悌忠信礼廉耻教导子孙，深顾本族子孙勿忘公之遗训，从而发扬光大，是厚望也。

欧阳洲

1951 年，已经在香港有了一份不错工作的弱冠少年欧阳洲决定回乡参与祖国建设。他说，不少先侨在海外艰苦创业多年，有所积累，然后积极为国为家，投身于家乡的建设和发展，这一点非常可贵，给了他莫大的驱动力。欧阳洲挂念家乡的庆馀坊，最大的推动力就是爱国。他说他热爱自己的国家，而爱国首先是热爱自己的家乡。如果一个人连他自己的家乡都不爱，那么还谈什么爱国呢？

欧阳洲每次在回忆起这段往事时都感慨万千，他说当时自己风华正茂，热情似火。更重要的是，家族前辈兼济天下的优良传统已渗入了自己的血脉，加之祖国火热的形势，让他的心燃烧起来。回到家乡的欧阳洲，亲眼目睹自己家乡土地上发生的翻天覆地的变化，更点燃了他献身家乡建设的想法。重回庆馀坊，欧阳洲开始设计未来。当时家乡建设急需人才，他可以有多种选择。最后，他毅然选择了教育作为自己的终身事业。因为他知道，家族的繁盛，最大的动力就是教育。正是教育开启了他们懵懂的心智，成就了他们改天换地的雄心壮志。

欧阳洲说，回来以后就想着为自己的家乡做点事情，首先想到的不是去政府办公，而是从事教育事业，一做就是30年。感觉到村里的乡亲能够给自己这个机会，为家乡人服务，把自己一生所学都传给家乡的后辈人，这是最值得他骄傲的事。

在接下来的岁月里，欧阳洲全身心地投入到教书育才的事业中，一个个骑竹马、弄青梅的少年，在他的引导教育下茁壮成长，成为家族具有新思想，更具创新活力的新生代，投入到建设祖国、建设家乡的火热战场。他感到由衷的欣慰，也感到前所未有的满足。但彼时的国内形势却让自己的家乡和海外的游子海天阻隔，难得聚首团圆，共话亲情。欧阳洲心痛不已，因为他知道自己家族的光辉历史，是由海内外的族人共同写成的，缺乏任何一方都会残缺不全。

到了20世纪80年代，国门重新开启，一个新的时代向我们走来。此时的欧阳洲已经从教师的岗位上退了下来，颐养天年。但他感到，自己作为沟通家乡父老和海外同胞情谊的桥梁，重任才刚刚开始。欧阳洲首先想到的是如何增强家乡与海外的凝聚力，大家对家乡、对国家都能有深刻的印象和认识，并希望他们能够一代代地传下去。

在教师岗位退休以后十多年的侨务工作中，欧阳洲用自己的真心真情，把海外的游子和家乡的父老乡亲紧紧地联系在一起，由他出任主席的大岭侨联会办得有声有色，成为全中山的先进代表。

教育，是他从事了一辈子的事业，也是关系到大岭村未来的关键。在他的努力下，大岭村创办了开发区第一个奖学基金会，对村里的优秀学子进行奖励。欧阳洲说，这些奖金用于奖励年轻优秀的一代，让他们能够更加用心地读书，也让更多的同学们受到激励，希望他们都能够健康成长，将来成为国家的栋梁。

进入暮年的欧阳洲发起编撰《中山大岭欧阳氏族谱》，完成了一个家族4700年的历史记录。同时编辑出版了《中山大岭村侨史》，记述了家族的发展与荣光。欧阳洲说，辉煌的过去属于历史，美好的未来需要更多的后来人去创造。他的责任，就是把海内外子孙的乡情之根永远留住。

欧阳可亮

欧阳可亮（1918～1992年），香山县（今中山市）大岭村人，清末民初外交家欧阳庚的第二子。从三岁起就在启蒙老师、晚清文学大师王国维的指导下学习甲骨文。1939年入读辅仁大学历史系，曾参加爱国学生运动，并在抗战初期远赴西北，参加"抗日艺术队"。1941年起任职上海东亚国文书院。上海沦陷后被日伪逮捕，蒙受牢狱之灾。日本投降后，欧阳可亮到了台湾，后应聘去往日本外务省教中文。

欧阳可亮虽身在异国，但仍以炽热之情，30年如一日致力于甲骨文研究。经他识别和解读的甲骨文共约1800字，成为海内外著名的甲骨文专家。多年来，他在日本举办个人甲骨文书法作品展34次，参加团体展35次。这些成果都收集在他于1985年出版的《欧阳可亮手书集契集》（中日文版）中。

据欧阳可亮介绍，甲骨文是1899年由中国古文学家王懿荣在殷墟发现的。那些从安阳出土的甲骨文，本已埋藏多年，断裂和残缺不可避免，当地人又习惯把挖到的甲骨刮去字符用作刀伤药和安神剂，使文物资源受到严重破坏。不少甲骨在出土后又成了私人或国外博物馆的藏品，少数心胸狭隘的学者和收藏家把个人藏品视同专利，轻易不肯示人。难怪有学者慨叹："甲骨显世，可望补商史之不足，然而前途暗淡，常遭挫折。"

欧阳可亮年轻时从事抗日爱国活动，13次入狱（其中六次是日本人的监狱，七次是国民党的监狱），身体备受摧残，晚年更因脑出血引起右半身偏瘫，但他"甲骨还乡"之愿从未停息。1984年，他接到安阳殷墟笔会的邀请书，立刻出医院并回国出席。说也奇怪，这位患有脑出血后遗症——语言障碍的老人，到笔会后，竟能口若悬河地一讲就是半个小时，并从此消除了语言障碍，乐得他后来在辅仁大学校友会上逢人便说："若不是有录音录像为证，还真难让人相信研究甲骨文是可以治病长寿的！"

笔会期间，欧阳可亮在《安阳日报》（1984.10.1）上发表了题为《甲骨文还乡之愿》的文章，倡议筹建安阳殷墟笔会会馆，呼吁筹划笔会基金，定期召开国际甲骨文学者会议。为了筹集建馆资金，1986年，他将节省下来的20万日元医药费汇到殷墟，并说了一句掷地有声的话："为此事，即使作化缘和尚，吃青菜豆腐淡饭白粥也可以。生不带来，死不带去。七旬残生，能为此多做一点贡献，于愿已足。"安阳殷墟笔会会馆建设、笔会基金、定期召开国际甲骨文学者会议等事项在他倡议并带头捐款下一一落实。他也被聘为殷墟笔会名誉会长，被日本学界誉为"甲骨文最高权威第一人者"。他还在日本百货公司举办的中国物产展览会上，设摊为顾客书写甲骨文，一天就送出200幅。他给殷墟书法展览送去的题字，就是用左手写的"生为中国人，死为中国鬼。在生为国家，国强方可委。"

1989年，甲骨文出土90周年，"中国与收藏国及研究国各大学研究所国际甲骨大会"聘请欧阳可亮任殷墟笔会会馆名誉会长、中国安阳艺术专科学校名誉校长、安阳师专名誉教授等职位。

到目前为止，从殷墟出土的甲骨共约15万片，遍布海内外13个国家和地区。欧阳可亮希望通过国际和平文化交流会议，将甲骨资料集中整理，拼凑还原，使"甲骨还乡"的宏愿得以实现。他认为，共同研究中国最早的文字及其所负载的文化，应该是全人类的共同事业。

说起甲骨文，还有一段故事。1910年，欧阳可亮之父欧阳庚奉清政府之命前往墨西哥，处理墨西哥革命时期300名华侨遇害案。处理此事期间，当地的殷福布人自称中国血统，要求清政府庇护并代为索偿。此事虽无结果，但欧阳庚从此把这事放在心里。其后他与欧阳可亮经过八十多年研究，证明殷商覆灭后，部分殷人远迁至美洲，终于解开了中国历史上的"殷人东迁"之谜，比哥伦布发现新大陆早多了。河北少年儿童出版社1992年出版的《龙凤传人》一书以20万字、300幅彩图的篇幅对这一成果作出了详尽的介绍。

直到逝世前，这位半身偏瘫、出入靠轮椅代步的老人，每天清晨3点起床，在医院的病房里用左手练写甲骨文，边写边吟唱。用他自己的话说，这就叫"享受甲骨文的乐趣"。

20世纪30年代初，欧阳可亮就读于北京育英中学初中一年级，他的同学吴元黎因多病，常请可亮上他家帮忙复习功课。吴元黎的父亲吴鼎昌是民国政府的文官长兼实业部长，见他办事认真，推荐他半工半读兼任外交部北平档案馆保管处专员，告诉他"日本人想插手档案保管处，我们国家同外国签订的各种条约的档案都存在那里，要是让日本人做了手脚可就糟了。你的工作就是想办法把档案看管好，护送到南京去。"从1932年1月到1937年7月，欧阳可亮一直担负着这一神圣使命，秘密整理文件、打包寄往南京。

1939年，他考入辅仁大学历史系，后来毕业于东吴大学。抗战胜利后，他到台湾大学任教，1954年应东京大学、爱知大学之邀全家到日本，作为唯一的中国人参与编纂四种不同版本的中日大辞典。身在异国他乡，他把对祖国的热爱、对故乡的眷念，投入执着地探求中华文化和人类文化之源，把全部心血倾注于甲骨文研究。他识别和解读的甲骨文达一千八百多字，更将"生为中国人，死为中国鬼。在生为国家，国强方可委"刻于龟板上，铭记在心。1954年，欧阳可亮应聘到日本外务省研究所及国际基督教大学教授中文，期间还任东京拓殖大学、春秋学院教授，前后达二十多年。几任日本国首相、田中角荣、中曾根康弘、太平正芳等都是他的学生兼朋友，他为外务省培养的熟悉了解中国文化和经济贸易的人才数以万计。中日建交后的日本驻华大使及驻上海、广州领事也都是他的学生。

他同日本前驻华大使小川平四郎的友谊还被传为中日友好的佳话。1956年春天，他在东京神田逛旧书摊时，看上一枚精美的柳木印章，爱不释手，便买了下来，珍藏了17年。他一直不知道这枚印章的原来主人是谁，直到他的老朋友白筑实把玩之际，认出是小川平四郎父亲生前使用的印章。于是，欧阳可亮在1973年春天，专门在东京赤坂四川饭店订了一桌酒席，请来小川平四郎大使，席间归还了印章。一周后，小川平四郎回赠一只翠绿色七宝烧大花瓶作为答谢。上演了一出现实版的完璧归赵。媒体争相报导，反映了中日友好成为当时的主流民意。

在促进中日邦交正常化的进程中，欧阳可亮发挥了无可替代的作用。在20世纪70年代初期两国领导人交往时，田中首相、太平正芳外相致周恩来总理、姬鹏飞外长的信件，许多要经过他的校正、修改。当时我国的领导人及有关部门领导，钱昌照、程思远、廖承志、邓朴方、李赣骝、沈求我等都曾设宴款待他，当面称赞欧阳先生为中日友好做了许多有效的具体工作。

在中日双方官方与民间的友好互动中，欧阳可亮也是竭尽所能。1972年9月日本田中角荣首相访华，周恩来总理设宴招待，席间田中提到"天下美酒，唯有杜康"。1980年春，中国一个代表团访日时，代表团成员欧阳可强带给田中角荣杜康酒，并随酒赠了一首诗："田中原首相，和好利家邦。献上杜康酒，周公古义长。" 3月3日欧阳可强在胞兄欧阳可亮的带领下，题诗一首："美酒古来唯杜康，河南一饮卅年香。若言生死无更改，七载做成献寿长。"用甲骨文刻在龟板上一并送上。后日本学习院大学教授、明仁皇太子和中曾根康弘的老师、汉学家泽口刚雄得知此事，极感兴趣，予以吟咏录音，使这首诗很快传遍日本，成为中日友好的一段插曲。

（供稿　欧阳永达　吴竞龙　刘居上　徐一川　陈永解）

武术冠军郑家豪　身手不凡逞英豪

　　2003 年 11 月 6 日，在澳门理工学院体育馆内，郑家豪在来自 57 个国家和地区的众多选手中脱颖而出，以 9.35 分的高分，荣获第七届世界武术锦标赛的南拳比赛冠军。

　　这位年轻的武术世界冠军，祖籍中山市张家边濠头村，1979 年出生于香港，现任香港武术队助教和运动员。

　　郑家豪出生于武术世家。祖父郑荣是香港武术联会创始人之一，父亲郑凤池曾在香港获得体育界杰出贡献成就奖，母亲黎凤霞是跌打医师。这个家庭人人喜好练武，郑家豪的妹妹郑家颖，曾在 2002 年欧洲青少年武术锦标赛中获得一金一铜的好成绩。

　　郑家豪从四岁开始习武，1994 年正式成为香港武术队的队员。为了能在比赛中获得好成绩，他每天清早 6 点起床跑步，正规训练从 8 点开始，一直练到中午 12 点，下午再由 3 点练到 5 点，有时晚上还要继续练。一个简单的动作通常要反复练习几十次乃至上百次。

　　汗水没有白流。从 1993 年首次获得香港青少年儿童武术分龄赛的男子南拳冠军开始，郑家豪接连在国际比赛中获得优异成绩。1995 年获世界武术锦标赛男子南拳第 4 名，1999 年获第 5 届世界武术锦标赛男子南棍冠军、男子南拳季军，2001 年获第 6 届世界武术锦标赛男子南棍亚军、男子南拳亚军、男子南刀亚军，2002 年获釜山亚运会男子南拳三项全能铜牌，2003 年获第 7 届世界武术锦标赛男子南拳冠军、男子南棍亚军。

　　2000 年，当香港康体发展局向郑家豪颁发体育成就奖时，提名郑家豪的康体局运动员事务经理陈念慈（著名羽毛球运动员）说，她并非仅仅根据成绩推

武术表演吸引众多乡亲   摄影　冼立初

荐郑家豪。更重要的是，郑家豪无论在运动场上或日常生活中，都能抱着乐观积极的态度面对，这种处事方式令她十分欣赏，堪称年轻一代的楷模。

　　为什么热爱武术？郑家豪在答谢致辞时说，因为武术可以锻炼人。在比赛中，运动员必须倾尽全力才能击败对手；在生活中，无论遇到什么事情，也要尽力才能做到最好。

（供稿　刘居上）

花样年华犹绚烂　独创精神自淡然

陈继春博士，一位勤奋撰写岭南画派专著的澳门学者，在谈及郑淡然的书画时说："她是第二代岭南画派中最具个性和独创精神的一位画家。"

绚烂，是真本色

时光倒流到 20 世纪 20 年代初，只有十五六岁的郑淡然，就已代病重垂危的业师到中山女师上美术课，并把所得的薪金，加上画作卖出所得的润笔金（当时她的画作在檀香山、大吕宋的华侨中很受欢迎），全部交给业师治病并资助业师的全家。在业师辞世后，十六七岁的她，于民国初年兵荒马乱之际，箧中装了本线装的《秋云小阁诗草》和几幅画作，便孤身一人跑到广州，径直敲响岭南画派宗师高剑父的门扉。

是赏识，也是缘分，高剑父欣然为她开启了"春睡画院"的院门。

对此，朱万章的《岭南画派的百年演进》记载如下：

"1924 年，高剑父在广州文明路定安里租一屋，原名'春瑞草堂'，与高奇峰同住作画，后从学者众，遂改名'春睡画院'，从此桃李满天下。也就是那一年，郑淡然拜师于高剑父门下。"

高剑父钟爱这位稚气未脱的女徒弟，不仅亲自授艺，还把她介绍给岭南画派的另外两位宗师高奇峰和陈树人。于是，高氏兄弟间发生龃龉时，她成了唯一的调解人。陈树人的"清游社"举办活动，也总不忘带上这位小诗友。有一段时期，老师闹意气，二高门下，"春睡画院"和"天风楼"势成水火，她却来去自如地在两者间穿梭往来（当然也有特殊因素，她的男友刘亮，正是高奇峰的围棋棋友）。在高剑父的画室，她认识了许多辛亥革命元老。作为晚辈，她曾与何香凝合作作画（何画梅花，她画喜鹊）；作为师姐，她见证了黎雄才在春睡画院同仁中独一无二的叩头拜师大礼。

那时，她的一天是这样度过的：半天在春睡画院画画（或参加清游社的郊外写生、赋诗活动），半天在广州美术学校任教，到了晚上，还要到国民大学进修。

没过几年，她便在春睡画院同仁中确立了自己的位置，与师姐伍佩荣以及高奇峰的弟子张坤仪并称为"三女杰"，又以花卉画驰名，在同门中被公认为"花王"。她还写得一手飘逸、奔放的好字；私底下，还在悄悄学写白话诗。那些当年被视为新潮的诗，到底送去发表过几首，现已难考证，但笔记本上的遗稿可以证明，她的习作，水平不在成名诗人之下。掐指一算，她还真的算得上中国新诗坛的第一代女诗人。

一幅幸存的老照片，让我们可以重睹她昔日的风采。那是一位著名摄影师为她在黄花岗自由神像旁拍摄的生活照。照片曾刊登在广州的报刊上，被评为当年的摄影大赛冠军。

出处，绝不平凡

郑淡然（1905～1997年），祖籍濠头村。乳名淑淑，小字秋云。父亲郑彦闻是位热心桑梓的士绅，虽说不上富有，却因力排众议一再兴办文化产业而引人瞩目。他曾任县参议，独资创办了堪称中山历史最早的天外天影画院、西洲游泳场和《仁言报》（1915～1939年）。母亲杜慧剑出生于城郊张溪村农家，早在清光绪年间，她已不顾别人的闲言碎语，毅然放足。然后，迈着缠过再放的双足，在丈夫的支持下入读广州师范学校。毕业后回到石岐，先是创办"幼儿院"，继而创办中山第一家女子职业学校并任校长；叔叔郑哲园清末与刘师复等在邑中倡言革命，是《香山旬报》的创办人和主笔之一，曾在民国初期出任广东革命政府的省府秘书，是粤海知名的诗人和老报人。

郑淡然热爱艺术。年仅七岁时，父亲就让她随梁云樵学画，随叔父郑哲园习诗填词。三年后，师事李鹿门、李君彝父子。李鹿门出于番禺居廉门下，曾东渡日本学画，与高剑父是同辈的师兄弟。

从十四五岁开始，郑淡然就成了中山艺林中的活跃人物，与书法家黄孟徒之女黄少娴、画家李鹿门之孙女李懿馨等成立"艺游画社"，还出版了诗集《秋云小阁诗草》。

《秋云小阁诗草》今已难觅，但遗稿尚存。下面就是郑淡然写的诗《七夕越社同人雅集分得照字》。

"银河耿耿清光照，花果筵开争炫耀。织女牵牛事有无？徙倚阑干发长啸。曾闻汉使有张骞，曾到天潢暂凭眺。支机持赠彼何人，浮槎万里轻相召。又闻唐有郭汾阳，赤光夜见银河耀。乞愿居然愿可偿，贵极人间典枢要。由是痴人羡望多，可怜儿女皆欢笑。流传艳事已千秋，争乞天孙分巧妙。双星位列参与氏，相隔东西如海徼。鹊桥还债事皆诬，粉席针楼非所料。天孙自织云锦裳，何预人间诸年少。掌中原自有金针，欲乞天孙应见诮。我今无欲亦无求，避却尘嚣来海峤。千家弦管万家灯，垂丝独向秋江钓。"

且看"千家弦管万家灯，垂丝独向秋江钓"的悠然、淡泊，又有谁会料到这句诗竟出自花季少女之手。

前路，曲折难免

20世纪三四十年代，是她的第一个创作旺盛期。早年的代表作如《蛇瓜》《踏雪鸿泥》《晨》等，大都在这一阶段完成。她还先后参加广州、南京、上海、广西、香港、澳门等地的多次画展，国画《鸽》被选送莫斯科参加"中国美术展览"。

广州沦陷后，因为不想作日寇统治下的顺民，身怀六甲的她毅然取道山路偷渡香港，再转澳门，与春睡画院同仁汇合，把春睡画院搬到了澳门的普济禅院（观音堂），直到抗战胜利才返回广州，任教于南中国画学校。1949年，为了侍奉年迈病弱的母亲，她不得已告别恩师，回到家乡中山。

在家乡学画的十年，只是郑淡然艺术生涯的"预演"。这一时期的画作，如今还能见到的不多，大都是工笔画，婉约秀丽，但个性尚未形成，不免流于纤巧。

进入春睡画院后，其画作的大家风范迅速呈现。同是工笔画，与十年前相比，就有明显的区别。此前重临摹，此刻重写生；此前虽也艳丽，但稍嫌呆板；此刻用上岭南画派独创的渲染法，笔下的花卉瓜果，色彩变化顿现奇诡，富质感，更具立体感。

有一个时期，她下了决心，不再为空中楼阁编织"花好月圆"式的美梦了，转而钟情《孤梦》《残荷》的萧瑟。用她自己的话说，这就叫"缺憾美"，从不完美处开拓完美。这一变调，让我们看到了高剑父的迟暮心态对她的影响。

不过，回顾她少女时代写的《七夕越社同人雅集分得照字》，我们又不得不承认，两者之间，确有一脉相承之处。不然，那就难以解释：同受老师指点，何以其他同仁此类作品不多？但这也反证了，她少女时代写的诗，确实发自内心，绝非"不识愁滋味"而故作惊人之语。

1938 年，她与梅县籍诗人刘亮结婚。不久即与春睡画院同仁一起避战乱于澳门。从这个时期开始，画风又是一变。那就是化纷繁为简约，寥寥数笔，即把主体勾出；细节的工笔，又如"万绿丛中一点红"，令人眼前一亮。《跃虎》腾空而起，虎虎生威；《蛇瓜》势如飞瀑，力透纸背。

她最喜爱的格言是："艺术赋人生以幸福，人生赋艺术以生命。"

无常，就是人生

1949 年初，得悉母亲病重，她星夜赶回照料。原以为待上两三个月就可以离开，没想到母亲的病一拖就是数年。

在广州等着她回校任教的高剑父没有想到，郑淡然本人当然更没有想到：她的画笔、诗笔，从此一搁就是 30 年！

整整 30 年，她只留下一件书法作品———一小片无心插柳留下的绿荫。

那是随手写在毛边纸上的旧作《七夕越社同人雅集分得照字》，无意传世，遣情而已。这样的字纸，通常写了就撕。这一幅随手夹在书中，才有幸保存至20 世纪 80 年代并重见天日。

这里不妨再展示一件明显留下她修改痕迹的诗稿《微笑了》："微笑的喇叭花，一丛丛，一丛丛，开在短篱墙下。它自有英雄气慨，不肯低头向人，微笑地向迎风微笑。这是秋天里的春天，孩子爱与它相亲。它微笑，小朋友也微笑了。轻轻地采摘一丛，跑向家去，眯了眼睛，一朵朵的，送给妈妈，妈妈也微笑了，拢了颗温馨的心。"

淡然，源自宽容

1950 年或者 1951 年，隐居于中山濠涌村老家的老大哥方人定跑来找她，说是打算筹组中山文联，其实是想借此谋求一职，以解决生活出路。因为母亲重病的缘故，她没作太积极的响应。不过，方人定后来也没能把事办成，他怅然到了广州，在关山月、黎雄才的协助下找到工作，从此留在广州，直到逝世。

留在家乡的郑淡然，办妥母亲后事才发现，时移势易，就业大门已紧紧闭上了。她找过文教局，没有回应；远在广州的关、黎、方三人，此时也帮不上忙。靠变卖过活的日子难熬，此后便零零散散地靠做贴纸盒之类的家庭手工糊口。不过她的心境依然平和，"垂丝独向秋江钓"的情怀依旧。

此后又过了十年，她郑重地摘引龚自珍的诗句"落花不是无情物，化作春泥更护花"，题写在新作《落木棉》的空白处。

纵然落寞，豪气依然。借给亲友应急的三两块钱、赠给街坊的麻疹患儿的特效灵药"蛇天角"……她还是姐妹们眼中硬朗的"大姐"，亲友们眼中仗义的"大小姐"。

绚烂，归于平淡

郑淡然重执画笔，已是"四人帮"倒台后了。20世纪70年代末，石岐镇文化馆举办群众美展，馆长亲自上门索画。盛情难却，她连夜画了幅《芭蕉草虫》送去，这就是她封笔30年后的第一件作品。

《南方日报》记者在展厅发现这幅令他怦然心动的画，循迹登门拜访，回报社后写了篇《淡然女士超然功》，刊登在《南方日报》上。当时的报纸每天只出一张，1000字左右的特写，算得上重头文章了。特写见报，引起当时主管文化的副省长王阑西的注意，他向关山月、黎雄才等人了解情况后，亲自提名让省文史馆招聘郑淡然为研究员。两年后，她晋升馆员。至此，她的生活粗安，而且有了一个眺望世界的窗口，一个与高端艺术交流的平台，又一个创作旺盛期由此发端。

如果说，30年前她的作品于严谨处多少带点刻意；那么，30年后她的笔墨已臻化境，顺手拈来，便成妙品。她还是那么重视写生，一枝托人从山野捎来的松花，她能供在瓶里揣摩好几天；逸仙湖畔芙蓉花开，她能在树下流连十天半月。但到执笔时，却又把实体浑然忘却，一空依傍，以撷取其神采。往往是一张宣纸只画几笔，便随意挂在墙上，偶尔才望上几眼，直到下次兴起，才又执笔一挥而就。作品完成，随手卷起，既不题名署年月，更不盖章。若不是澳门美术界邀她举办画展，只怕到逝世时，这些画作的题名处仍是茫茫白地。

故苑花木仍在否

1988年9月，值"澳门、中山、新会书画联展"揭幕之际，郑淡然以中山市美术代表团成员的身份赴澳门访问。

这是她在阔别半个世纪后首次重履故地，为此，她带去两件画作，一为近作，另一件则是20世纪40年代写于澳门的《紫薇》。她不常在作品上题款，这一次，却破例在画面空白处，一口气补题了100多字：

> 是画是抗战随高师客次濠江，吴节薇世伯假我画于其苑，时值洋紫薇盛放所写生也。十年浩劫，过去写作尽遭毁去，偶于残纸零页中觅回，劫后仅存此！此次澳门中山新会诗书画展邀参加开幕，重履旧地，访春睡画院故址，而老师及诸学友多已作古，不知故苑花木仍在否？使我有山阳闻笛之悲。

旧友重逢，毕竟欣喜多于感叹。出发前，那幅《紫薇》才被送去重裱，其上蛀迹、折痕宛然，但也因为如此，它才有足够的资格成为半世纪沧桑的证物。

1995年4月，应澳门教育文化艺术协会邀请，"郑淡然花卉画展"在澳门隆重揭幕，年届九旬的她应邀出席。她在画上题诗一首：

"爆竹声中岁序移，闲调彩墨写新枝。泼朱催促木棉发，愿比春风早些儿。"

题为"木棉"的诗和画，均作于1988年早春。室外的木棉树还是光秃秃的，她已催促木棉在她的笔下生花了，这是何等的执着和稚气！这些年来，她已参透了人生，绚烂归于平淡，安祥而又平和。

1997年4月，郑淡然应广州岭南美术馆之邀，在该馆举办了她人生中的最后一个画展。半个世纪后重回岭南画派发祥地举办画展，无疑是人生一大快事。关、黎二老殷殷期待，但她已无法出现在展厅了。逸仙湖牌坊前的一次意外，导致她被自行车撞伤骨折，虽经治疗痊愈，却严重影响了她的健康。岭南美术馆揭幕仪式举行时，她已因脑出血偏瘫在床，不能前往。同年12月22日，脑出血复发，翌日不治，享年92岁。

斯人已逝，长留人间的，应是她的人格魅力，以及一本1996年由岭南美术出版社出版的《郑淡然画集》，一篇由《岭南画派研究》和《岭南文史》同时刊登的论文《沉雄奇伟与清淡朴实——剑父师艺术风格小析》。

关山月为画集题名，黎雄才为花卉画展送来题词。黎雄才的题词，特意用小字标明"淡然学长赴澳门展出，书此以赠"，正文则痛快淋漓地写了四个互勉的大字——

"壮心不已"。

（供稿　刘居上）

众人拾柴火焰高 侨亲催生新医院

2016年5月2日，对于开发区众多老百姓，甚至中山市东部的几十万人来说，都是一个大喜的日子。这一天按三级甲等医院规划建设的开发区新医院正式投入使用。新医院位于逸仙路123号，由博爱七路、逸仙路、岐关东路和石洲路合围起来，占地186亩，建筑面积达11.67万平方米，总床位数800张，有门诊楼、医技楼、住院部、综合服务楼四幢建筑，是中山市东部规模最大、实力最强、设备最为先进的区域医疗中心。医院有员工近600人，其中高级职称医务人员八十多人。设备更是拥有西门子A vonto 1.5T核磁共振、GE大C臂机，GE128层Lightspeed VCT、平板数字胃肠机、奥林巴斯AV680全自动生化仪、爱尔康玻璃体切割机等高端医疗仪器，还配有自动发药机、低温冷冻手术系统及先进的消毒供应室系统等。

在5月19日举行的落成启用仪式上，中共中山市委书记、市人大常委会主任薛晓峰寄予厚望，要求开发区医院于"十三五"期间建成三甲医院，成为珠江西岸医疗事业增长极。而这一切，在二十多年前，是不可想象的。

建于20世纪70年代的开发区医院的前身张家边卫生院，坐落于张家边一村蠔棚头山边的一亩多地上，卫生院所在地还是1972年9月建设的一幢两层楼和几间平房，开设内、外科几个诊室和36张病床的留医部。到了80年代末期，面对辖区五万多常住人口和众多外来打工人口，这家"三无"（无先进医疗仪器设备、无资金、无高水平医生）卫生院已远远不能满足需要。特别是港澳台和旅外乡亲回来，看到医院现状，深感落后于时代，强烈要求建设先进医院。可是，当时区财政十分困难，不要说初步核算的800万元，就是几万元也拿不出。怎么办？当时乡镇企业刚刚起步，规模较小，要他们凑出这笔钱也是不可能的。

于是，区领导想到要求建医院呼声最大的港澳台、旅外乡亲。改革开放以来，他们支持家乡建设，对修桥铺路，引进企业项目都非常热心。区领导在一些场合分别征求了旅外乡亲的意见，他们都爽快地表示，只要家乡建医院，一定鼎力相助，要钱出钱，要设备送设备。当时的张家边区领导心中有了底，区党委班子统一了意见，按侨胞和区内百姓的意见办，集资建医院。当即成立了由区委副书记孙寿仪任筹建主任的医院筹建委员会。

1989年底，由区侨办主任曾润民主持召开了一次侨联委员会会议，13个大队的侨联主席和区侨委7人，共20人全部到齐。曾主任开宗明义，通报了区里应群众的强烈要求，计划修建一个具备一定规模档次的医院，但资金紧缺，需要动员社会各方面大力支持。话音刚落，张家边一村的李惠东老太太就站了起来。她瘦小的个头，巴掌拍得震天响，大声说："好啊！大好事啊！我们早就盼着了！"她还现身说法，她的孙媳是医生，准备从上海回中山工作，但家乡医院条件太差了，只好去了澳门。她动员大家说，政府给老百姓办福利，有难处，我们大家都出力，我回去就给外边的亲戚写信，让他们捐钱出力。大家都要写好这封信，众人拾柴火焰高，早些出钱，多点出钱，早些建好。在李老太太的带领下，动员会开成了鼓动会、献策会，大家都在出点子，怎么打动海外侨亲为家乡医院建设多作贡献。会后，各人就分头回村发动起来，全区二十多个村子就沸腾起来了，一时间，街谈巷议都是建医院，给侨亲打电话、通信，主题也都是捐钱建医院。为获得海外乡亲的全力配合，区里史无前例特聘了海内外著名人士和侨领担任建设医院顾问，包括美国的洪昭信、欧阳金海、马干才，加拿大的吴桂添、郑今后，澳大利亚的唐向明、吴干群，秘鲁的唐荘生、吴家驹以及我国香港地区的李俊驹、林年、李文彬、林俊雄，澳门地区的孙焯华、林卓森，台湾地区的张国祥、张善夫，内地的简国森、孙康、蔡北华及三资企业代表等九十多人组成的庞大阵容。根据侨亲的提议，特地制定了表彰办法，即（1）不论集体或个人，捐助100元以上者刻石留念；（2）捐资一万元以上者镶嵌12寸彩瓷相片留念；（3）捐资五万元以上者以本人或亲属名字命名医室；（4）捐资30万元以上者以本人或亲属名字命名大楼；（5）捐资100万元以上者医院主楼以本人或亲属名字命名。

很快，捐助的港币、美元、加币、澳元、日元从全球各地汇到张家边，区里为此建立了财务室，李梓材、欧阳焕章、李丽诗三人为了侨亲的嘱托，日夜忙碌起来了。无论捐款人早来或晚到，总有人接待。隔一段时间，账目便会公布上墙，每一笔捐款都一清二楚。

仅一年多时间，就已筹得建院善款人民币254.3万元、港币183万元、美金2461元、加币750元、澳币1720元，折合人民币共409万元。旅外华侨、港澳同胞和社会各界人士争相捐资，为善不甘落后于人，热情地支持家乡公益事业建设，造福桑梓。这种奉献爱心也是史无前例的，如沙边村旅澳侨亲孙杏佳，除本人率先捐款一万港元外，还发动其亲友捐资澳元1700多元；旅美乡亲马干才，在旧金山发动德善堂侨亲捐得善款18万余港元；旅加乡亲李慎满发动旅加侨亲积极捐款。原籍中山市东区老富头村的旅加侨亲郑金华、长江村旅美侨亲练一鸣等，除本人积极捐资外，还发动亲友捐款，既出钱又出力。在开发区购置住房的香港同胞梁璞南伉俪率先捐资人民币五万元，方玉霞女士捐资人民币一万元，杨何汝顺女士捐资人民币3000元，她们还发动亲友34人，共捐资人民币65900元、港币8100元。也有不少热心人士一捐再捐的，如张家边二村吴仲贤已捐善款500港元，又与其在香港经商的儿子吴庆云合捐1万港元；张家边旅港马乐第一次捐款500港元，后再增至1000港元。亲自到医院筹建处和张家边区侨务办公室捐款者络绎不绝，计有3000多人次和100多家单位，感人事例不胜枚举。

在全区召开的一次大会上，在开发区投资的台湾商人张国祥交上了十万港元的现金支票，会场一时轰动。区侨办曾润民主任拜访香港李俊驹先生时，他听说医院缺少交通工具，当场捐助一辆面包车，前后共捐助了价值80万港元的钱物。香港太平绅士李文彬听到新医院缺少先进仪器设备，就在香港买好价值44万元人民币的德国碎石机，运回张家边。他还承担医院派人到香港培训的费用。他先后捐助了400万元港币，成为个人捐资最多者。名列捐款榜的还有谢硕文捐资30万元港币，胡进明30万元港币，濠头村邓棣新25万元港币。香港李俊雄提议建设园林式医院，为医患创造良好的环境，并率先捐建在大门入口处带有假山喷泉的花池。大家认为建设现代化医院还缺什么，就有人捐什么。凉亭、坐椅、花草树木都有人认捐。单位集体捐助的也是十分踊跃，中山电力开发总公司就捐出100万元，张家边村捐助61.8万元，窈窕村捐助13.1万元，张家边汽车修配厂捐助12万元。

在众人的大力襄助下，张家边医院如期于1991年10月29日举行奠基典礼，当时已筹集善款四百多万元，建于张家边区中心的东镇大道南侧、翠岭路东侧的44.8亩土地上，建筑面积达到1.2万平方米。经过两年多施工建设，1994年11月医院整体迁入新址。当年职工人数就达到100多人，其中卫生技术人员77人，高级职称医务人员7人。

据不完全统计，建院期间，共收到捐款人民币320多万元、港币210多万元、美元8100多元、澳币3470元、加币950元，成为张家边区史上捐款人数和金额最多的一次，也是张家边历史上最为成功的一次全民参与的社会福利事业。

正是广大侨亲与区内百姓的热心参与，搭建了中山火炬开发区医院这个优质的医疗平台，吸引了国内外高素质的医疗人员加盟，开发区医院踏上了飞速发展的起跑线。1995年荣获国家"爱婴医院"称号，1996年3月顺利通过"一级甲等"医院评审，又于1998年12月通过"二级甲等"医院评审，2000年起规范整合建立起全区18个社区卫生服务站，其中许多卫生服务站比20世纪80年代的张家边卫生院的软硬件条件都要强得多。

自从1994年迁入新医院，开发区医院鸟枪换炮，能够开展许多疑难重症的治疗工作，施行三级综合医院重点专科技术项目二十多项、一般专科技术项目四十多项，康复理疗科被国家中医药管理局授予农村医疗机构特色专科称号，颈腰痛专科为中山市"十二五"医学特色专科。医院接诊范围不仅覆盖开发区，而且辐射周边镇区，成为中山市东部规模最大、实力最强的二甲医院，广东省普通高等医学院校教学医院。

随着开发区经济的不断发展，占地186亩的开发区新医院于2016年投入使用，开发区医疗事业再次登上新的发展平台。可是，开发区人民永远不会忘记，历史浓墨重彩地记下的一笔，即20世纪90年代初那场声势浩大的捐建活动和当年广大侨亲为开发区医疗事业发展所做出的巨大贡献。

（供稿　陈永解）

心系民乐高耀晃　痴情成就古筝梦

古筝是我国古老的民族乐器，至今已有2500多年的历史，其音色纯正优美，表现力强，被誉为中国乐器之王。《高山流水》这首千古名曲，慨叹着知音难觅。伯牙在作曲之时，是否也在为古筝千年之后的命运而担忧呢？值得庆幸的是，千年之后，在里巷人家的院落里，古筝在这里找到了知音，一位普普通通的农民——高耀晃。

震惊于旧闻：人到中年学古筝

高耀晃，1949年10月出生于中山火炬开发区五星白庙村一个普通的家庭。由于其父亲不能下地，家里七口人的生活担子就落在了母亲一个人的身上。课余归来，姐妹们都为家庭做些力所能及的事情，高耀晃却只顾埋头学画，这在当时来讲，是"有些不务正业的事"。由于家庭条件限制，母亲甚至笑话他："等你画出名堂来，地球上都站不下人了！"而高耀晃仍然"执迷不悟"。后来，高耀晃请一位邻居做"模特儿"，画出来的画左邻右舍都啧啧称赞，高耀晃对自己的画画水平信心大增。

12岁那年，高耀晃又爱上了笛子、箫、二胡，而且画画也有了特别大的长进。为了学以致用，也为了分担家庭的压力，他走上了张家边的街头巷尾，帮人画完一幅肖像后能得到两元报酬。要知道这在当时相当于母亲出十天的工啊！从此，村里人对高耀晃更是刮目相看，而他也就一发不可收，从此以画画为生，并在1979年到工商局办领了"写画牌照"，成为中山市持执照经营的第一个民间画匠。

1989年春，高耀晃为一幅画像"装潢"，无意之中发现垫玻璃的旧报纸上有一篇文章叫《抢救古筝，弘扬民乐》。报纸是1987年的《南方日报》，文中说，有中国民族乐器之王之称的古筝，是2500年前中国最古老的乐器。现在社会上不少人都比较崇洋，把老祖宗最好的瑰宝都差不多丢掉了，古筝都快失传了，从学习、演奏到生产制作都后继乏人，民族文化艺术和民族乐器面临着丢失和断根的危险。高耀晃震惊了，强烈的民族责任心让他久久不能平静。高耀晃心想，自己写画都能够无师自通自成一派，想必古筝也难不倒我。这篇文章刺激了从小就喜欢民乐的高耀晃，他决定半路出家学习古筝。

世上无难事：父女齐心学古筝

在家人的支持下，他买了一台古筝，并买来相关书籍，对着书慢慢地摸索。因为古筝同其他的乐器不一样，它是多弦的乐器，要怎么去弹奏，高耀晃也不知道，又没有专业人士指导，一开始学习的时候就已经觉得很难了。高耀晃一边以写画为生，一边忙里偷闲自学古筝弹奏。他常常在学习累了的时候，把那张旧报纸拿出来一遍又一遍地读，而每读一遍都多一次感动。在又一次读完这篇文章后，他想到了培养女儿高春霞。他发现，女儿虽然性格外向活泼，闹起来有点像个假小子，但她对古筝却和自己一样，有着一般孩子没有的专注和兴趣。如果既能够让女儿得到学习、锻炼，又能够弘扬民乐，这两全其美的事情何乐而不为？于是，高耀晃在写画、学习古筝弹奏的同时，又开始手把手地教女儿弹古筝。

高耀晃自学了一段时间后，就带上女儿到广州星海音乐学院去，向那里的教授请教，看自己究竟学得对不对。求学的过程异常艰苦，而更让他担忧的是，当时的中山没有一个会弹奏古筝的人，再说自己毕竟已经不年轻了，只有让更多人特别是年轻人参与，才有可能让这古老的乐器后继有人。他对记者说，虽然我自己学会古筝了，但我更希望我们的下一辈人，年青的一代，都能够喜欢中国最古老的民乐，不要把古筝抛弃了。高春霞也回忆说，她上小学五年级的时候，爸爸就要求她去学一样乐器，他列举了几件乐器让她挑选，说古筝这个古老的中国民族乐器已经到了快要失传的地步了。高春霞便痛快地说："好，那我就学这一个！"

求学无坦途：勤学苦练出成绩

那个时候的父女俩，为了一个共同的目标，成了一个战壕里的战友。他们不知用琴声送走了多少个黄昏，又迎来了多少个黎明。没有老师的指导，全靠自己的摸索，父女俩感到进步的艰难。高耀晃于是决定，送女儿到广州拜师。

"我们要从石岐坐一个晚上的船，第二天一大早到达广州大沙头，早上天还没亮，一点光线都还没有，4点就要步行到教授家里了。我们也不敢叫醒教授，就在他门口等，等他起床后跟他学一个小时的古筝。"

求学生涯很是辛苦。在连续数年的时间里，高春霞都奔波在广州和中山之间，风雨无阻。高春霞回忆起那段学艺的日子，说"当时真的很苦"。但她深知自己肩负着父亲的重托和拯救古筝的使命。正是在这种精神的激励下，她学得很认真，琴艺突飞猛进。那个时候，她经常代表中山纪念中学去演出。后来学了音乐专业，她也经常代表学校演出，这给了她很大的动力，感觉好像拯救了快要面临失传的古筝，觉得十分骄傲。

对于女儿的进步，高耀晃感到十分欣慰。他觉得这不仅是圆了自己的梦，他也看到了古筝的未来。高耀晃开始指导更多的人学习古筝，他知道，只要有一块肥沃的土壤，古筝就会有希望。在女儿求学的时候，高耀晃也没有闲着，他开始研究古筝的演奏方法。在深入研究了现存的七大流派的演奏方法后，他大胆进行了融合，形成了自己的演奏特色。为了丰富古筝的演奏曲目，他又对中山传统的民歌进行了重新编配，变成了一曲曲具有地方特色的古筝曲。

他说，要让古筝重焕生机，除了继承外，还要创新。只有创作出合乎现代人欣赏品位的新作品，才能引起更多人的兴趣，为古筝多找几个知音。为了让社会上更多的人了解古筝，他和女儿频繁参加各种演出，唤起人们对古筝的兴趣和关注。

"我们出去演出，不是商业性质的，并非为了报酬，而是为了宣传和弘扬中国最古老的民间艺术。"听众的广泛认同，给了高耀晃更大的信心。特别是一次在香港的演出让他难以忘怀，很多香港的名人都来观看了他们的演出。有一名德国友人，每天晚上都来聆听，高耀晃听不懂他说了些什么，就问了一位翻译。翻译告诉他说，德国友人是在说虽然他听不懂演奏的是什么，但感觉到这样的乐器演奏出来的音乐，很优雅很好听。高耀晃听了后心头比吃了蜜还要甜。

之后，高耀晃在《南方日报》的帮助下，联系上了那篇旧报道中的饶宁新老师。于是，高耀晃决定把女儿送往广州请求饶老师指点，同时也打算好好考查一番自己的水平。饶老师在听过其女儿的弹奏之后，为其节奏感打了 85 分。高耀晃心里乐滋滋的，因为这不仅是对女儿的肯定，同时也是对他自己技术的认可。饶老师当即鼓励他们再接再厉，继续努力好好练琴。同时也指出了他们的一个不足之处，那就是弹奏中潮州味道太浓。

名利身外事：演出只为爱古筝

拜师回去以后，高耀晃一鼓作气，买回了中国七大流派的古筝乐曲教材、书籍、CD、录音带，一边写画，一边潜心研究。"世上无难事，只怕有心人，要做就做到最好，精益求精，绝不能有一丝马虎或懈怠。"高耀晃不停地翻看资料，不断地细细琢磨，一遍又一遍地摸索、练习，汲取各流派之特色和精华，再把曲子重写重谱，整理融合。痴情终于换来了收获，高耀晃的努力没有白费，他渐渐地浮出了"世面"。

1992 年 8 月 16 日，高耀晃终于迎来了他人生中的第一次演出。中山长江怡景假日酒店邀请他参加"追月之夜"的演出活动。表演完毕后，引荐人中山市教委教研室主任陈远对他大加赞赏，并说："不要把艺术当成商品。这是民族瑰宝，需要我们去传承，去发扬光大！"于是，在后来的各种演出中，高耀晃凡是应邀参加表演，从不主动索要报酬，他说："给多少劳务费都没关系，本来就不是为了这个目的。"正因为他高洁的人品与情操，中山时代广告公司总经理闫福耀亲自题字赠送与他：德艺双馨。

最令高耀晃难忘的是，2002 年 4 月 13 日至 5 月 17 日，为增进中山与香港两地的文化交流合作，他参加了"中山美食节中港交流会"，并受邀到香港参加了演出。

高耀晃在演出中不断地通过交流和学习来提升自己，古筝弹奏水平越来越高，名声也是越来越大。现在，他不仅是多家酒店和艺术培训中心的特约琴师，更为重要的是，已有数百人上门向他拜师学艺。中山市书画泰斗——81 岁高龄的退休老画家吴云纵也慕名向他学习古筝弹奏。他所教出来的学生也表现不俗，分别在中山市首届和第二届大、中、小学校独唱独奏比赛中获得一等奖。

潜心结二果：改良古筝有一手

高耀晃在写画之外的精力绝大部分都奉献给了古筝。在长期的钻研和练习中，他也就发现了一些秘诀。比如，一条弦可以调出 21 条弦的声音，这不是每一个音乐学院的老师都知道的。当然，许多古筝原本也不易做到，这就需要改良。据说，一台别人低价卖给他的古筝，经过他一番"折腾"改良后，有人想出价一万元收藏。

1999 年，高耀晃向西安音乐学院乐器厂李厂长建议改良支撑琴弦的雁柱。高耀晃在不断摸索中发现，器大即声宏。如是低音，则要用粗大一点的雁柱，其雁柱角粗大，声音才浑厚。而高音的雁柱，材质则要硬一点，细一点，才达得到清脆的效果。为此，高耀晃得到了李厂长的好评和感谢。

2003 年 2 月中旬，中山市人民医院的苏小芳通过他人介绍，找到高耀晃学习弹奏古筝。高耀晃到苏家就发现需要改良其古筝的雁柱接触点和绷弦的前岳山。前岳山一般用藤条或竹篾制作，而南方潮湿炎热的天气使它陷了下去，声音发出来便沉闷，不够清脆、明亮。高耀晃为其改良，并将前岳山的藤条换成了铜条，其发音效果自然就"今非昔比"了。

痴情成就了高耀晃的古筝梦。他被《大公报》《广州日报》及中山多家媒体竞相报道。他每一次都不忘告诉记者，希望能尽快在中山成立古筝研究会，发动社会的力量共同弘扬民乐。

这些年来，高耀晃的古筝从来没有离过手，他的两个女儿春霞和雁玲经过他的熏陶和教导，都擅长古筝演奏，大女儿春霞还擅长手风琴。一家人经常应邀外出表演，大女儿春霞表演手风琴，同时担任指挥，高耀晃的夫人陈倩卿做伴奏。虽说表演不是尽善尽美，但这一家子当之无愧可以称作是"民间古筝演奏之家"。

现在，父女俩一个在家里授徒，一个在学校任教，整个中山兴起了一股学习古筝的热潮。看着自己多年来的努力终于有了成果，高耀晃非常欣喜。对今后，他也有了新的想法。

他说，希望在中山或是火炬开发区，能够成立一个古筝研究会，不是营利性质的，而是为了相互切磋，共同研究的，把中国最古老的乐器继续发扬光大。

高春霞平时工作虽然很忙，但她每天总要抽出一点时间来陪伴父亲弹上一曲，因为没有人比她更理解父亲对古筝的感情。

（供稿　金世彬）

票友波叔恋梨园　缘结粤曲数十年

广东人迷恋粤剧。不管是在正儿八经的剧院还是在乡村空地，不管台上的是名角大腕还是戏迷票友，台下的观众无不为他们或高亢或凄美的唱腔所感染，沉浸其中。台上身披戏服的波叔，更是陶醉不已。对他来说，台下的观众便是他的一切。

波叔大名郑少波，2003 年当选为开发区文联曲艺协会主席。年轻时候的他就非常喜欢粤剧，但那时忙于生计，无法如愿。到了晚年，波叔对粤剧的痴迷愈发强烈，加上生活逐渐变好，茶余饭后忍不住要唱上几段。

郑少波原是中山一家化工实业有限公司董事、副总经理，家在开发区义学村。十几年前，花甲之年的他怀着对民间戏曲艺术的一片赤诚，和林泽安等人共同组建了东镇曲艺社，在百忙之中抽空排练、组织演出，受到村民的欢迎。他还热衷于社会公益事业，认识他的人都尊称他"波叔"。

2003 年 4 月 28 日，开发区曲艺协会正式成立，波叔被开发区三个曲艺社的成员们一致推选为开发区曲艺协会的主席。2008 年，开发区文联召开第三届会员代表大会，波叔当选为曲艺协会名誉会长。作为一名事务繁忙的公司董事和副总经理，这些年不管工作有多累，波叔对粤曲仍是情有独钟、痴心不改，对义学村的父老乡亲仍是满怀体恤、乐善好施。

波叔的家坐落在峰峦叠嶂的乡间，抬眼望去，只见一大片的菜地、花圃、鱼塘和果树，一派田园风光，很是迷人。门门口就是他自己投资修建的灯光球场，吸引了不少附近的男女老少前来跑步、打球、锻炼身体，非常热闹。而旁边的曲艺社每到周三、周六的晚上就准时开锣，风雨无阻。谈到他的曲艺社，波叔笑着说，都是一群"发烧友"。原来，东镇曲艺社早在1991年就已初具规模，那时的组织者是林泽安老先生，人称"安伯"。附近乡村的村民对粤曲、粤剧非常痴迷，定期聚会、排练、表演或外出活动，与其他曲艺社进行交流与合作，逐渐发展壮大。"发烧友"的热情深深感染了原本就十分喜爱粤曲的波叔。尽管工作繁忙，波叔还是见缝插针，一有时间就同安伯一起，带领这班人排练、演出、探讨、沟通，参加的人越来越多，曲艺社的队伍也越来越庞大。村里原本有一个活动场所，但过于破旧，不能满足需要。1998年秋，村里将村委大楼的一间空房批给曲艺社使用，作为日常活动场所。至此，东镇曲艺社正式成立。后来村委另有安排，收回了曲艺社的"大本营"。无奈之下，波叔只好带着一众社员转移至他一位兄弟的楼下。没唱几天，被投诉说影响居民休息。波叔找到村委提出要求："给我一块地！"村委同意了。

于是就在篮球场旁边、自家门口一块杂草丛生的空地上，波叔投资了数万元，修建了一座一百五十多平方米的平房，又和安伯一起投资了二十多万元，添置了舞台、幕布、服装和音响器材。"发烧友"们欢呼雀跃，东镇曲艺社终于有了一个固定的活动场所。从此，波叔不仅在自家门口唱得如醉如痴，还定期或不定期地邀请市里的一些社会名流、戏曲大腕及民众、沙溪等其他镇区的曲艺社前来指导、交流，切磋技艺，同台演出。广东省音乐家协会，中山市音乐家协会、曲艺家协会的很多领导，都是波叔的好友、曲艺社的常客。曲艺社渐渐名声大噪，多次在全市粤剧粤曲大赛中获得"优秀乐社"称号，也多次在省内外各类戏曲比赛中获奖。

波叔说："有个固定地方唱戏，自娱自乐，总好过去外面唱卡拉OK、打麻将。而且唱戏还可以锻炼身体，运气时五脏六腑都被调动起来。曲艺社的人唱戏，是娱人也自娱，出去演出大部分都是公益性的，不但没有收入，而且来回车费都是自己掏，所有的道具、音响、服装都要自己搬。碰上远的地方，外出需要好几辆车，光车费就要花不少。上次去一个地方演出，收了1000块钱，刚刚够付车费。但大家从来都不计较，还是那么兴致勃勃，一有活动就马上准备。有时连续十几个晚上外出表演，每晚都弄到两三点才回来，累得骨头都要散架了，但是大家都很开心。"

曲艺社的办社宗旨，就是娱人自娱，提高生活质量，丰富业余生活。自家的剧团嘛，自己可以上台扛大轴、演主角，真是一件开心的事。但波叔也不是没有顾虑——人员老龄化，少有年轻人参与。波叔说："剧团里年轻的也有三十多岁了，只能说是相对年轻一点。我们也想多接纳几个年轻人来参加，将粤剧技艺传授给他们。但每次排戏唱戏，还得老伯老婶出马。"波叔很担心粤剧失传。波叔说，人都是会老的，自己也会老，到那个时候，真不知道还能有什么办法保持住剧团的活力。大家都十分渴望年轻一辈积极参与到粤剧表演中来，希望开发区能开办一个粤剧培训班，让他们感受一下粤剧的魅力。希望能培养起大家的兴趣。

波叔心地善良，凡事总是首先为他人着想。每逢节假日，波叔都要偕夫人一起去探望、慰问本村的老人家，中秋送去月饼和水果，春节送去腊肉和腊肠。

义学村原来有些地痞、流氓，胡作非为，惹是生非，人人见了都头疼，对他们深恶痛绝、退避三舍。奇怪的是，这些混混一见到波叔，都会恭恭敬敬地向他打招呼。原来，波叔常常把他们召集起来，请他们吃饭、喝酒，苦口婆心地劝导。还结合自己的经历，讲述人生的哲理、生命的意义。他说："没有钱吃饭，找波叔没问题。但你要记得你们出来究竟是为了什么？有没有想过父母的期望？你们年轻啊！有很多事可以做，有很多本领可以学，要明白金钱不是最重要的。趁年轻要多学点知识，脚踏实地，机会要靠自己争取，前途也是靠双手创造。波叔可以帮你们，但路你们一定要自己走，而且要走好。要自立，就一定要有自己的努力方向和目标！"波叔不嫌弃他们，甚至和他们成了忘年之交。现在，义学村的小偷小摸少了，治安也比以前好了，地痞开始正正经经找事做了，人们对波叔更是心服口服。波叔说："我这个人心软，自己也吃过好多苦头，不忍心看到别人过得辛苦，也不想看到后生仔不学好。"

（供稿　徐一川）

花中君子当属兰　痴心蔡老醉如仙

人老了，就得寻点寄托，或畅情书画，或寄情山水，是为老有所乐，老有所为。蔡天元退休二十多年了，一直闲不住。十多年前尚在花甲之时，他就已经参加了中国摄影学院的函授班，还一口气加入了市区的六个艺术协会。晚年的光景对他来说，格外繁忙和充实。他对种植兰花更是入迷，人称"兰痴"。

进入蔡老的小院，就像进入了一座小小的植物园。桂花飘香，杜鹃吐蕊，金橘挂灯，姿态优雅的各类兰草迎风摇曳，一派勃勃生机。养得最多的花当属兰花，为此，蔡老还专门为他的这些宝贝们辟出一方兰花圃，精心侍弄。每个踏入这里的人，都不禁为蔡老兰花圃的满园春色、暗香流淌而惊叹。古话说得好，空谷幽兰，意为千百年来，兰花以她独有的品性，独自生长在人迹罕至的深山空谷中，遗世独立，不愿附庸风雅，这个成语流传至今，用来形容具备兰花品行的高洁人士。蔡老先生的兰花圃，虽然不是空谷，但也自有一番意趣。蔡老对他的每一盆兰花都十分珍爱，每一盆兰花都有一段让他难忘的故事。

其中有一盆是在五桂山所得。差不多是在五桂山的山顶，大约 400 米高，蔡老如获至宝地将她挖了回来。那个地方几乎没有什么山路可走，因为有路的地方，所生长的兰花早就给人挖走了。蔡老不顾年事已高，更不管山况崎岖陡峭到几乎无路可行，小心翼翼地一路走，一路拨开身旁丛生的藤蔓与荆棘。"如果想要上去山顶，想要拥有旁人难以拥有的斩获，就必须往上走，哪里管得了有路没路啊，那些地方有藤有刺，必须要仔细拨开它，用脚踩低那些藤，才可以走过去。"蔡老回忆起当年获得这盆兰花的情景，这样对记者说。

记者好奇地问："蔡老，您都已经退休了，身体各方面也不能跟年轻人相比了，为什么还要辛辛苦苦披荆斩棘地去山顶上挖兰花呢？"

蔡老笑着说："爱好嘛！这个事情好难讲。喜欢啊，就想自己亲自去尝试一下觅兰的滋味。"

"我从山中来，带着兰花草，种在小园中，希望花开早……朝朝频顾惜，夜夜不相忘。"这首优美抒情、脍炙人口的台湾校园歌曲《兰花草》，不知唱出了多少像蔡天元老人一样爱兰、喜兰、迷兰的人的痴情境界。蔡老说，种兰、养兰能够让人心平气和，教人品行端正，贤良忠诚，胸怀大度，宠辱不惊，犹如春风化雨一般润物无声，潜移默化，是修身养性的好方法。很多清高的人，都不会与恶人为伍，而难免也有小部分原本不屑与之为伍的人，在社会这个大染缸里浸染之后，不得不与之同流合污，难以洁身自好。然而，兰花却不是这样，在山林里，在空谷中，在原野上，兰花从来就是和许多杂草为伍，生长在一起，却从来不受它们的影响，像莲花一样出淤泥而不染，这就是兰性高贵净洁之处，不能不让人心怀敬意。

蔡天元老师还说，兰花高贵却不张扬，她总是独自静静地开放，散发出幽远的清香，不管你闻不闻得到，也不管你是否在意，她都以自己的方式证明着自己的存在。

兰花展上参展嘉宾一同品兰　　　　　　　　　　　　　摄影　朱志峰

　　如今，蔡老的兰花已经达到了十余个品种，两百多盆，这已经是不小的规模了。日复一日，年复一年，蔡老总是躬身埋首于他心爱的小园，悉心栽培、照顾、呵护，把这些花花草草都当成了自己的心肝宝贝，从未有半刻疏忽懈怠。闲时，他便斟上一杯清茶，坐在花前的藤椅上，戴上那副伴随了他半生的老花眼镜，细细研读着养兰、种兰方面的心得著述，内心便感到无限的惬意与满足。自己的兰花虽好，但终究囿于一隅，难得有更多人欣赏、品鉴，这成了蔡老最大的一块心病——兰花甘于寂寞，但蔡老可不甘心啊。为了能更好地交流养兰的心得体会与经验，将自己的这群宝贝们奉献给更多的养兰知音们观赏，他结交了许多兰友。大家不时地串门子，逛兰市，漫山遍野去觅兰，结下了深厚的情谊。2008年，火炬开发区兰花协会正式成立，蔡老更是喜不自禁，高兴得见牙不见眼，热切期盼着各种兰展活动和比赛，好将自己心爱的宝贝"显摆"出来。毕竟，养在深闺人不识嘛！

（供稿　徐一川）

当代画家李延声　妙笔丹青总关情

　　李延声，祖籍广东省中山市濠头村，父亲是抗战时期奔赴延安，任抗日军政大学教授、中华人民共和国成立后曾任安徽省副省长的李凡夫（原名郑锡祥，李凡夫是他参加革命后所用的笔名）。1943年5月28日，李延声出生于陕西延安。中华人民共和国成立后曾就读于中南美专、广州美院附中、浙江美院中国画系，1978年进入中央美院中国画研究生班深造。现为中国画研究院一级画家、中国美术家协会中国画艺委会委员、炎黄艺术馆创办人之一。

　　长期的艺术实践，练就他坚实的造型功力，造就了他为振兴中国画而奋斗的献身精神。他深感绘画不分中西，以人物最难。在中国传统文人画中，人物正是弱项。"五四"以后，徐悲鸿、蒋兆和、叶浅予、石鲁和黄胄等前辈大师，把西洋写生法用于中国画，使中国画从现实生活中汲取养料，中西融合，获得重大成果，但改革之路仍很漫长。因此，他首先选择了画鹿、牛、羊，画松、柏、榕为突破点，将西方素描的写实造型与中国传统笔墨情趣结合，尝试将外国写实精神与中国写意创造更深一层交融。以画鹿为例，他数不清去过多少次鹿场，用了多少纸墨，才渐渐地把鹿画活了。他赠给联合国秘书长安南的一幅《鹿娃图》，以浓淡相宜的朱色与干湿交替的墨色互相渲染渗化，以洗练多变、富有神韵的线条，生动酣畅地刻画出三只充满灵性的鹿儿。他还信手描绘了一个乡村儿童，身穿红肚兜，肩挎小篮篓，篮中鲜草嫩叶青翠欲滴，"灵草青青逗鹿还"，画中诗句道出鹿娃淳朴美好的生活情趣。整幅画呈现暖色基调，逸秀淡雅，清新和谐。在当年海湾战火一触即发，安南赶赴巴格达处理危机前夕，安南夫妇收到这幅画当晚就写信致谢，并表示"一定会把这幅画挂在最能体现其美妙意境的地方"。

1985年，他在中国美术馆展出《正气篇》大型系列人物画，广获好评。邓颖超为画展题写了"中华正气"的题词。1997年，他又在中国革命博物馆中央大厅举办"魂系山河"画展，其中长65米、高2.8米的中国画长卷被誉为"历史画和人物画的传世之作"。作品《慷慨赋同仇》获文化部"中国艺术大展"银奖。

从20世纪90年代起，李延声尝试把中西融合的绘画技法，尤其是水墨情趣移植于瓷艺。他与景德镇人士合作，绘制成功巨型釉上彩瓷版画《翠柏群鹿》、薄胎瓷碗《罗汉图》等。其中，高2.1米、直径0.7米青花巨构《和平世纪钟》，刻意描绘了21个不同肤色的儿童与许多可爱的白鸽，表达了人们企盼世界和平的美好心愿。这批瓷艺画器造型新、题材新、意境新、手法新，创造了"具有泼青的青花瓷的制作方法"，不仅获得国家专利，还被誉为"20世纪末青花瓷的代表作"。2000年5月，国家主席江泽民访问非洲，曾将李延声教授作品《非洲复兴》青花瓷鹿头尊作为国礼赠送给南非总统塔博·姆贝基。

在2003年3月全国政协十届一次会议期间，李延声等68名委员联名作了《关于加快建好魂系山河世纪碑的提案》，以促进这项爱国主义教育基地工程早日竣工。

（供稿　刘居上）

新闻记者蔡尚雄　战地摄影硕果丰

　　蔡尚雄于 1919 年出生于中山市张家边村。1938 年奔赴革命圣地延安，投身滚滚革命洪流，先后当过抗日战争、解放战争、抗美援朝的战地记者，深入敌后，出生入死，把大量珍贵历史镜头，如抗日军民可歌可泣的斗争、人民解放军光辉的战斗历程、中国人民志愿军保家卫国的丰功伟绩等，一一收进照相机；到了和平建设年代，他又以镜头实录社会主义建设的瑰丽图卷。这些凝重的纪实之作，使得他的作品如史诗般壮美，透射出震撼人心、催人奋进的力量。

　　1950 年，蔡尚雄参与《人民画报》的创建，历任记者组长、编辑部主任、副总编辑、编委会主持人等职务。他热心于中国摄影事业的发展，历任中国摄影家协会理事、常务理事等社会职务。

　　蔡尚雄对家乡怀有深厚的情感，从 20 世纪 60 年代起，就已回乡拍摄桑基鱼塘；20 世纪 80 年代拍摄了在中山落成的国内第一家中外合资宾馆——中山温泉宾馆。1997 年，中山市政府和火炬开发区为他举办了第一次个人摄影展。2004 年 6 月，借家乡举办"中山文化名人推广月"之际，84 岁高龄的他又一次兴致勃勃地回到中山。

　　"好希望留下中山的青山秀水。"这就是他最大的愿望。

　　蔡尚雄在他的半个多世纪的创作生涯中，留下了丰硕的成果。据不完全统计，《人民画报》共发表了他近 100 组专题摄影报道和许多单幅作品，其中两幅作品分别荣获国际影展金奖和银奖，还有一些作品被选送波兰、德国、美国、澳大利亚、日本等国展出或收入画册。

（供稿　刘居上）

第四章
乡村风俗

导 读

　　有这样一句谚语："十里不同风，百里不同俗。"又云："一方水土养一方人。"东镇原住民的先辈虽然多从中原经南雄珠玑巷辗转迁入，年长月久，经过交流融会，逐渐形成独具特色的东镇民俗，成为岭南文化的一枝奇葩。

珊洲村民唱村歌　　　　　　　　　　　　　　　　　摄影　刘展云

声声如诉如杜宇　东乡民谣乃珠玑

历史上，中山人习惯以石岐为中心，把城区以西的沙溪等地叫做西乡，把城区以东的张家边等地称为东乡。东乡包括今天隶属于火炬开发区的濠头、陂头、白庙、园山、起湾、土瓜岭、鳌溪、大岭、陵岗、张家边等地，这一带的居民，说的基本上是一种以石岐话为主、夹杂地方口音的广府方言，俗称"东乡话"。

东乡山清水秀，冈峦起伏，为珠江早期形成的冲积平原。这里是古时海边的渔村和蚝业集散地。先民则多于宋元之际，陆续经粤北珠玑巷转徙至此定居，务渔农为业。大约从19世纪开始，许多不安本分的东乡人走上了另一条更为遥远的漂洋过海的海外"淘金"路，东乡则成了远近闻名的侨乡，赫然入目的密集的碉楼就是历史的见证。一种过去鲜为人知，却又在当地长期扎根的古老的民歌——东乡民谣，就在这样的环境中孕育和发展起来。

东乡民谣是老百姓在长期的劳动和生活中创作的一种民间歌曲，当地百姓通过东乡民谣抒发真情实感、表达对美好生活的向往。一般是村民在田间劳动、男女间倾诉感情、女子出嫁和村民表达生活感受时传唱。东乡民谣歌词朴实通俗，曲调平缓清雅，演唱时如泣似诉，情真意切，蕴含丰富内容。它有着音韵和谐、词语丰富的特点，具有浓厚的岭南民间文学文化色彩。

东乡民谣用地道的石岐话传唱，内容有叙事歌、叹情歌、风俗歌、送别歌、陪嫁歌、哭丧歌等多种类型。

如今，已难考究东乡民谣的起始年份和确切源头，但发生在19世纪为谋生而爆发的出洋"淘金"潮，无疑是它的蓬勃成长期。那时候，孤身登上远赴外洋的"大眼鸡"，实在是一种以生命作赌注的面向未来的豪赌。依靠单薄的三桅船在海上漂浮数月，抵达"旧金山"（三藩市）、"新金山"（墨尔本）后，一般还得从苦工做起，其中不少人都是靠卖身当"猪仔"才得以成行的。幸而保得性命的，也总得在十年二十年后，才有可能"小有所成"，踏上回乡之路。那时并没有今天这样快捷的电讯和邮路，哪怕是一封短短的家书，也得借着其他侨胞的返乡之便，或是花钱劳烦货栈在进出口货物时顺便捎回。在外多年，对家乡亲眷的思念与牵挂之情可想而知。流传至今的东乡民谣，多半与这一主题有关。叹情歌《望夫归》是其中的代表作。

"正月望夫夫不归……/二月望夫夫不归，春花开到满山围，鹧鸪又啼莺又叫啰，几时望得我夫归/三月望夫夫不归，不觉都清明节又黎（来的意思）……/十二月啊望夫夫不归，挨近个冬时年又晚啰，无柴无米我随餐揾，我家灯油火蜡都依靠谁。"

《望夫归》是一首广泛流传的民歌，带有强烈的地域特色，它将东乡本地的十二个月不同的风景、风物逐一进行衬托吟唱，在表达旧时东乡妇女哀怨命运的同时，也表现出强烈的地域特色。东乡歌手借着这一起兴，咏叹的却是丈夫漂泊海外经年不归的苦况。

东乡妇女勤劳勇敢，丈夫长年不在家，她们便历史性地成为家中支柱和主要劳动力，驱牛犁田、插秧割禾、哺儿侍老，全由她们一力承担。这就决定了以她们为主传唱的东乡民谣的开放、泼辣的个性。同时，她们有较高的文化素养和独立自主精神，表现在历史传承上，那就是一些有着更多人文情怀和文学艺术含量的民谣作品，其中最著名的就是叙事歌《拆蔗寮》。

《拆蔗寮》讲述的是旧社会里一对农村男女的爱情悲剧。一个蔗园园主的女儿，与一个被父亲雇来砍蔗的小伙子相爱。小伙子家境贫困，不敢与园主的女儿恋爱，忍痛离开了心爱的姑娘；姑娘对小伙子一往情深，思念成疾，终于病逝。后来小伙子追悔莫及，到姑娘坟前痛哭拜祭。小伙子的热诚最终感动了玉帝，特赐姑娘还阳与小伙子结为夫妻。这首叙事民歌长达两百多行，声声哀，字字血，缠绵悱恻，哀怨动人。

《拆蔗寮》在曲调上，一脉相承的是粤语方言歌特有的"乙反"调式的哀怨与哽咽，令人想起同时代的招子庸的自述式粤讴《吊秋喜》和其后罗家宝演唱的粤曲《偷祭潇湘馆》。招子庸是以文人雅士身份悼念青楼女子，《偷祭潇湘馆》中贾宝玉祭奠的是同在贵族之家长大的表妹林黛玉，《拆蔗寮》却是通过农村青年之口，悼念一位在农村长大，家境相对好些，但不是很富有的村姑，与前二者就有了文野之别，歌词中像"我双手拨开个坟土地"表达的强烈的冲动，是招子庸、贾宝玉，甚至梁山伯绝对做不出来的。如果说，经典戏曲《梁山伯与祝英台》中的"化蝶"体现了大团圆结局的东方式浪漫的话，那么，《拆蔗寮》的"还阳"也能令人感到有情人终成眷属的梦幻成真，但浓重的悲剧气氛叫人简直喘不过气来。因为更"土"更"野"，所以更不拘一格，衬字衬句想加便随意加。不管有何种差别，总感觉其曲调其实脱胎自未经艺人加工整理的原始"粤讴"。从文本的句式分析，很可能曾在坊间流行一时的"木鱼书"，就是东乡民谣的源头。

东乡民谣中最有趣的是《一个花碗打开十三边》，这是风俗歌的代表作。这首歌说的是东乡有一对青梅竹马的青年男女，因为家贫，男青年娶不起姑娘，姑娘嫁为他人妇，男青年在姑娘出嫁前唱出这首长句歌谣，回忆起两人十三年来青梅竹马的快乐时光。歌中以东乡的地方名为背景，运用比兴、暗喻、双关等手法，婉转地唱出了这里的风土人情。这首歌由"一个花碗打开十三边，同妹耍落十三年。阿妹啊你要嫁人之时我亦任由你啊，总系你要记得我同你在田中摸蟛蜞"唱起，唱遍了从石岐到周边村乡以及前山、澳门各地的奇风异俗。每段叙述，语言通俗而充满谐趣，最妙的是歌词中的每个地方都略带贬义。例如"西桠有个烂街市，卖剩几多腌虾腌蟹及腌鱼""神涌阿姑大肚淋泵唔敢出到个街头巷尾企""濠头礼背系白沙湾，白沙湾阿哥最好个三斗六谷食三餐。钢仔牙镰手袖与及个格木枪担，五鼓去都落更返一条咸鱼仔食三餐，我地有女就唔好嫁白沙湾，年年都系咁艰难"……唱这些，其实是在哄那位"青梅竹马"一起长大的姑娘：外地哪一处都不好，你既与我"耍落十三年"，不如还是回过头来嫁我好了。

东乡民谣中这一类的风俗歌还有《小隐寮蟹》，通过"小隐寮（鱼），一个钱一条，小隐蟹，平到唔使钱买"短短四句，唱出当年东乡渔获丰富的良好自然生态环境。还有东乡民谣《小隐好》："竹扁担，软柔柔，八乡渡，靠码头。先挑货物走丰埠，再挑香蕉运广州……千走万走唔似小隐好，朝穷晚富有埠头。"这首民谣将小隐的自然环境和物产丰盛的特点自豪地唱出来。另外，还有《火把歌》等，也是反映张家边一带古时候在五月初五晚举火把游行的热闹场景。

此外，陪嫁歌有《送嫁歌》《啼夫歌》等，送别歌有《送军歌》等，哭丧歌有《百岁灯》《女儿哭》《买水歌》等。在不同的场合和环境，东乡村民都用自己的民谣表达心中的情感。

与中山其他民歌相比，东乡民谣的篇幅较长，故事性强，文字极富文采。这些都充分表明了民谣向休闲性、娱乐性和艺术性靠近，同时文化从"乡"到"城"的过渡交融，也证明了它是社会进步的产物。

东乡民谣是属于小调式的民歌，旋律线由高向低走，曲式以"徵"调为主，以"5"为骨干音，以中音"2"和低音"3"为附属音，属于小二度音程关系，曲式比较幽怨，是当地百姓发自内心的吟唱。因此，东乡民谣往往很快就能将听众的情绪调动起来，让人沉浸在歌曲的意境中，具有较强的艺术感染力。

东乡民谣历史悠久，流传广泛，因而深受百姓的喜爱。但正如全国各地的大多数民歌一样，只要时下暂不具备商业价值，目前无一不在生存和传承问题上面临危机。由于东乡民谣偏于一隅，流行地域比较狭窄，近半个世纪来没有谁曾在舞台上公开露面，因此，直到非物质文化遗产普查前，有关它的文字记载几乎一片空白，实际上已被多数人所遗忘。东乡民谣能够重现"江湖"，是因为该地区出现几位颇具传奇色彩的人物的缘故，其中民间艺人谭申最具代表性。受父辈的影响，谭申自小擅长唱东乡民谣。他所演唱的《傻佬叹五更》《拆蔗寮》等，令人百听不厌。还有民间艺人黄沛成、孙间英、陈三妹等，也是东乡民谣较有代表性的传承人。有一首名为《送郎一条花手巾》的中山民歌，在2003年夺得广东省民歌大赛金奖。中山民歌再次以其幽婉深情的旋律，如诉如泣的演绎，深深地拨动着人们的心弦。

（供稿　吴竞龙）

民谣即将临失传　　挽救“非遗”尽心力

　　现如今，工业化以迅猛之势席卷着中山大地，激越的都市之音在新兴的城镇上空回荡，曾经流传在蕉林、渔港之间的民歌渐渐失去了生存的土壤，面临失传的窘境。

　　陈三妹接受记者采访的时候已经是一位年逾 70 的古稀老人了。作为能完整演唱古老民歌《望夫归》唯一健在的民歌手，陈三妹显得有几分孤寂和无奈。因为在她年轻的时候，演唱民歌曾经作为一种生活方式独立存在过，仅仅不到一代人，就已经很难听到民歌那淳朴、悠扬的声音了。那时，《望夫归》这类民歌十分流行，村民们在插秧、拔草时都非常喜欢唱。由于上了年纪，陈三妹已经没有什么力气演唱《望夫归》了，只能凭记忆给大家哼哼歌词：“正月望夫夫不归，我夫出路去广西。广西有个留人洞，广东有个望夫归。”

　　记者询问陈三妹，是否会担心民歌即将失传。陈三妹不无遗憾地叹息道：“那都没办法，歌本也没有了，当年会唱的人现在也都不唱了，渐渐遗忘了。我们现在也只能是在晨练的时候，哼一下，还惹得旁人笑话呢，说你唱的什么啊！唉，恐怕只会失传了！没有了！”

　　担心民歌失传的还有高耀晃。作为一个热心民间音乐的人士，几年前他就开始了对中山民歌的搜集和整理。特别值得一提的是，作为一名年近 70 岁的东乡白庙村村民，高耀晃自小就对东乡民谣产生了浓厚的兴趣，一直到现在仍是热情不改。热爱民谣的高耀晃多年前就开始寻找民间艺人进行歌词和乐谱的采访记录，并将老艺人演唱的民歌进行录音，整理出较全面的东乡民谣原生态版本。目前，高耀晃已经记录整理出十多首比较经典的东乡民谣，如《水仙花》《啼夫歌》《三爷尽孝》《望夫归》《拆蔗寮》《傻佬叹五更》《白庙校歌》《一个花碗打开十三边》等。由于得到较好的收集和整理，处于濒危状态的东乡民谣得以重新流传。

高耀晃说："之前我还在张家边的街头给人摆摊画像的时候，有一个老头在我面前哼唱，我觉得旋律很好听，当时就不由得惊叹起来，心想这可不是随便哼哼那么简单的，一定是有专门作曲的人写出来的。因为我平时就很喜欢音乐，就用我学到的音乐知识把它整理出来，打算流传给后代的人去学、去唱，不要让这些古老的民歌失传了。"凭着自己对音乐的热爱，高耀晃对中山民谣进行了系统的搜集和整理。由于很多民歌手年事已高，搜集工作进行得异常困难。他对记者说："做这项工作的确很辛苦，每天到处跑，一跑就是八九个村子。民歌手都是这么大的年纪了，我上次来，现在又来，是因为她的声音升不上去了，所以我要多来几次，一遍一遍地录音，又跑另外两三个村，再听，再录音。录完了，回到家里，再慢慢整理。整理出一首完整的民谣，差不多要跑五六个村。"也正是因为有像高耀晃这样的有心人，我们还能从盒式录音带上听到陈三妹当年演唱《望夫归》的美妙歌声。

对于自己的努力，高耀晃说充其量只是保存。要让中山民歌发扬光大，需要很多人的努力，时代不同，古老的民歌已经没有多大的吸引力了。

高耀晃说："现在媒体上虽然都有提一提保护民歌的事，但现在的年轻人的确很少有机会接触到那些年代比较久远的文化。"

高耀晃认为，要让这些经历了时间洗礼的民歌重新传唱，就必须赋予它们新的形式和内容。仅仅为了保留而保留，是没有出路的。他说："可以用以前的旋律，加上现在的歌词，把新词填上去，尽量让社会上的人都有兴趣去研究，去学唱。"

关注此事的还有雷建国，火炬开发区歌舞团（原艺术团）原专业作曲家（现已离世）。他长期扎根湖北三峡地区，从事民歌搜集整理和创新工作，创作了一大批具有浓郁地方特色又符合现代人审美情趣的新民歌作品。他说："我研究了不少中山民歌，很多歌词很古老陈旧了，不适应现在飞速发展的形势，但它的旋律像咸水歌，是很优美的。《望夫归》的旋律也是很不错的。"2003年，雷建国来到中山以后，就开始关注中山民歌。刚到火炬开发区不久，他就注意到了《望夫归》这首传唱已久的民歌。虽然歌词内容较为陈旧，但他认为，只要赋予这首歌曲新的时代精神，推陈出新，就有可能继续传唱下去。

他还说："特别是在改革开放以后，通俗歌曲、流行歌曲在我们内地开始大量流行起来了。在这种冲击下，这些古老的民歌逐渐就没人唱了，再这样下去，迟早就会面临失传的境地。你若是现在把这些民歌教给年轻人去唱，他们往往都不太愿意学。所以，这些民歌必须从词到曲进行改进。只要我们把握好中山民歌的主旋律，掌握好它的主题，根据目前飞速发展的新形势，去写新的歌，我想最初一段时间人们可能还不太能习惯与接受，但说不定再经过一段时间之后，人们也就可以慢慢接受了。虽然说要循序渐进，但我们到可以飞跃的时候，为什么不飞跃呢？"

基于这种考虑，雷建国和火炬开发区内的几位文化工作者，决定以民歌《望夫归》为蓝本，创作一部大型的歌舞剧《望夫归》。

雷建国说："民歌的继承不能仅仅停留在搜集的层面，更重要的是创新，没有创新就谈不上发展。我想大家能够一起把这件事做好。首先我们有政府的支持，还要大胆去创新，我们只要尽心尽力，我想我们的中山民歌不仅有希望把它们保存下来，而且还能发扬光大。"

"正月望夫夫不归……"一声声，如诉如泣，如杜宇悲啼。东乡民谣在漫漫历史长河中，犹如即将被社会发展浪潮湮没的珠玑，只要有心人细细拂去她身上的尘灰，她自然就会散发出夺目的光彩和独有的魅力！

（供稿　徐一川）

咸水歌谣悠悠起　余韵绕梁半世纪

国家"非遗"保护项目中山"咸水歌",是水乡人最为喜闻乐见的艺术形式,也是水乡人民在开发建设美丽家园的同时创造出来的灿烂文化。它是在水乡流传最久,也是流传最广的民间艺术,是数百年流传下来的文化结晶,具有鲜明的地方特色和独特的艺术风格。"咸水歌",即生活在咸淡水区域的人所唱的歌,它流行于火炬开发区张家边五村、濠头四村、茂生、珊洲和中山坦洲、民众、东升、东凤、横栏、板芙等镇。

数百年来,水乡人最爱听,也最喜欢唱"咸水歌"。特别是一些上了年纪的老人,只要听到咸水歌,只要唱起咸水歌,就会忘记了苦和累,心胸也为之开阔轻松起来。从某种意义上说,咸水歌已成为水乡人的精神支柱和战胜困难的力量。

早期的咸水歌是水乡的一种渔歌,它的历史源远流长。据明嘉靖《香山县志·卷七》记载,元朝元贞二年(1296年),香山县令黄棠到任石岐,写了《长洲烟雨》一诗。诗曰:

> 万顷中间螺髻青,人家环绕住升平;
>
> 鹤汀凫渚虽烟雨,长有渔歌牧笛声。

现存《香山县志》的最早版本"嘉靖志"中收入一篇在南宋年间撰写的《浮虚山记》,其中有这样的描写:"来航去舶,櫂歌相闻。"水上来往的船只,人们都在唱歌,这就是今天咸水歌的前身。由此可见,元明时期的香山县城石岐,唱渔歌(咸水歌)已经是很普遍的事情。

其实，咸水歌的历史可以追溯到初唐甚至更早。初唐诗人四杰之一的王勃曾两次到广州，他在《广州寺碑》里说："六朝以来，谣俗讴歌播于乐府，炎方胜事自是偏闻四海。然方言犹操蛮音，以邑里犹杂午辈夷故也。"因此，说咸水歌已有上千年的历史传承，那也是绝不会错的。

也有专家认为，"有人存在就有民歌存在"。前些年，在中山先后发掘出新石器时代早期的石器工具、饰物和煮食用的陶釜以及盛食用的陶盘、陶碗等。考古专家从这些出土文物推断为3000年前，甚至5000年前已有居民在香山（今中山）靠渔猎为生。那么依照"有人就有歌"的观点，咸水歌的历史至少有3000年，甚至5000年。

咸水歌还是外国人最早了解的一种中国民间歌曲。18世纪时，一位英国商人就对当时天天都能在珠江上听到的"咸水歌"十分感兴趣，并专门把"咸水歌"记录下来，编成书籍。同时把"咸水歌"这一粤语名称原汁原味地翻译成英文，称之为"中国情歌"介绍到国外，从而使"咸水歌"成为最早走向世界的中国民歌，成为西方人最早了解的中国文化之一。

那么，咸水歌是什么歌？咸水歌是人们对流行于疍民集散地民歌的统称。咸水歌与日常生产、生活密切相关，具有一定的实用性和功能性。又因不断受到周边其他族群不同语言和歌唱旋律的影响，逐渐发生变异，产生新的内容、风格和曲调，形成自己的特色。所以不同的疍民聚居地流行的咸水歌，无论是音调或演唱风格都各有不同，而且都另有独特的歌名。咸水歌，依据不同的标准可有多种划分方法。按照歌曲的内容划分，可分为"生产歌""生活歌""时政歌""爱情歌""叙事歌"五类。按演唱歌曲的情绪划分，又可分为"欢歌"和"苦歌"两种。按歌曲曲调划分，则可分为"叹"和"唱"两大类。现在，按照中山咸水歌调式调性的传统自然分类法，大致可以分为咸水歌、高堂歌、大罾歌、姑妹歌、叹歌（叹家姐）、嗳仔歌、放鸭歌和担伞调八大类。

咸水歌

咸水歌是最普遍也最主要的水上民歌。咸水歌又分短句咸水歌和长句咸水歌。短句咸水歌每段歌词由两个七字句或八字句组成，为上下句结构。演唱形式以对唱为主，具有独特的演唱风格。如若是男女对唱，每一首歌均以"妹好啊哩"或"弟好啊哩"等称谓词作歌头衬腔，唱完上句后，以"好你妹啊啰嗨呀"，或"好你弟啊啰嗨呀"作拖腔。接唱完下句后，则以"啰——嗨"衬腔结尾。

长句咸水歌多数用于叙事和抒情独唱。其歌词结构很特别，开头是一个四言短句，由两个叠词或两个联合词组构成。接着交替运用四言、六言、七言或以上的句子，以排比句式，用生动风趣的语言叙事，每段歌词结束时，一定要用短句咸水歌结尾。咸水歌对唱，多是彼此即兴而唱，疍民们称之为"爆肚"。"爆肚"演唱的歌手演唱每段咸水歌都加上许多活动句，打破上、下句结构的格局，直至把要表达的内容唱完，才唱结束句的尾腔。

歌手在演唱长句咸水歌时，一般喜欢用短句咸水歌歌头的衬腔"哥好啊哩"或"妹好啊哩"作歌引。长句咸水歌兼有叙事和抒情两个功能，需要容纳更多的内容。因此，一般以四、五、六、七、八、九言为一乐句，并视歌唱内容由多个乐句组成一个单乐段，每一句的结尾音讲究押韵。演唱时上句终止于宫音，下句终止于徵音。曲调悠扬，善于抒情而且显得通俗易懂、悦耳动听，由于句式比较自由，演唱时有的歌手采用民间俚语俗句，显得相当谐趣。

高堂歌

高堂歌主要在水乡婚礼举行"坐高堂"仪式时演唱，也是最具代表性的歌。过去水乡人成亲，婚礼非常热闹。新郎要举行坐高堂仪式，和客人一起唱贺喜歌，故称"高堂歌"。高堂歌的歌词和曲式结构有短句和长句之分。短句高堂歌的歌词结构，一般是每段四句，每句七个字。但很多时候歌手在演唱中，即兴地加些活动词语，使歌词显得更为朴实、形象、生动。短句高堂歌适宜独唱，因为它可以用许多段歌词组合起来叙事和抒情。长句高堂歌多用于对唱。它的歌词结构，是在短句高堂歌的基础上延伸，通常是在第二句歌词之后加活动句，活动句也不宜加太多，一般以加三句为宜。高堂歌的唱腔，在音调和形式上有古腔高堂和新腔高堂两种。两种唱腔的高堂歌，都没有称谓性词语作歌头衬腔，只用"啰嗨"等衬词唱拖腔。古腔高堂歌变化较大，分别由字数不等的五至七个乐句构成的复乐段，要求间隔句和尾句押韵，也可每句押韵。每句尾音终止于羽。而新腔高堂歌则是由七言一句的四个乐句构成的复乐段，要求一、二、四句押韵。首句终止于商滑至角，第三句终止于角或宫，二、四两句均终止于徵。短句高堂歌可用新腔和古腔演唱，但长句高堂歌则习惯用古腔演唱。

此外，还有长篇叙事式的高堂歌，这种表现形式也较为普遍，它用歌声来叙述爱情、婚姻、生产、生活的故事。如《望夫归》，用十二段歌词叙述一个妇女独守空房，长年累月望夫归来的情景，情真意切，哀怨动人。这是短句高堂歌叙事道情的一大特色。

大罾歌

大罾歌一般是出海捕鱼的疍民群体传唱为多，以谈情说爱、互诉衷情为主要内容。大罾歌的表现形态，以对唱为主，由一方问另一方答的形式进行。大罾歌是五声音阶徵调式，五声之外的变宫有时出现，属于彩音。由上下两个乐句组成，上句结束在宫滑向角，下句结束在徵滑向角。大罾歌的喊句（起式）音程为二度，即角到商，跳动不大，显得平稳，因此，曲调舒展，甚具抒情功效。

姑妹歌

姑妹歌是将咸水歌、高棠歌、大罾歌等融为一体，以咏叹调为主的水乡民歌。因为每句唱词句尾的衬词都有"姑妹"或"兄哥"两字，故名"唱姑妹"或"姑妹歌"。姑妹歌均以"有情阿妹"或"有情阿哥"等称谓词作歌头衬腔。每段歌结束，则以"啊哩"拖腔收尾。姑妹歌的表现时段，一是每年农历八月十五中秋节，这是疍民重要的娱乐节日。在明月之夜，他们把艇停泊在一起，纵情歌唱，欢度良宵。二是在农闲季节，他们在田头坦尾或蕉林菜地，或艇上岸边，一边劳动，一边随口而唱，消除疲劳。三是即兴对唱，先由男或女独唱，继而引起对方唱和，一起歌唱生活，互诉心声。姑妹歌是纯五声阶徵词式，无变宫音出现。由上下两乐句组成，上句结束在宫音滑向羽音，下句结束在徵音，也有结束在徵音滑向角音的。姑妹歌常以四度、五度音程出现，接近语音，唱起来似侃侃而谈，更加情景交融，亲切感人。

叹歌（叹家姐）

叹歌是一种吟唱风格的咸水歌。这类歌曲演唱时，不追求热情奔放的放声高歌，而是轻声慢语，低声吟唱，感情内在含蓄，旋律平缓柔和。歌词与语言的四声音调密切相关，疍民多以"叹"代"言"，在某种意义上，"叹"实际上相当于被佐以某些固定音调的"唱"，歌唱时带有极强的即兴性。此类歌调以前一般用于以下三种场合：一是在疍家婚礼前姑娘"哭嫁"时所唱，姑娘将感恩、惜别等内容即兴编词添入这种固定曲调中，或自己独唱，或与母亲、朋友对叹。二是在疍家丧礼及祭祀场合时所唱，多以女性独唱。内容有歌颂先人在世时的功绩，寄托对死者或祖先的哀思，以及对其灵魂的祝愿等，旋律尤其低沉委婉、哀怨动人。三是被广泛运用于日常生活中的各种喜庆和逗乐场合，如逢年过节、新居落成、朋友聚会等，可独唱、对唱、亦可轮唱。歌词并不刻意讲究文雅、对仗或押韵，只追求自然、流畅、通顺、朗朗上口。内容可叙人、叙事、叙情，天南地北，包罗万象。人们相互嬉戏时，还可用叹歌的形式来考问对方，你问我答，如猜谜游戏一样。

这种歌的曲调和歌词一般都比较悲伤，也由于这种歌是以咏叹调为主旋律，演唱者又往往是哭泣而歌，所以适用于红白喜事歌唱。在喜事上习惯称为"哭嫁"，在丧事上习惯称为"哭丧"。

嗳仔歌

嗳仔歌可以说是水乡的摇篮曲。水乡人尤其是妇女，喜欢用"背带"背小孩，称为"嗳仔"。背带，是在一块正方形绣花布的四角伸延四条长布带构成的大布块。在水乡，过去没有托儿所和幼儿园，妇女们经常要"嗳仔"参加劳作。他们把孩子放在背上，盖上背带，将四条布带缠绑在胸前，这样小孩便可舒适地在母亲的背上安睡了。如果小孩啼哭，母亲便温馨地唱着歌哄小孩入睡。小孩听着这甜美的歌声，很快便入睡了。这甜美的歌就是"嗳仔歌"。

嗳仔歌一般都是用于哄小孩、催眠，所以歌词很简单，曲调也很单调。儿歌细分起来有两种，上述这种是成人所唱的儿歌，是疍家妇女随着海浪的节奏唱来哄孩子入睡的催眠曲。这类歌曲曲调轻柔，速度缓慢，节奏自由，韵律感不强。另一种是专由小孩子唱的儿歌。这类歌曲乐句短小，唱词简单易记，曲调多为吟诵性音调，与说话音调极其相似，旋律感普遍不强。儿童演唱的儿歌，集中表现了儿童生活、游戏、玩耍时的情景，非常富于童趣，速度欢快，节奏单一，韵律感强，如《月光光》《摇啊摇》等。

放鸭歌

放鸭歌是水乡农民养鸭、赶鸭时吟唱的一种曲调。如"啰嗬呵嗨！嚓啦嚓啦嚓啦嚓啰嗨！呷呷呷……"虽然放鸭歌的歌词乐句结构更像民谣，但它的衬词和腔调同咸水歌和高堂歌相近，而且极富歌唱性，演唱起来，节拍更自由，行腔更舒展，很有气势。故此顺理成章地将它纳入咸水歌范围。

担伞调

担伞调同属高堂歌，因叙述一对疍民青年男女凄美的爱情故事的著名水上民歌《膊头担伞》而得名。两者的曲式、句格和唱腔基本相同，因此珠江三角洲沿海许多地方，都将担伞调统称为高堂歌。

（供稿　吴竞龙）

横门世代咸水谣　随波荡漾永不凋

　　从横门水道向北眺望，茂生村和马安岛隔着横门水道终年相守。这里，自古以来就是水上人家的聚居地。曾经流传在这里的咸水歌，也随着颠簸的渔船，四处飘散，成为回荡在横门水道最诱人的旋律。

　　咸水歌是伴随着海风的咸腥进入渔家生活的，自然也饱含着他们生活的艰辛。现在，茂生、马安大部分的渔民都已经上岸，过上了安定的生活。渔家生活离他们也越来越远，特别是随着临海工业园区的开发，富裕的日子向着这些世世代代唱着咸水歌的人们走来。

　　梁超凤，渔家出生、渔家长大，如今已是年过花甲，清瘦干净的脸庞上岁月的沧桑清晰可见。她已经上岸好些年了。和其他打鱼为生的人不同，梁超凤没有保留一条对渔民来说很有象征意义和纪念意义的渔船，只有一张破旧的渔网还依稀残存着关于当年打鱼生活的辛酸记忆。在那段艰难的岁月里，她时常吟唱一首自编的咸水歌，歌词大意是这样的："马安以前好辛苦，水田种禾禾不出，田埂种菜菜生虫，唯靠渔网来果腹。"

　　梁超凤说："我们以前捕鱼的生活真的是很艰苦，整天从早到晚都要去捕鱼，住在山边的旧房子，一座茅草棚里面。每逢台风来的时候，水道都会决堤。村民们真是一点办法也没有，只能到处躲，或者跑上山。"

　　颠沛流离的水上生活艰辛而又单调，每天风里来，浪里去，一日日被海水的咸腥味道冲刷。于是，咸水歌便成了梁超凤排忧解愁、唱物咏怀的唯一方式。哼唱着咸水歌，梁超凤度过了艰难的岁月。在久旱不雨时，或许它就是汩汩而来的甘霖；在阴雨连绵时，或许它就是东升送暖的艳阳。"行开埠头照水影，

咸水歌仍在唱响   摄影 陈立维

引得鱼标跳水声。大姐摇船你咁古怪，做么摇来摇去双手合唔埋。妹罢你想耍风流勿摇甘快，等我摇齐一对摆还换。话起去归我亦吾想去是罢妹，好走生涯共妹你尽力而为。"这首咸水歌成了她年轻时辛苦与操劳的生活中必不可少的乐趣和抚慰。

到了20世纪50年代，人民政府对常常决堤的沿海堤岸进行了大规模的整修。梁超凤因为歌儿唱得好，被选送到当时的公社文艺宣传队。面对即将开始的新生活，她感受到自己将有唱不完的歌，抒不尽的情。

"中华人民共和国成立后，我们的生活好多了。区委大力帮助我们，全心全意地把我们这些居无定所的渔民们从贫困当中解脱出来，教会我们如何生产，怎样种蔬菜种香蕉，我们的生活就这么一路好起来了。"

那时，大家都受到了很大的鼓舞，做起事来干劲十足。梁超凤所在的大队开了一个石场，开堤取石，修堤筑围。如此一来，再刮台风的时候就不会崩垮堤岸。长年备受台风灾害困扰的村民们也就可以安居乐业、积极生产了。

看着曾经危害人民的咸水被挡在了大堤之外，田畴长满了绿油油的蔬菜、黄澄澄的香蕉、高高的甘蔗，雪白活泼的鸭子欢乐地在水上嬉戏，梁超凤感到了新生活的希望，歌声成了她表达心中喜悦最好的方式。她又自编了一首咸水歌："马安人民筑联围，咸流截断永不回。种菜大片又大株，种蔗满山皆可触。养鸡养猪在田埂，满河鸭子闹纷纷。"

在宣传队里的出色表现，让梁超凤有了更多展示才华的舞台。她被任命为大队的民兵排长，由一位渔家姑娘变成了名满当地的"铁姑娘"。改革开放以后，梁超凤回家当了家庭妇女，但这位渔家女经过数十载风吹浪打磨砺出的坚毅、乐观、向上的生活态度，并没有因时光的消磨而褪色。她和丈夫一起耕田种地，种植香蕉，家里的生活也发生了不小的变化，日子越过越好。

在她家新建房屋的庭院水泥地上，写有"5月19日"的字样。记者问她："是您写的吗？"

"是我儿媳妇写的，就是要记住我们家是什么时候建好的新房。"

记者好奇地打量着这栋崭新的楼房："这房子是怎么建成的？"

梁超凤开心地对记者说："这栋房子原来所在的地方是沿江公路的征地，政府征用了我们的老房子，就建成了现在这个新房子，因为有了政府的补贴建房款，我们才能建起这座新楼房，搬新家。所以我们全家特别感谢共产党和人民政府的关怀。"

梁超凤每天都有使不完的劲儿、做不完的事。她说，自己这一生很幸运，遇到了这大好的时代，所以自己比任何一个渔家女都过得幸福而有意义。唯一遗憾的是，这些年，她唱咸水歌的机会少了，这多少让她有点儿失落。

2003年盛夏，火炬开发区组织"火炬之夜"大型群众文艺调演活动，她终于被热情洋溢的组委会和导演组请了出来，代表村里登台演唱咸水歌。

在这个光芒四射、人头攒动、万众瞩目的舞台上，她高歌了一曲余韵绕梁的咸水歌谣，歌词大意是这样的："海底珍珠大量涌，真心阿妹难遇到。你若有心细细听，咸水歌儿悠悠情。海底珍珠酝真心，情深阿哥觅知音。你若有意细细寻，咸水歌儿唱到今。"

梁超凤说："现在开发区日新月异，日子也是越过越好。我都六十多岁了，但唱咸水歌的冲动，一点都不比年轻的时候差。"因为现在她发自肺腑唱出来的，已经不再是半个世纪以前的咸水歌，而真正算得上是"甜水歌"了，且融入了这块土地上的人们对美好生活的永恒的追求和向往。

（供稿　徐一川）

东乡旧时奇婚俗 女子出嫁不落家

"不落家"也称"不落夫家",又称"落家",是中山市以及珠江三角洲地区一带的水乡农村(如坦洲、坦背、板芙、港口、民众、火炬开发区等地)过去广为流行的一种婚姻奇俗。

这是一种古老的习俗,也是一种比较特殊的婚俗。历代不同版本的《香山县志》都记载了中山地区"不落家"的婚俗。在其中的"烈女传"部分,还对那些"不落家"妇女"以其孝行"进行褒奖。这种婚姻奇俗至20世纪五六十年代甚至70年代才逐渐消亡。"不落家"这种独特的文化习俗,是男女成亲后女子只能在男家住上三天,个别最长的也只住半月,就回娘家,同娘家人一起长期生活。"不落家"的时间长短不一,过着时聚时离的夫妻生活。要到年节(如清明、中秋、冬至、春节等),或男家办"红白"大事,女子才返回男家过上一夜。在此期间,男子一般不能到女子家,即使有事要到女家帮忙,也只能白天来做事,晚上必须回男家,不能在女家过夜。只有待女子怀孕后才通知男家择日接女子回去。这时人们称之为女子"落家",意即所娶的媳妇开始真正同丈夫一起生活。若女子出嫁后,长期没有生儿育女,就要在娘家一直住到年老,待患病垂危之际,才被抬回男家,这时的"落家"其实就是"落土"了。有的女子长期没有生育儿女,为使男家将来对自己有好感,便把自己多年在娘家劳动的积蓄送给男家,使其可以另娶妻妾。因此,民间有三年不成夫妻的说法。

有的"不落家"其实是独身女子的一种假婚形式。一些蓄意要过独身生活的女子被父母强迫嫁人,抗争无效时,退而采取折中办法,过门行礼而拒绝同丈夫同房寝处,三朝回门后即长居母家不归。也有一些家庭迷信女大不嫁会给家中带来不祥，但又拗不过女儿独身终老的决心，采取折中办法，在选择夫家时即订明不落家，赔给夫家一笔钱给女婿纳妾，俗称"买门口"。按俗例，婚后女子一旦怀孕即须"落家"，故欲达"不落家"目的，当事者过门时须设法自保其"处女"之身，由大妗姐及随行姐妹保护，有的甚至暗藏利器自卫，一旦"图穷"便"匕首现"。男方见此一般亦不敢强求，只索回礼金及酒席费再另娶。大多数"不落家"妇女和终身不婚的"自梳女"的生活无二。虽然新婚归宁后长居母家，但是她们一般独立谋生，经济上并不依托家人。有的"不落家"妇女还会住"姑婆屋"（自梳女集资营造之所），与志趣相投的"自梳女"或"不落家"妇女结"金兰契"。不同的是，"不落家"妇女名义上仍是夫家主妇，逢年过节及男家"红白"大事仍须回门执事，遗产由庶出子女继承。由于"不落家"妇女在母家终老是世俗大忌，"不落家"妇女年老病重时，大多由男家接回送终，也有死于"姑婆屋"或尼姑庵的。少数"不落家"妇女在夫婿亡故后，应庶出子女的要求回夫家主持家务，谓之"守清"。

　　根据资料显示，"不落家"的习俗，不仅在广东珠江三角洲水乡农村中流行，在福建省的许多汉族地区也曾流行，而且在我国广西、贵州、云南等地的一些少数民族中也普遍流行。

　　"不落家"作为一种特殊的婚姻现象，引起了民俗学家、民族学家、社会学家、人类学家的重视。他们不断探讨它产生和形成的原因，综合起来，主要有如下几点。

　　一、"不落家"习俗是母系社会向父系社会过渡期的遗留风俗，与一些民族的青年男女婚前社交自由分不开，带有群婚习俗的残余。在历史上，"不落家"期间女方有性自由，后来被认为是不正当的行为遭到严禁，违者还会被处死。当新娘结束"不落家"生活，回到夫家时，丈夫一般要对妻子在"不落家"期间的活动，特别是性生活行为进行查问，有时甚至动用刑具。这一方面是父系专治偶婚对群婚制的否定，另一方面也表明由母系制向父系制过渡期间的斗争是很残酷的。

　　二、"不落家"习俗是妇女对父系制婚俗的一种反抗。她们不甘心母系制婚俗的消亡，以"不落家"形式对父系制婚俗进行挑战，企图拖延父系制的建立。

　　三、"不落家"习俗是由包办婚姻造成的。在这种制度下，妇女的地位低下，恋爱不能自由，婚姻不能自主。于是她们用"不落家"的方式进行消极反抗。

四、"不落家"习俗是早婚现象的产物。由于早婚,男女双方都不成熟,尤其女方年龄更小,常有未完全发育成熟的情形,不利于生儿育女传宗接代。因此,可以通过"不落家"的方式,使姑娘在娘家拖延几年时间,到发育成熟的年龄再与丈夫同居。

五、"不落家"习俗可以使女方积累更多私房钱,取得在家庭内更多的话语权。在很多少数民族中,姑娘出嫁时都有自己的"私房钱"。"不落家"期间她们在自己分得的土地上耕作,可以做私房积累。

六、"不落家"习俗,是为了补偿娘家的经济损失。在传统习惯上,人们认为女儿长大了要嫁出去为别家做事。娘家觉得女儿出嫁不合算,需要新娘"不落家",留在娘家多做几年工作进行经济补偿。

以上种种,当然都有一定的依据和道理。但是,最重要的也是最根本的一条,就是为了鉴别妇女能否生育,是否有为男家传宗接代的能力。

人为什么而结婚?结婚要产生什么样的效果和达到什么样的目的?《礼记·昏义》说:"昏礼者,将合二姓之好,上以事宗庙而下以继后世也。"《通鉴外纪》说:"上古男女无别,太昊始设嫁娶,以俪皮为礼,正姓氏,通媒妁,以重人伦之本,而民始不渎。"以上记载,基本上反映和代表古人传统的婚姻观。关于婚姻的各种定义论述,不管古、今、中、外,繁育后代以延续家庭和人类社会发展都占有重要位置。尤其是在封建社会,"不孝有三,无后为大",能否生育是婚姻考虑的第一个因素。

婚姻是男女间建立的一种社会公认的夫妇关系。而这种关系的确立,在旧社会是有许多禁忌的,从择婚、议婚、订婚到嫁娶等方面都有诸多禁忌事项。其中能否传宗接代、延续香火,就是重要事项,表现出维护血统属性,早生贵子,延续宗族的重要性。所以,婚姻的所有规定,比如男女年龄相近(一般男大1~3岁)、女方要才貌双全且准男人纳妾、同姓不通婚等等,都是生儿育女、延续生命、繁衍种族的需要。男方通过"不落家"习俗来鉴定女方是否能够生育,一旦怀孕那就名正言顺地"落家"。如果长期不能怀孕,男方则有理由另娶或纳妾。说到底,"不落家"婚俗是父系制封建社会的产物。就社会总体而论,"不落家"婚俗是不公平的,对女方绝对是一种伤害。结婚则认为自己属于男人,而且必须会为男人生儿育女,不管问题出在哪一方,只要是不能怀孕,女方都要承担所有责任,永久地过着不能"落家"的痛苦生活。

人类的婚姻，是一方圣洁无瑕的殿堂，它是人类得以繁衍的温床。婚姻作为人生的重要事情，历来受到人们的重视。"不落家"作为一种文化风俗的沿袭是一个漫长的过程，这个过程可能会是不易察觉的，但它的力量是巨大的。一些习俗在流传过程中会出现顽强的生命力，其中有许多习俗可以说是讲不出道理却能够长久流传，被一代一代的人延续使用，并在流传中不断变化和发展。这恐怕除了传统的作用之外，还由风俗自身的合理性和现实需要促成。"不落家"旧婚俗就是沿袭着这样的轨迹一直走到近现代。

（供稿　吴竞龙）

濠头风俗渊源长　濠头传说播四方

传统习俗

婚娶习俗

古时婚姻重视"父母之命，媒妁之言"，男女双方有的结婚前从未见过面，好丑不知，称为盲婚，曾闹出不少悲剧。

后来提倡"文明结婚"，男女双方对自己的婚事稍有自由择配的权利，其仪式还是下聘礼、办嫁妆、坐花轿、男女双方设喜宴招待客人。

而现在完全不同，新时代，新气象，婚姻自主，恋爱自由，父母仅提供建议。一对有情人的爱情瓜熟蒂落，便到相关政府部门登记领取结婚证，然后选定日期举行婚礼。礼尚文明，婚姻从简。

结婚习俗，历来都是先订婚后完婚，男方将聘金、礼饼、双鱼、双肉、双鸡、双酒送到女方家，用轿或车迎接新娘。新娘入宅要跨过火盆，参拜祖先及参敬父母、伯叔、婶、兄姐饮茶。双方摆酒设宴，请亲戚朋友饮喜酒，晚上还要"闹新房"。

第二天，女方派人到男方家探望新娘，叫"做舅仔"。新郎陪同新娘到女方家"返面"做姑爷、敬神及参敬岳父母、伯叔婶、兄姐饮茶后，女方摆茶会或设宴，招待新女婿。宴罢新婚夫妇便返回夫家。

男家于婚后择日宴请岳父母及妻舅等女家主要的长辈亲戚，称请新岳父（又称请亲家）或请餐。

生辰习俗

老年人生日称寿辰，指虚龄在51、61、71、81、91岁时摆寿酒，请叔伯、兄弟和其他亲戚朋友饮酒。这一天主家制作寿头饼、煎堆、寿包等食品招待亲友。

亲戚朋友登门祝寿，一般送以寿仪、长寿面、喜酒、喜炮。至亲的还送煎堆或礼饼、糕点之类食品，所送食品个数比生日年龄多10个，如71岁送81个。还有鱼、肉、鸡，各一对，表示恭贺，主家亦回礼致谢。

寿辰之日，老人坐在寿堂中，子、媳、女、女婿及亲友向老人祝贺，说"福如东海，寿比南山"之类的吉祥语，设宴招待客人。

岳父岳母要为女婿做第一个大生日，礼品有男女长裤各一条，寿面、喜酒、喜炮、鸡、肉等物品。

丧葬习俗

有人去世时，首先替死者转头，穿寿衣、烧门口宝，派人往亲戚处报丧。于死者灵前设一灵位，点着香烛，请道士开路，"买水"。死者家属上帛，两旁跪下烧香烛、纸钱，哭泣。亲戚朋友前来上帛吊丧，向死者告别，寄托哀思，送上宝烛金。有的还请道师们做功德，念"百世灯"。最后是入殓出葬，吹奏哀乐带路，亲戚朋友送行，女眷们可中途回家，男孝子及亲友送到山上等下葬后回家。凡参加送葬者，主家答谢"利是"一封，用餐只能用七道菜，称为"吃七仔"。丧事办完后，丧家给子孙分发蛋糕、碗筷、梳、镜、灯、雨伞等物，表示分别尽孝之意，俗称分孝。

现在对丧葬进行了移风易俗的改革，丧葬仪式从简，1997年后遗体全部实行火化。

传统节日

1. 春节

春节是一年所有节日中最隆重的一个，人们习惯称农历新年为春节。节日前，家家户户都大搞卫生，把房子打扫得干干净净，张灯结彩，买盆橘，买鲜花，贴春联，炊年糕，煮煎堆，烧炮仗等，迎接新的一年开始，大人小孩都穿上新衣服，给小孩派"利是"（红包），长辈要给晚辈或未婚者"利是"。大年初一，大家见面时都说恭喜发财、身体健康、长命百岁、心想事成等吉祥语。这一天到处喜洋洋，一派欢乐景象。许多家庭都在年初一用斋菜拜祭祖先，吃斋菜素食。

大年初二，俗称"开年"。民家多以鸡、肉、鱼祭祖，祈求新年合家平安，人人精神爽利。已婚妇女习惯在当日同丈夫和儿女回娘家拜年，这天全家吃荤，且较平时丰盛。有的人在初一到庙堂上香求签，祈求保佑全家平安。春节期间人们都会到亲戚家拜年，送年糕煎堆、糖果饼食等。现在则多送水果、年货等。

大年初七，俗称人日，即人的生日。许多人家习惯在当天煲粥炒粉作为午饭。

2. 清明节

清明节是拜祭先人的日子，俗称拜山。拜祭品主要有香烛、金银衣纸、炮仗、果品等，有的还有烧猪、烧鹅、烧鸭等食品。到山上后，先为先人的墓穴铲除杂草，清理干净，安上红钱、山白，点燃香烛，然后拜祭。拜祭时依次下跪鞠躬，奠上茶和酒，结束时烧炮仗。有时村民自发组织前往照天竹拜祭十一世祖松岗公，到飞天凤山拜祭十二世祖岩隐公等祖先，回来时集体聚餐。

3. 端午节

农历五月初五叫"端午节"，又名"端阳""重五"，俗称五月节。这一天一般有包粽子、印栾樨饼和用五种豆煲午时粥的习惯。据说是悼念楚国的三闾大夫、伟大的爱国诗人屈原。他主张明法度、抗暴秦，却遭迫害，在农历五月初五这天自投汨罗江而死。千百年来人们缅怀他的忠贞为国的精神。曾有习俗，这一天早晨将菖蒲、艾草挂在大门两旁，有驱邪作用。

4. 中秋节

农历八月十五是中秋节。据说这天的月亮最为圆满明亮，皓月当空，银光满地。外出的人都会在这天回家与家人一起赏月，共享团圆之乐，正是人月两团圆。

当晚，各家都备好月饼、各种水果、芋头、芋仔、田螺等食品赏月。田螺富含维生素 A，传说中秋节吃田螺可以明目。一个芋头周围排着芋仔，表示子孙多。中秋节习惯给亲友送礼，节前就把月饼、水果等礼物送给亲戚朋友。

5. 其他习俗

1）浴佛节

农历四月初七、初八是"浴佛节"。初七晚上本乡各堡都有饮黄瓜酒的习俗，饮酒后舞着木龙巡回本乡各堡，家家都以爆竹、香烛等迎接参拜。初八晚上以醒狮、彩龙、灯色、花篮等列队游行，锣鼓喧天，热闹非常。

2）大王诞和北帝诞

农历二月十五是大王诞，这一天大王庙非常热闹，不少善男信女前来参拜，请粤剧团来演大戏，有时还聚餐庆祝。

农历三月初三是北帝诞，北帝庙里人头涌动，邻近乡村不少善男信女前来参拜贺诞，贺诞者络绎不绝，香烟缭绕。每年都请粤剧团演几场戏，晚上在庙前广场大摆筵席庆贺。

由于得到热心人士的大力支持，大王诞和北帝诞得以延续至今。

濠头传说

"濠头佬正式棺材凳"

濠头虽地处农村，但在 1949 年前，村民普遍已经以城市人自居。从清朝或民国时期起，在周边村庄广泛流传着这样一句话："濠头佬正式棺材凳（盛死人尸体棺材用的凳）。"意思是：濠头人真是城市人（谐音"盛死人"，后说成"棺材凳"，带有讽刺性）。寻其根源，也有其道理。一是濠头乡虽地处农村，但距离城市（石岐）太近，受城市风俗影响甚深，居室、饮食、穿着、交通等方面均与石岐城市人融成一体。居住方面，濠头人的居室与石岐城市人一样讲究环境与卫生，多住楼房。饮食方面，不论贫富，一天吃两顿，吃饭时间为"朝八晚四"，即早饭在上午 8 点，晚饭在下午 4 点，与石岐城市人的饮食习惯基本相同。穿着方面，也很像个城市人。辛亥革命前，男人喜穿长衫，遇上重大喜庆节日，在长衫外另加一短褂；青年妇女则喜欢穿花布衫。辛亥革命后，男人穿中山装，中学生穿学生装，富有人家女子或中学生则穿旗袍。二是语言方面，周边的乡村人讲村话（当地方言），但濠头人都讲地地道道的石岐话。三是濠头乡自古有众多的人士出国或到香港、澳门地区谋生，受其影响，濠头人染上较浓的城市人的味道。四是交通方便，早在民国十四年（1925 年）12 月，濠头籍华侨郑泗全倡建的岐（石岐）环（大环）公路竣工，全程 11 公里，为县境第一条公路，有六辆汽车经营客运，濠头设有车站，濠头人来往石岐、周边乡村极为方便。

"濠头老郑，打死人唔使赔命"

濠头郑氏属义门郑。义门郑早在北宋年间（约为 1400 年）由沙溪钱山村迁至濠头。在六百多年的历史中，郑氏人才辈出，天资过人。

在《中山市志》名人传中记载濠头籍的名人有多名。郑彼岸，出生于 1879 年，少年时即有神童之誉，参加童试中案首（秀才第一名）。郑藻如，出生于 1824 年，清咸丰元年（1851 年）辛亥恩科第 30 名乡试举人。后得曾国藩、李鸿章赏识，1881 年以三品官衔大臣身份出使美国、西班牙、秘鲁三国。郑乃炎，出生于 1896 年，早年在广东陆军小学就读时，秘密参加同盟会。1919 年在保定军官学校毕业后，先后任过广州卫戍司令部中校团副、粤军总司令部副官长、南昌第三军指挥部人事科科长、江西三湖统税局局长、第十九路军独立旅参谋长、广东粤海师管区（罗定区）司令、第七战区第三挺进纵队参谋长等职。李凡夫（原名郑锡祥），出生于 1906 年，1929 年到日本留学，研读马列主义书籍。曾任"上海社联"党委委员、团委书记，"七七事变"后，到延安担任《解放》周刊编辑，任红军大学、抗日军政大学、陕北公学等校教员，被公认为名教授。1943 ~ 1949 年，先后任华北联合大学副教育长、教育学院副院长，中共中央军委办公室主任，中共中央军委干部队第二大队长，中共辽宁省和吉林省委宣传部副部长，吉林省委党校副校长，江西省委宣传部部长等职。中华人民共和国成立后，先后任中共华南分局和中南局宣传部副部长、中央第五中级党校校长兼党委第一书记、中共安徽省委委员兼调研室主任、中共安徽省委常委兼宣传部部长、安徽省人民政府副省长、安徽省第四届政协副主席、安徽省人大常委会副主任等职。

此外，早在明、清两朝，濠头籍郑氏名人颇多，出外做官的也不少。据不完全统计，郑氏历代乡贤共有 434 人，其中一品官衔有 11 人、二品官衔有 24 人、三品官衔有 7 人、四品官衔有 27 人、五品官衔有 93 人、六品官衔有 80 人、七品官衔有 90 人、八品官衔有 20 人、九品官衔有 82 人。另有进士 6 人、举人 8 人。由此可见，中华人民共和国成立前，濠头郑氏做官的人颇多，其社会势力较大，正如周边乡村的人都传说："濠头老郑，打死人唔使赔命。"这句话的起因、时间虽无法考究，也不符合社会法制，但事实上这句话曾在中山地域内流传，甚至在中山外个别地方也有流传，尤其是在中华人民共和国成立前和成立初期盛行，现今逐渐淡传。自古以来，濠头村就是郑氏天下，非郑氏人难以入籍。清代年间建宏伟郑氏大宗祠。中华人民共和国成立前，濠头村人基本都姓郑（除嫁入妇女），同郑一家亲，代代书香、名人多、势力大，可能就是这句话的由来。

龙舞濠头

在中山，有舞龙传统的古村落，数不胜数，但像濠头村这样坚持几百年舞龙历史的则很少。每当春节或是其他重大节日，濠头龙就开始舞动起来，一时间，四乡八邻都齐聚濠头，人声鼎沸，万人空巷，共同为远近十里八村祈福迎祥。

濠头舞龙历史悠久。南宋绍定年间，浙江籍郑谷彝、郑谷纯两兄弟从中山长洲乡沿石岐海至东头沙，到濠头涌，定居五马峰下，耕田种稻，成为濠头的开村之祖。因年年风调雨顺，为了感谢上天降福之德，遂开创龙头年，并延续至今。

漫步濠头，一些古旧的建筑上不乏龙的形象。龙，成为濠头繁荣吉祥的象征。由于有这样一段历史，舞龙人在濠头地位崇高，村中男人也以加入舞龙队而骄傲。

郑锡祺人称祺叔，是一位年近花甲、头发斑白但精神矍铄的老人。他在村里有着说一不二的地位。虽然他不是干部，也算不上大款，但是作为濠头村数百名壮汉的总教头，他在村子里可有了不得的权威。祺叔年轻的时候，就是舞龙的好手，加上他对舞龙长年累月的热爱与痴迷，到了晚年，他便成了濠头村舞龙的权威。在他眼里，龙就是濠头精神的化身，也是祖先创业精神的延续。

"我们以前舞龙是要派帖的，现在是自动报名参加"，祺叔说，"年轻人觉得自己也有资格舞龙，如果自己没份参加，那会很没面子的。人家在舞龙，你却站在一旁看着，别人就会问：'嗨，你是不是濠头人？'这种想法对村里人的影响还是很大的。"

平常，濠头龙被供奉在祠堂里，钥匙有专人保管，要去看看，得与村里几位有声望的老人同去。祠堂虽然旧了些，但因为有龙，仍是村民们心中的圣地。这两条龙，一雌一雄，雄龙浑身金光闪闪，角浪凹峭，目深鼻豁，鬣尖鳞密；雌龙银光粼粼，角麋浪平，目肆鼻直，鬣圆鳞薄。两条龙长约40米。由于龙体沉重，舞动这两条金银龙就需要上百的人马。每次出游时都需要全村壮汉集体出动，百人舞龙，金银交错，气势非凡。

"喜庆的日子我们舞龙往往要舞上一天"，祺叔说，"以前濠头村分一村、二村、上陂、三村，舞龙的时候，几个村子同时竞争，看谁舞龙舞得好，越是竞争场面就舞得越大，观众就越多，想要参加舞龙的青壮年就更加踊跃。我记得有一年，我们濠头村舞龙的队伍出发，打头的都已经到达紫马岭了，尾巴仍然在濠头村里面等待出发。那个场面，那个气势，真是令人叹为观止呀！"

祺叔说，在传统的舞龙活动中，村民无论身体强弱，都能找到自己的位置，相互扶持，密切配合，这种互相帮助的精神延续了一百多年，让这个古老的村落一片祥和。

正是有了这种精神，龙在村民心中的地位更加神圣，每次舞龙归来都有虔

树下龙舞　　　　　　　　　　　　摄影　张结超

诚的仪式。"龙一开光，马上拿锁锁住龙口，因为龙本来就很生猛，要是它张大着嘴巴就更厉害了！"

以前，这种长龙都是从佛山买来。为了光大濠头龙舞，村里决定培养自己的工匠。濠头篾匠郑继勇成为了挑大梁的制作者。他和祺叔不眠不休，潜心研究，终于制作出了两条巨龙。祺叔说："当时扎这两条龙的时候，我们专门到佛山学习。佛山的龙是很出名的，双龙走珠的场面深入人心啊，还有他们石壁的石画，也是栩栩如生，我们就是照着石画中龙的款式来进行设计的。"

郑继勇说："我们做这两条龙，一共扎了八天，日夜赶工。扎这条大龙辛苦啊，整天都在想着怎么去扎好它，觉都睡不着。"

虽然现在濠头村的青壮年外出的较多，组织一场舞龙也越来越不容易，但祺叔不担心，他坚信象征着全村奋进精神的龙舞一定会继续下去。

祺叔说："我不担心濠头舞龙会失传，这主要是因为人们的传统思想是根深蒂固的。打个比方，父亲虽然不在了，但他的姓氏还在，我们对后辈人有信心。"

年轻的时候，祺叔就曾经见过濠头六龙腾飞的恢弘盛大场面，这给他留下了刻骨铭心的印象，这也是他一直以来的心愿，那就是，在他这一生中，能够续写濠头舞龙的辉煌，能够组织一次大型的舞龙表演。

"20世纪30年代的濠头村，曾经舞过金、银、翠、飘色、凤、鹤、鱼、虾、蟹等节目，我希望在自己的有生之年，能够有三四条龙，一起舞上'慈善万人行'。我们濠头村有的是人才。"祺叔说。

如今，濠头龙舞不仅是全村的骄傲，也在中山及周边城市闻名遐迩，这让濠头倍感珍惜。事实上，这个有着浓郁地方特色和悠远历史的民间艺术，已逐渐成为中山精神的象征！

（供稿　郑秀兰　吴书丽　徐一川）

龙母宝诞江尾头　代代传承祈福佑

　　在每年的众多节日中，对于江尾头村的人来说，最重要、最隆重的节日，莫过于每年农历五月初八的"龙母诞"。因为村民们都在同一天里，以一种与众不同的方式来庆祝"龙母娘娘"的生辰，并祈求龙母娘娘保佑他们健康平安、诸事如意，这是方圆十里都知道的盛事。

　　过去在长期与大自然、疾病的斗争中，由于缺乏科学知识和先进的生产工具，每逢遇到天灾人祸，先民们在百般无奈中，总是想借助上天的神灵解决，久而久之，引发人们对神佛的崇拜和迷信。迷信也是人们在长期的辛劳和苦难中积累起来的一种生存智慧。

　　兴建龙母庙后，人们风调雨顺，安居乐业。而龙母诞这天刚好在春耕完成时，在中耕的农闲时节，先民们自发地到庙里祝贺拜祭，答谢恩泽。附近村庄的善男信女也前来拜祭，人头涌动，使龙母庙香火十分鼎盛。

　　随着岁月的流淌，庆祝"龙母诞"的形式，增加了带有文化娱乐色彩的活动。如在五月初七请全村60岁以上老人吃斋饭，纪念先祖恩德，劝导后人向善，消除各种罪孽，教化因果报应，超度亡魂早脱苦海，还有积冥福作功德的施衣放食等佛事活动。初八除拜祭外，还舞狮舞龙助兴，在夜里燃放烟花和抢彩炮。初九，在村里河涌放完水食后，历时三天的活动才圆满结束。

　　这种赋娱乐于节日中，又有文化色彩的民间活动，渐渐形成江尾头村的地方特色。经过一代又一代的传承，有声有色的龙母诞一直流传至今。

　　每年的庆祝活动，从五月初一起便要做好各项筹备工作。据传先在庙内地坪用竹子搭建一座高三丈六尺的大竹棚，顶上挂一面写有"恭祝龙母娘娘宝诞千秋"的彩旗，周围遮盖葵叶，以防雨水。

到初七这天，在地坪内摆设几张八仙桌作为法坛，坛上放置三个用竹纸扎成的人形神像，它们面前摆设有面包、水和各种各样的祭品。

法坛中间坐着的纸扎神像，是由大慈大悲的观世音菩萨化身的大力金刚。金刚高丈六，金身，怒目圆睁，相貌凶恶，左手叉腰，右手高举大锤，神态逼真。身前肩上挂一幅同字不同音，也不同解的对联：

衣分份分、食分份分、份份分开，颂德幽冥游地府。

男行行行、女行行行、行行行开，超度众生上天堂。

有丈六金身的大力金刚镇守祭坛，就算是神鬼中的魑魅魍魉，或其中的恃强生事者，破坏规矩者，也怕他的威猛和无边法力，只好遵纪守法。

左边站着蓝眼如灯、神情凶猛的神像，这就是封神榜上所传说的，掌管幽冥地府十八层地狱、执管凡间生死转化人神仙鬼之职的五岳之首、过五关斩六将的黄飞虎将军神像。

右边站着身穿白麻孝服，头扎白布条，血泪流满面，手执方木条，专职掌管人间衣食金银，已成仙道的地方神像。

相传地方神幼年丧父，母亲艰难地将他养大。但地方神在年轻时却对母亲忤逆不孝，稍有不顺，便对母亲拳脚相加，而且习以为常。

有一天，地方神在田里耕地累了，便躺在大树下休息，仰天看到树上的鸟窝中有几只嗷嗷待哺的雏鸟，鸟的父母辛勤地找回食物哺养雏鸟，直到雏鸟长大会飞。地方神见此情景，突然领悟到：原来母亲养大自己是如此艰辛，而自己这样忤逆对待母亲是会遭天谴的，悔恨不已，决心痛改前非。

这时他看见年迈的母亲挑着农具和午饭送来田头，为了减轻母亲的辛苦，便跑上前去迎接，帮她挑担。谁知他的母亲却误认为自己送饭晚了，忤逆的儿子又要过来打自己，不如死了算了，便跳进河里。地方神见状，急忙跳进河里救母亲，捞了半日，只捞到一根方木条上岸。

地方神悔知已晚，恶报现前，便坐在河边痛哭三天三夜，哭到双眼都流出血泪。地方神能改邪归正，孝感动天，上天怜悯他，便度化他成仙，专管人间衣食。

晚上吃完斋饭之后，施衣放食的佛事便在戌时（晚上7点）开始。八名身穿太极图案衣服的南无道人，手执法器，围坛而坐。开坛时大锣大鼓，双笛吹乐，八音和鸣。道人诵念佛经，劝导世人改恶从善，消除各种罪孽，教化因果报应，超度亡魂早脱苦海，积冥福作功德，走人间正道。

善男信女站满庙的周围，静听佛经。众信士诚心膜拜，并烧金银衣纸，散发祭供品，焚化三个神像后，热闹的场面至亥时结束。

人们清理场地后，已是初八的子时（23：00~1：00）了。有些人为了争上第一炷香，连忙回家把香烛、拜神的祭品拿来等候。震耳的炮仗声，由子时一直响至中午才稀疏下来，烟雾弥漫的龙母庙，才稍有间歇。

午后的时间，也是村民们最忙碌的时间。每家每户都已提前邀约亲戚朋友，在这一天共同庆祝，共进晚餐，年年如此。设宴多的有十席八席，少的也有三席，各路厨师云集江尾头村，大显身手。

晚上宴请完亲友后，村民们自觉集结在庙侧的学校球场上，占据有利位置，观看烟花和抢彩炮。十四个彩炮，每一个彩炮都有一个响亮吉祥的名号，特别是最高级别的第一炮"头炮"，谁抢得到谁就可以得到最高荣誉的彩头，在龙母娘娘的保佑下，一年都行好运。所以身强力壮的年轻人，早已忘记一天的疲劳，光着上身，蜂拥地参与到抢彩炮的活动中。

以前每年燃放的彩炮，是用农村常见的竹简编织成的直径一尺、高一米的圆筒形状（现改为铁皮）。里面装满禾焊草，外围贴上彩纸。上层用铁线扎架来固定烟花。烟花放完后，再把有编码的吉祥物（用木柴制成三寸长短，刻上记号，尾部捆有红布条）装进特制的铁圆管（炮胆）内，借助火药的爆炸力，把吉祥物送上天空。

这时人们便看准风向，站好位置，蜂拥地向吉祥物落下的位置争抢。争抢到彩炮胆的人，满心欢喜，手舞足蹈地高举吉祥物到主席台，找好担保人换领彩炮规定的物品（从前是家私、布料、银元，后来发展为金银首饰、现金等）。

从前村民每户都养有一头母猪，母猪生产后，把彩炮里面的禾焊草铺给小猪睡觉，借助彩炮的灵气和彩头，猪仔易大且无病，而且会卖上好价钱。六畜兴旺、诸事顺景，用彩炮的银元或现金做资本经营，又何乐而不为呢？

很多有地方特色的"龙母诞"，是伴随着社会经济发展情况而形成的，在公社化至"文化大革命"运动期间的二十多年里，一切公开庆祝活动都取消了。

尽管这样，村民们虽不敢公开拜祭，但都紧锁地坪门，偷偷地在家中拜祭，由此可见"龙母诞"在村民的心中，已是根深蒂固。

1981年农历五月初八，村里几个青年集资18元买了一大谷箩炮仗，在庙的地坪燃放。连续响亮的炮仗声，打破了沉寂多年、没有生气的村庄，也震动了华侨和村民们对风俗传统的怀旧之心，大家强烈要求重修龙母庙，恢复龙母诞这一传统节日和抢彩炮等活动。

经过一年的筹备工作，在华侨、港澳同胞和村民们的踊跃支持下，1982年首次恢复并举行龙母诞的抢彩炮活动。

为了防止燃放烟花造成火灾，当时中山港区派出所也派人前来协助维持秩序，并安排在公社晒谷的大地坪举行。由于间歇多年，抢彩炮对很多年轻人来说是新鲜事物，附近村庄的村民争着观看，围成一个大圈，十分热闹。

拥有两三百年历史，具有地方特色的"龙母诞"习俗，现已恢复了初七的百席斋宴，增添了燃放1380米绕村大炮仗，及沿村主干道挂红灯笼等庆祝活动。经过一代又一代人的传承，"龙母诞"的庆祝活动，更加有声有色了。

江尾头村内的古老建筑龙母庙，究竟有多少年历史？有的旅游书刊称其为千年古庙，有的传媒报道称其有六百多年历史，众说纷纭。江尾头村从开村到今天才六百多年的历史。初开村的几代先祖，生活来源主要靠种植旱地作物，开垦耕地和打鱼，生活是异常艰辛的。"民以食为先"，温饱也解决不了，加上生病也缺医少药，哪有先建庙后建家的道理。

据考证，在建村初的三百年中，先民们所信仰和朝拜的神灵是土地公。据已故老人黄彩基的口述，现"中港驾校"内几块长满青苔的石头，便是先民们最早朝拜的神灵——土地公。

江尾头村初开村的始祖，是黄姓的十世禄公（号练，字始高）。他的第六代长媳赵氏，因不满丈夫有三妻四妾而争风吃醋，为争夺财产而闹得鸡犬不宁。明洪武元年（1368年），赵氏在一次与丈夫争吵后，便携子黄南公、媳刘氏，收拾简易衣物，从中山西区的长洲村，沿着崎岖的山路向东迁徙，来到江尾头。只见前面三面是海，海水滔滔，已无路可行，便在背靠下洋山的空地搭草棚居住，以垦荒和打鱼为生。

现在江尾头村的风水墓地，黄姓占据了大半，这就可以证明黄姓是最早开村的姓氏。按江尾头村先后到来的六大姓氏和族谱排列，应是黄、唐、李、谢、

江尾头龙母庙   摄影 陈立维

陈、刘六大姓氏。黄姓赵氏开封后，唐姓的东溪公，在明洪武末年（1398年），由珠海唐家鸡柏村（现香洲区鸡山村）迁来定居。李姓的锦山祖也在成化年间（1465~1487年）举族由陵岗村迁来。谢姓的松寿公始祖，他的后代九世祖惠高公，在明嘉靖年间（1524年），由濠头村迁来定居。

随着岁月的流逝，经历了许多代人的辛劳，先民们也安居乐业，人丁兴旺，逐渐以上街为主路，在山边形成村坊。

相传建村后某年的一个盛夏的夜晚，先民们经过一天的劳作，吃完晚饭在地坪上乘凉。这时，天空中出现一条金光闪闪的蛟龙，围绕西桠、大岭、窈窕、大环村的上空盘旋飞腾，后来盘旋到现在龙母庙的位置，从突出海面的大石鼓降下消失了。先民们认为这是吉兆，天降祥龙来保护村民安居的，于是就在金龙降下的岩石上，筑建一间简易的庙宇——龙母庙。

龙母庙在初建时，相传是用井仔的山坑泥，加上黄泥、白灰调匀，用木制模具制成方格，田泥砖砌外墙，上盖禾焊草搭成。这样简易的建材，由于经不起水灾、火灾和白蚁的破坏，十年八年就要重修一次。

自从兴建龙母庙后，每年都风调雨顺，人丁兴旺，先民们认为这是受到神灵的庇佑。为了答谢神恩，便将龙母的生日，每年农历的五月初八定为"龙母诞"。两三百年来，村民们家家户户都要过"龙母诞"，这一习俗一直传承至今。

由于龙母娘娘的神灵十分灵验，有求必应，所以，庙中香火鼎盛。前来祈福、朝拜者络绎不绝，而随着村民生活稳定，人口繁增，旧庙宇已容纳不下众多的朝拜者了，先民们便重修扩建龙母庙。他们就地取材，将因海平面下降而裸露出来的蚝壳，砌成外墙，第二次重修建成两间庙宇，供人朝拜。

这样的修修补补经历了一百多年后，在清光绪九年（1883 年），村里漂流海外的华侨同胞荣归故里，便和村中的理事（乡长）、乡绅，发动侨胞、村民捐资，第三次重修龙母庙。当年捐资银两乐助者的芳名，用黑云石刻字，镶嵌在围墙上，以示纪念。可惜在"文化大革命"学大寨期间因拆墙遗失了，这也是一大遗憾。现庙内存放的一口古铁铸钟是光绪六年（1880 年）制造的，上面刻着"风调雨顺、国泰民安"字样。

在"文化大革命"期间，在"破四旧、立四新"的口号下，龙母庙首当其冲，成为破"封、资、修"的冲击对象，庙内的龙母神像、各路菩萨、设施被破坏殆尽，被丢弃在先锋庙后的茅厕内。133 年前，先民已将当时的村名及三面是海的地理环境，和信仰龙母并得到神灵庇佑的愿望，铭刻在庙门口的石刻对联上，即"声灵超海国、惠泽播江邨"，后经有识之士建议，用三合土坯遮盖，改写为"农家乐会堂"（当时为农家乐大队），很有历史价值的古庙对联，才幸免于难。

第四次重修龙母庙，是分田到户后的 1984 年。村民李彩元之子，人们称十叔的李润生与其妻子黄淑婉，从加拿大荣归故里，看到昔日热闹又辉煌的龙母庙，破败又荒凉，十分难过。便与村干部协商，自己以华侨同胞的名义，乐助捐资巨款，改造了三间学校礼堂作为教室，将龙母庙全面修建，恢复以前的琉璃瓦飞檐卷尾的模样，当年施工，年尾完工。笔者就是当年设计重修和建筑施工的负责人之一，至今已三十多个春秋了。

在龙母庙修建完善后，各地的善男信女，也争先恐后地为庙内的神像、设施慷慨捐资。古色古香的龙母庙使村民有了一个寄托信仰的好去处。

（供稿　黄善池　吴添渭）

五月端午挂蒲柳　　好人好心有好报

火炬区张家边附近村子，很多村民在农历五月初五端午节的时候，在自家门前挂上一扎蒲柳。为什么要挂蒲柳呢？这里还有一个故事。

有一年端午节那天，红巾军首领黄福率领的大队红巾军突然朝着香山的张家边方向进发。当时，村民对黄福的红巾军很不了解，听信了官兵的谣言，说黄福是个大贼公，所率领的红巾军都是贼兵贼将，靠打家劫舍起家的，每到一处就抢粮食、烧房子、奸污妇女。因此，当知道黄福的红巾军马上要来的消息后，全村乱作一团，大家忙着收拾细软，拖男带女背包袱离开村子，准备逃进五桂山中躲避这场即将到来的灾难。

村中有一名妇女，丈夫进山砍柴未归。她看见左邻右里都离开家门去避难了，也来不及等丈夫归来，带着四岁的大儿子和两岁的小儿子，跟着邻居拼命地往路上跑。这妇女由于背一个拖一个，手拖的还是一个刚学会走路的小儿子，所以走得特别慢，走不了几十步她便跌倒在路上了。尤其是她的小儿子，双脚走破了直流血，那妇女见小儿子实在走不动了，又把他抱起来走一段路，双手实在累了，放他在地上又拖着走一段路，并连哄带吓地对小儿子说："你再走不动我就把你放下，让贼公黄福生剖你来吃。"小儿子听见母亲骂他，哭得更厉害。在母亲背上的大儿子见母亲一直只背他，不背弟弟，也嚷着要下地走路，要母亲背弟弟。可是那妇女老是不肯将大儿子放下，母子三人一路上哭哭啼啼，十分可怜。

再说，黄福穿着便服骑着千里驹走在红巾军中，探子回报说，前面的村庄乱糟糟的，村民得知红巾军到来都纷纷躲避。为什么村民要躲避红巾军呢？黄福在心里打了个结，他决定独自到村中看个究竟，他跃马扬鞭飞快地向前跑起来。当他来到村中，发现那个背着大孩子，拉着小孩子的妇女走一步跌一步，在路上艰难地走着。那小孩正跌倒在路上啼哭，嚷着不愿再向前走。他跳下马来，快步走到那妇人的面前，抱起了那个两岁的小孩，问道："大嫂，你为什么要离开村子呢？"那妇人见一个陌生的彪形大汉替自己抱起了跌倒在地上的小儿子，慌忙从那大汉的手里接过小儿子。再细看那大汉，生得粗眉大眼，说话温和，一点恶意也没有。便答道："这位大叔，我看你是路过的，你有所不知，黄福的兵马快要来到了，听说他是个红须绿眼的大贼公，所领的部众无恶不作，所以我们才不得不离家出走啊。"黄福听了妇女的话后紧锁双眉，显得有些不安。接着，他用手指了指那妇女背着的大儿子和手拖着的小儿子问道："两个孩子都是你的儿子吗？"妇女点了点头。"那你为什么背大的不背小的呢？是不是你的大儿子生病了？"那妇女摇摇头说："大叔，实不瞒你，我背的大仔是我丈夫前妻生的，她两年前死了，我拉的细仔（小儿子）才是我生的。这兵荒马乱的日子，如果我失去了大仔就对不起丈夫的前妻，如果我失去细仔（小儿子），我与丈夫团聚后还可以再生一个。"

天下的父母谁不怜爱自己的儿女呢，更何况是亲生的骨肉。听了那妇女的一番话，黄福心里暗暗地赞许她深明大义，大为感动。他想了想，随手折下路旁的一把蒲柳，将蒲柳捆成一扎，递给那妇女说："大嫂，你现在拿着这蒲柳回家，把它挂在门前，我是黄福的好朋友，我保证你挂蒲柳后全家平安无事，黄福的义兵不会踏入你家门一步。"说罢，那大汉策马走了。

听了那大汉的话，看着他一副认真的样子，实在不像在说谎。那妇女心想，逃难那么艰难，今后生活又没有保障，不如回家一试，等丈夫回来再说。于是，她真的拿着蒲柳转头往村子里走。

逃难的村民都向村外走，那妇女却往回走，村民觉得很奇怪，关心地围上去问她为什么不走了。她把刚才遇到那大汉的事说了一遍，人们都半信半疑。这时，黄福的红巾军大队伍的行军马蹄声、脚步声已从不远处传来，甚至连红巾军的旗帜也见到了。反正也走不了，拖儿带女哪有红巾军的战马跑得快啊。一些相信那妇女的人也纷纷在路旁折下了一把蒲柳，往回走了。就这样，一传十，十传百，许多人都折下了一把蒲柳往家里走，大家回到家中后都把蒲柳挂在门前，结果全村家家户户门前都挂着蒲柳。果然，黄福的红巾军来到村子里对老百姓秋毫无犯，只扎营在村外。对挂蒲柳的人家，红巾军还格外尊重哩。后来，村中的人才知道那穿便服的彪形大汉就是香山红巾军领袖黄福。

从这以后，每逢农历五月端午节，张家边附近一带村子，许多人家门口都挂上一扎蒲柳，据说是可以保平安和驱邪的。

（供稿　吴竞龙）

儿童游戏多快乐　风靡东镇数百年

　　游戏承载着人们的童年记忆。曾经，路边、田野是儿童的"领地"；木头手枪、缝制的沙包是儿童最自豪的玩具。游戏大都是自创的、粗糙的，却锁住了儿童脑海深处最真切的儿时记忆。

　　跳房子，也叫跳格仔。跳房子主要是女孩子玩的游戏，方法很简单，先在地上画上并排两行共十个格仔代表"房子"。假如两个人玩，则每人手拿一块瓦片作为用具，然后一起站在端线上，将瓦片向最远的横线投去，瓦片离该横线近者即可获得先跳的资格。其方法为，先站于端线上，将瓦片投落到第1格内，再单足跳入该格；然后将瓦片踢到第2格，再单足跳入第2格，依次前行，到第5、第6格需转弯。如将10个格都顺利跳完，回到起点，则将瓦片直接投落到第2格内，继续单足跳、踢。但是，每次完成一个循环后，都有奖励，即可享受一次"房产之利益"，也就是可以自由选择一个格，据为己有。自己跳至该格内时，可以双足着地休息后再继续往前跳。而另外一人跳至该格时，不仅必须跃过，而且瓦片也不准投入该格内。一个人占据的格，如果超过半数，即胜全局。投瓦片时投错地点、瓦片压于线上，跳格时足踏线上，踢瓦片由格旁外出及压线等，均视为犯规，如遇上述情形，即改由对方投跳。大概是用脚踢瓦片太费鞋和容易伤脚的缘故吧，后来玩"跳房子"的用具改成了串起来的算盘珠子。

　　跳橡皮筋。是在两人或多人腿上拉根橡皮筋，其他人在橡皮筋上跳出各种花式，成功完成的就可以升级，否则就要换人。会跳橡皮筋的女孩多半都是灵秀的，因为经常运动，所以大多数人身材很好。

弹波珠，即打玻璃珠。玩的人各出对等的数枚，在地上画线为界，在圈子里各人轮流将自己的波珠弹击对方就近的波珠。谁的波珠被对手的波珠打出去就输了，而且还要把被打出去的波珠给赢家。

打啪啪纸。用一种特制的玩具手枪，里面的"弹药"就是一卷"啪啪纸"。纸内有一点点火药，一开枪，内部机关就推出一小点，然后小锤打中火药，"砰"一声，有声有火有烟，神似真枪而无杀伤力。

拍公仔纸。即将印有《西游记》《三国演义》等故事中的人物的小硬纸片剪下，放在手心中两人对拍，谁能将图案拍翻背就算赢。也有把公仔纸放在台面上拍的，谁拍翻了就算赢。

辘铁圈。是用一条"Y"形铁丝（或树枝）滚动一个大铁圈。参赛的人预先站在同一起跑线上，口令一出大家边跑边滚，谁的铁圈不倒而且先到达终点为胜。

跳鸡鸡。参加游戏的人均用手抱起一腿，单腿跳动，互相碰膝盖，能站立不倒的就算赢。也有"画地为牢"的，大家跳动着互相碰撞，被碰出圈即输。

丢手绢。大家围成一圈唱歌，一人拿着手绢在圈外走，歌声一停就把手绢丢在一人背后，被丢的人发现后捡起手绢马上追，若追不到丢手绢的人就算输，然后就由他来继续丢手绢。

翻花绳。把一根细细的彩色线绳两头系上，一个人把绳圈套在双手上，参加游戏的其中一个人用手指挑出一种花样，另一个人则把绳子变成其他形状。如此循环，互相竞赛，可以变换出如面条、金鱼等许多花样，一根细绳可以玩一整天，变换出三十多种花式。最好玩的是细绳在自己手上是一种花式，一翻到伙伴手上就换成另一种花式，有时挑错了花式散开，又重新一级级来过，如果创出新花式，肯定得到其他伙伴赞叹。

飞竹蜻蜓。蜻蜓用竹子削制而成，主体是一根圆杆，上端带三个翼片。将它放在两只手的手掌中搓动，使它具有一定的速度，突然松开手，竹蜻蜓就能飞起来。其原理和飞机的螺旋桨转动带动飞机升空的空气动力学原理是一样的。

竹筒射水枪。要截取一段汽水瓶盖粗的竹筒，而且一边是密封的，一边是开口的，密封的那边钻一个小孔，把一根木棍用布绑住一头放入水里抽水，然后拿出水面往前一推，水就会往外射，可以射很远，就像现在的玩具射水枪一样。不过，它取材方便，制作简单，而且不用花钱。

打噼啪筒。这是一种射击的玩具，名称取自它发出的声响。具体做法是截下一段大概 20 厘米长手指般粗的竹筒，用刀子在 2/3 的地方切断，成为两段，然后再截下约 10 厘米长的另一细竹条，细竹条要能塞入长竹筒里。而弹药就是树上掉下来的小果实，或者把草纸湿水后捏成小圆球，无论哪种弹药在距离近时都可以打得人隐隐作痛，更妙的是如果打在脸上、手上，还会留下一个小小的印子，可以统计战绩。这种制作简单的游戏符合小孩好动好斗的心理，尤其是在男孩堆里风靡多年。

记忆中的儿时游戏几乎都是集体游戏，没有三五个人玩不起来。像捉迷藏、跳格仔、跳橡皮筋、丢手绢等就是最常见的几个集体游戏。还有一种至少十个人参加的"贴大饼"游戏，两人一组前后站立，所有的组围成一个圆圈形状，也就是大饼。一切就绪，游戏开始了：一前一后追逃的两个人在大饼内外窜来跑去，逃的人可以在任何时候贴在一组人的前面。于是变成三人一列，最后边的那个人就必须逃跑，追的人继续追。如果未能贴上大饼就被捉到，这人就必须反追。一旦全神贯注地投入了游戏，大家都会很开心，忽而顿足惋惜，忽而开怀大笑。

好多集体游戏名字不同，玩法都差不多，有时一场游戏下来，竟然也会累得喉咙干渴、手脚发酸，所以那时的伙伴中几乎见不到小胖墩。

不知从何时开始，孩子们似乎都变得不太爱动了。而街巷深处"跳鸡鸡"的男孩、"跳房子"的女孩，成群结队的孩子玩着"跳橡皮筋"和"捉迷藏"的情景，还有妈妈们那一声声"回来吃饭啰"的呼唤，将永远留在老一辈人的记忆中。

（供稿　吴竞龙）

粮票当年珍稀物　贫穷年代成回忆

粮票是 20 世纪 50 年代至 90 年代中国在特定时期发放的一种购粮凭证。

今天，对于在 20 世纪 90 年代出生的这一代人来说，粮票是只有在博物馆里才能见到的物品。对于 20 世纪 80 年代出生的人来说，童年时期在家中的某个角落或者父母的钱包里还曾经看到过粮票，但早已经没有印象了。20 世纪 70 年代出生的人对于计划经济时代唯一的记忆，就剩粮票了。

而对于 20 世纪 50 年代出生的老人来说，在他们的青年时代，粮票比冰箱、彩电这些东西更重要，在物质贫乏的历史时期，五六十斤全国粮票说不定就是一个人的命。

一提起粮票，家住张家边已到古稀之年的王先生立即滔滔不绝、如数家珍。他说，在那个年代，粮票就是人们的"命根子"，没有粮票注定挨饿。20 世纪 50 年代末 60 年代初，一个烧饼 1 两粮票，3 分钱；一碗大米饭 2 两粮票，4 分钱；一碗素汤面 2 两粮票，4 分钱；一个面包半两粮票，2 分钱。到商店买点心、饼干，统统要粮票。更有意思的是，20 世纪 60 年代后期，作为粮食作物的红薯，是不准随意买卖的。那时每年秋季红薯成熟时节，想要吃红薯，还需要到指定的粮店里，凭一斤地方粮票购买 3 斤红薯。

再后来，街市里巷悄悄出现了农村来的"鸡蛋换粮票"的商贩，记得十市斤地方粮票能换一斤鸡蛋；而一市斤地方粮票能卖两三角钱。

1950 年，新中国政府面对战乱之后几近崩溃的经济，开始酝酿粮食的计划供应，以满足全国人民的温饱需求。1955 年，全国第一套粮票正式流通，从此拉开了中国长达 38 年之久的"票证经济"的帷幕。几年之后，由于天灾人祸，中国进入"三年困难时期"。这时需要凭票购买的不仅仅是粮食，还有日用百货。

于是，从粮票又发展出布票、油票、肉票、鱼票、蛋票、柴票、火柴票、棉花票、肥皂票、手表票、缝纫机票、自行车票等。总之，在所能想得到的吃穿用的方方面面，票证严格地控制着人们的欲望，把中国人纳入全国统一的分配制度之下。

很多老人都清楚地记得，许多票证都以编号表示。普遍分为几十个"号"，"文化大革命"十年期间，多达上百个"号"。每月发下来一大沓票证，还要分上、中、下旬。有些还规定着商品等级，如"烟票"，一般按季度发放，城镇居民平时只能得到低档次的"乙级""丙级"香烟若干包，节日才有"甲级"香烟供应。烟票上印制"几等烟几包"。当年，人们想买一些短缺商品，不管是衣食住行哪一方面，不仅需要攒钱，还需要凑够这些必需的票证。

看到现在商店里的自行车和手表，真有一种往事不堪回首的感觉。73岁的梁大爷在回忆粮票往事时感慨颇多，他说："现在的孩子们，从来不知道什么是粮票，确实是幸福的。不过，看到机关食堂里被浪费的粮食，以及餐馆里吃不完而倒掉的山珍海味，又常常觉得他们幸福得过了头。"

火炬开发区刘先生还记得粮票给他的生活带来的一段小插曲。1979年6月，住在南方的他和对象商量好，不操办婚礼，把省下来的钱用来旅行结婚，到外地旅游一圈度蜜月。旅行结婚之前，最重要的一件大事，就是必须准备足够的全国粮票，否则出门就要挨饿。在发行粮票的年代，各省粮票只限于在各省内使用，跨省便作废。所以，走出广东省后，到外地饭店吃饭时，光有钱而没有全国粮票，饭店是不会卖给顾客主食的。

刘先生与妻子到上海、杭州、南京等地旅行结婚，一晃十多天过去，仍游兴未尽。但是，他们携带的全国粮票已经用完，只剩下三市斤江苏省粮票。无奈之下，刘先生只好用三市斤江苏省粮票，在南京买了十个馒头，然后与爱妻一路返回。途中，他们在饭店只能买菜肴、菜汤吃，然后将珍贵的馒头掰开，浸泡在菜汤中节省着吃，勉强回到了广东。刘先生回忆，那时候，在外地使用大面额全国粮票时，各地饭店找零时一律用当地粮票，而绝对不给找回全国粮票，因为全国粮票稀缺，要凭县级政府证明才能兑换，而且要限量。所以，出门开始使用全国粮票之前，一定要计算好日期，算好每天能吃多少粮食，否则，就会在外挨饿。对于居家过日子的百姓，全国粮票算得上是"奢侈品"了。

经济发展的转机发生在十一届三中全会之后，随着改革开放政策的实行，国家物资慢慢丰富起来，其表现之一就是，曾经严格的票证制度越来越松动。特别是进入20世纪80年代以后，城市居民的饮食结构发生了变化，一日三餐，副食增多，主食减少，因此这时家家户户的粮票基本上都会有所盈余。当时，富余的粮票可以用来兑换鸡蛋或是其他生活用品。比如，可以用十斤粮票换一斤鸡蛋，用一百斤粮票换一个不锈钢锅。

1985年，政府决定"取消粮食、棉花的统购，改为合同定购"。这是中国农产品购销体制由统购统销走向"双轨制"的转折点。

很多时候，变化来得急促又悄无声息。随着市场经济脚步的加快，物资慢慢丰富起来，粮票"生命之本"的宝座逐渐发生动摇。有的饭店、商店出售食品时，由必须使用粮票，转变为"没粮票可多花点钱替代"。

直到20世纪后半叶，大多数中国人食品的构成中，依然是粮食（主食）多于副食，粗粮的玉米、小米、高粱米（灾害时期包括薯类）多于细粮的大米、面粉，蔬菜类多于肉禽鱼蛋。一顿饭往往需要半斤到一斤主食方可填饱肚子。大城市每人每月油的消耗量是半斤，肉的消耗量是一斤，那时吃上一顿饺子，就算是"改善生活"了。改革开放后，老百姓餐桌上的菜品已经越来越丰富了，老百姓手中的钱也越来越多了。

1993年，一直作为我国人民生活中不可缺少的"第二货币"——粮票，在完成自己38年的神圣使命后，"光荣退休"了。粮票的正式废止，意味着统购统销时代已经离我们远去了。

（供稿　吴竞龙）

茶亭四季景如画　楹联处处见风雅

　　茶亭，是一个集建筑艺术和茶文化于一体的载体。它既是人们身心休息之地；又是各种信息传递的渠道。它经过历史的积淀，具有深厚的文化底蕴。古时的香山因地广人稀，河道纵横，交通不便，行客往往要走很长时间，才能到达有人烟的地方。因此，在城镇到乡村的道路上，每隔一段路程，特别是在山坳、桥头、路口处，都有茶亭供路人歇息。香山自古民风淳朴。建造茶亭和筑路造桥一样，都是乐善好施、庇荫后世的善举。茶亭档主常年为南来北往的旅人提供便宜茶水，有的茶亭档主甚至分文不取。

　　侨立东道茶亭是中山（古称香山县）众多茶亭中的一座，位于县邑凤栖岭下的"官路"旁。所谓"官路"，就是现在说的公用大道。当时这条公用大道被称为东干大道（自离邑城二里的大柏山起，经东镇的濠头村、陵岗村、宫花村、神涌村至南朗镇涌口门止）。因该茶亭是由海外华侨募捐筹款万余元建造的，故名侨立东道茶亭。几棵大树掩映下的茶亭，环境舒适，是过往行人小憩的好地方，在为过客供应茶水的同时，还出售一些甘蔗、云葛、饼食。侨立东道茶亭曾于1938年遭受日本战机轰炸。所幸其所投下的炸弹，落于田畔，茶亭未被摧毁。古人于茶亭饮茶，除休憩解渴之外，还有题茶联的雅事。其廊柱上都刻有或悬挂着对联，在茶亭休憩的过客一边饮茶一边兴致盎然品赏对联，不知不觉间消除了疲劳。侨立东道茶亭的亭柱上就有两副由中山文人撰写的对联：

其一

日暮欲何之，不妨稍息尘劳，甘蔗清茶堪解渴；
我行殊未已，正好暂抒筋力，青山红树且怡情。

　　这副对联作者姓名不详，对联的上下联各有三个分句：上联的第一个分句
"日暮欲何之"，出自唐朝刘长卿《送李中丞归汉阳别业》诗句"茫茫江汉上，
日暮欲何之"。意思是，黄昏的时候，想到哪里去？第二个分句的"尘劳"一词，
为佛家语。佛教徒将世俗事务的烦恼称作尘劳。第三个分句"甘蔗清茶堪解渴"，
浅显易懂，意思是摆在茶档的甘蔗和茶水，都是很能解渴的。下联的第一个分
句"我行殊未已"，出自于唐朝宋之问《题大庾岭北驿》诗句"我行殊未已，
何日复归来"。意思是我的路程还没有结束。第二个分句的"筋力"一词，典
出于汉朝王充《论衡·物势》："夫物之相胜，或以觔力，或以气势，或以巧
便。"此指筋骨之力。第三个分句"青山红树且怡情"，句中的"青山红树"，
是借喻风景。这一个分句也是浅显易懂，意思是眼前的景色令人心情舒畅愉快。

　　该对联既可谓行业联，亦可谓广告联。称之为行业联，是因为它的专用性
很强；称之为广告联，是因为它的效应很好。作者别出心裁地把两位唐朝名诗
人的诗句嵌入联中，不但借古说今，用典巧妙，不着痕迹，而且还体现了茶亭
档主的"古道热肠"。其艺术造诣之深，令人钦佩。

其二

　　把袂话清游，更无须道左班荆，路旁倾盖；

　　停骖收丽景，赏不尽春郊烟雨，秋壑云岚。

　　对联作者郑道实（1887～1957年）是中山沙溪庞头村人，幼年随祖父移
居石岐。清光绪二十九年（1903年）赴广州，就读于两广方言学堂。1908年
参加同盟会，与中山濠头村人郑彼岸等创办《香山旬报》；1925年任增城县县
长，1926年至1927年调任中山县县长（连任），后任行政院咨议、平汉铁路
局副局长等职；1938年迁居香港。因其为中山解放做过贡献，被人民政府聘为
中山县支援前线委员会副主任，并当选为中山县人民代表，1954年被聘为广东
省文史研究馆馆员。郑道实于文学方面擅长诗联，其作品常见于乡土文献和民
间收藏。

　　这副对联的上下联也是各有三个分句：上联的第一个分句"把袂"一词，释
义为握住衣袖，犹言握手。有期待会晤或表示亲昵之意。第二个分句的"道左"
一词，本义是路的左边。后引申为道路旁边。而"班荆"一词，乃典源于《春

秋左传·襄公二十六年》："初楚伍参与蔡太师子朝友，其子伍举与声子相善也。伍举娶于王子牟，王子牟为申公而亡，楚人曰：'伍举实送之。'伍举奔郑。将遂奔晋，声子将如晋，遇之于郑郊，班荆相与食，而言复故。"此指朋友相遇，共坐谈心。第三个分句的"倾盖"一词，是指途中相遇，停车交谈，双方车盖往一起倾斜。形容一见如故或偶然的接触。下联的第一个分句"停骖收丽景"的"停骖"一词，意思是马车停住不行。第二个分句"赏不尽春郊烟雨"的"春郊"一词，是指春天的城郊，而"烟雨"一词形容朦胧的雨景。第三个分句"秋壑云岚"，是指秋天的山壑和白云一样的雾气。

　　此副对联以游人途中停车于侨立东道茶亭为题材，描述了游人彼此间虽非亲非友，却一见如故，亲切交谈之形态。同时也赞美了侨立东道茶亭四季如画之景色。作者把对联写得绘声绘色，情文并茂，引人入胜。

　　斗转星移，桑田沧海。虽然侨立东道茶亭最终因城市发展，道路扩建，现已不存于世，但昔日亭柱上的这两副对联，其文字尚得以流传，并被辑录于乡土文献中，给后人留下了一段珍贵的历史回忆。

（供稿　邓仲锦）

第五章
故事遗韵

导 读

　　不畏皇权的宫花王娘，自动流出酒、米的酒米洞，还有农民起义军领袖黄巢的传说。东镇民间，不知流传着多少令人神往的故事。

　　至于姚观顺的忠肝赤胆、吕文成的粤乐创作……那不仅是感人至深的故事，而且是活生生的历史。从青年孙中山叩门拜谒被他誉为"一邑民望所归"的郑藻如的那一天起，东镇已注定要在民国时期大放异彩。第一个单机环飞全国的张惠长，有"欧阳王"之称的驻美总领事欧阳庚，不当县长宁当图书馆长的郑彼岸……多少风云人物，多少传奇故事，犹如一幅幅珍贵的画卷，深深地镌刻在了这片热土上。

祠堂里的龙腾狮跃　　　　　　　　　　　　　　　　　　摄影　冯卫权

天生一个酒米洞 不贪不奢不忧穷

火炬区大环村是一个美丽的村庄，村庄附近有一座秀丽的大环山，在大环山上的华洞公园中，有一块天然的大石，大石身上有一个拳头大的小洞，村中老一辈人都称它为"酒米洞"。

"酒米洞"的名字是怎样得来的呢？这里有着一个动人的传说。

不知是哪个年代，也不知是谁，在大环村附近风景秀丽的大环山山腰上，建起了一座北帝庙。北帝庙没有守庙的庙祝，也从没有人在庙里居住过，因而破损陈旧。

有一年，从远方来了一老一少两个云游和尚，老和尚认定了大环山这个山清水秀的好地方，整修、打扫干净北帝庙，师徒俩在庙里栖身下来。

老和尚已年近古稀，小和尚十多岁。自从在这里定居后，老和尚带着小和尚到附近的村子化缘，靠村民施舍钱粮过日。村民见老和尚人品好，待人和气有礼，都乐意从家中拿些粮油周济他。因此，师徒俩在山里的日子还过得去。

有一年春天，老和尚染上了风寒，一病就是一个多月，庙里的存粮不多，到后来，师徒俩已无米下锅。这天清晨，老和尚不得不把正在庙外玩耍的小和尚叫到床前。

听到师傅的召唤，小和尚急忙从庙外跑到师傅的床前。老和尚对他说："徒儿，我患病不能带你下山化缘，如今口粮全无，连累你也挨饿。你自个儿下山，求村民施舍点口粮回山，要以礼待人，早去早回。"

小和尚听完师傅的吩咐，面有难色。心想：昨天我才下山偷过村民的东西，幸好未被追上山来，今天却要我下山求村民施舍，如何是好呢……原来，老和尚这个小徒弟，年幼贪食好玩，老和尚平日管教极严，从未让他单独离开自己身边半步。可在老和尚病倒在床这段日子，庙里存粮又缺，省餐节食，餐饱餐饥。小和尚哪里挨得住呢，他背着师傅，几次偷偷下山，挖村民的番薯，摘村民的生果充饥，好几次被村民发现，追赶着要打他，但由于给他师傅面子，才没有追上山来。这些事，小和尚瞒过了患病在床的师傅。但是，师命难违，他只好勉强地拿起了瓦钵和布袋，正准备跨出门口，又被师傅叫了回来。徒儿平日的为人，当师傅的心中有数，他看见徒弟面有难色，实在也不放心他独自一人下山。只听见老和尚又唠唠叨叨地说："师傅不能带你出去，你千万不要贪玩，日落前必须赶回庙里，勿让我操心……切记，切记。"小和尚满口应诺，拿着瓦钵，把布袋搭在背上走出了庙门。

老和尚躺在床上，等到日落也不见徒儿归来，次日近午，还不见徒儿回来。老和尚越等越心急，他爬起床，拄扶拐杖，用瓦钵在水缸里盛了一钵清水，走出庙门在大石旁坐着，等候徒儿回来。饿了，他饮水充饥，倦了，他背靠大石歇一歇，太阳渐渐西沉，钵里的水早饮光了，还不见徒儿归来。老和尚本来身体就衰弱，加上粒米未进，饿得他头昏眼花，连站起来走回庙里的力气也没有，他终于支撑不住，昏倒在大石旁。

不知什么时候，他感觉到天在下雨，脸上的水湿漉漉、清凉凉，流入口中是甜的，还夹着酒的香味，他渐渐地苏醒过来，使劲地坐起来，睁开双眼望向天空，只见群星闪耀，万里晴空，周围响着蟋蟀的叫声，哪来的雨呢？可脸上的确是湿漉漉的，他呆了片刻，用手使劲地抹脸上的水珠，一阵醇香的酒味扑鼻而来。"啊！那不是水，是醇香的酒。"他以为徒儿回来了，对着庙里惊叫着："徒儿！徒儿！"周围死寂一片，哪有声音呢？就在这时，"滴滴……"的水珠落地之声传进了他的耳朵。他循声四望，哎呀！原来是身旁大石有一个小洞在滴着酒呢，酒顺着那个洞一滴一滴地流出，滴在地下，弥散着浓香。刚才，就在老和尚昏倒的时候，酒恰好滴在他的脸上。

这一惊奇的发现，令老和尚高兴万分。他连忙用颤抖的双手拿过瓦钵，接住滴下来的酒。好一会儿，那石洞才停止了滴酒。老和尚心里觉得奇怪，伸手摸一摸，石洞的口只有手指般大小，他又把手指伸入洞里摸了摸。奇怪！里面却是干的，好像根本没有流过酒，一丝痕迹也没有留下，他真不相信自己的眼睛。他再低头看看盛满酒的瓦钵，里面的的确确盛有约一小杯酒。由于多天来的饥饿，老和尚忍受不了这美酒的诱惑，一口气把酒喝光。酒流入腹中，全身热乎乎的，老和尚带病的身体顿时好了许多。他连忙放下瓦钵，跪在大石前，不断地叩头说："多谢仙石赐酒……"可话刚说完，那石洞又滚出一粒粒晶莹通透的东西来，老和尚用瓦钵接着，只听见"叮叮……"清脆的响声，石洞流出的竟是雪花花的大米，这令老和尚更惊奇不已。一会儿，石洞流出的米戛然而止，老和尚用手掂一掂瓦钵所盛的米，仅有二两重，勉强够自己一餐之用。从石洞流出的酒和米，使老和尚绝处逢生。

次日入黑，老和尚身体好了许多，他又走出庙门，来到大石旁，只见那块大石指头般大小的石洞又神奇地流出酒和米，老和尚又忙用瓦钵盛酒和米，又是盛得一小杯酒和二两米。

一日复一日，庙旁石洞总是在傍晚的时候，流出一小杯酒和二两米，虽仅勉强够一顿之用，老和尚也觉得心满意足了。

光阴似箭，转眼又过了几个月。自从有了酒米洞后，老和尚终日未下过山。这天，老和尚正在打坐念经，从庙外跑进来一个衣衫破烂、油污满面、全身伤痕的乞儿。他"突"地跪在老和尚面前，连头也不敢抬地说："师傅，师傅，我错了，请收回我吧。"他，就是几个月前下山化缘的小和尚。

原来，那天小和尚下山后，由于他偷过村民的东西吃，不敢再到村中求村民布施，两手空空又怕师傅责怪，也不敢回庙里见师傅。之后他每天靠在附近的村子偷偷摸摸过日子，次数多了，又被村民发现，变成了过街老鼠，人人喊打。如今，他又被村民追打，追得无路可走，只好硬着头皮逃回庙中。

老和尚在庙中早已听说自己的徒儿下山后胡作非为，但又找不着他，只好叹气，埋怨自己管教不严。如今，徒儿回到自己的身边，跪着哭着认错，徒儿虽不肖，但好坏也是自己的徒儿，人心都是肉长的，心慈的老和尚狠狠地教训了自己的徒儿一顿后，又收留了他，把他关闭在庙内。

自从小和尚回到庙里后，那酒米洞善循人意，好像知道庙里多住了一个人似的。每当入夜出酒米的时候，又多流出二两米和一小杯酒，也勉强够维持老和尚师徒俩一餐之用了。

数月后，老和尚见徒儿日夜勤恳，诚心念经向善，已有悔改之意，渐渐放松了，允许他在庙里帮忙做些事，但是不准他走出庙门半步，更不准他进入厨房。

又过了一段日子，小和尚觉得每天都是由师傅亲自入厨做饭，而且还端来给自己吃，自己饭来张口，心里很是过意不去。于是他向师傅提出要入厨做饭，可话一出口，就被师傅拒绝了。

时间一长，小和尚心里产生了疑问，为什么师傅不让自己进入厨房呢？为什么师傅每天只限自己吃一碗饭和喝一杯酒呢？

一天入夜，他趁师傅走出庙外时，偷偷地走进厨房，掀开米缸一看，里面空空的，连一粒米也没有，再看看酒壶，一滴酒也没有。但入夜过后，师傅又端出一碗香喷喷的米饭和一杯醇香的酒。哪里来的米和酒？小和尚怀疑起师傅来。第二天入夜，老和尚照例又走出庙外，可他怎么也料不到，小和尚正悄悄地尾随着他。酒米洞流出酒和米的秘密终于被小和尚发现了。

晚上，小和尚饭后躺在床上翻来覆去老睡不着。到了半夜他决定去查个究竟。他等师傅睡着了，装着要去解手，静悄悄地走出庙外，来到大石面前。只见大石光溜溜的，只有一个指头大的小洞。他心里想，洞这么小，怪不得米只能一粒粒地流，酒只能一滴一滴地淌，盛了老半天也只盛得四两米、两小杯酒。他在大石旁蹲了一阵子，于是转回庙里，拿出铁锤，自作聪明地把石洞打成了拳头大。

第三日入夜，老和尚照例又拿着瓦钵去酒米洞盛酒和米，但一直等到近天明，也不见酒米洞出酒和米。酒米洞怎么不出酒和米了呢？他仔细一看，指头大的酒米洞却变成了拳头般大小，洞口有新凿的石印痕迹，地上还有碎石。他心里明白，这一定是贪心的小和尚所为。于是他怒气冲冲地跑进庙里找小和尚，可贪心的小和尚早已无影无踪了。原来，小和尚那天晚上一直尾随师傅，心里十分得意，以为酒米洞大了，必定能流出更多的酒和米来。后来，他见势头不对立刻逃入深山里去了。据说，贪心的小和尚后来终日不敢出山，最后饿死在深山里。老和尚又病又饿，后来也在庙里死了。

至今，大环山华洞公园半山上，还保留着这么一块大石。酒米洞还在，可它永远不能出酒和米了，它是留给当地老一辈人教训自己的儿孙不要贪得无厌的一个神奇故事。

（供稿　吴竞龙）

成败皆因民军起　一言难尽朱卓文

朱卓文，字仕超（1875～1935年），香山（中山）县张家边区西桠村人。少年时期，他在乡读私塾，好学武，其父朱永康先后请了几个教头教他习武。1896年，朱卓文与同乡朱会文去了美国旧金山，经营一间小规模的车衣店。孙中山在檀香山成立"兴中会"时，他加入为会员，追随孙中山左右，任务是保卫孙中山的安全和照顾孙中山的生活。此后，朱卓文经常跟随孙中山向华侨演说，宣传民主革命，筹集款项，因而与孙中山结下了深厚的友谊。

武昌起义后，朱卓文随孙中山先生返国。孙中山先生就任大总统，朱卓文则任总统府庶务司司长。

朱卓文在政坛崛起，得力于组织民军。南北议和后，孙中山先生辞去了临时大总统职务，朱卓文也随同解职。1920年11月29日，孙中山再度南下组织军政府，建立航空局，任命朱卓文为局长，组织两个飞机队，并购置水机两架、陆机四架、寇蒂斯双翼飞机一架。当时飞机队在侦察敌情、轰炸敌阵、运输军用物资等方面，确实起到重要的作用。

1922年6月，陈炯明叛变孙中山先生，唆使他的部将叶举炮轰观音山总统府，孙中山先生避居永丰舰。当时广州秩序大乱，航空局也在无形中解散了，朱卓文前往香港。当年冬天，杨希闵、刘振宇等率滇桂军由广西入粤，驱逐陈炯明叛军，而这时民军又汹涌起来，情形和辛亥革命时期相似。朱卓文遂立即返回香山县，组织了一支队伍，自称为"中央直辖讨贼军"，自封为总司令，其实当时全军不足两百人。

朱卓文的所谓"讨贼军"究竟是怎样成立的呢？原来陈炯明有一连步兵，

隶属陈应权的独立旅，连长是伍湛，驻军在广州东堤惠州会馆。陈炯明失败后，陈应权率领大队人马，退出广州，留这一连步兵，跟不上大队。事情被中山张家边人吴庆珊知道。吴曾做过护沙营长，和朱卓文往来极密，乃使友人曹询鲁和伍湛讲条件，劝其归附朱卓文，应允升他为营长，并先发给薪饷两个月。条件讲妥后，伍湛即改换了番号，在惠州会馆竖起了"中央直辖讨贼军独立团第一营"的招牌。曹询鲁原是惠州和平县人，和陈炯明的下级军官颇有往来，朱卓文"讨贼军"的组织，他奔走得最为卖力。他帮助朱卓文收编了伍湛之后，接着又收编了罗九臣一营。罗九臣是湖南人，部下多湘中子弟，枪械颇完备。"讨贼军"组编后驻于广州东堤一带，配合滇、桂军赶走了陈炯明。

滇、桂军入驻广州后，因地盘和利益问题，不时和民军冲突，甚至用大鱼吃小鱼的方法，使用暴力，收缴民军的枪械。朱卓文见到形势险恶，难以立足，于是带队离开广州，打算到家乡发展。到顺德陈村后，又由于周之贞的介绍，收编了周家谟一旅人，浩浩荡荡向石岐进发。

当时，驻防石岐的军队，有魏邦平属下一个独立团，团长是魏靓明。该团有三个步兵连和一个炮兵连，拥有六门迫击炮及轻重机关枪等，是一支实力较强的军事力量。当滇、桂军东下的时候，魏靓明早已趁机宣布独立，将石岐各税收机关甚至香顺沙田清佃局和香山分庭的推事、检察官，都安排人接替，俨然一个土皇帝模样。当闻知朱卓文的"讨贼军"开来石岐，乃于狮滘口一带严阵以待，不许朱卓文开入。后来经过多次磋商，魏靓明始允朱卓文在城外设司令部办公，但由于朱卓文无税可收，对所统的杂牌军队，无饷可发，因此，驻扎不够十天，便和魏靓明的军队因争夺地盘起了冲突。但魏军人强马壮，不消两三个回合，便把朱卓文的"讨贼军"打得落花流水了。正在前途茫茫之际，魏靓明忽然接到魏邦平在广州被扣的消息，他为了保存实力，就把全团队伍撤离石岐，星夜开往他的家乡海洲驻扎。朱卓文得到报告后，当然喜出望外，立即命令所属队伍，尽数开入石岐驻防。接着他派人接收各个税收机关，同时将司令部重新组织。他任用自己的妹夫邓鼎封为参谋长；张发歧、杜干戎等为参谋；何雨杰为副官长；甘伟纪、刘健、曹询鲁等为副官；郭敏卿为军需处长；梁德功为小榄军需分处长；郑国屏为秘书处长；周家谟为"讨贼军"第一旅旅长；吴庆珊为第一独立团团长；统辖伍湛、罗九臣、王彰三个营。

当时中山县长一职由杨广达担任。杨广达是北台乡人，檀香山归侨，曾在檀香山支持孙中山先生革命。在此之前是吴铁城担任县长，后因吴改任广州市公安局局长，遂荐杨广达接替。朱卓文进驻石岐后，杨鉴于形势对自己不利，因请辞职。于是，孙中山就委任朱卓文为县长。

朱卓文担任县长之后，做过一些好事。

一是继续拆城建路。香山县城原来范围较小，街道窄，交通不便，为了发展工商业，吴铁城任县长时，于1921年11月倡议拆城建路，先从西门楼拆起，直通天字码头。翌年8月吴氏调任广州市公安局局长后，拆城行动就停了下来。朱卓文任县长后，继续领导拆城工作，他还组织拆除道路两旁商户骑楼，建成孙文西路，但路线测定后，又复修改，工务局的人员乘机舞弊，以致道路筑成后，弯弯曲曲，为人们所诉病。同时，朱卓文还发动建立了电话系统，沟通了县内、外信息，促进了工商业的发展。

二是破除迷信。朱卓文先是把仁山前面的城隍庙改建为香山县府。拆庙时，建筑工怕渎犯神灵不敢动手，朱卓文就从监狱里提出20名囚犯，亲自督带到庙里，犯人开始也不敢拆神像。朱卓文遂拔出了手枪，向城隍庙神像放了几枪，犯人才敢动手将各神像击碎。据说，当拆到城隍正身像时，泥土内藏着一堆白银，朱卓文即令一一过秤登记入库。此事在铁城居民中一时传为佳话。

三是好打抱不平。一次，朱卓文返回西桠家乡，路上正好碰见一辆小车，追赶着一个骑自行车的下栅乡民。当小车截住乡民时，三个警察便下车勒令乡民交两元岐关车路费，否则就要抓人。朱卓文问明情况后，批评警察说，县政府已经统一收取了筑路费，你们又巧立名目乱收费。乡人一时交不出，你们就要抓人，简直无法无天，明天我要见你们公司经理。事后，朱卓文批评岐关车路公司，"不恤民困，违背政府定章，滥加税收，其收费竟超过县府所收者四分之一"。几天后，县政府贴出布告，取消自行车车路费，乡人拍手称快。

然而，朱卓文在任内，曾以筹饷为名，大开烟馆和赌馆。牛牌、牌九、十二位等赌具，应有尽有，大街小巷赌馆林立。烟馆也是五步一楼，十步一阁，风气之坏，前所未见。此外，他对于商人亦多方压迫，因而得罪了一些人。1923年7月间，香山县有一部分不服朱卓文的商人，勾结滇军团长董鸿标，趁当时朱卓文的兵力分散，石岐驻军不多，派兵一营向港口方面佯攻，另派兵两营，绕道十八乡，直赴石岐围攻县政府。朱卓文听到港口警报，即抽调几百人前往堵截。不料董鸿标军队的主力已到石岐城内，朱卓文和女儿朱慕菲，率卫兵退守县府后院仁山，经仁厚里往东乡退走家乡西桠村。随行仅得卫队阿董一人，其狼狈情形可想而知。

董鸿标赶走朱卓文后，自称县长，向商民勒收税饷。后来孙中山大元帅府令董鸿标将防地交回给朱卓文接管，滇军总司令部也下令董鸿标撤防。朱卓文遂又集合队伍，进兵石岐，准备复职。不料董鸿标军队不听命令，拒绝朱卓文入城，双方队伍在南门外华陀庙一带布防设阵，准备战斗。后来由商会出面调停，送给开拔费三万元，董鸿标军队才全部退出。朱卓文复任不久，因省方调他任广东省审计局局长及广东兵工厂厂长，这才下台离开石岐。

1925 年 8 月 20 日，国民党左翼领袖廖仲恺在广州被凶徒刺毙，朱卓文因和廖案有关而受到通缉。朱卓文连夜逃出广州，路经顺德三山、石壁时，被"大天二"潘全掳去。他见了潘全，承认自己是朱卓文，以为会得到赏面释放。但潘全却要勒索港币十万元，另开门利是二万元和金庄鸦片烟五十两，方许赎身。朱卓文无法应付，其心腹伍子溪便极力奔走，到九江著名匪首吴三镜处，请他向潘全讨个人情，救朱出险。吴三镜和潘全商量了几次，潘全总不答应，未几又把朱卓文转移到高明县一个深山里藏起来，大有不赎不休之势。后来朱卓文趁看守他的土匪熟睡了，才逃出贼巢，逃到鹤山，可巧得到当地的"何老二"招待，并得其帮助被护送出境，旋即潜返石岐，转往香港新界上水他的"粟园"住了一段时间。

可是，对于刺杀廖仲恺，朱卓文到底有无参加？主犯是谁？至今还是扑朔迷离。有的历史学者认为朱卓文没有参与刺杀廖仲恺，连台湾学者也有持这种观点的。台湾黎东方所著的《蒋介石全传》第 162 页写道："朱卓文不曾下手！也不曾转令他人下手，确是事实。下手杀害廖的是陈顺，陈顺当时已中枪而死，没有说出谁是主谋。"所以说，没有证据证实朱卓文参与刺杀廖仲恺。

而熟知内幕者认为朱卓文是刺杀廖仲恺的主谋。其理由是：朱卓文性情粗暴，刚愎自用，生平好杀人，手下有两个打手，一人名叫伍子溪，一区大涌乡人；一人名叫陈细，广州人。他们两人枪法极准，弹无虚发。广东全省公路处处长陈达生，是陈炯明的兄弟，在广州被刺毙命，香山商会副会长黄咏初在石岐西市口被刺毙命，都是伍、陈两人奉了朱卓文命令所为。国民党右派人物，对于孙中山先生联俄、联共、扶助农工的三大政策，当时表示反对；对廖仲恺联俄和农民运动，更是仇恨，因而秘密商议，决定暗杀廖仲恺，推举朱卓文执行，朱卓文便一声答应。朱卓文和郭敏卿是最好的朋友，便向郭敏卿借来左轮手枪一支，并吩咐伍子溪、陈细，及另一个马仔陈顺，一共三人执行这项任务。三人奉朱卓文命令后，在国民党广东省党部附近埋伏，伺机行事。到了正午时候，廖仲恺和陈秋霖乘坐汽车到这。伍子溪远远望见，立即打个暗号指挥陈细、陈顺两人准备行动。廖氏到达党部，汽车刚刚停下，陈细、伍子溪便抢前拔枪射击，廖、陈两人当场被击中要害毙命。陈细、伍子溪见得手后，即分头逃跑了，留下陈顺被卫兵击至重伤，未几毙命。遗下的手枪，被卫兵执获，后在公安局查对枪照，知是郭敏卿的自卫枪，遂按址拘获郭敏卿，郭供出此系朱卓文所借用。后来郭敏卿被执行枪决，而朱卓文则闻风早已逃去，廖仲恺案遂告一段落。

1931年，西南政务委员会成立之后，唐绍仪兼任中山县长。此时朱卓文的通缉令已随着局势转变而松懈和缓了，于是朱卓文又回到石岐活动。1933年冬间，陈济棠策动县兵索饷倒唐，陈济棠部属梁鸿光趁机做了中山县长，朱卓文改名为朱式武做了土地局长。梁鸿光上任几个月后便在任上死去，县长换了杨子毅。杨子毅上台后，改局为科，把朱卓文的局长一职也一并裁撤。这时候，朱卓文对陈济棠割据一方不满，乃召集了一班失意军人、政客在他的寓所谈天说地、议论政事。同时秘密与第一集团军总咨议袁带、粤海军参议蔡滕辉等，商议组织"大同救国军"，企图在广州举事夺取政权。

1934年夏，广州市公安局的侦缉队发现此案后，局长何荦即把情形报告"南天王"陈济棠，陈济棠大为震惊，认为这是一件大事。原来陈济棠最怕人搞民军，认为朱卓文是惯于搞民军的人，是一个非常危险的可怕人物，必须及时除掉。于是密电驻防石岐的独立团长梁公福，令他立即逮捕朱卓文。梁公福接到密电后，不动声色，即日具柬邀请朱卓文在悦来路张添记酒家宴饮，席间梁公福出示"手令"给朱卓文看。随后朱卓文便被带到长堤的江南酒店团本部扣押起来，入夜又被押解到民生路的刘氏宝亭祠某营部内。据说，当时居住在澳门的孙中山元配卢夫人是朱卓文的干妈，她知道此事后，即着人去找陈济棠救人。陈济棠恐怕夜长梦多，事久生变，立刻密令梁公福就地枪决朱卓文。于是，梁公福连夜将朱卓文押解到石岐南下华陀庙的后山枪决了，并将尸体移置车站的路旁。事后，对外声称因他逃走，被守兵枪击毙命，以掩人耳目。

（供稿　吴竞龙）

忠肝赤胆姚观顺　拼死护卫宋庆龄

但凡记述孙中山就任国民革命大元帅时，被广东军队首领陈炯明炮轰总统府，后得总统府侍卫冒死抗贼得以脱险的所有文学作品，几乎都写有一个姓姚的参军兼卫队长的人。然而，有的一笔带过，语焉不详；有的说是副官长；有的说观音山一役，他负伤后自杀；或说投降，甚至有的说他是洋人，总之众说纷纭，谬误颇多。

姚卫队长何许人也？笔者近日有机会接触到姚的亲人故旧和有关资料，故略知一二。他的名字叫姚观顺，祖籍广东中山市张家边镇小隐村人，1887 年出生于美国加州的一个华侨城市贫民家庭。少年在美国半工半读，后考入美国一间州立公费高等军事学院，攻读陆军土木工程。在一次题为"如何救中国"的华埠学生讲演比赛中，姚观顺认识了为革命奔走的同乡孙中山，并得到孙中山先生的赏识，相约毕业后回国参加革命。1912 年间，姚毕业后即回国追随孙中山先生参加革命，担任大元帅府参军兼卫队长。1922 年 6 月 16 日，广东军队首领陈炯明受到军阀曹锟、吴佩孚的教唆，在广州叛变，密令其亲信将领叶某率兵五十余营回广州，围攻越秀山的越秀楼，悍然炮轰总统府，欲置孙中山先生于死地。

陈炯明发动叛乱，事前虽然极为秘密，但陈部有一连长，素来信任孙中山，笃信三民主义。得悉消息后，当即飞报总统府，请孙中山先生戒备。当时孙中山先生认为陈炯明师事自己 20 年，平时虽然飞扬跋扈，不服命令，但断不敢萌生作乱之异志，故不肯躲避。为了安全着想，参军林树巍同秘书林直勉等人强挟孙中山更换便服，冒充病人骗过叛军的步哨，经莲塘路、维新路直奔上堤，

再到海珠海军司令部登舰出海。那时正是凌晨，枪声四起，叛军不下两万人，分东、南、北三线攻占观音山，将总统府团团围困。而当时保卫总统府大本营的只有警卫团第二营叶挺全部及第一营一部分兵力，以及在越秀楼附近的姚观顺卫队全部兵力共八九百人，大家义愤填膺，拼死力战，先后击退叛军五次大规模攻势。下午2点，姚观顺探知孙中山先生已经安全脱险，乃与侍卫副官黄惠龙、马湘等人保护宋庆龄脱离险地，与孙中山先生团聚。此役，姚观顺腿部负伤，仍然与大家一起坚持战斗。

1924年元旦，孙中山在广州向全体参战卫士颁发奖牌、阵伤奖章并致辞。他赞扬说："民国成立以来，我理想上的革命军，只有这次观音山的卫士足以当之。这种奋斗的精神，实在不可磨灭。"孙中山亲自颁发给队长姚观顺以下63人奖牌，及姚等6人阵伤奖章。其中姚观顺获金质奖章一枚、奖状一张，并升为少将衔。后奉孙中山及总参谋长李济深之命，组建交通教导营和工程教导队，培训无线电通信和修理机械学员。1925年孙中山病逝后，姚观顺宦海浮沉，郁郁不得志。在此之后，他先后出任交通处副处长，兼广三、广九、粤汉铁路局长，交通警备团长，上海监务稽核所帮办，粤东监务局长，税警团长，重庆监务局视察等职务。

中华人民共和国成立前夕，姚观顺带家眷到香港投靠亲友定居，全家领取了香港居民身份证。1952年，由早年结识的澳门商人何贤先生介绍，他只身到澳大利亚某商业性开发公司任职，约三个月后，突患脑出血致半身不遂，在被送回香港途中病逝，草草葬于帝汶岛，终年65岁。

姚观顺现遗下一子一女在台湾，一女在国内任教师，在乡中的两间祖屋已得到落实侨房政策如数发还。

（供稿　吴竞龙）

粤乐宗师吕文成　贡献卓著谱佳音

吕文成是位杰出的演奏家、作曲家、演唱家，粤乐乐器的改良者和粤剧唱腔的设计师，与擅长江南丝竹的瞎子阿炳一南一北，并称为中国近现代的两大民族民间音乐家。

吕文成原籍张家边区（今火炬高科技开发区）大环村。1898年3月12日吕文成出生，3岁时随父亲往上海谋生。在"广肇义学"毕业后，他曾在首饰店当学徒。当时上海的茶楼里通常设有歌坛，香港歌伶、粤剧班常来演出。吕文成从小耳濡目染，学会了唱粤曲，同时常常聆听老艺人的演奏，勤学苦练，自学成才，11岁时二胡已经拉得很不错，不到20岁在行内已经很有名气了。1919年，上海"中华音乐会"成立，吕先生是该会最早期的会员之一，曾先后在"上海中华音乐会""上海精武体育会""俭德储蓄会"等粤乐部（组）和"沪剧组"任音乐指导、干事、演奏员等职务。

20世纪20年代初，在"中华音乐会"周年纪念演出中，吕先生演唱其自编、自弹的粤曲《潇湘琴怨》《燕子楼》等，因其嗓音清脆明亮，吐字坚实清晰、唱腔婉转自如而名噪艺坛，独创"吕腔"，自成一格。1926年，吕文成先生率粤乐代表团赴北京、天津、武汉等地作巡回演出，他与尹自重、何大傻、杨汝城等粤乐家合作，并称为"四大天王"。

广东音乐大约形成于19世纪下半叶，主要流传于珠江三角洲一带。它起源于粤剧的过场音乐和烘托表演用的小曲，20世纪20年代初，发展成为独立演奏的器乐曲，通常称为"小曲"。流传到外地，就被称为"广东音乐"，也称"粤乐"。由于曲调婉转悠扬，悦耳动听，随着广东人的走南闯北、走向世界，广东音乐逐渐登上大雅之堂，得到全国乃至世界的认同和喜爱。时至今日，在民族乐团的演奏中，广东音乐已是不可或缺的保留节目。

吕文成一生共创作广东音乐、粤曲、小调及粤语歌曲近200首，灌录唱片270多张。这些唱片，从20世纪20年代起，广泛流传于我国及日、美、加等国和东南亚国家，影响深远。如《平湖秋月》《蕉石鸣琴》《青梅竹马》《渔歌晚唱》《岐山凤》《醒狮》《步步高》《下山虎》《齐破阵》《寒潭印月》《狮子上楼台》《满园春色》等，皆已成为百听不厌、脍炙人口的粤乐优秀作品。

吕文成先生的音乐作品，有一个很大的特点，就是主动融入社会，反映社会现实，富有时代气息。通常是，他根据一种乐器的性能，创作出一个能充分展现这种乐器的特点和长处的主旋律，其他配器则由乐师根据广东音乐特有的演奏规律即兴演奏，每次演奏都有可能不同，而乐曲的独特魅力常常就体现于这种自由发挥之中。如反映抗击外敌入侵，声讨卖国求荣，同情人民群众疾苦，歌颂新生活，鼓励人们积极向上等，其中包括《秋魂夜怨》《送征人》《台儿庄之战》《泣长城》等蕴含反帝反封建及抗日内容的作品。20世纪30年代，日寇侵华，国土沦陷，人民生活在水深火热之中。这一时期，他以饱满的爱国热情，创作了粤乐《泣长城》，还先后发表改编作品《樱花落》《恨东皇》，同时还演唱了《送征人》《台儿庄之战》等抗日粤曲。香港沦陷后，吕先生便在广州、香港、澳门等地表演，常演奏一些激情洋溢、鼓舞士气的乐曲，如《齐破阵》《凯旋》《岐山凤》等，哪怕演奏《饿马摇铃》这类柔和抒情的乐曲，他也以快节奏含蓄地激励人们的抗敌情绪。他的作品《醒狮》《下山虎》《齐破阵》等，都是针对当时社会现实，反映民族觉醒和鼓舞民族抗敌斗争的优秀之作。

吕文成的代表作《平湖秋月》，既融合了浙江民间音乐的元素，又具独特的广东色彩，是中国民乐作品中最出色的旋律之一。他的《步步高》，节奏强劲，热情奔放，反复回旋，步步攀升，显示出强烈的时代精神，最为人们所熟悉，演播率极高。

吕文成还是出色的演唱家和粤曲唱腔设计者。他大胆地把京腔糅进粤曲唱腔，做到圆转自然，不留痕迹。1926年，他参与精武体育会在北京、天津、武汉等地的演出时，就曾将自己新创的唱腔，用"子喉"演唱《燕子楼》和《潇湘琴怨》，令人耳目一新。同时，吕文成还对乐器进行大胆的改革创新。早期演奏广东音乐以琵琶为主乐器，辅以筝、箫、三弦、椰胡等，之后出现了所谓"五架头"的组合，即合奏时用二弦、提琴（中国民族乐器，类似于板胡）、三弦、月琴、笛子等乐器，独奏时则多用扬琴、琵琶。1926 年前后，吕文成将由他改良的二胡（高胡）作为主奏乐器，加入扬琴、秦琴，这样的粤乐组合，就叫做"三件头"，后来又加入洞箫、笛子、椰胡，乐队渐渐扩大。到 1930 年左右，他为广东音乐的演奏乐队配置基本定型，此后一直沿用至今。

从 20 世纪 30 年代开始，西方音乐逐渐传入中国，吕文成敏感地觉察到观众欣赏口味的变化，开始考虑利用西方音乐丰富粤乐的表现力。他发现萨克斯比中国传统乐器喉管音量大而且声音柔和动听；夏威夷吉他的音色，又是中国民族乐器所没有的。在以吕文成为首的全西洋乐器演奏团的组合中，吕文成奏木琴，何大傻奏夏威夷吉他，何浪萍吹萨克斯，程岳威打爵士鼓，在当时曾引起很大轰动，被誉为粤乐演奏界的"四大天王"。

此外，吕文成还是粤式"高胡"的首创者。二胡原是出于北方游牧民族的乐器，音调粗犷、雄浑。传统二胡的内外弦都是丝弦，吕文成在与西方音乐小提琴手的合作中受到启发，发现小提琴的高音部分特别响亮，他就以小提琴的钢丝代替二胡外弦的丝弦，定调则比二胡高出四五度，音色更加明亮，音域也从原来的"二把位"扩展为"三把位"。加上由他发明创造的自由换把、走指、滑指、揉弦等技法，在拉奏《鸟投林》时，竟可以奏出百鸟投林时的尖锐而清晰的鸟鸣雀喧来。与此同时，演奏时改用两腿夹持琴筒，以控制音量和音色。这一改革，给广东音乐赋予了明显的有别于北方民间乐曲的特色。

吕先生毕生为广东音乐、粤曲艺术的创作、演奏、革新和发展作出了卓越贡献。在广东音乐乃至我国民族音乐史上，写下了宝贵的篇章，给祖国留下了一份珍贵的文化遗产。

（供稿　吴竞龙）

学识渊博郑彼岸　谐趣演讲"四十八头"

郑彼岸先生（1879～1975年），原籍火炬开发区濠头村，是中山市民主革命和文史事业的前驱。他不仅是一位执着地追求真理、爱国为民的民主人士，也是一位学识渊博的历史学家和语言学家。郑彼岸先生在中华人民共和国成立初期的一次讲演，别具一格，非常有趣。

1949年10月30日，中山县宣告解放。1950年元旦这一天，石岐全城各界人民以欢欣鼓舞的心情来迎接新生后的第一个年头的第一天。一大清早，全石岐家家户户都兴高采烈地挂起五星红旗。马路上扎起几个牌楼，张灯结彩。机关团体都别出心裁地把大门口铺得花花绿绿。解放军组成的秧歌队、高跷队和醒狮，不断地在各条主要马路上游行表演。各个学校也都把编写好的标语、墙报，贴在显眼的公共地方。整个石岐呈现出一派喜气洋洋的气息。

正午12点，在万头攒动的仁山广场上，二十四响礼炮轰鸣，岐关车路公司全体职工送的长串大炮仗燃放，紧接着石岐各界庆祝元旦、庆祝中华人民共和国成立和庆功大会同时揭幕。首先由各界代表向英勇的人民解放军献旗并向功臣献花致敬，然后举行万人大合唱，并开始举行环市大巡行起步仪式。大会正式开始后，首先由主席谭桂明致开幕词，他代表中共中山县委和石岐市军管会向大家敬祝新年团结进步，今年好过旧年，同时代表中山县人民向英勇善战的人民解放军致敬……在解放军两广纵队代表韦虹、工人代表林锦、教育界代表方志一、学联代表杨志娴、工商界代表黄金藻先后讲话之后，地方开明人士郑彼岸讲话。郑先生以"头"字做话题，话语不多，言简意赅，演讲精彩，获得群众的无数掌声。最具特色的是他的讲话中足有48个"头"字。演讲全文如下。

　　今日是今年的"头"一日，我"头"一次在万"头"攒动中演讲，心"头"觉得非常兴奋。我今年入世已经有七十多个年"头"，虽然满"头"白发，但一般人看我傻"头"傻脑，都叫我做细蚊仔"头"。但我的老骨"头"都算壮健。昨日下午参加几个钟"头"的座谈会，回家时夜深，落得一"头"雾水，还和朋友谈了几个钟"头"，然后倒"头"就寝。今早在枕"头"上面，听见街"头"锣鼓及秧歌声，心"头"非常愉快，在"朝头早"时候，烧了一百"头"炮仗，跟着在日记的"头"一页，写下了三个想"头"：

　　第一个想"头"，望我地在战线前"头"的解放军人，将枪"头"对住抱"头"鼠窜的敌人，打到佢（他）走"头"（投）无路。

　　第二个想"头"，望我地（我们）出了"头"的工人以及被人叫村佬"头"的农民，都要把"头"脑改造过来。工人要知道工"头"制度已不容存在，莫再踏人"头"皮。农民要知道生产都靠我们力"头"，莫再拜田"头"土地。工人执起斧"头"，农民担起锄"头"，分"头"努力生产，将中山县造成生产丰富，"头"等县份。

　　第三个想头，望"头"脑清醒的人士，向新时代迎"头"赶上，有的埋"头"读书，有的分"头"做事，有的用口"头"宣传，纠正街"头"巷尾的谣言，肃清特务"头"子，不准土霸再抬"头"。话"头"在此结束，并恭喜各位新年"头"里个个都"头"欢尾喜。

　　　　　　　　　　　　　　　　　　　　（供稿　吴竞龙）

郑彼岸元旦开笔　创新意不同凡响

中山的读书人过去有个习俗，就是每逢冬时年节，总喜欢用笔蘸上浓墨，在小幅的红朱纸上写些吉祥的字句，例如"万事大吉""心想事成"之类，这就叫做"开笔"。

郑彼岸的诗作《元旦开笔》却非同凡响，写出了新意。

郑彼岸在《元旦开笔》中，首先指出民间的"开笔"习俗中千篇一律的不足之处："所谓元旦，即第一日。俗于此日，例写开笔。吉语连骈，千篇一律。旧例相沿，永不能甩。"

他决定一反旧制，有什么写什么。"想起俗例，兴来倏忽。也学涂鸦，乱质几质。心有所触，有乜写乜。伸纸直书，词源汩汩。"

以下更有趣了，既已决定写，用什么笔好呢？

"环顾案上，笔类不一。计算种类，约有六七。有中有西，有尖有崛。"

他决定，每一种笔，都随手写上几句。

他开"朱笔"，祝愿世界和平；

开"文笔"，祝人人暖衣饱食；

开"诗笔"，歌颂天下升平；

开"画笔"，涂抹丹青；

开"粉笔"，勉励学生牢记业精于勤；

开"铅笔"，写日记，写读书心得；

开"钢笔"，与人通信，谈学问；

开"毛笔"，临写古人的法帖。

每一种"笔"都各有各的专长，各有各的用处。当"开笔已了"，他把所有的笔"排成笔阵，举行犒师"。怎么犒劳呢？"算做慰劳，浊酒一卮。"饮酒的当然不是"笔"，而是他郑老先生本人。各种笔都有功劳（即所谓"厥功甚伟"），是应该给予奖赏的，"封尔即墨，附以砚池，爵管城子，尔其毋辞"。他对排列成笔阵的"笔们"说，仿照古代皇家的惯例，我就把你们都封以爵位，让你们镇守"即墨城"（编者按：即墨是春秋时代的地名，也暗指文房四宝之一的"墨"），连砚池也封给你们，这是你们应得的，千万不要推辞啊。

　　值得一提的是，郑彼岸虽是大学问家，却从来反对为文艰涩，从不拒绝俗词俚语。他写"新新乐府"等歌行体的旧诗时，特别喜欢以中山口语入诗，可谓开诗界革命之先河。《元旦开笔》中的"乱质几质"意即用笔涂鸦，"有乜写乜"意即"有什么写什么"，这些词句，都是中山人一听就明白的口语。从这一点说，郑彼岸不愧为一位杰出的乡土诗人，他明白如话的行文，距离直到新文化运动以后才出现的"白话诗"（现在通称新诗）只有一步之遥了。

（供稿　刘居上）

宁修县志不当官　爱憎分明人人赞

　　郑彼岸是位老同盟会员，辛亥革命以后，婉拒省都督府任命的被许多人视为肥缺的香山县长一职，却情愿在许多年后默默无闻地回中山坐在冷板凳上主持修县志。他的一生，在家乡传为佳话。

　　1906年，郑彼岸与林君复等奉孙中山先生之命，返回家乡策划香山起义。郑彼岸先生采取合法的形式，于1908年创办了中山历史上第一份报纸——《香山旬报》，大造革命舆论，宣传反清思想。

　　从1910年到1911年，郑彼岸参加了刘思复秘密组织的"'支那'暗杀团"，密谋策划，刺杀清廷的摄政王载沣于北京（此事因故未果）。后来与林君复奉孙中山之命在澳门筹组同盟会南方总支部，积极传播革命思想，并于1911年策动香山起义。起义期间，他与林君复等亲率起义军入城。县城光复后，又与林君复率领香军开赴广州，与省内的其他起义军一起攻打清廷水师提督衙门，光复广东全省。

　　1912年1月，民国成立后，广东都督府委任他为香山县第一任县长，他先是婉言推辞，后来干脆一走了之，坚决不当官。

　　袁世凯窃国称帝后，郑彼岸被列入了黑名单。1914年，郑彼岸受广东都督府通缉，被迫逃往美洲，从此在外漂泊了二十多年。

　　1937年，新上任的中山县长杨子毅为编写新的中山县志，特邀请他回国主持编修县志。于是，郑彼岸毅然从海外归来，心甘情愿地当起修志馆馆长。

　　抗日战争期间，中山沦陷，县志再也修不下去了。在日寇投降后，他再次从香港回到中山，受聘为"修志办事处"主任，继续主持修志。1947年中山文献委员会成立，修志工作纳入文献会工作范围，由他任主委。中山解放后，他任中山纪念图书馆馆长，1951 年调到省文物委员会，不久转任省文史研究馆副馆长。

郑彼岸于 1975 年病逝，终年 96 岁。主要著作有《孙子年考》和诗集《新新乐府》等。

（供稿　刘居上）

沦陷时期话走难 山河破碎造冤魂

　　1937 年 7 月 7 日，日军大举侵华。中国共产党提出国共合作共同抵御外侮的主张，得到全国军民的拥护。全国人民同仇敌忾，纷纷举起抗日救亡的旗帜，英勇顽强地同日寇展开殊死的斗争，誓死保卫国土。1939 年 7 月 24 日～31 日，日寇从张家边横门口入侵中山，中山人民组织抗日义勇军奋力抵抗，多次打败日本侵略军。9 月 7 日，日寇再次组织强大兵力炮击张家边一带，并出动飞机轰炸，有多间碉楼和民房受损，人员伤亡。由于寡不敌众，横门守卫战失利，村民纷纷四处逃难（张家边村话叫"走难"）。当年有一个比较大户的人家，父亲是旅居秘鲁的华侨，育有二男四女，全靠他寄钱回来维持全家的生活。年老时父亲把在秘鲁利马市的生意交给侄子打理，回家乡购置了十多亩耕地，重建了房屋并建起了一座碉楼，一心想在家乡养老过晚年生活。日本人侵犯中山，兵荒马乱，父亲只好把这十多亩田地卖掉，将一半款项用"索仔袋"装好，带着大姐和二哥一齐逃往香港避难；留一半款项给妻子和其余子女及叔伯等人，他们携带简单行李跟随村民逃往五桂山福镫等地避难。在逃难路上，日本人的飞机低飞盘旋，逃难群众听到飞机声，纷纷蹲伏在路边树下、山边草林或路基两旁躲避。日寇在飞机上向逃难人群扫射，有几个人不幸身亡。有些村民拖儿带女，逃到与窈窕村毗邻的羊头巷山暂避，几十人挤在一个山洞里。当中有一妇女背着的小孩因山洞里阴暗，害怕而哭喊起来。人群中有人要求该母子离开山洞，以免被敌机发现而连累大家。妇女非常害怕，只好把孩子的嘴巴捂起来。

　　1940 年中山县全境沦陷，在日伪政权的黑暗统治下，日寇、伪军、匪贼、恶霸互相勾结，横行霸道，欺压人民，各种苛捐杂税多如牛毛，匪贼"打明火"、绑架勒索。这位旅居秘鲁的老父亲因是归侨，也遭受匪贼的光顾。匪贼用重铁锤砸门，大门十分厚重，匪贼攻不破。为匪贼牵线带路的是该户100米开外的一个游手好闲人物，他知悉该户有一支自卫手枪，故叫匪贼退离。接着匪贼去村头打旅居古巴的归侨何吉的"明火"，把他绑架到山上，勒索了钱财后才放人。一村大户人家吴文彬和马桥嵩的东昌大杂货铺也被打劫，受到不同程度的损失。

（供稿　吴添渭）

三仙娘庙传奇美　长留民心梦难追

话说周朝时期，赵公明有三位妹妹，大公主名叫碧霄，二公主名叫云霄，三公主名为琼霄。当时三个公主到处云游，有一次来到张家边村尾山（后取名三仙娘山）。当时此地四周皆茫茫大海，村尾山像小岛一样屹立于海中。三个公主见这里有山有水，风景秀丽，于是栖身于此山上，修炼成仙，时常在山上显圣。村民于是在村尾山上建了一座庙，名曰三仙娘庙，并把村尾山改名为三仙娘山，以作纪念。

据说三仙娘有保土安民之术。那时，洪秀全领导的太平军击败流寇，把盗贼赶至横门海面。这伙海寇垂死挣扎，趁火打劫，正想趁机将张家边一带村落洗劫一空。一天傍晚时分，这伙强盗来到张家边三仙娘山下的海边，仰首观看，忽见三仙娘山上所有树上都挂着灯笼并有人舞着火把。盗贼视之，不禁胆寒，以为太平军大队人马驻扎于此，大惊失色，抱头鼠窜退去。村民知道这是三仙娘显圣吓退了流寇，使张家边和附近一带乡村避免了一场灾难，大家交口称赞，于是庙中香火日盛。

当年，三仙娘山下一片汪洋，海边奇石嶙峋，其中有一块平坦的大石鼓，中间有一个椭圆形石眼，长 1.3 米，宽 0.9 米，深 1.2 米，人们把它称为浴盆。该石眼终年流水潺潺，水质微甜略带乳白色，可供农夫、渔人以及过往商旅饮用。

相传，三仙娘山每到夜幕降临，山上星光灿灿，歌声悠扬，香风四起，三仙娘便撒下帷幕，拂袖轻飘至冰清玉洁的浴盆沐浴，故人们把该浴盆称为三仙娘浴盆。三仙娘在此沐浴，丰肌的香汗随泉水流进大海，引来无数鱼虾蟹鳖嬉戏共乐。海面上帆星点点，过往客商不时隐约可见，宛如缥缈仙境。

不知何年何月，一位渔夫在这里滥捕鱼虾蟹鳖，吓走了三仙娘。从此，三仙娘人间仙境不复出现，香泉不再留香，浴盆也从此荒废。

三仙娘山下，随着岁月流逝，沧海逐渐变为桑田。农民在山下耕耘，烈日蒸晒，凄风苦雨，十分辛苦，正在气喘吁吁，汗流浃背，透不过气之际，忽闻山顶传来阵阵悠扬悦耳之歌声，真是绕梁三日，不绝于耳。村民听之，心情欢愉，疲劳顿失，力量倍增，工作效率提高，故连年获得丰收。为感谢三仙娘的善举，农民把山下潮田改名为"三仙沙田"，三仙娘也从此闻名遐迩。

一日，有一外来收买谷壳（老糠）者划船经过此山下，时已近黄昏，适逢退潮，遂于三仙娘山下泊岸休息。朦胧入睡之际，忽闻山上歌声阵阵，十分动听，非凡间音律可比。遂离船登岸，随着歌声直上山腰，至山顶，歌声忽止，渺无人迹，只见三仙娘庙中的三位仙姑神像，栩栩如生，遂悻悻而返。下至半山，歌声又起，清脆无比。为探个究竟，于是返身飞奔山顶，可是歌声又立止，那人大觉惊奇，于是佯作下山，至半山迂回从山后悄悄登上，藏于庙后。侧耳倾听，始知歌声乃三仙娘仙姑所唱，他想该仙姑神像一定很值钱，于是顿生贪念，忘乎所以，他把云霄仙姑神像偷回船里，解缆逃遁。船至黄广昌（地名）海面，突然狂风大作，白浪滔天，将船翻覆，那贪心之人葬身大海。从此之后，村民再也听不到三仙娘动听的歌声。

后因兵荒马乱，朝代兴替，世事浮沉，琼霄、碧霄亦杳无芳踪，据说是村民所取，藏于家中。

三仙娘庙之传奇，长留于张家边村民的心坎之中，成为千古之佳话。

"文化大革命"后，村民重塑"三仙娘"神像，现供奉于新建的星君庙旁，供善男信女拜谒。

（供稿　吴添渭）

大庙历史有缘由　四方百姓人潮涌

　　张家边村自清河郡张凤岗夫妇迁到这里立村以来的几百年间,外地人陆续迁入。有从扶风郡迁来的马姓,从渤海郡迁来的吴姓,从江夏郡迁来的黄姓,从颖川郡迁来的陈姓,从卢江郡迁来的何姓,从乐安郡迁来的孙姓,从弘农郡迁来的杨姓,从陇西郡迁来的李姓和从豫章郡迁来的罗姓等。后来各姓后裔蕃昌,都建起祠堂来纪念先祖。张家边村的吴氏大宗祠、恒三祠、君超祠、黄家祠等都是很有名气的大宗祠。

　　随着时间的推移,村民日众,于是又建立庙宇。如张家边一村的康公庙,二村的武侯庙,三村的东岳庙,四村的龙王庙和观音庙等。当时以二村的武侯庙为最大,前后分三座,庙前有龙井,有大片平坦开阔的地方,村民都来这里摆卖东西,并逐渐建起了杂货商铺,有油糖酒米、日用百货、鱼鲜肉类、猪鸡鹅鸭、山货竹器及各种农副产品出售,自然形成了一个市场,村民把这一带叫做大庙。尽管武侯庙早已不复存在,这里也没有固定的市场,但直至今天,村民到市场买菜或购物,都说到大庙去。

　　为什么村民对大庙的印象如此深刻,至今不舍改口?因为张家边当时分作五保四里,一村是蠔棚保,二村是大庙保,三村是庵前保和环仔保,四村是仁安保,每保设有猪屎埠、鸭埠,将得来的租金用作各保村民之福利。凡年满50岁的男村民均可入庙,聚餐会饮,纯为尊长敬老之举(近似今日之老人福利会)。

　　后来改"保"为"里",蠔棚保改为集贤里,大庙保改为起凤里,庵前保、环仔保合为康乐里,仁安保改为仁安里,并将祠堂、庙宇改造为校舍,如康公庙改为集贤小学,起凤里改为起凤小学,康乐里改为康乐小学,仁安里改为仁安小学,将以前各保的猪屎埠①、鸭埠②、禾虫埠③、猪捐九六扣④等收入,分别拨给各小学作办学经费。

在这五保四里当中,大庙保最为兴旺热闹。该保的武侯庙前广阔的地面两边建有各种商铺,中间种有十多棵大榕树,每棵大榕树都砌有水泥树墩,非常阴凉。武侯庙前还有一个八角藕塘,每年武侯诞都请粤剧团来演戏,地点就在此。在塘上搭一个大戏棚,戏棚后面上方搭一个座位,把武侯庙里的诸葛孔明(武侯)神像抬出来放在上方的座位上,据说神灵可保护戏棚不会发生火灾等安全事故。村民都喜欢到这里购买日常用品,或到这里聚会、娱乐、闲聊和乘凉。这里人气旺,是张家边最繁荣的地方。因此,"大庙"这一特有名词至今在人们脑海中都留有深刻的印象,这就是张家边人把去市场称为去"大庙"的历史缘由。

(供稿 吴添渭)

————————

①猪屎埠:将村头、村尾的山边地辟成平坦地块,用来晒猪屎干。当年没有什么化肥,猪屎干是最好的肥料,故有出售猪屎干的行业。在群众中公开投标,谁出的价钱高,就可享有在这些地块晒猪屎干的权利,这就叫猪屎埠。

②鸭埠:把村里的河涌边、鱼塘边租给养鸭户,叫做鸭埠。

③禾虫埠:每年农历七月至九月是盛产禾虫的季节。张家边河涌多、水田多,退潮时大量的禾虫从水田里向河涌的窦口涌出,人们用捞禾虫的网套在水田里的出口处(窦口)捞禾虫。每年进行投标,投中者就享有捞禾虫的权利,这就叫禾虫埠。但一般的小窦口或河涌,群众可自由去捞禾虫。

④猪捐九六扣:很久以前张家边家家户户都养猪,养猪是村民的主要副业。但村民每卖一头猪,要把收入的0.4%捐给村里作公益事业,名曰猪捐九六扣。

梁森医者父母心　模范中医留美名

　　全国模范乡村医生、中国民间优秀名医、中国民间优秀名中医梁森，是一位自学成才的医务工作者。从赤脚医生到医疗站站长，到火炬开发区村镇医疗一体化办公室副主任，几十年来他勤奋工作，努力钻研，深入条件艰苦的农村为群众治病，在医疗卫生事业上作出了重大的贡献。工作之余，他深入研读李时珍等古代优秀名医的医学理论，在医疗实践中不断探索，积累了丰富的临床经验。他还经常向老中医学习，以求进一步提高自己的理论水平和医术水平。梁森医生全心全意为群众治病，很多患奇难杂症甚至已被市级医院判了无法医治的病患者，经他诊治后都起死回生。张家边四村 84 岁村民陈四妹，身患坏死性胰腺炎，半个月没有大便，肚子胀得像十月怀胎。她到中山市某医院留医住院治疗，该医院主治医师判定她已无法康复，劝她儿子带她回家。陈四妹回家后，她儿子心有不甘，于是去找卫生站的梁森医生为母亲看病。梁医生开了几剂中药给她煎服，陈四妹服药后排便畅通，连服了四剂中药，陈四妹的肚子恢复原状，真可谓药到病除。张家边三村吴寿开先生，患严重肺部感染，在某医院留医了一段时间，但医治不见效果，只能用氧气筒暂时帮助呼吸，后来出院返回家中休养。吴先生家人怀着一线希望请梁森医生到家中诊治。梁森医生还是用中药治好了他的病，使他恢复了健康。顷九村林金祥先生的妻子，肺门上方有一鸭蛋大小的肿块，到市级医院就医无法治好，后请梁森医生医治。梁医生诊查后判断病人肿块是寒痰长期积聚形成的。他用中医药方为她医治，病者服了几剂中药后，从口中随痰吐出了一小块一小块的晶状物。一个星期以后，病者肺门上方的肿块完全消失，恢复健康。

1999年7月，国家卫生部授予梁森医生"全国模范乡村医生"称号，梁森医生受邀到北京出席颁奖大会并在大会上发言。2000年10月，梁医生又荣获"中国民间优秀名医"称号，其业绩被国家卫生部门编入《中国民间名医大全》，国家还给他颁发了"中国民间优秀名医"牌匾和荣誉证书。2009年11月，梁森医生又被授予"中国民间优秀名中医"称号。

　　2010年，梁森医生从火炬开发区医院退休。退休后的他，本想好好休息一下，但病人知道他退休都上门来求医。梁医生看到病者的痛苦神情，不忍拒绝，于是将家里的横间经简单布置作诊疗室为病人看病。每天早晨就有人来他家里请他看病，他们从石岐、港口、横栏、黄圃、民众、三角、南朗等地慕名前来求诊。他没有规定收多少诊金，由病人随意给，对有困难和年老病人不收诊金。梁森医生退休后工作更忙，从早上7点一直工作到晚上7点，连中午都没有休息，有时半夜三更还要出诊。他的医术医德医风在群众中有口皆碑，医好的病患者不计其数，他的诊室挂满病患者赠送的锦旗。梁医生工作虽忙，但每天晚上还继续钻研医学理论，不断深造，不断提高医术水平，以更好地为病者服务。

　　2011年9月10日，香港国际中医药研究院对梁森医生的医术进行认真考核并通过其论文答辩。梁森医生各科成绩均合格并由该院学位委员会评审通过，符合香港国际学位管理的相关要求和规定，被授予"传统医学（中医学）"博士学位。

（供稿　吴添渭）

文坛怪杰郑哲园　　隐士风骨化尘烟

郑哲园，是中山一位叱咤南粤诗坛、政界的人物。

七十多年前香港报纸刊登的题为《郑哲园先生的革命史略》的一篇报道写道：

    中山郑哲园先生，素以风节文章称海内。其行节散见诸报章记载。惟皆语焉不详。志冲与先生同里，又尝游先生之门，谨为其志其历略：

    先生名杰，字哲园，号五峰山人，中山县人也。本濠头乡望族，而世居石岐历三代矣。幼有神童之目，岐嶷异侪辈。对于经史百家之学，靡不过目成诵，故其学乃浩瀚无涯矣。其为诗古文辞，虽宿儒莫逮也。初入邑中师范专科，与报界名宿黄冷观同学称莫逆。时清季民风渐启，又受孙中山先生之余风所震荡，先生乃以民族主义倡。常为香港各报撰文，与李大醒、郑贯公等相呼应。又尝出其学术，与康长素、章太炎等相辩难。又喜集会演说，在邑中创立达德学社、讲学会、戒烟会、阅报书社等，皆先生为主干也。迨游广州，恒于各报发表其文，力倡革命不稍讳，时有党人之目。巫遁归故里，邑中诸名流闻先生归，遂设海天书屋，迎先生讲其中，先生亦乐以讲学自晦，阴仍致力革命，与郑彼岸、刘思复相友善，又与邓子彭为文章声气之交。遂与诸党人弥相结纳。尝独力出资创办华益美术女学校，支持凡六载，以是倾其家资，而心力亦瘁矣。

以上说的是郑哲园在辛亥革命前的情况。

文中的志冲姓何，中山县人，原是郑哲园的学生，其后长期在香港办报，香港沦陷前后潜回内地，后来成了某抗日部队的团长，血染沙场。这样的一位学生笔下的老师，应是可信的。

郑哲园 1960 年逝世于石岐，享年 73 岁，由此可以推算他大约出生于 1887 年，比他的同学黄冷观大一岁。辛亥革命前夕，他刚二十岁出头，就成为省港澳著名的诗人、报人与社会活动家。在学术方面，他已经可以在报刊上与大名鼎鼎的康有为、章太炎相诘难；他所写的古文诗词，令邑中的宿儒们自叹不如。作为孙中山先生的信徒和追随者，他在邑中疾呼，提倡"民族主义"（在当时，这是推翻清廷的同义词），参与创立的达德学社、讲学会、戒烟会、阅报书社等，无一不在面向民众作启蒙工作。

他这一时期的所作所为，其实已成为他所出身的"望族"的浪子。幸而这一切得到了他长兄郑奕刚的支持。郑彦闻，字奕刚，是清末民初中山著名的报人和社会活动家，曾任香山县参议和广东省参议，并创办有迄今为止邑中办报史上历时最长（1915～1939年）的《仁言报》、中山第一家电影院——天外天影画部、第一家游泳场——西洲游泳池。他还与弟弟郑哲园一起支持杜慧剑创办中山第一家女子职业学校——华益女子职业学校（主要课程有语文、算术、刺绣、织布等，校址在孙文中路七星初地，创办于 1911 年），以及中山的第一家幼儿园（原址在民生北路大萧屋对面）。

《中山市志》："香山县最早出版的报纸是《香山旬报》（创刊于光绪三十四年），每旬一期，两开四版，政治上拥护孙中山民主革命，但有无政府主义倾向。总编兼发行人郑彼岸。"按志冲文，郑哲园等人的《觉世钟报》创办于香山兴办机器印刷业之前（所以只能沿用古老原始的石印），年代应比《香山旬报》早，《觉世钟报》的创办时间比《纯报》早。《纯报》即《香山纯报》，《香山旬报》于 1911 年易名《香山循报》，辛亥革命后再改名《香山新报》《香山纯报》，最后停刊于 1914 年。志冲在行文中以其最后的报名称之，那是可以理解的。郑哲园在香山最早创办的几份报纸中均主"笔政"（主编），其为香山报业前驱的地位已属无疑。

龙济光治粤期间，香山报业备受迫害。袁世凯篡夺辛亥革命的胜利果实后，1913 年（民国二年）秋，安排爪牙龙济光担任广东省都督兼署民政厅长。龙济光秉承袁世凯旨意，立即解散省、县议会，镇压革命人士。香山县议会随之解散。香山报界纷纷在报刊上撰文讨伐龙济光，结果，曾任《香山旬报》记者、编辑的李锐进、刘善余、黄冷观、刘诵芬、毛仲莹等人均被龙的爪牙拘捕。毛仲莹大骂审议员，被害于越秀山下。直到1916年4月下旬，中华革命党机关部派员经澳门进入香山，策动驻香山的龙济光部易帜反正。林警魂亦统领民军进逼县城，龙济光部在香山的统治才告一段落。

变故发生时，郑哲园由于声誉高，人缘好，县衙有人给他通风报信，他才侥幸逃过连续七次的搜捕。只可惜他苦心经营的"海天书屋"，却因乱军的进驻和践踏，所藏古籍荡然无存。

1914年，《香山纯报》被迫宣告停刊。为了填补舆论空缺，郑彦闻、郑哲园兄弟于翌年创办了《仁言报》。这份报纸办至1939年中山沦陷前夕，历时24年，是中山办报史上办报时间较为悠久的报纸。

《仁言报》在拥护共和、维护国权、反映民众呼声方面旗帜鲜明。这里且列举两个例子。

其一：针对陈炯明叛乱带来的严重破坏，1923年10月25日，《仁言报》在纪念辛亥革命12周年的"社评"中呼吁停止武人干政："有武人干政一天，就一天不能和平。有武人主持兵柄一天，就一天不能建设。中国革命成功已经十来年了，这十来年中，完全是武人干政。……治这病症之救剂：第一是改造政党；第二是实际裁兵；第三是请有政治学识的人们执政；第四是实行裁汰殃民的不法官吏。"

其二：1932年10月，中山县派出测量员陈锋到横琴岛测量沙田，澳葡当局闻讯竟派出军舰到横琴岛拘捕陈锋和其他两名测量工人，押送澳门警察厅。

同年11月15日，《仁言报》刊出《关于大小横琴案之记者访问记》，直指"葡代表直认扣留我测量员，葡人欲侵占横琴岛"。

由此可知，《仁言报》与《香山旬报》，名称虽不相同，在办报精神上是一脉相承的。

先生饱经忧患，乃筑读书处于南洲，学者称为五峰先生，亦称为南洲先生。日唯莳花艺竹，杜门谢客，除讲学外，绝不与闻社会事也。浸以病故，讲学亦中辍，既而中山师范设国文专修课，以主任请。逾年，先生适广州，专修科亦改组。遂就广东公立法政专门学校国文讲席，省长杨永泰雅推重之。时桂系诸政要争相罗致，先生竟拂衣归，弗顾也。及陈竞存移军返粤，首招先生襄助，位秘书职，与邓仲元、古襄勤等同参帷幄。后伤于谗，郁郁不得志。及竞存二次返粤，再招之，弗复出矣。遂返里重设海天书屋。讲学又数年，而先生神益衰，体益弱。复经邑中政变，避地无宁岁。及邑城患盗，先生奔香江，归后一病几殆。于是息影尘缘，日唯自放于山水次。嗣后并绝不复讲学矣。先生长于经术，复旁通天人之学，对于易禽土遁天星五行诸术，皆深造堂奥，而参之以新法。近则对于医学尤精，而从不轻为谈及。比年党国要人，多冀其东山复出，邹海滨亦数招之，坚不肯出。其狷介绝俗，益为士林所高。

（摘自《郑哲园先生的革命史略》）

所谓"南洲"，其实是位于今亭子下，昔日南门河畔的一块两亩地左右的郑家屋地，因未盖房，部分暂租农民种菜，河边则搭了间看起来颇像今天市郊饮食大排档的杉皮小棚，这就是当年著名的"五峰山房"。可别小觑这间杉皮屋，郑哲园在此前后教了几年学，门下总共不到十名学生，用的是因材施教的互动式教学法，其后竟培养出两位中山县长（黄居素、郑天健）和一位石岐镇长（陈思危），此外还有何志冲那样的抗日将领。直到中华人民共和国成立初期，这一旧址仍在。

说是"隐居"，郑哲园对世事仍然关注，所以邹鲁、杨永泰等民国要员出面一请，他马上就到广州去了。他还曾应陈炯明（即文中所说的陈竞存）之请，与学生黄居素一起当过陈炯明的秘书，与邓仲元、古应芬等共事，直到陈炯明发动反对孙中山的兵变为止。

这一点外人很难理解，离开陈炯明以后，黄居素立刻投奔孙中山，郑哲园为什么回到家中，从此杜门不出呢？

《郑哲园先生的革命史略》对此的表述也十分模糊："先生素不以室家为志。及居竞存幕时，识女子杨幻辞，先生以为贤。会杨氏病逝，即以聘室之礼葬之。既怜逝者，亦所以塞家人之责也。"

何志冲撰写此文时，郑哲园仍然健在，好些话不便讲。杨幻辞是郑哲园的表妹，青梅竹马，两小无猜，本已立下了婚约，不料杨幻辞却在他任省府秘书期间因肺病不治逝世。郑哲园悲痛万分，决心为她守一辈子，杜门不出的决定就是此时作出的，还因此养成了多种怪癖。郑哲园曾经将她的炭画肖像悬挂于居室之壁，这是一位脸容清癯的小家碧玉。

日寇侵华，粉碎了郑哲园的"隐士"梦。中山沦陷前夕，郑彦闻兄弟匆匆结束《仁言报》，举家迁徙澳门。这也就是志冲所说的"今衅启东邻，先生迁居濠江，居恒书空咄咄"。国家的危难，再次激起了他的斗志，五十多岁的文弱书生，所能做到的也只有再次拿起笔杆，他的存世之作（今仅存20世纪40年代末他自己编纂的一卷《五峰山房诗集》手抄卷）绝大部分就写于这一时期。

至澳门作

一夜星霜鬓已斑，不堪摇落出乡关。
乘桴岂独存三泽，荷锸宁辞瘗百蛮。
西望夕阳东望月，南环秋水北环山。
昔供凭吊今挥泪，相对龙鸣总汗颜。

客 中

楚老相逢各泫然，江山愁绝夕阳边。
敢讥上将轻瓯脱，徒苦苑生泣磬悬。
鲲运久思图北徙，鹪栖安事纪南迁。
赐秦鹑首天胡醉，倦顾乡关马不前。

变 声

身世犹输一羽轻，穷居无告以诗鸣。
独为君子惭前哲，误作清流悔此生。
粟进红腮谁弃土，星摇赤舌竟烧城。
抱琴欲奏弦弦绝，知道人间有变声。

所 见

江左偷安士气沮，衣冠南渡更棱模。
亡家破国夸能达，填海移山只作迂！
湘橘竟为淮地枳，越祝尤甚楚人巫。
补天欲炼娲皇石，休笑书生胆太粗。

说　梦

七载经无芋可煨，既餐秋菊复餐梅。

似乎傲骨前生有，其或饥肠盛世该？

厚福尚难逢蹴尔，高情何敢怨嗟来。

五丁夜入痴人梦，终冀金牛路竟开。

这些诗，或愤慨，或悲叹，有对在强敌面前作"轻瓯脱"的逃命将军的指责，也有对在澳门这一弹丸之地醉生梦死的"南渡衣冠"的揶揄。他甚至还想"胆粗粗"地效仿女娲"炼石补天"，希望能盼到"五丁开路"大地重光之日。总之，到了"亡家破国"的生死关头，民国初年的那位郑哲园仿佛复活了。

当时，流落濠江的不仅有以高剑父为首的一批"春睡"画人，还有张纯初、郑哲园、张谷雏、何斗灿等一批岭南文坛名宿，他们原在广州开办的"清游社"迅速在澳门恢复活动，从而令澳门的战时文坛空前繁荣。在郑哲园的《五峰山房诗集》里可以读到他在这一时期的大量作品。

但他的迂腐依然如故。战时的澳门米珠薪桂，百物腾涨，日子非常难过。郑彦闻拟转让一件家传古瓷以解燃眉之急。买家要求郑哲园为这件古瓷写一小传，郑哲园坚决拒绝了，理由是"我不做这样的俗事"。古瓷的转让因此告吹，两兄弟拍桌子大吵几至反目。

苦日子终于熬到了头，1945 年 8 月，日本宣告无条件投降。澳门市民拥上街头燃放鞭炮庆祝。是年秋，当澳门书画家在孔教中学举办展览筹款赈灾时，历经岁月而蹉跎、年近 60 的郑哲园送去了写于该夜的诗作一首：

千株柳忆珠江月，十万花开镜海潮。

如此河山如此夜，令人那得不魂销！

同年冬，郑哲园回到了久别的家乡石岐。对意中人的永恒忆念，再次占据了他的整个身心，因民族凛然大气而鼓胀起来的橡皮球，被这针尖一刺，刹那间又瘪下去了。

从那天起，直到逝世，无论谁也无法把眼前的这个衰朽的老人和昔日风度翩翩的郑哲园联系起来。他从此不写诗，《五峰山房诗集》的未定稿被塞进了箱底，连那首"千株柳忆珠江月"也没来得及抄写进去。从这天起，他成了近代中国的最后一位，也许是独一无二的"隐士"。

这个"隐士"是什么模样的呢？ 14 年来，他没有洗过一次澡（但定期到理发店理发），顶多用湿布抹抹手足。上街时倒是穿得整整齐齐的，衣服看起来也没有太多的污垢，但从来不洗。20 世纪 50 年代左邻右里的关系比较融洽，街道里开展"爱国卫生运动"，街坊强行把他的蚊帐除下洗白了，他十分不高兴，但只能无奈地摇头。

他的全部精力，都集中在撰、抄中医笔记上。他用玉扣纸钉了一些比巴掌还小的小本本，用毛笔竖写下一页页比米粒还小，但点划撇折均清晰可辨的小字。他严重近视，又不肯戴眼镜，每当书写时，笔尖与鼻尖几乎同时在纸上磨。

他学医，又不屑于挂牌执业。不过，他所开的药方极其灵验，又坚决不肯收下患者哪怕是一角钱、一只鸡蛋的酬劳，所以亲友和街坊几乎排着队找他看病。到极其不耐烦的一天，他在墙壁上贴了一则告示："若有再替人诊症者乌龟王八蛋是也。"但当患者上门，他依然照开处方不误。墙上的墨迹熠熠生辉，趴在桌上的他挥笔疾书，此情此景，令人忍俊不禁。

他其实依然爱美，稍有空暇，总爱拿着小圆镜在窗前一根一根地拔去新添的白发，最后竟把额角拔光了小半圈。

不再吟诗作对了，但坊间的遗老遗少依然常来找他。我最常见的一幕是：他躺在贵妃椅上侃侃而谈，坐在另一张贵妃椅上的比他年轻 20 岁的余菊庵恭而敬之地身体前倾，不住地点头。余菊庵对他的学问、人品、医术佩服到了不得，后来还写了篇题为《郑哲园邃于医学》的回忆录，刊登在《中山文史》的总第十四辑上。文中谈到"先生出其余绪，造就不少人才。粤中学子，无不望风景慕。然其邃于医学，则罕为人道。……哲老之医学，诚不可思议。盖其天资聪颖，以文学基础，旁涉禅理，又以禅理进研医学，故能融会贯通，独标创见"。

他与名医余子修等私交甚笃，经常往来切磋。余子修一再劝他"出山"，他却怎么也不答应，宁愿困坐于家中当"乌龟王八蛋"。

郑哲园最后是在睡梦中安然去世的，享年 73 岁。他早年体弱多病，晚年却一帖药也没有服用过，连伤风咳嗽也从没患上过。

（供稿　刘居上）

航空母舰墨尔本　最后归宿中山港

很长时间以来，航空母舰对于国人来说，是非常陌生的。然而，早在28年前，赫赫有名的"墨尔本"号航母却出现在中山，停泊在中山港宽敞的江面上。那个年代，航母摆在眼前，也只能远观，不能近看。笔者因为工作关系，有幸登舰一窥"庐山真面目"，大开眼界。

中国的陆地和海洋都幅员辽阔。20世纪前的一百多年间，由于国家积弱，被西方列强及坚船利炮从海上打开中国的大门，被入侵达479次之多。1894年爆发的甲午海战，北洋海军全军覆没，被迫签下《马关条约》割地赔款，丧权辱国。现在中国是经济大国，但是国防力量特别是海军军力仍然不够强大。因此，强国强军是国人之梦。

"航母"有海上霸王之称，世界各大国几十年前就拥有，那时唯独中国不会制造，购买也受封锁。因此，中国人有强烈的"航母梦"。20世纪我国从国外先后购进四艘航母舰壳壳体，其中广州造船厂从澳大利亚购进的"墨尔本"号航母，最后放在中山肢解拆卸，是中国航母建造史上的一段佳话。

1986年广州造船厂以中国拆船总公司名义，购进一艘所有武器、设备、动力均被拆卸，只剩舰壳的"墨尔本"号航母。这艘报废航母原是西方制造的"巨人"级轻型航母，属英国皇家海军，名"威庆"号。舰体长211.2米，排水量为1.5万吨，满载2.05万吨，吃水深度7.2米。1949年英国将该航母售卖给澳大利亚，澳大利亚得此航母后花费巨资，对它进行三次脱胎换骨的改造，使之成为世界最先进且最具杀伤力的航母。第一次改装是1949年在英国，耗时五年。第二次改装是1967年开赴美国，耗时三年。第三次是美国派专家到澳大利亚为"墨尔本"号改装。因此"墨尔本"号装有先进的 5.5 度斜角甲板、液压飞机起飞弹射器、飞机助降拦索及可搭载三个中队的固定翼战机和直升机。飞机入仓、出仓均有自动控制升降设备。舰上是新式雷达、新式火炮、新型导弹和最新电子装备。该舰具备空战、海上攻击、对地攻击及反潜能力。因此澳大利亚军方常让"墨尔本"号以友好使者面孔出访亚洲各国和地区,四处炫耀又多次参与美国在太平洋的军事演习。

说来也怪,"墨尔本"号改装得越是先进它便变得越"暴躁"和"自大"。只要有船靠近,它都要示强。有人统计它在澳洲服役二十多年间,引起的大小海难有八宗之多,有了"撞船大王""海上煞星"之称。1957 年 10 月 28 日,"墨尔本"号在澳洲阿德莱德港参加军演,却将自己友军"蓝卡"号战舰撞至重伤。1964 年 2 月 10 日,它参加由美国主导的"海妖"联合军演,连"盟主"美军的"航海者"号驱逐舰也被拦腰撞断,82 名官兵当场死亡。1969 年 6 月 3 日,它在南海参加美国联合军演,再次将美军的"伊文思"号驱逐舰撞个粉身碎骨,"伊文思"号沉没,73 名官兵当即死亡。后来又分别于 1969 年 6 月、1970 年 9 月、1974 年 7 月、1976 年 7 月在悉尼港先后将"马鲁"号海轮、一艘渡轮、一艘客轮、一艘日本货轮撞伤。"墨尔本"号八次惹祸,将它自己也弄得遍体伤痕,多次"入厂"疗伤。"墨尔本"号不仅好勇逞强,还喜欢"自残","自燃火灾""锅炉爆炸"等事故先后发生了多次。1979 年,舰上最新型的雷达系统的关键部件雷达罩又突然掉进大海。

因"墨尔本"号舰体遭受严重损害,澳大利亚军方对它失去信心,1985 年决定将舰上武器、电子、动力等所有先进设备拆除,剩下舰壳后便当破铜烂铁卖掉。但是在澳洲本土拆卸这样的一个庞然大物,成本昂贵又污染环境,所以准备对外拍卖。

1985 年,中国拆船总公司代广州造船厂投标购得"墨尔本"号舰体。

20 世纪 80 年代是中国改革开放后的第一个 10 年,经济建设如火如荼,市场钢材紧缺。当年谁手上有钢材谁就能赚到钱。广州造船厂购进"墨尔本"号后,本打算边拆卸边轧成钢材,投进市场。因担心拆船时机油泄漏,污染珠江,于是把"墨尔本"号转售给防泄漏设施较好的中山拆船公司。

广州造船厂购进"墨尔本"号航母的消息传到有关部门,他们当即组织了专家南下来到广州造船厂,要求到"墨尔本"号做考察研究。广州造船厂派出一位副厂长，陪同他们到中山拆船公司商洽。

1986年，国有企业已实行市场经济，特别是县级国有企业早已摒弃"大锅饭"，推行企业效益和工资奖金挂钩。中山拆船公司虽说是中山县经委直属企业，但公司营运资金是向银行借贷来的。该公司从国外购进的废旧船，每只都是数千吨的大洋轮，每艘轮船的价格都以百万美元计。因此，他们每购进一条船，都有一个周密的拆卸、炼轧、销售方案和计划。如果其中一个环节出现纰漏以致延误，就会赔本，上级就会找经理问责。

中山拆船公司是中山县经委推行市场经济的重点企业。专家进驻舰上考察研究，必然延误拆船时间、钢材交货时间、资金回收及还贷计划，银行还要罚延误金。

真是无巧不成书。中山拆船公司法人兼技术总监刘经理，是20世纪60年代末转业的海军老兵。20世纪50年代他在解放军海军航空大队服役当机械师，解放一江山岛时立过功，对我国军工落后之痛深有体会。刘经理告诉笔者，数十年前，他的父亲在南洋和一批中山同乡，为支持辛亥革命，除了自己捐钱，还放下手中生意四处奔走，向同乡及华侨募捐，筹得巨款交给孙中山，终于建立了"中华民国"。一个个普普通通的华侨都能舍己为国，身为国有企业的负责人，理应为国家承担更多责任。因此他决定，企业亏本也得支持专家们的要求，他立即向上级领导报告并拿出减少经济损失的方案措施，得到经委领导支持。回到公司他又召开工会骨干会议，请他们向工人讲清情况，做好思想工作。当工人们听到专家进厂的消息，都说："兴邦强国，人人有责，欢迎专家到来。专家们搞科研需要多长时间就用多长时间，公司损失了利润、我们损失了收入，用加班加点把它赚回来。"公司领导和专家们听到后大受感动。

专家们为减少企业和工人的损失，三伏天、下雨天也坚持工作，连晚上也加班加点，把科研工作时间大大缩短，只花30天时间就完成考察的全部工作。

西方老板知悉"墨尔本"号为中国所购，虽然生气，但也无奈，为了遏制中国，他们在出售合同上写上"买方不得用于军事用途"的条款。1986年，"墨尔本"号被拖回广州，后来被拖到中山港江面上。一名美国海军上校突然而至，先找到广州造船厂，再找到中山市拆船公司，说要看看这艘航母。美军上校来到拆船公司，在几千米开外已看到烟尘滚滚，听到机声隆隆。弧光闪闪的海岸边，有多艘千吨以上废旧洋轮，庞然大物"墨尔本"号也停靠在那里。他隐约看到工人忙忙碌碌拆船的身影。美军上校对拆船公司接待人员说,他曾在"墨尔本"号服役,听说该舰将被拆掉,感情难舍,希望再看一眼作最后惜别。接待上校的是拆船公司法人、拆船技术总监刘经理,当然明白上校"来意",以礼相迎,以诚相待,请他到接待室休息、喝茶,让他看该公司拆卸的各类大小船只照片,并拿出"墨尔本"号拆卸方案,请他就安全和环保问题提出意见和建议,领他到拆船基地各个车间参观。美军上校见到工地上摆满从其他轮船拆下来的钢板和部件,更看到轧钢车间如何把一块块切割下来的钢板放进轧钢机,被轧钢机吞进后瞬间便吐出红彤彤的粗细长短一样的建筑用钢筋钢材。美军上校亲眼看到中国人民的自力更生的精神。

当美军上校登上锈蚀斑斑的"墨尔本"号时,心情显然轻松了。因为他在拆船公司见到的全是拆船的架势,没有看到造船的设备。他循例到"舰轮"内、外走一圈,还与广州造船厂和中山拆船公司两位领导在舰上合影才辞别。美军上校访问拆船公司的事在干部和工人中引起较大反响,他们说,如果中国自己能生产航母,便不会有美军上校访问中山市拆船公司的这一幕了。

（供稿　吴竞龙）

人民公社大跃进　特殊年代警后人

　　1958 年 5 月，中共八大二次会议通过了"鼓足干劲，力争上游，多快好省建设社会主义"的总路线。"大跃进"的浪潮迅速席卷全国。

　　当时，中山县委县政府也提出了"三千八变"的口号，为全县人民勾画了相当美好的前景。"三千"就是粮食每亩平均年产 1000 市斤、全县每人平均粮食 1000 市斤、每户平均收入 1000 元；"八变"就是"万顷良田变谷仓，水网河涌变鱼塘，绿化荒山变果山，千里海洋变渔港，桑蔗鱼塘变宝地，电气机械代人忙，农村变成花园样，文明富足四无乡"。

　　同年 8 月，毛泽东在参观河南、山东的人民公社时向报社记者说了句"人民公社好"，全国各地立刻群起响应，8 月 22 日，溪角乡成立了中山县的第一个人民公社。

　　县内最著名的要数稍后成立的张家边人民公社。当时的口号十分响亮："共产主义是天堂，人民公社是天梯。"有了"一大二公，政社合一"的人民公社，就可以"跑步进入共产主义"。

　　当年许多中学生排着大队从石岐步行到张家边，参观了陈列于张家边人民会堂的展览。会堂里展览了不少图片和实物，但最引人注目的却是入门处的一台九寸电视机，不停地播放着中央电视台的节目。这是一台黑白电视，荧光屏是绿色的，据说是某东欧国家的产品。

　　解说员不停地向观众讲述人民公社的优越性。例如"吃饭不用钱""三餐干饭吃到饱"，以及"七包""十包"等等。这也就是说，社员的伙食、医药、托儿、教育、理发、住房、生育补助、养老、殓葬等，全部免费，由公社包下来。

　　参观完展览，就参观著名的山洞养猪场，又称万头猪场。那是在山边挖掘的略似延安窑洞的猪舍。是否有万头猪，不得而知，不过确实见到几头在当时觉得是相当巨型的白猪，每头恐怕有五六百斤。

　　山洞养猪大概没有维持多久，因为，南方到底不比大西北，山洞里又闷热又潮湿，空气不流通，猪哪能养得好。两年后，在猪肉奇缺时传出了个笑话。当时的报纸上不知是谁介绍了一条"割尾尖后猪长得特别快"的"科技讯息"，于是，三几天内，猪场里所有猪的尾尖都不见了。大概也是从这个时候开始，"三千八变"在老百姓的口中成了贬义词。

（供稿　刘居上）

中山港轮"中山"号 见证香港回归日

　　孙中山第一次离开家乡，从香港乘船去美国檀香山，之后一生中有超过三十次的远航经历。从此，他认识了作为殖民地的香港，也见识了许多国际大港口的风采。后来，在他的革命理想中，有了收回香港的决心，也有了建设中国大港口的鸿篇计划。

　　孙中山在他的鸿篇巨制《实业计划》中，系统地提出了中国港口经济规划，建设以北方、东方、南方三大港口为核心的陆地—海洋交通网络系统，另外还有4个一等港、9个二等港及15个渔业港，"平均每海岸线百英里，而得一港"。

　　事隔半个多世纪，孙中山的家乡，有了以他名字命名的中山港。中山港的集装箱吞吐量曾位居世界港口百强、中国港口十强，中山至香港客运量常年居于全国内河出境客运量首位。而"中山港客运联营有限公司"的客轮"中山"号，亦于1997年6月30日晚上，载着国家主席江泽民，参加香港主权回归接受仪式，成为历史的见证者。

　　话说在当年的香港主权移交仪式上，江泽民主席等党和国家领导人入住位于香港九龙的海逸酒店，而主权移交仪式则安排在对岸香港湾仔的国际会议展览中心。香港回归的整个庆典活动，内容很多，时间安排相当紧凑，特别是主权移交仪式，举世瞩目，时间的准确性具有重大的政治和历史意义。如果从九龙乘车到香港，须穿越过海隧道，道路交通较为复杂。回归日子的前后，香港各界市民的庆祝活动很多，造成的交通压力就更大。来自全世界各大媒体的记者，更是不放过任何一个细节，几乎在每一段道路，每一个可临高俯望的地方，都布满了"狗仔队"。面对种种的道路、安全、时间问题，采用海上交通是最好的解决办法。当年英国人乘船来侵占香港，今天我们也乘船把她收回祖国怀抱，更具象征意义！香港有很多豪华游艇，当时的港英当局，也有专门用于接待的豪华游艇，但是在回归前夕，它们都悬挂着英国国旗。按有关的国际法，船只悬挂的国旗，代表着该船的注册地和国籍，是漂游在海上的该国领土。我们国家主席不可能乘坐着别国的船去收回自己的领土的主权。

"中港客运"的客轮，是当年唯一悬挂五星红旗行走在香港水域的客运船队，是我们自己的船。"中山"号，是"中港客运"船队当时最新最先进的豪华客轮，驾驶团队拥有丰富和优秀的航行经验。接送江泽民主席参加香港主权移交仪式的光荣任务，无疑就落在"中山"号及船长周带全和他的团队身上。

不知是机缘的巧合，还是历史的刻意安排，20 世纪初，孙中山经历了不懈的奋斗，终于推翻了中国最后一个封建王朝，一百年后的"中山"号，参与见证了当年孙中山强国夙愿的实现，终于可以告慰先生的在天之灵了。

当确定了由"中山"号承担这一光荣任务后，同其他重要接待一样，"中港客运联营有限公司"领导和船员们并未被告知任务详情，但从香港回归的盛事、将要行走的航线推测，他们的内心里多少已猜想到，接送的可能是江泽民主席。内心兴奋之余，高度的责任感，不容他们多想，他们只能更加全面细致地投入到准备工作上。

"中山"号上的十名船员顺利地通过了政审，在中山港作了一些准备后，"中山"号提前近一周时间驶入了中资机构在香港开设的粤兴船厂，重点对客舱进行了重新布置，并进行了全面的卫生清洁。船厂派出了最强的专业工程师对船只进行了全面的机件检查，还专门安排两名经验丰富的工程师随船工作。

在香港粤兴船厂完成了专门的准备工作后，"中山"号又驶到了香港水警总部基地，由香港水警负责专门的安全检查，还派出多名潜水蛙人到水下对船体进行查检。而"中山"号的全体船员此时则开始过着全封闭的生活，不能自由行动和对外联络，每日三餐及一切生活所需物品均由专人提供。

在"中山"号进行周密细致准备的同时，珠江船务属下的另一艘豪华客轮"顺德"号，作为后备用船，亦进行了相应的准备。

而码头方面，港英当局在维多利亚港九龙海逸酒店和香港会展中心两边，分别搭建了临时专用码头，铺上了红地毯。

1997 年 6 月 30 日晚上，香港海事处封锁了维多利亚港的海面。晚上 11 点过后，在多艘香港水警轮的护卫下，"中山"号安全准时地将江泽民主席送抵香港国际会议中心临时码头。直至整个移交仪式结束，"中山"号共完成了四次航班的往返，成为见证香港回归的唯一水上交通工具。

1997年香港主权移交前后，国际政治环境复杂，香港的社会情况亦繁杂多变。既要准时安全地完成接送任务，又要机智得体地避开众多记者的围追堵截；既要听从国家安全部的指挥，又要取得正在跨越时代的香港警方的配合，克服重重困难。"中港客运联营有限公司"董事长兼总经理简伟光、"中山"号船长周带全和他的全船同事一道，以其高度的政治觉悟和高超的业务技术，出色圆满地完成那次接送任务，得到了党和国家领导人的高度认可，受到了香港特区政府的一致好评。

1998年，"中山"号客轮再次光荣接送江泽民主席前往香港昂船洲军营检阅驻港部队。1999年，"中山"号客轮又接送国家副主席胡锦涛参加香港回归纪念碑的揭幕仪式。

基于种种原因，当时所有知悉此事的人员，对曾接送国家领导人的事没有做任何的张扬，依然默默地工作。十年之后，当纪念香港回归祖国十周年时，媒体才对外报道此事。

（供稿　孙　幸）

第六章
抗战烽烟

导 读

　　有道是"国家兴亡，匹夫有责"，在艰苦卓绝的 14 年抗日战争中，面对穷凶极恶的日本侵略者，与全国人民一样，东镇人毫不畏惧。无论是正规军或游击队的将领，即使是普通的村民，都勇敢地拿起武器，与敌人作殊死战斗。

　　东镇的横门，是抗日战争时期华南保卫战的一大亮点。是时，广州和珠江三角洲的大部分地区已经沦陷，然而以张惠长和孙康等人为代表的中山军民，在国共合作时期的前后四次横门战役中，一再击溃敌军，显示了中国人的威风。

横门保卫战两次击退日本侵略军，立此碑纪念　　　　　　　　摄影　曾学先

日机袭击"桂林"号　乘客命殒张家边

1938 年 8 月 24 日晨，隶属于中国航空公司的民航机"桂林"号，从香港启德机场出发，飞往重庆。当时正值抗日战争全面爆发，中航班每天都在这条航线上翱翔，但谁能想到，这架本该安全飞完全程的飞机，竟再也没能到达目的地。

8 月 24 号早上 8：04，"桂林"号从香港启德机场起航；8：30，飞机抵达珠江口外距离香港 65 英里的上空（张家边所在地上空），美籍机师 Woods 发现五架日本驱逐机从高空飞下，袭击"桂林"号。他见势不妙，立即加开马力，全速飞行。此时，电报生罗昭明亦发现异常，拍发电报称"日军追击"。果然，日机紧追不舍，沿途轰击，造成该机机身多处中弹。Woods 本拟降低飞机的高度，利用云层掩蔽机身，但由于当时云层稀疏，无法确保安全，且"桂林"号油箱已损坏，无法继续航行。为使飞机脱险，Woods 最终选择将飞机降落在江面上。根据罗昭明的回忆，当时飞机突然下沉，机身猛烈震动，罗昭明见乘客均安然无恙，便拍发"乘客均安"的电报。不料，日机见飞机降落水面后，仍继续用机关枪向下扫射，"机枪声密如连珠"，前后共进行了六次扫射，造成民航机中 14 人中弹身亡。

"桂林"号失事后，中山县政府立即组织相关人员开展打捞工作。由于该机降落处水流湍急，且机身多处中弹，因此很快就被潮水淹没，机中乘客大多数身亡，行李和随身物品也随同飞机一同沉没。为了防止日军返回轰炸，销毁证据，中山县政府派出了军警严密保护失事现场，并发动沿海各乡群众协助打捞，由张家边一带熟悉水性的乡民，下水搜索。当晚 7 点，中山县县长张惠长乘坐定平电动轮船，前往飞机失事河面指挥打捞。警察、救护队、消防队及仵作等数十人，电动轮船、大船各两艘，前往失事地点会合；附近的自卫团、壮丁队也全体出动，会同一千多名附近各乡民众，彻夜打捞。由于中山县当时条件有限，没有起重机，打捞工作虽然持续了一天一夜，但仍然无法将"桂林"号机身起出。为了解决缺乏打捞工具的难题，中山县政府一面继续锲而不舍地打捞，一面派专人前往香港，雇请潜水工人及找寻潜水器具。8月26日，经过三天两夜的努力，"桂林"号的残骸终于被拖至岸边。次日，中航公司由九龙坞派出的两艘拖船、潜水工人及用具到位。8月29日晚，救援人员用起重机将机身稍稍吊起，开始拆卸飞机机翼，并于30日上午完成拆卸工作。此后，救援人员用钢缆吊起机身，使机顶向上（之前一直是机底向上），由于机身过重，钢缆前后断裂了五次。直到8月31日，"桂林"号机身才被吊起搬至船上，由火轮拖带，经小榄、虎门运往香港。经检验，机身被机关枪扫射弹孔数为：机身右侧15处，马达3处，机翼6处，机尾5处；机身左侧6处，马达20处，机尾3处，机翼6处。飞机顶部位损伤最为严重，共约56处弹孔。

经过数日的打捞，救援人员前后共计捞获尸体14具。根据中航公司公布的机上人员名单，"桂林"号航班上共载有17人，包括机师、副机师、侍役、电报生以及13名乘客，除去获救的3人外，14名人员在此次劫难中不幸身亡。

"桂林"号失事的消息传出后，瞬间引爆当时舆论。即便在时隔近80年的今天，回看当时的新闻报道，我们仍能感受到人们对于日军袭击"桂林"号的愤怒。中国人自办的报纸，以及美、英各国所办的华人报纸，均认为日军此举是"不顾人道、公法，疯狂的屠杀，是蔑视第三国权益的暴行"。"桂林"号所属的中国航空公司，是中美合办的民航企业，中美资本约各占一半。该公司于1930年签约，至"桂林"号失事时已开办九年。此事涉及美国的利益，日美双方原有默许中航机港渝通航线的默契，日本也曾在卢沟桥事变后向美国保证不会作出威胁中航机的举动。但日本此次袭击"桂林"号的恶行，却完全违背了之前所做的承诺。原因何在？

日本不顾国际信义袭击"桂林"号，分析其动机大致有三：第一，意图谋害立法院院长孙科。因立法院院长孙科此前曾预订该机机票，准备前往重庆。孙科致力于寻求欧美援助，增进中国与和平集团国家的友谊，日本意图谋害孙科应与此有关。不过，孙科临时改乘欧亚航空公司的客机，日本的谋杀计划失败。

第二，为破坏中国的空中交通。日本企图通过袭击民航机，动摇人心，使机师不敢驾驶，乘客不敢乘坐，以此阻断中国后方重要的航空交通路线。在袭击"桂林"号之前，日本就已经轰炸过粤汉铁路，试图阻止中国的军火运输，实施大包围武汉的战略目标。第三，为了试探美国的反应，向美国示威。美国对于当时的远东局势，原本持不甚积极的态度，后来有了积极干预的表现。日本此举在于用暴力向美国示威，妄图使美国软化。因此，试探美国当是日本此举的主要动机，谋害孙科不过是日本袭击"桂林"号的导火线罢了。这就意味着"桂林"号事件不仅是中国的国内问题，而且是涉及各国在华权益的国际问题。就在"桂林"号遭受袭击之前，美国国务卿赫尔、美国总统罗斯福先后于 8 月 15 日和 8 月 18 日发表演说，说明维持国际秩序的原则，斥责侵略者的侵略行径。此外，美国坚持长江航线开放，计划让驻华舰队司令雅鲁尔突破日军在长江的防线；在上海租界美军防区惩戒有暴行的日本浪人，这些所作所为也都让日方深感不满。借着孙科预订"桂林"号航班机票的契机，8 月 24 日，日本作出了袭击"桂林"号的举动。日方选择这一时刻进行公然"挑衅"，的确有报复和试探美国的嫌疑。

8 月 25 日，中国外交部发布严重声明，指责日方不顾世界舆论，蔑视国际公法，对非战斗人员和非军事目标进行残杀破坏，希望全世界和平人士群起制裁日本。美国政府亦电令驻中日两国大使，报告"桂林"号失事情形，并令驻日大使根鲁向日本外相宇垣提出严重抗议。美国政府认为，日方此举不仅使美国公民生命财产直接遭受危险，而且使美国在华商务利益蒙受重大损失。

然而，日方并不承认故意袭击"桂林"号，更声言此事与第三国无关。8 月 25 日，日本发言人声称日方是在追逐一架不知国籍、试图利用云雾逃跑的飞机，迫其降落而采取的袭击行动。这一行动符合国际公法的空战条款，甚至还公然无耻地向各国飞机提出警告，指出在中国境内飞行的各国飞机，只要被认作试图逃避日机追逐的，均有被击落的可能。日方此番声明，引起其他各国的强烈不满。

此外，日方甚至试图抹杀袭击"桂林"号的事实，声明未曾开枪射击，还扣留关于中航机被日机击落的电讯，再度引起国际舆论的愤怒与抗议。

"桂林"号遇难后，国民政府除下令在飞机失事处建立碑碣，还在几年之后，对部分遇难者家属进行抚恤。香港、上海等地相继举办追悼会悼念死难者。在此之后，日本袭击在我国境内飞行的民航机的暴行并未收敛。是年 9 月，中德合办的欧亚航空公司的民航机也被日机多次袭击，幸未有人员伤亡。

从 1938 年八九月间的新闻报道来看，对于"桂林"号被袭击一事，美国对日本的行动仍然停留在强烈抗议上。时人也已清醒地认识到：虽然"桂林"号事件是日本对美国进行试探性的示威，但美国对此事不了了之的态度是很有可能的，故中国不能只寄希望于美国，而须加紧全面抗战的努力。

"桂林"号事件是日本军国主义的残暴行径，是侵略者对中华儿女犯下的严重罪行。它促使中国人民团结起来，众志成城保家卫国，借用当时的刊物《银钱界》上的一段话来说："这一事件影响之大，可说是无比的。它无遗地暴露了敌人凶残横暴灭绝人性的狰狞面目，引起了国际间一致的谴责，加深了民族的仇恨。四亿五千万同胞更进一步确定有敌无我的认识，伟大的民族力量就在这样的形势之下，一天一天地浑励增长，日趋坚强；广泛的国际同情，也就在这样的形势之下，一天一天地更多取得。"

（供稿　徐一川）

日本鬼穷凶极恶　西桠村惊天惨案

自 1940 年中山县全境沦陷，日寇到处烧杀劫掠，犯下了十恶不赦的滔天罪行。当时日酋山本太郎大佐及"杀人狂"大队长川岛八郎，派兵入驻西桠村文教馆，以此为据点，在张家边四乡骚扰、欺压百姓。

哪里有压迫哪里就有反抗。在老百姓的支持下，共产党领导的五桂山抗日游击队四处出击，打击了日军的嚣张气焰。他们到南朗圩开展抗日活动，晚上还搭台公演抗日话剧，附近店家及百姓都前往观看，各家商店也按月捐献一些款项，以尽爱国之责。不想却被汉奸告密。

1944 年农历七月二十六日凌晨，正是南朗墟日，数百名敌军突然包围了南朗圩。日寇在街口架设机枪，抬起大杉木挨个撞商铺的门，街上呼喝声、撞击声、人们的哀号声响成一片。当场，各家店铺被驱赶出来五十多人，其中不乏华侨、侨眷。南朗南塘村人简子尧，父亲是美国华侨，投资与亲友合股在南朗圩开了一间和丰杂货店，自任掌柜。平时日寇军车在岐关公路往来不辍，每到店内，必会强抢财物。而当天，店内只有他和副掌柜及一名店员李浩成三人，他们见势不妙躲在墙角，敌寇破门而入，用刺刀逼着三人出门并排坐在空地上。

时任南朗邮电局局长唐棣杰精通日语且与汉奸区长何文中是同学。因平时日寇常来骚扰，南朗商会商请唐局长出面说情。此时为了救同胞，唐棣杰不顾个人安危，毅然冒险出面，说这些人都是正当商人和雇工。但日军和何文中非但不听，还将他一起扣留。五十多人被一起推上卡车拖到西桠村村头文教馆的鬼子队部里。

一直到下午 4 点多，日军队长和一名姓曾的翻译走出来，逐个审问被扣押的百姓。一名日军用粉笔在每人背上作记号。十多名老少群众或被释放，或被军车拖走而不知下落，另外三十多人就被驱赶到大榕树下。日军扛出几十根大绳泡在水里，将每人用一根绳反手从背后绑到肩上，然后每四人一排用绳子系起来，把他们吊在大树上，派两名士兵监视着。

到了傍晚，四十多名鬼子全副武装，背着军用铲和手电筒过来，解开吊着的绳子，沿公路把他们押到旁边的镇龙社猫颈山上。见此情景，李浩成边走边哭："简先生，我们怎么办啊？"简子尧回答："没指望了，可恨难见家人一面……"鬼子听见有人说话，举起枪托狠命砸向简子尧头部，他险些栽倒。到了一条新挖好的壕沟前，鬼子命令众人坐在旁边。一会儿，"杀人狂"下令，鬼子们举起刺刀向众人身上戳来。可怜的唐棣杰此时还在用日语向鬼子申辩着什么，可两三个日军只顾用刺刀向他身上乱插，鲜血喷射出来，身边的简子尧身上也被染湿了。最后时刻，唐棣杰拼尽全力喊出："中华民国万岁！"敌人的屠刀又向简子尧举起，一名日军将他推倒，刺刀插入右腹，接着一阵乱刺，他就昏过去了。许久之后，简子尧苏醒过来，睁眼看见天上星光，身边还有敌人在讲话，此时敌寇将尸体推落壕沟，幸好简子尧在最上面。敌人填土时，他用鼻尖顶在他人尸体上，留出了呼吸的空间。后来敌人收队下山了，他才挣扎着从泥土中爬出，可能流血过多，绑住双手的绳索松开了。他爬到山脚的竹林藏身，后来被西桠村村民朱安发现救出，藏在张家边一间破庙里，连请三名医师诊治，才知全身被刺八刀，造成终生半身麻痹。

当晚，南朗濠涌村的严汉清也被刺重伤，后来从埋着尸堆的黄土里苏醒爬出来，被窈窕村村民发现，后来扮做新娘出嫁，藏在花轿里被抬回南朗濠涌村救治。

这36人中，除这两位重伤逃脱外，还有一位五桂山的抗日游击队员逃出来。他是东区破镬村人，名叫区桂味，日军队长川岛八郎命令一名日军将他押在一旁。在其余日军大开杀戒，屠戮百姓时，区桂味趁日军不备，使尽全身力气，飞起一脚将看押他的日军踢倒在地，立即顺着山坡向下翻滚。日军乱枪扫射幸未打中，他迅速沿着水坑，凭地形和灌木丛的掩护，趁着夜色逃出了虎口。

在骇人听闻的西桠惨案中，共有33名无辜同胞惨遭日军杀害。遭此劫难，南朗墟也一度成为废墟，再无商家营业，也无百姓赶墟。

（供稿　陈永解）

爱国志士关晃明　热血洒在大岭村

　　关晃明，原籍广东南海九江，1919 年出生于香港，为人诚朴热情，积极进取，尤其酷爱足球运动且球艺高超。1937 年他就读于香港英皇书院，在校期间是位品学兼优的好学生，深得教师的器重和同学们的爱戴，被同学尊称为"老大哥"。

　　"七七事变"后，抗日烽火燃遍了祖国大地，关晃明和其他爱国青年一样，怀着满腔热血积极投身到抗日救国的行列中去，夜以继日地宣传抗日救亡救国道理，发动学生参加抗日运动，在学生中树立了一定的威信，工作成效也较显著。他如饥似渴地阅读进步书刊，学习马列主义的革命理论。1938 年夏，驻香港地下党组织吸收关晃明为中共党员。不久，关晃明被党组织派到香港赈济会（抗日救亡群众团体）工作。自此，关晃明走出校园，废寝忘食地奔走于香港的各院校之间，在学生中进行组织、宣传、募捐等活动。

　　同年 10 月，广州沦陷，国民党军队溃退至粤北。日军的飞机到处轰炸，局势十分严峻。在我地下党组织的指示下，香港学生赈济会广泛发动学生参加回国服务团，奔赴抗日救国第一线。经过一番总动员，不少香港爱国青年学生踊跃报名，纷纷投笔从戎，回国支援抗日，在短短的时间内，便组成了四个回国服务团。关晃明任第三团副团长兼中共党支部书记，该团共 39 人，其中符夫、黄汶、叶弃、苏少伟等青年党员均是该团的骨干。出发前夕，中共东南特委成员杨康华在香港中环璇宫餐厅秘密约见他们，分析了当前形势，说明了回国参加抗战和第二次国共合作的重要意义，并布置了如何在国民党部队内部开展工作及应该注意的事项。翌日（即 1939 年 1 月 13 日），关晃明等带领着第三团依循安排好的路线，经澳门至江门，在那里，由国民党政治队队长陈精仪接收入伍。继而辗转多日，于1939年2月底到达广宁，国民党当局的西江行政专署。后又随队到达当时广东各地抗日青年团体云集的曲江，适逢第四战区在此举办游击干部训练班，着重吸收西江行署军事政治大队和战地工作团的优秀成员，对他们进行培训。三团的地下党员关晃明、叶弃等也被录取。由于人员调整，党组织把省抗日先锋队总政委黎民惠调入该支部任党支部书记，关晃明任支部副书记，支部党员有叶弃、符夫、区葆龄等人。即使在艰险的地下环境中，关晃明仍然坚持做党组织的发展工作。如在集训期间，关晃明秘密发展了罗雪峰入党。到中山后，他又发展了王培燊、王锦銮等人入党。至此，该支部（"一游"地下党支部）成员共九人，约占政训室全体人数的三分之一，他们均由黎民惠、关晃明单线联系。

集训结束后，于1939年4月间，黎民惠、关晃明等人被调派到第四战区第一游击即中山县司令部政训室所属的政治队工作。政训室是司令部的高层政治枢纽，国民党在那时已开始酝酿反共逆流，暗中采取反动决策和具体措施，不论对内对外，均通过政训室和国民党县党部推行，故而掌握国民党内部的大量机密，而这些机密正是我地方党组织急切所需的。黎民惠、关晃明到达中山后，除想方设法得到情报及向地方党组织传递这方面的信息外，还在中山县委的直接领导下，积极做好团结国民党左派，促使他们共同抗日的工作。地下工作环境复杂，特别是在敌人的心脏活动，危险性更大，关晃明早已把个人生死置之度外，与黎民惠等战友一起，坚决执行党组织的指示，主动接近董世芳、袁国维等国民党内开明人士，加强统战友好，争取他们站在团结抗日的进步立场。同时，他们在群众中巧妙地揭露了"一游"中的反动势力冯镐、陈精义等的狰狞面目和肮脏行径，使之威信扫地，以达到分化政训室上层的目的，使冯镐、陈精义的反动手段无法施展。此外，还在国民党军队士兵中开展抗日救亡等宣传教育，因此，在"一游"中形成了一股强大的进步力量，对促成中山的国共合作起到了积极作用。

1939年7月间，日军频频骚扰中山。兵临城下，大敌当前，中山县国共双方求同存异，结成抗日民族统一战线。县"抗先"、"妇协"等群众抗日团体也分别成立宣传队、救护队、慰问队、担架队、运输队等，随时准备进行抗击日军的战斗。在抗日民族统一战线的推动下，游击区守备队亦积极备战。在政治队工作的黎民惠、关晃明、区葆龄、王锦銮等人在小隐、珊洲一带协助工作，积极鼓动国民党守备队参战。7月24日，日军出动铁拖、汽艇，在大批飞机和猛烈炮火的掩护下，向中山横门沿岸大举进攻，妄图在此登陆。当时驻扎在横门的国民党守备队奋力抵抗，中共中山县委也成立了"横门前线抗日支前指挥部"，全县军民全力抗击日军的进犯，关晃明所在的政训队也参加抵抗行动。在战斗中，关晃明表现十分英勇，时而活跃在前沿阵地之间为战士们打气，宣传鼓动军民保国保家；时而在后方组织群众抢救伤员，运送给养。此次战斗持续了七天，在英勇的中山军民面前，装备精良的日军终未能如愿，不得不于7月30日下午仓皇从海上撤退。关晃明和战友们一起，热烈欢呼抗日军民的首战告捷。

同年9月7日，日军又出动千余人，在飞机、大炮的配合下再次进犯横门。因敌我双方兵力悬殊，横门守军经过数次激战后，撤出横门沿线，退守张家边、西桠村一带。日军占领大王头高地后，不断炮击高地周围，并频繁出动飞机轰炸、封锁张家边一带。9月14日，关晃明带领运输队给守军运送粮食，途经大岭时，不幸被敌机发现，敌机立即进行狂轰滥炸，投下大量的杀伤弹和燃烧弹。由于运输队队员均是临时雇请的民夫，缺乏战地常识，突然遭遇空袭，顿时惊慌失措，四散奔逃。在这个紧急关头，关晃明不顾个人安危，镇定自若地一面指挥救护队员立即疏散隐蔽，一面大声命令运输队员"卧倒"，费了很大的力气，才把民夫们分散隐蔽在村中的大水沟内。敌机失去了目标，继续低空盘旋侦察，气氛十分紧张。一名民夫沉不住气了，突然跳出水沟向村边疾跑。关晃明见状焦急万分，大呼："快卧倒！"同时一跃而起，飞步冲到那民夫身旁，全力将其按倒在地，与此同时，几枚炸弹在附近爆炸……硝烟弥漫，民夫们无一损伤，而年仅20岁的关晃明却倒在血泊中，再也没有起来。

关晃明牺牲的消息传至香港后，在港的亲属、青年团体、学生组织以及爱国志士都十分悲痛惋惜，在孔圣堂为关晃明烈士举行了千余人的大型追悼会，到会者无不伤心落泪，全场泣声不绝。关晃明为国捐躯之精神激励着香港地区的抗日民众，全港再次掀起抗日救国的群众运动高潮。

（供稿 邝崧荣）

抗日将领郑乃炎　从戎一生无怨悔

郑乃炎（1896～1984年），字君晃，香山县（今中山市）濠头村人，光绪三十四年（1908年）考中秀才，后弃文习武，于宣统元年（1909年）入读广东陆军小学，再进入湖北陆军中学和河北保定军官学校学习。同校同学有邓演达、张云逸、白崇禧、余汉谋、李汉魂、陈诚、陶峙岳、傅作义、张治中等人，蒋介石也是该校学生。在陆军小学就读时，他与张云逸、邓演达和李仙根等人秘密加入了同盟会。1919年，他在保定军校第六期毕业后，随即在广州卫戍司令魏邦平部任中校团副，1921年转任粤军总司令副长官（司令是许崇智，蒋介石任参谋长）。

1922年陈炯明叛变，炮轰广州观音山大本营，郑乃炎负责保护孙中山登上永丰舰，是陪同孙中山登舰的几位军官之一。

1926年，国民革命军北伐，郑乃炎任第三军指挥部人事科长，奉命组建军官教导团，邀请朱德任团长，自己兼教官。在此期间，他与朱德朝夕相处，过从甚密。1927年五六月间，郑乃炎调任江西三湖总税务局局长。

1932年，日寇在上海发动"一·二八"事变，驻上海的蔡廷锴率十九路军奋起抵抗，郑乃炎赶赴前线，担任十九路军的独立旅参谋长，并在旅长负伤后代为指挥战斗。此后蒋介石把十九路军调到福建反共前线，十九路军将领陈铭枢、蒋光鼐、蔡廷锴等人联合国民党内李济深等部，于1933年在福建成立抗日反蒋的人民革命政府，郑乃炎随部参加起义。失败后，流亡港澳。

1937年抗日战争全面爆发后，郑乃炎回国参加"八一三"淞沪会战，后来担任粤海师管区（罗定区）司令，第七战区第三挺进纵队参谋长，在粤海前线抗击日军。抗日战争胜利后，国民党以他年老为名，1946 年令其退役。从此他定居香港。

郑乃炎戎马一生，经历了辛亥革命、北伐战争和抗日战争，晚年又致力于促进国共的第三次合作，为祖国统一不遗余力。1972 年，他曾以海外老同盟会员（原军政人员）的身份，应邀赴台湾参加辛亥革命 60 周年纪念，在台北时曾会见军校部分同学、同僚、旧部和他在军校任教时的学生。当时蒋介石生病，由宋美龄和蒋经国在阳明山的中山纪念堂接见他们。

然而，在他心中，始终怀着对祖国、对家乡深切的眷恋。1974 年，他排除了种种谣传和偏见，首次返回广州主持女儿的婚礼。回到香港后，他写了一篇《访穗述怀》，刊登在大公报上。他开头就表白"谁无乡土之思，谁无民族之情"，然后写道："祖国民族在政治上、经济上、文化教育和体育卫生上均取得了巨大的成就，这是有目共睹的事实……中国在国际上的地位日益提高，大家都有感受。我已年逾八十，在我的记忆中，过去列强只识蚕食和瓜分中国的土地和资源，从来没有像今天这样对我国的尊重。正是百年积弱一扫而光。"同年访问北京，受到政协副主席康克清的会见，有关方面负责人罗青长、童小鹏以及张云逸夫人、蔡廷锴夫人、蒋光鼐夫人等均参加了会见。回到香港后，他在报刊上发表了《国共第三次合作展望》一文，他指出："国共第一次合作，取得北伐战争的胜利；国共第二次合作，取得抗日战争的胜利，为结束第二次世界大战，提供了巨大力量，中国的国际地位亦大大提高……为中华民族的命运和前途计，应迅速开展第三次携手合作的谈判。"他呼吁"以和为贵"，排除前怨，清除隔阂，以实现祖国统一大业。他又建议在纪念辛亥革命七十周年时，"国共双方应互派代表共同庆祝，以增加庆祝活动的气氛。国共第三次携手，此其时矣！"

1981 年，他应邀赴北京参加辛亥革命 70 周年纪念大会。1982 年 7 月，廖承志致蒋经国公开信发表时，他恰在北京，立即撰文响应："廖承志信函，寓于世交深情，于公于私，尽忠尽孝，均属双全。"又说"吾今年九十有二矣，老一辈人，极盼早日实现国共第三次合作，共同建设富强繁荣之祖国……千秋功过，系念于一瞬之间，望经国先生善而为之。"

参观周总理纪念馆时，他想起自己在广州燕塘军校任教官期间，常去黄埔军校探望邓演达（黄埔军校教务长）时与周恩来交往的往事，不禁思绪万千，赋诗一首：

> 黄埔初邂逅，瞬息数十年。
>
> 泪眼望遗像，英姿犹再牵。
>
> 君为民尽瘁，人为君泪泉。
>
> 敛悲承遗志，英名万古全。

郑乃炎从戎数十年，始终两袖清风。他没给后辈留下什么遗产，留下的只是苦口婆心的谆谆教导。当儿子郑志祥高中毕业考入财经学院时，他特意写了一首诗，提醒儿子今后从事经济工作时，一定要正直清廉。他在诗中写道："劝人切勿有贪心，裴度为何返失金。贪字或从贫字变，听天由命莫呻吟。"

1984 年 9 月 13 日，郑乃炎病逝于香港，享年 94 岁。

（供稿　刘居上）

革命妈妈蔡杏珍　全家抗日好榜样

　　蔡杏珍是张家边区大环村人，丈夫黎纪南早年赴美国谋生，她在家乡独自挑起侍奉家姑、教养子女、耕耘田园的重担。她育有一女三儿，在长子黎民惠和他的战友的感染下，她走上了反法西斯侵略者的道路，为中山的抗日救亡工作和中山人民的民族独立与解放事业贡献了自己的力量。

　　1931年秋，正是"九一八事变"前后，全国抗日救亡运动热情高涨。蔡杏珍的大儿子黎民惠写信给他父亲说："国家兴亡，匹夫有责，值此山河破碎之时，孩儿报国献身之志已定。"1934年秋，他毅然离开香港，转往广州大中中学读书，成为广州市青年学生中的活跃分子，秘密参加了中国青年同盟会，积极参与抗日救亡的宣传活动。1937年2月，他加入了中国共产党。

　　1939年4月的一天，身穿黄色军装的民惠突然回到家里，同来的还有几个战友。原来，在抗日战争烽火中的1938年初，黎民惠加入了广东抗日先锋队。广州失陷当天，他随总队北上到了曲江县，考入了第四战区游击队干部训练班，结业后被派往第六游击区（中山县地方部队）司令部政治部任队员，秘密担任政治部内的中共地下支部书记。

　　黎民惠回到家乡后，以家里作为交通站，进行抗日救国活动。蔡杏珍渐渐明白，要想不当亡国奴，只有齐心抗战。

　　1939年春天，她的二儿子黎一安在哥哥黎民惠的教育帮助下，也积极投身抗战。1941年11月，广州游击队第二支队第一中队开赴中山九区，黎一安动员母亲设法筹集大洋四千元支持游击队。大环村交通站建立后，黎一安任负责人，并被选为中山四区抗日民主政权——滨海区（现火炬开发区）政务委员会委员。交通站对山区来的游击队员除了接待和安置隐蔽外，还负责筹措军粮，并先后动员村中张榕根等多人参加五桂山游击队。

1939年11月，黎民惠被调往守备队担任第一任中队政训员，驻守在横门前线珊洲村。年底，敌舰炮轰横门沿海，当时顽固派已掀起反共高潮，民众抗战气氛一度低沉，但蔡杏珍不顾安危，在敌人的隆隆炮声中，挑着糕点到珊洲村，慰问守备队的官兵。

1940年4月，几位因伤病掉队的游击队员受到蔡杏珍的热情接待。同年年底，日军三百多人入侵大环，蔡杏珍及时将民惠留下的书报和枪支收藏好，从而避过了日军的搜查。

1940年7月，黎民惠转移到了敌后，化名为马启贤，在林锵云的独立第一中队内任政训员。

1941年夏天，马启贤和肖强等人被派往广州游击队第二支队的刘登大队去，加强该大队的政治工作。刘登叛变后，该大队一百多人被转到西海乡，编为一个中队，由肖强、马启贤负责领导。不久，广州游击队第二支队实行整编，该支队与中山县游击队合并编为第一中队，由肖强、王流分别任正、副中队长，欧初、马启贤分别任正、副政治指导员。

1941年10月，日伪军又一次围攻西海乡根据地。22日中午。黎民惠在这次战斗中为国壮烈牺牲了。在战斗间隙谢立全率卢四根、曾广转移到指挥位置时，路经文武庙边，见到了牺牲的这位亲密战友，感到十分悲痛，禁不住流下泪水，并亲自动手把烈士遗体抬入庙前围墙内，用甘蔗叶盖好后，他们三人又匆匆地赶往前方指挥战斗。

在谢立全将军的革命回忆录《珠江怒潮》一书中，有如下的记述："敌人袭击石尾岗吃了大亏，不甘失败，便倾其全力，一面把炮口对准文武庙两侧的一个班，在马启贤指导员的带领下，他们英勇阻击冲进对面涌边的敌人，使敌人几次想渡过河也不得逞。马启贤指导员站在庙前涌边的一棵大榕树后，一面指挥战斗，一面用步枪向敌人射击，不幸被敌人射过来的子弹穿过头部，这位出色的政治工作干部在他的战斗岗位上光荣牺牲。当他停止呼吸时，手里还紧紧握着自己的枪。"

在1943年的一段时间内，黎民惠等人音讯全无。后来程文坚大姐终于把黎民惠牺牲的真相告诉蔡杏珍，她十分悲痛，但也明白大儿子是为抗日救国而光荣牺牲的，此时心情反而平静下来。她化悲痛为力量，更热心地投入到支援游击队的工作中去。每当游击队员到她家隐蔽时，她总是让他们吃饱、睡好，对伤病员，必定亲自照料，还上山采药加以敷治。有一次，一位住在老堡垒户黄隶彩家里的游击队员发高烧，已是半昏迷状态。她得知后，立即叫幼子黎一乐把病员带回自己的家里，细心照料。病员很快恢复了健康，及早归队。

1943年冬，黎源仔把患病的战友梅重清带回自己的家里住，交给兄长黎川照顾。没过几天，蔡杏珍知道这件事，为了减轻黎川的负担，她让黎一乐把梅重清接到家里，还请来中医崔元伯为梅重清治病。崔医师受蔡杏珍热心抗日的影响，不肯收诊金，还说："我是中国人，也要尽一点心意。"

1944年，日伪向五桂山区发动"十路围攻"，冯开平、简洁、潘泽等十多位游击队员来到大环村，开展宣传工作。蔡杏珍和黄隶彩、黎川、黎铁等人配合他们组织成立联络站，在村中团结群众和爱国乡绅，动员和支持青年人参加游击队。在后来的战斗中，他们当中有13人为抗日战争和祖国解放事业献出了宝贵的生命。

蔡杏珍每年储粮五六千斤，除家用外，都用于支援游击队。有时她宁愿以南瓜、番薯为食，尽量将大米省下，支援游击队。堡垒户黄隶彩、黎川家里隐蔽着许多游击队员，口粮不够时，常常得到她的接济。

1944年夏荒时节，邻村东桠村交通站急需为游击队解决口粮问题。蔡杏珍知道后，立即约了邻居黎敬意扮成到地里施肥的模样，冒着生命危险，越过敌人封锁线，把粮食送过去。7月，日军又对五桂山区发动围攻，游击队一百三十多人到大环村隐蔽，蔡杏珍承担了为战士们买菜、煮饭、送茶水，以及便溺清理等工作。蔡杏珍还冒着生命危险，让滨海区吴子仁区长与国民党政府第四区吴守一区长分别代表国共双方在自己家里进行区一级的会谈；她还为梁奇达政委照料小女儿；协助隐蔽在大环村的女游击队员安全撤退。

同所有在战争年代的母亲一样，蔡杏珍饱尝了战争的忧患，失去了骨肉，献出了财物，献出了心力，甚至是亲人的生命，但她真心实意地拥护和支持共产党所领导的抗日战争。

蔡杏珍的长女黎银意，也深受母亲和哥哥黎民惠的革命思想和行动的影响，积极参加革命活动。蔡杏珍的家也成为五桂山区游击队一个联络站点，经常接待唐雪卿等游击队员在家吃住，并为游击队传递革命信息。

1949 年中华人民共和国成立后，黎银意参加村成立的支前会、农会，加入了中国共产党，并被选为中山县窈窕村第一任妇女主任，为革命做出了积极贡献。

山区游击队的同志亲切地称蔡杏珍是"革命妈妈"，她的一家是革命的家庭。中华人民共和国成立后，中山县大环乡人民政府授予蔡杏珍"抗战堡垒户"的牌匾以作纪念。

2015 年，中共中央、国务院、中央军委向黎一安颁发中国人民抗日战争胜利 70 周年纪念章和人民币 5000 元慰问金。

（供稿　吴永明）

浑身是胆好男儿　抗击日军大无畏

1944 年秋，中山敌后游击战争蓬勃发展。五桂山区中山人民抗日义勇大队（即珠江纵队第一支队的前身），先后在五区三乡、翠微，四区安定、芋头山，六区唐家等地接连打了很多胜仗，捷报频传，四、五、六区群众抗日情绪空前高涨。当时的中山行政督导处（相当于县一级抗日民主政权）和五桂山区、滨海区（四区）、谷镇区（五区）三个区一级的抗日民主政权相继建立，游击队活动地区也不断扩大。张家边区由于地处四区上游平原，靠近日伪中心据点——石岐，又靠近三、九区，水陆交通方便。张家边人口众多，土地肥沃，物产丰富，各种社会力量集中。当时除日伪势力在那里活动之外，还有国民党区署、国民党民团，"挺三"林国贤中队、陈宝灿中队，濠头、白沙湾一带则有"挺三"（民利公司）吴金属下的林满中队。西桠乡又驻有日军范田部队的一个联队。这些军事力量各据一方，横征暴敛，盘剥群众，开烟设赌，百姓的生活处于水深火热之中。

这一年的秋天，中山行政督导处为了协助滨海区抗日民主政府开展四区上游乡级政权的建立（当时，中、下游南朗、榄边一带的乡级政权已经基本建立），由县行政督导处主任阮洪川（相当于县长）、滨海区政务委员会主席（区长）吴子仁带领孔雀队、穿山队和建政工作队，中山人民抗日义勇大队副大队长罗章有、政治处主任杨子江带领民权队（主力中队），一起挺进张家边，进行武装建政工作。他们在张家边一连活动了两天。第一天晚上，由区长吴子仁带领建政工作队在当时街市亭侧的黄氏宗祠召开群众大会，开展建政宣传，参加大会的群众十分踊跃。吴子仁用张家边村话向群众进行演讲，群众感到十分亲切。

会上，还有建政工作队表演文艺节目，大会一直开到了深夜才结束。

为了防范西椏乡日军进行突然袭击，抗日部队进村后，由罗章有同志亲自看地形，并派了一个加强班，配有轻机枪一挺登上村后扯旗山炮楼向西椏方向警戒，其余部队则分驻于该乡村尾（今张家边第四村）的几个炮楼里。果然不出所料，就在第二天下午大约3点之后，驻防西椏的日军连同伪军几十人，配有机枪和钢炮，窜来偷袭我部队。日军进犯时十分狡猾，兵分两路：一路从西椏经窈窕入村头，然后直下新桥；另一路则绕道从村旁利用蕉基、蔗林作掩护，经闪门桥，直扑观音庙。日军全部化装成了便衣队，用两架大板车装上机枪弹药，上面用蓑衣覆盖着。当时阮洪川同志在吴社嘉屋内接到五桂山县行政督导处麦洪均送来的情报。立即带上吴子仁的警卫员马鼎同行上街观察情况。当他们行至华昌店前面（今张家边供销社仓库侧）时，突然见到了便衣日军，推着大板车鬼鬼祟祟迎面而来。于是他们便立即喝问："前面是什么人？来干什么的？！"听到日军叽叽咕咕的回答后，阮洪川和马鼎立即察觉到他们定是化装的日军，同时拔出了短枪向敌人进行扫射，当场击毙了一个日寇，其余日寇或慌忙倒卧在地，或向路边狼狈逃窜。事后村里的人们纷纷传颂马鼎打死了日本人！我方据守在扯旗山上和村尾几个炮楼的部队，听闻枪声，弄清楚情况后，便立即对敌寇开展攻击。对面河的日军则用钢炮向我方驻地炮楼进行轰击。日军机枪也集中火力向我驻守的炮楼扫射。其中一处炮楼被日寇机枪扫射得弹痕累累，至今仍见。双方激战大约一个小时后，因我方坚持不懈地予以还击，不退半步，日军再也不敢向我方阵地前进了。战斗至黄昏，日军终于仓皇窜回了西椏乡，我方随后兵分两路进行转移。一路由罗章有、杨子江带领主力队民权队先转移到靠近沙边乡的上埒九围馆（白庙谭崇的围馆），休息后经大鳌溪乡进入五桂山。另一路由阮洪川、吴子仁带领孔雀队和穿山队从小隐过河到左步头乡休息。

这一次战斗，虽然并没有什么收获，但对震慑日军，提高我部队的威信，鼓舞平原地区群众的抗日情绪，推动四区上游乡村的建政工作影响很大。群众纷纷反映：五桂山游击队真是了不起！他们不仅能打夜战，而且白天在山区也敢对日军进行反扫荡的战斗。这一仗在平原乡村张家边，也是妇孺皆知，士气大振，群众都说，游击队不论在哪里，都敢和日军拼硬仗！

（供稿　吴添渭）

抗日勇士马渭铭　英雄来自张四村

马渭铭（1908～1950年），又名马渭明，张家边四村人。1930年毕业于黄埔军校第七期，曾任中山县第四区区长，1935年任中山县警察局督察员，中山县九区分局长，1936年任中山县宪兵大队长，1937年任政（务）警（察）第一大队长。卢沟桥事变后，任广东防空会中山分会副会长。

1937年10月，张惠长接任中山县县长后，着手整军备战，加强海防、边防，尤其是加强第五区一带的防务，特派马渭铭率领政警第一大队前往五区企人石一带驻防，防御日寇从该地登陆入侵。

企人石在五区南屏镇（今属珠海市）西南9公里处，洪湾涌口东侧，东面近小钓村，南临芒洲海面，西南是磨刀门出海处，隔海距三灶岛约12公里，南距横琴岛约3公里，这里是海防要地。

1937年末，日军侵粤先遣舰队侵占珠江口外各岛屿，其炮艇、胶艇、渔船等经常在企人石附近水面出没，有时还用机枪、火炮射击我居民及民居茅寮。马渭铭就是在这样危急的情况下，率所部戍守边防。政警第一大队驻防企人石后，在马渭铭的指挥下，在沿岸及纵深地段上加紧修建防空工事，遍布伪装，以防空袭，决心粉碎日军的海空一体战术。1938年2月6日（正月初七），日军在淇澳岛登陆，大举烧杀劫掠后，把原来准备攻打香洲留狮山的炮艇，于当天下午驶向洪湾涌口，企图泊岸。马渭铭和隐藏在前沿阵地的官兵按兵不动，等待敌舰驶进我阵地前的有效射程内时，一声令下，以密集的火力实施射击，弹密如雨，给敌人当头一棒。敌人吃了一个哑巴亏，只好边打边撤退。不久，敌机又飞到阵地上空，盘旋助战，对我方阵地及后方实行轰炸。由于前沿阵地挖了堑壕、掩体和防空洞，纵深地段及工事都加以伪装，我军又组织了对空射击，敌机不敢低飞，因此炸弹多未命中目标，未能有效地杀伤我方有生力量。经过将近六个小时的激战，我方一名伙夫受伤，一名群众被炸死，而敌人却遭受很大伤亡，只好夹着尾巴逃窜。

这次抗击敌人登陆的胜利，旅澳门各界同胞在战斗结束之后，即派出慰问团携带干粮食物赶到企人石阵地上，慰问英勇善战的官兵，大家齐唱《义勇军进行曲》《歌唱八百壮士》等抗战歌曲。次日清晨，县政府及石岐各界代表特备酒肉、食物、用品前来犒赏参战人员，官兵们受到很大鼓舞，决心抗战到底，保卫疆土。

这次战斗结束后，县当局亦派出第五区自卫队加强协防。不久，又派政警第二中队驻防该处，政警第一大队则奉命调防别处，并委派马渭铭兼任中山抗日中央地区和四、六区副总指挥。

（供稿　吴添渭）

郑鎏艺高人胆大 深明大义修机枪

1937年，日本帝国主义大举侵华，1940年中山沦陷。中山人民纷纷建立抗日救亡组织，开展群众性的抗日救亡运动。在五桂山区，以古氏宗祠为大本营，成立了五桂山抗日游击队，建立民主政权，有力地打击了日本侵略者，遏制了日寇的嚣张气焰，激励了中山人民的抗日斗志。

在一次激烈的战斗中，游击队有一挺机枪打坏，不能使用了。当时武器十分缺乏，特别是重武器很少，少了一挺机枪，战斗力会受到影响，对杀敌救亡很不利。游击队领导当即指示：想尽一切办法马上抢修。可是找遍城乡连一间修理机器的店铺都没有，即使有，也是被敌伪严密监视的地方，一经发现必定遭殃。怎么办呢？大家出谋献策，终于打听到濠头乡有一间"鎏记"单车修理店。店主郑鎏原是一间大型机器厂的高级技工，抗日战争爆发后，他离开机器厂回到家乡开办一间单车修理店维持生活，他有可能会修枪械。游击队领导即派人去联系，但一见面，店主听说要修枪械，觉得这是很危险的作业，会惹来杀身之祸。于是他连忙摆手道："我只是修理单车的，不会修理枪械，请你们另请高明吧！"游击队员向他表明自己是保家卫国的抗日游击队员，并向他保证严守秘密，保证其人身安全，并向他作了抗日宣传——抵抗外侮，匹夫有责。希望他以国家民族的前途命运为重，尽力帮忙，为抗战贡献力量。经过游击队员的耐心动员，郑鎏终于被打动了，他答应试一试。游击队领导连夜派人把这挺打坏了的机枪包裹好，用自行车送来。郑鎏打开一看，顿时头都大了，这挺机枪是国外制造的，并没有零件可配，机枪的枪栓坏了，而枪栓是最关键的部件，精密度很高，修复难度很大。毕竟艺高人胆大，经过一番思考后，郑鎏终于想出一个修补的办法。他征得游击队员同意后，即进行拆卸、清洗、焊接、打磨、淬火，最后进行安装调试，整整修理一个通宵才大功告成。游击队员看到机枪修复如初，不禁大喜过望，拿出一沓钱来酬谢，但郑鎏师傅不肯接受。他说："你们在前方打日本鬼子出大力，我出这一点小力算什么！请拿回去吧！"游击队员解释说："我们的领导交代过，这是群众纪律，修理的工钱是一定要给的。"郑鎏这才勉强收下。趁着天色微明，游击队员不动声色地把修复好的机枪运回五桂山抗日部队，又重新投入到抗日战斗中去。

直到日本帝国主义无条件投降后，这件事才在濠头乡一带传扬开来。

（供稿　吴添渭）

飞虎将军显神威　空战建功敌胆寒

　　早在全面抗战开始前的 1934 ~ 1936 年，以张惠长为总司令的广东空军，就已经北上杭州笕桥机场，到抗日的第一线同日本鬼子拼搏。由于广东空军积极出战，敢打敢拼，成了日寇的眼中钉，扬言"广东机队飞到哪里就打到哪里"。

　　当时，广东空军混合机队所驻的笕桥机场，已经成了敌人轰炸的主要目标，敌机经常大编队、多批次前来，而广东机队飞机数量少、质量差，实力相差太大，每个飞行员都已经立好遗嘱，由空军委员会保存，决心"以一当十，以十当百"，与敌人拼命。为了避敌锋芒，广东空军启用杭州东南海边沙滩上临时修起的乔司机场。当日机轰炸杭州时，我军立即起飞迎敌。激战十多分钟后，终因敌众我寡，队长丁纪徐驾驶的飞机中弹受伤，迫降机场。而石邦藩、赵普明驾驶的两架容克机也先后中弹，石邦藩截肢生还，赵普明壮烈牺牲。

　　经过连日激战，广东机队人员、飞机损耗无从补充，南京政府又反感张惠长反蒋抗日，借口敌强我弱，将广东机队撤到安徽蚌埠，还把张惠长调职任驻古巴公使。从此，抗日前线少了一支骁勇善战的飞机队。

　　1937 年"七七"事变后，抗日战争全面兴起，中国空军也把主力部署到东南一线，仅南京、杭州、江苏句容的空军基地，就有第三大队的七、十一中队，第五大队的十七、二十八、二十九中队的近 60 架战斗机。原籍张家边三村的归国华侨何泾渭，时任二十九中队队长，驻守在句容机场。8 月 14、15 日，日军从台湾出动两批飞机队，每批 9 架王牌机"更木津"轰炸机，偷袭我军前线三个机场。我机立即起飞迎敌，战场主要在句容上空，史称句容会战。二十九中队的飞行员们在中队长何泾渭的带领下，满怀对侵略者的刻骨仇恨，驾驶着十多架驱逐机如子弹出膛般迅速升高，抢占了有利位置，时而成编队围攻敌机，时而各自为战，穿插敌机群中撵着打。敌方两批机群都被打乱了阵脚，有的屁股冒烟，有的在空中开花，先后被击落六架，其余的皆狼狈而逃。南京政府发布战报时称"中国空军抗击日机的句容会战以6：0大胜日本侵略军"。

句容会战后，广东战事吃紧，二十九中队奉命调到广州保卫祖国南大门。8月31日、9月10日、9月24日，日机先后三次空袭广州，何泾渭率中队的三个分队起飞截击，由于日机数量多、性能好、速度快，白云机场、天河机场还有一些民居都先后被炸。敌机正想溜走，何泾渭虎眼圆睁，对着对讲机命令："滥炸无辜杀人放火还想跑，干掉它！"他领头追了上去，黄绍廉、邓从凯、谢金也驾机紧紧跟上，四架飞机相互配合，衔尾直追，直追到新州上空，击落了敌机三架，击伤敌机一架，其中何泾渭亲自击落、击伤敌机各一架。

1938年春，何泾渭已升任第三驱逐大队大队长，奉命移师武汉驻防。日本侵略军在侵占了安徽芜湖后，在2月18日、24日，4月26日、29日和5月27日，先后五次出动9个中队81架轰炸机和驱逐机，轰炸武汉三镇和空军机场。当时中国空军起飞迎敌的，除何泾渭统率的第三大队十七、十八、二十九中队外，还有第五大队的二十二中队和一个苏联的志愿大队。在五次空战中，敌我双方空中力量对比，敌机比我机多几倍，而且日机是最新型的零式机，我方明显处于劣势。但是我国的飞行员们，根本没有考虑个人安危，人人勇猛冲锋陷阵，每次都击落或击伤敌机多架。5月27日，保卫武汉最后的一场空战中，战斗进行得非常激烈和艰苦。敌机七八十架，简直像蝗虫那样，密集地对武汉进行轰炸，并对我空军施以大包围战术，几架对一架进行围攻。何泾渭这时完全靠誓死杀敌、保卫武汉的坚定信念和高超的飞行技术，一边巧妙地穿云入雾、躲避敌机的围攻，一边抢占制空权，狠狠还击。他眼看有两架敌机被自己的火力打得屁股冒着浓烟逃跑，一架被打中要害在半空爆炸。可是他的飞机也满身弹孔，伤势不轻，他自己更是被敌机机枪轮番扫射，腿部连中七弹，腿已经不能动了，就坚持用手、用身体控制，把飞机安全飞返机场，由医护人员把他抬往医院抢救。

保卫武汉的五次空战，我空军以少胜多，共击毁了敌机21架，但是我方的飞机也被击毁、击伤17架，多名飞行员在空战中壮烈牺牲。当时，八路军驻武汉代表团周恩来、董必武、叶剑英等人，为在武汉空战中壮烈殉国的飞行员致送了挽联："为五千年祖国英勇牺牲，功名不朽；为四百兆同胞艰苦奋斗，胜利可期。"邓颖超亦代表西北妇女抗日救国联合会奉献花圈，向空军英雄致以深情的敬意。

这次武汉大战，有力地打击了日本的嚣张气焰，阻止了侵略军的长驱直进。何泾渭以其显赫战功获得云雕勋章一枚，在伤愈后调任四川航空训练处处长。他除了认真培训飞行员外，还亲自执笔编著了《航空操典》和《空军条令》，为抗日战争中的中国空军建设作出了贡献。

（供稿　陈永解）

万里长空逞英豪　令敌胆寒飞虎队

　　历史不会忘记，活跃于抗日战场，让敌人闻风丧胆的陈纳德飞虎队中就有来自张家边的热血青年。张家边大岭村的华侨青年欧阳图强在国难当头时，毅然离开了大学的学习生活，投笔从戎，进入了美国航空学校，苦练飞行本领。1941年秋，欧阳图强随美国陈纳德的飞虎队返回祖国，机队驻扎在昆明。12月23日，欧阳图强参加了轰炸缅甸仰光日军机场的战斗。这天天气晴朗，欧阳图强驾驶 P—40C 战鹰式飞机，与队友一起，14架飞机从昆明起飞，分批奔袭仰光的60架日本97式重型轰炸机，共炸毁敌机18架，有效遏止了敌机轰炸我国西南地区的嚣张气焰。

　　1943年7月31日，蒋介石接受航空委员会的建议。中国空军与第十四航空队（原名飞虎队）联合组成一支中美空军混合联队，以便统一指挥，全面配合作战。当时美国空军人员来到中国，语言不通，欧阳图强等华侨青年，便担负起沟通中美双方的桥梁作用，协助美军出色完成了任务。

　　1943年感恩节，欧阳图强参加了一项神秘而重大的奇袭任务。行动前几天，全部执行任务的飞机都伪装和隐蔽了起来，飞行员禁止外出。执行任务的前夕，夕阳刚落，飞行员要提早上床睡觉。黎明前的刹那，天特别阴暗，欧阳图强已爬上飞机，精神抖擞地等待起飞的命令。此时，衡阳东郊的遂川临时机场上一派紧张的气氛。突然一颗信号弹划过长空，15架 P—40C 驱逐机呼啸着冲破晨雾，跃上蓝天，与先后从别处机场赶来的18架 P—51 野马式驱逐机、P—38闪电式双身双发动机重型战斗机及一个中队的 B—25 双发动机中程轰炸机编队后，向东飞去。

机群发出震耳欲聋的爆音超低空飞过江西和福建两省，水乡稻田倒映出朝霞的红晕和一架架飞驶而过的铁鸟黑影，目标直捣台湾。

当最后一架飞机越过台湾海峡铅灰色的海面后，日本鬼子还在白日做梦，根本没有想到大难临头了！此时，机群横扫了日军新竹机场，炸弹和机枪子弹倾泻在跑道两侧的日本飞机上，连仓促起飞迎战的零式飞机也被砸了个稀巴烂。欧阳图强抱着满腔怒火，为了更准确命中目标，他压下操纵杆低飞，炸弹命中两架敌机，然后他抹去脸上的汗珠，一溜烟地冲上高空，随队返航了。这次奇袭战役，共炸毁敌机 42 架，击沉敌舰计 28000 吨，而我机无一损失，这是一场漂亮的远程奔袭。指挥这次战役的陈纳德少将兴高采烈，专门派一架 C — 47 型运输机运来火鸡，让飞行员们美餐一顿，度过了一次难忘的感恩节。

此后，欧阳图强又参与出击入侵武汉、九江、广州、香港等地日军的战斗，取得了累累战果。

在赫赫有名的飞虎队中，还有一位祖籍大环村的少校军官张佑民（1917~1989年）。他在美国获得物理学硕士学位后，于"二战"爆发初期就加入空军。飞虎队组建后，他即来到中国和缅甸战场的空军基地，担任气象台指挥官，在艰巨复杂的条件下，为战鹰提供了准确及时的气象保障。还有一位祖籍大岭的欧阳阅荣（1914~2003年），出生于美国加州，取得加州大学医学博士学位后留校任教。"二战"爆发时，他弃教从军，被派到中国云南及缅甸战区，担任校级医官，既救护伤病员，也培训军队医护人员，为战地救护发挥了很大作用。

大岭庆余坊欧阳庚的几个儿子也都是抗日英雄。三子欧阳可宏于辅仁大学物理系读书时，1937 年在北京东华门开设"宇宙无线电社"，为妙峰山的八路军制造、输送无线电发报机等通信器材。1939 年秋，他被日寇以"勾结八路"罪投入监狱，受到酷刑。出狱后赴美留学，在美国一所大学无线电系毕业后，参军到飞虎队任上士军曹，在中国云南及缅甸等处与日本鬼子作战。五子欧阳可祥奉欧阳可宏被捕前的托付为妙峰山八路军运送两套无线电器材，按照约定，应在燕京大学后门的常三饭店交接。但不知何故，他等了一天，联系人也没有出现，于是决定冒险送上山，历经艰险完成任务后，归途于黑龙潭遭日军枪击，伤重牺牲，为辅仁大学抗日八烈士之一。四子欧阳可亮曾于 1936 年同艾青、张汀等人参加抗日艺术宣传队，赴大西北宣传发动民众抗日。

（供稿　陈永解）

谭氏兄弟同心力　战争年代立功绩

　　谭吉兆和谭吉庆两兄弟，原中山县四区尚武乡白庙村人，他们继承祖业，在中山以租种田地为生。在整个抗日战争和解放战争年代，他们一家人在物资、人力和精神上都给了中国革命积极支持，为胜利作出了不可磨灭的贡献。

　　当年，有一支在五桂山区战斗的抗日队伍，时常在区内打击日寇，也在张家边一带的村庄活动。队员们时常去谭氏兄弟家中落脚。最初，人称三叔的李志海经常带领游击队过来，而后又有几十，甚至上百人过来，有时候在谭家小憩，作短暂的休整，有时候甚至住了下来，一住好些天也是常有的事。谭氏兄弟一家总是热情地招待他们。一位名叫程志坚的女干部，人称"大姐"，最早和谭家熟识，继而又有其他干部经常和谭家打交道，例如欧初、吴子仁、郑振、李志海、黄乐天、谭桂明、谢月香等。还有很多其他抗日武装队的干部和队员，如谭帝照（三九）、周文宪、黄若明、郑昆明、吴素明、阮照、郑亮初等等，也不时前来"叨扰"谭家。大姐程志坚有时自己过来，有时还会带上几位女同志一起过来，在谭家住上几天。她们帮着谭家兄弟拔草、做杂工、干农活，同吃同住同劳动，大家有说有笑，亲如一家。欧初和黄乐天两位干部也是经常光顾谭家，并和谭家兄弟一起商议各种事情。随着抗日武装队伍逐渐扩大，谭家也渐渐成为一个比较重要的接头联络点。一旦有队伍过来，谭家人无偿地接待他们，连自家饲养的鸡鸭鹅和池塘里养的鱼也都拿出来慰劳抗日武装队伍。当时，游击队的生活非常艰苦，常常缺衣少食。谭家人只要一想到游击队员们为了村里老百姓的平安奋力去打击日本侵略者，便发自内心地倾尽全力，像亲人一样对待他们。尤其是在日伪军围剿五桂山区时，游击队员们总是化整为零地来到谭家躲避、休整，人数不定，有时一住就是十天八天，同行的还有不少伤病员。谭家人总是忙着请医生给伤员治病，让他们住在家里养伤，从不计较个人得失，更毫无半句怨言，直到新中国成立。

1942 年的一天，濠头乡文阁附近榄核围被日伪军包围并火烧围馆。而那一天游击队侦察人员正准备在这里开会，幸好发现了日军的包围并立刻跑进谭家昌发围馆躲藏。谭氏兄弟又用渡船将这十几个游击队员送过了大涌，挽救了他们的生命。1943 年农历大年初七，日寇再次围剿五桂山区。郑四源化装成乞丐侦探日寇军情，有两百多名游击队员来到谭家的下倾九果基隐藏。因人员太多，谭家想尽办法用船只来运送粮食、安顿游击队员，直到两天以后，才将全部游击队员送回了五桂山区。期间谭家人所付出的辛劳以及对游击队员们的大力支持，可想而知。谭氏兄弟不论在抗日战争时期还是在之后的解放战争时期，无论是在粮食供应、物资保障还是在战争宣传上，都积极协助并配合五桂山的革命武装，得到了组织上的充分信任和感激，我中山的抗日游击组织因此而更加勇猛无畏，对来犯的日寇进行一次次沉重的打击。1944 年秋天，为了防范西桠乡的日军进攻，罗章有同志带领一个加强班，配轻机一挺登上村后扯旗山炮楼进行警戒。第二天下午 3 点，日军连同伪军几十人，配有机枪和钢炮，来偷袭我游击部队。日军兵分两路：一路从西桠方向经窈窕村直入村头，然后直下新桥；另一路则绕道从村旁利用蕉基、蔗林作掩护，经闪门桥直扑观音庙。阮洪川和马鼎接到五桂山行政督导处麦洪均送来的情报后上街巡视，发现日伪军后同时拔出短枪向敌人扫射，打死一个日寇。据守在扯旗山上和村尾几个炮楼的部队，听闻枪声后，即刻对敌寇展开攻击。对面河的日军则用钢炮向我驻地炮楼轰击扫射，炮楼被射得弹痕累累。双方激战一个小时，日军不敢恋战，不敢再向我方阵地继续前进。战斗至黄昏，日军仓皇窜回了西桠乡。

1940 年大茅战斗后，谭氏兄弟不仅想方设法请来了濠头乡的西医郑宝光抢救、治疗伤员，更是冒着生命危险，收拾了烈士的骸骨并安葬于南朗区的溪头角。1947 年，谭氏兄弟又筹款协助李志海将在大茅战争中牺牲的谭帝照、黄培正等烈士的骨骸从南朗区溪头角处迁入中山市环城区齐东村附近的四中坟场，并在墓碑上刻了碑文。黄乐天于 1962 年将这些烈士的骨骸集体安葬在中山长沙埔烈士陵园。谭帝照烈士牺牲后，谭氏兄弟还每月资助谭帝照的妹妹，给她生活费。从 1948 年到 1949 年，谭氏两兄弟又替游击队筹集军饷并给战马准备粮草。

由于长期掩护我游击队抗日武装组织，两兄弟一直受到日伪、国民党反动政府的通缉和追捕，很长时间都不能公开露面。日伪、反动派每次在搜捕游击队员的时候，谭家必定首当其冲。但即使被日伪、反动派盘问，谭家的每一个人都始终守口如瓶，不曾泄露过游击队员的半点消息。

1949年3月，游击队接到国民党围剿五桂山的错误情报，便迅速分为三队躲藏。其中一支队伍在凌晨2点30分赶到了谭家昌发围馆。由于人马众多，只能在禾草堆上休息。三天以后，警报解除，他们才得以撤退回五桂山区。队伍撤离后，谭家立即清理现场，避免被人发现游击队来过。

1949年10月30日上午，中山独立团和五桂山革命根据地人民一千多人，从大鳌溪出发挺进石岐，与两广纵队先头部队胜利会师，石岐宣布解放。谭吉兆事先做了大量解放宣传工作，就在解放当天，他也参加了解放军在仁山广场举行的进城仪式和大游行活动，和谭桂明、黄乐天、李志海等革命老同志一起合影留念。

（供稿　徐一川）

中山县长张惠长　一生倥偬波澜壮

张惠长（1899～1980年），字锦威，中山市张家边大环村人。是早期中国空军最出色的飞行员，曾在孙中山麾下任航空局副局长，此后任西南空军总司令，中年回到家乡中山出任县长，率领中山军民与日本侵略者殊死搏斗，直到率部光复中山。其一生的轨迹，大致由两个阶段构成。

无畏的飞将军

张惠长幼年随父到美国。民国成立后，为壮大革命力量，孙中山正式提出"航空救国"的主张。此举得到中国国民党美洲总支部林森的支持和响应。在华侨的资助下，中国国民党空军学校终于在美国创办。张惠长于1915年到设于寇蒂斯的航空学校学习飞行技术，是该校首批20名学员之一。1917年他毕业回国，任孙中山大元帅府侍从武官，翌年任大元帅府参军副官。

1922年，孙中山创立航空局，任命杨仙逸担任局长，下设两个飞行队，张惠长是第一队的队长。期间，杨仙逸、张惠长等曾与美籍工程师合作，在广州大沙头创办广东飞机制造厂，成功制造出一架飞机。孙中山欣喜之余，特将此机命名为"洛士文号"（宋庆龄的英文名字为Rosamond），还与宋庆龄一起在飞机前摄影留念，并在机场亲书"志在冲天"的横幅赠送给杨仙逸，以示表彰。

杨仙逸和张惠长奉命驾机参与讨伐军阀沈鸿英，迫使沈鸿英部队溃退广西。随后，张惠长参与广州大沙头机场和白云机场的建设。他曾奉命赴闽，组建援闽粤军飞机队。1922年任航空局副局长、北伐军飞机队队长。1927年任广东航空学校校长、航空处处长。

1928 年，张惠长曾驾"广州"号飞机单机环飞全国，一时间在全国掀起航空热。

环飞全国壮举的起因是：1928 年，原广东航空局改组为航空处，由林伟成任处长，不久由张惠长继任，陈庆云任副处长（三人均在美国学习航空后回国）。为了宣传"航空救国"的思想和提高民众对发展航空事业的兴趣，航空处用中华航空协会第二特区（广东区）的名义向美国瑞安飞机公司购入当时较有名的瑞安 B-5 型"四轮马车"（Brougham）5 座单翼飞机水陆型各一架。陆上型飞机被命名为"广州"号，水上型被命名为"珠江"号。在熟练操作后，决定筹措长途飞行创举。飞行日期确定后，即将飞行所经降落地点、路线发电通知各地，请予合作。

首航机"广州"号由张惠长任机长，与第二队队长杨官宇（中山南区人）、航校教育长黄毓沛、随机机械师杨标等人组成机组。1928 年 11 月 11 日 8 点 15 分，"广州"号从广州大沙头机场起飞，中途曾遇恶劣天气，14 点 30 分降落武昌南湖机场。11 月 15 日 9 点 50 分，"广州"号飞往南京，13 点 30 分降落南京明故宫机场，受到冯玉祥将军和南京政府军政界及各界代表数百人的热烈欢迎。17 日 14 点，南京各学校、社团及军队约五万人集会，会前由"广州号"凌空散发红白色宣传"航空救国"的传单。会上胡汉民先致辞，接着戴传贤发表演说，随后由张惠长报告飞行经过及飞行计划。会场悬挂的宣传标语有"飞行是促进国利民福的第一武装""总理说：飞上天都做得到，何事不成？""此为中国空军建设努力的表现""举国一致迎头赶上世界最新之文化"等。会场中央停放着"广州号"供群众参观。

11 月 19 日，"广州号"离开南京飞往北平。当接近北平时遇大雾，傍晚时分迫降于河北廊坊。次日 9 点 30 分，"广州"号由廊坊飞往北平。11 月 26 日下午降落奉天（今沈阳）。当时，奉系统治东北，仍沿用北洋时代的旧国旗五色旗，而"广州号"的机翼、垂尾均有国民党的航空标志，东北当局能否接受，尚无把握，没料到竟受到张学良为首的东北航空界人士及当地政府官员的热烈欢迎。事隔不久，东北宣布易帜。12 月 1 日 15 点 21 分到达天津。12 月 4 日飞抵上海。于 12 月 8 日与另一架长途飞行的"珠江号"会合。12 月 17 日 9 点，"广州"号携带纪念长途飞行邮件回航广州，途中因天气不佳，便在南昌降落停留一宿。18 日 14 点安全降落起飞地点大沙头机场。飞行全程为 5890 公里。

南京政府航空署致电广州航空处祝贺，电文如下：

> 广州航空处张处长及杨黄两同志钧鉴巧电敬悉诸同志此次作全国长途飞行实开我国航空界之新纪元天马行空长风万里厥功告竣举国腾欢特电复贺祝鸿勋熊斌张静愚叩个印

"广州"号和由陈庆云任机长的"珠江号"的先后两次飞行，飞越了广东、广西、湖南、湖北、江西、安徽、江苏、山东、河北、辽宁、浙江、福建多个省份的上空，是史无前例的创举。

必须指出的是，尽管在天空飞翔自古以来就是人类的梦想，但真正能够上天飞行的飞机，直到1903年才由美国的莱特兄弟制造并试飞成功。至于跨越大洋的长途飞行，更是直到1927年5月，才由美国的飞行家林白予以实现。但仅仅在一年后，张惠长、陈庆云等中国飞行员便已实现可与之相比的长途飞行，可见当时的中国在新崛起的航空事业上并不落后于世界先进国家。

当年的飞机制造尚处于起步阶段，所生产的飞机结构简单、性能低劣、稳定性很差。再加上机上没有无线电通信系统，对目的地的天气情况只能在飞行前靠前站提供预测，如在飞行过程中遇到突发的恶劣天气只能迫降，因而长途飞行其实是非常危险的。

就在进行单机环飞的前一年，张惠长与他的战友，还曾经发生过一起严重的飞行事故。为了庆祝国民革命军第四军在北伐战争中所向披靡，大败吴佩孚部队，攻下武昌，并与第三军合作在江西击破孙传芳主力，攻下九江及南昌，从而奠定北伐成功的基础。1927年第四军凯旋时，广州军民举办了规模空前的祝捷大会，时任广州航空学校校长的张惠长义不容辞地担起在空中散发传单的任务。他与另一位飞行员聂光汉各带一名助手，分别驾驶一架亚扶路型飞机升空执行这一任务。不料其中一架飞机在升空不久即因机械故障下坠，另一架飞机也因承载传单过重下坠，聂光汉当即殒命，张惠长等三人也负了重伤。神奇的是，此后，张惠长竟很快地恢复健康，而且再接再厉，终于在一年后圆满地完成了单机环飞全国的壮举。

"单机环飞全国"之举震动了中外航空界，同时也让国人预见了在中国开辟民航航线的可行性，不久，交通部和广州即已开始办理开通民航航线。张惠长等人实际上是中国民航事业的先行者。

1929 年，张惠长升任南京航空署署长、中央航空学校校长，在任航校校长期间，他共训练了学员 199 人。

张惠长于 1931 年被选为国民党第四届中央执委，并随孙科到广州，任西南空军总司令。期间曾发出号召空军人员誓不参加内战的通电，得到广东省全体空军的签名响应。

1932 年 1 月 28 日，日军进攻上海，蒋光鼐、蔡廷锴领导的十九路军奋勇抗敌，迅速掀起了全国人民的抗日热潮。但事后，十九路军却被蒋介石强行调去福建攻打红军。蒋光鼐、蔡廷锴二人不想打内战，于 1933 年 11 月 21 日在福建与李济深联合，成立了"中华共和国人民革命政府"，与红军订立了"反蒋抗日"的协定。张惠长对十九路军的抗日主张十分支持。1933 年底，他发动空军第一、五中队长邓粤铭、刘植炎，航校校长杨官宇等人，取道香港前往福建，计划协助李济深组织抗日空军。但福建人民政府很快在蒋介石的围攻下解散，故此行未果，张惠长只好快快折回广州。

早在 1932 年淞沪会战序幕揭开之初，张惠长就曾组织一支混合机队前往杭州，支持十九路军抗日，因而被日寇视为眼中钉，扬言"广东飞机队飞到哪里打到哪里"。广东飞机队在劣势下浴血苦战，战功显赫，但损失也很惨重，在当时的物质条件下，损耗根本无法补充。由于广东空军在陈济棠治粤时期曾经追随西南联合政府反蒋，因而蒋介石对广东空军素存成见，在电令广东空军撤至安徽后，不久便把它的番号撤销了。1935 年张惠长调离空军，赴外出任驻古巴公使。

守土的真勇士

1937 年 10 月，张惠长受孙科委派，回到家乡出任中山县长。赴任后的首要大事，就是建立一支具战斗力、可以随时击退日军进犯的守土部队。

其时，日军发动的卢沟桥事变已经发生。翌年 2 月，日军攻占中山三灶岛，并在该岛的莲塘湾修建机场，每天从三灶岛出动战斗机，轰炸广州、佛山、中山石岐等地。

按照国民党临时全国代表大会通过的《抗战建国纲领》精神，张惠长努力加强战时体制，先后成立了广东民众抗日自卫团第三区统率委员办事处（张惠长任统率委员）、中山县地方守备总队（张惠长任总队长）、中山县各界联合抗战后援委员会（国民党中山县党部书记长林卓夫为负责人）等机构，并将原来只有三个政警中队、两个壮丁中队的武装，扩充为三个政警中队、十个守备中队、九个区一级的民众抗日自卫大队（集结大队，也称别动大队）和一个商会的义勇壮丁大队，人数共达 2000 人。张还将公安科改为公安局，侦缉队扩至 50 人，配备手枪，成为一支精锐的武装力量。1938 年 2 月，他被任命为第三游击区司令部司令。

1938 年 10 月 12 日，日军集中陆、空军兵力七万多人，在大亚湾强行登陆。为避其锋芒，广东省政府、国民党部及第四战区的大部分部队均从 13 日起撤往粤北。10 月 21 日，广州沦陷，其后，顺德、南海、三水等地相继失守，中山实际上已经成为敌后的孤岛。

中山县长兼第三游击区司令张惠长并不气馁，他从同仇敌忾的中山民众身上看到了希望。他慨然发出号召："有一尺之土，当据而力战！"他解释说："顾因广州之陷，已日在风声鹤唳之中。敌之宣传，早晚必到谋我。且县境四面防守，兵有未敷，势有不得不惟恃死斗之一法，以保邑中土地而已。"

为此，他抛弃党派成见，欣然接受中共中山县委建议，两党联合成立广东青年抗日先锋队中山县队部。半年内，中山抗日先锋队发展到拥有三千多名成员，成为广东省抗日先锋队属下规模最大、人数最多、影响最大的青年抗日群众组织；随后成立的中山县战时妇女协会也拥有一千多名成员。张惠长和夫人薛锦回，分别担任这两个组织的总队长和会长；中共党员孙康、刘紫云分别担任副总队长和副会长。

而在此之前，张惠长已于 1939 年 3 月被余汉谋免去游击区司令之职，改派吴飞为司令，但他仍是县长兼地方守备总队长，再兼县民众抗日自卫团正统率委员，还管辖一支公安部属下的政警大队。所以，保卫乡土的决心仍然很足。某次，轰炸石岐的敌机掠过民房低飞，他一怒之下，竟走出了县府（学宫）的防空洞，亲自手提机枪向敌机猛烈扫射，打得敌机慌忙升空逃窜，目睹者无不为之折服。

强敌压境之际，富有作战经验的张惠长料定：日寇进犯中山，必从叠石、横门两地突袭。为加强防御，他决定在横门沿岸构筑两道防线，并在横门水道南岸沿线重点布设水雷。

1939 年 7 月初的早稻收割季节，为了从中山人口中夺粮，日军终于忍不住向中山动手。他们的计划是，从新会睦洲出发，兵分三路进犯中山。其中，叠石、全禄为主攻目标。我方则早已得到情报，从 7 月 8 日起就在青岗集结待命。

7 月 9 日上午 8 点，两翼之敌在特沙和横涌受到阻击。9 点，主攻之敌在飞机和浅水舰的火力支援下进犯叠石、全禄。两村村民先是坚壁清野，继而安全后撤。在激烈的交火中，部分阵地一度失守，但到 10 日凌晨 4 点，叠石、全禄均已收复。

日军不甘失败。10 日上午，又以浅水舰五艘、汽船和橡皮 20 艘，从横门水道进入石岐西河，驶向福荫围和黄牛头山两岸，又从三灶派出四架水上飞机进行空中支援，企图强行突破，直扑石岐。敌军登陆抢滩时，我军布下的水雷大显威力，炸毁敌军一艘铁壳拖船、五艘橡皮艇。相持数小时后，日军伤亡惨重，被迫在飞机掩护下撤回海上。

1939 年 7 月 24 日上午 8 时，日军集结大小军舰各一艘、浅水舰四艘、武装渔船六艘、胶艇 13 艘、汽艇 14 艘、运输船两艘，以绝对优势兵力向横门推进。三灶岛机场也同时出动飞机两架，反复轰炸仰天山、大尖峰、芙蓉山、笔架山，其后续飞黎村、东利涌、灰炉涌、下岐涌。

经过 24、25 日的试探性进攻后，26 日下午 3 点 30 分，日军在军舰和飞机的火力掩护下，以二十多艘橡皮艇载着两百多名士兵，分三路在横门登陆并向纵深推进，先后抢占了玻璃围、猪山、芙蓉山、大岗山、仰天山和大尖峰等制高点。

张惠长途中闻讯，立即驰赴前线。当接近前线时，其行踪被敌军发现。敌炮手连发两炮，炸伤了一位卫士的手臂，张惠长镇定如常，抵达黎村后立即就地重新组织火力，指挥机枪数挺冲上珊洲村后山，把敌人的火力压了下去。

27 日，转入相持阶段。中山抗先第四区队的武装集结队开往黎村一带，协同国民党守备队抗击大岗山方向的日军。

28 日，我军由战略防御转入反攻。入夜，大岗山之敌向大尖峰之敌求援，而芙蓉山之敌却以火炮攻之，双方误战三个小时，伤亡颇重，我军乘机冲进，收复了芙蓉山。

30 日，我军从芙蓉山出发，冒雨突袭仰天螺。大约在同一时刻，企图从小隐河口突破的敌舰、运输船各一艘触雷沉没。

31日下午4点，日军在舰艇、飞机的火力掩护下开始撤退，我军则全线出击，扩大战果。至此，历时八天的横门保卫战首战告捷。是役日伪军伤亡两百多人，我军伤亡不足100人。

战后，中山"抗先"第四区队长孙海筹（国民党爱国人士）对香港《星岛日报》记者说：

"我军能迅速取胜，是与民众的支援分不开的。敌军撤退后，灾民已全部回乡并得到安置。他们多属水上居民，政府也有拨款救济。有不少人还不愿接受赈款，宁愿让给困难多的灾民。"

9月7日，日伪军调动2500人，登陆艇三十多艘，飞机十多架，再次向横门进犯。

8日，敌军三百多人在芙蓉山、玻璃围一带强行登陆，苦战至入夜，双方伤亡惨重。

9日，敌军攻占大尖峰。

10日，东线我军转入纵深防御。

11、12日，双方激烈争夺大王头，阵地数度易手。

经过侦察得知，此时日军正采取迂回战术，企图从东西两翼包围我军。因此，前线指挥部决定，东线横门守军撤回二线；西线则在张家边一线布防。至此，企图从两翼包抄我军之敌，反陷入我军天罗地网之中。

13日至20日，双方在三仙娘山、猫儿头山、大环河进行了三场恶战。三仙娘山之战，一天之内击毙敌军两百多人，我方仅伤亡30人。而在我军对猫儿头山的一次夜袭中，敌军留下的数十具尸骸竟全是伪军，原来日军早在入夜前已躲回军舰。大环河之战，敌军因两次冲锋均遭惨败，竟迁怒于老百姓，一把火把大环、渡头的民房、店铺全部烧光，躲避不及的老弱妇孺则被刺刀捅死。是夕，张惠长在西椏山上望着家乡的冲天大火，悲愤地对大环抗日先锋队大队长李渐逵说：必须抗战到底，民众才能免除祸殃。

到9月20日，我军已收复大部分失地，并追敌至距大王头山仅60米处，又一次形成僵持之局。日军竟将抓获的十多名士兵和农民绑在阵地前沿的木桩上，或将其下半身埋于土中，以作人肉屏障。

9月21日，持续14天的第二次横门保卫战告一段落。此役被击毙日伪军多达600人，飞机一架；我方参战兵力共1600人，牺牲四百多人。

9月21日，敌军主力撤回海面舰艇上，只留少量兵力固守大王头。敌方守而不退，我方则围而不攻。这一胶着状态一直持续到10月6日上午。

9月27日恰逢中秋佳节，正是敌我双方在大王头对峙的相持阶段。张家边妇女纷纷把传统糕点月饼送到前沿阵地。澳门同胞也以月饼慰问前线官兵，竟致阵地上的月饼堆积如山。

据不完全统计，在叠石之战、黄牛头山之战和前后两次横门大战中，中山军民同心协力，把号称"钢军"的日本侵华第五师团打得落花流水，共歼敌千人、战机一架、舰艇八艘。这是日军进入华南战场以来损失最惨重的战役。

横门初捷，本该庆贺，但此时，国民党第五届五中全会制定的《限制异党活动办法》已在全国推行。如果说，1939年3月，坚持团结抗日的张惠长被免除游击区司令之职，仅仅是个不祥的征兆。那么，到1939年秋，局势已经相当明朗，先是林卓夫取代张惠长，接任国民党中山县党部书记长；同年12月15日，在韶关召开的广东省政府第九届委员会上，"主席（李汉魂）提议，中山县长张惠长撤职交本府吴飞委员察看，并着随同服务戴罪自赎，遗缺派吴飞兼理"获议决。张惠长被革职，意味着局势已经急转直下了。

对此，当时的中山人评论说："走了会飞的县长，来了唔（粤语，谐音"吴"）飞的县长。"

1939年8月，国民党县党部宣布解散"抗先""妇协"。9月，通缉中山"抗先"第一区队长张鹏光（县立一小校长，中共石岐小学党支部书记）和中山"抗先"副队长孙康。就在军警开始围捕行动前三个小时，张惠长暗中派人通知孙康。孙康及时离开西椏村，转移到沙边、长命水，9月下旬安全抵达香港。

而经横门失利后，为了"重振军威"，日军决定以旅团长川田为指挥官，从新会、江门抽调1500人，从南海九江抽调1000人、马队300人，加上三灶岛的受训新兵800人进攻中山西线；又从宝安抽调1500人，进攻中山东线。还出动飞机四十多架，战舰十余艘，汽艇、胶艇四百多艘，连同已进入横门的部队共六千多人，兵分五路，合围中山。

1939年10月6日下午7点，西线日军在叠石、全禄、石井登陆后，连陷南村、安堂、南文、濠涌、下坊、青岗、沙溪，我方第二区自卫大队长林勤邦在指挥战斗中阵亡。日军的另一路人马渡河攻占一区金鱼环，再经渡头、沙涌直扑石岐。敌汽艇由横河窜犯一区树涌、曹边，会合三灶岛新兵夹攻北台。在曹边，他们遇到了乡民的关闸抵抗，久战不下，被迫绕路经沙涌扑向石岐。

进攻横门的日军于 7 日早晨突破了小隐、大环；在张家边，则遭遇到节节抵抗。

经过一天一夜的激战，在敌众我寡的形势下，7 日下午 2 点，张惠长决定率石岐守军全面撤出，向五桂山转移。

日军先派出少量伪军入城试探，证实没有守军后，日军乃分西、南两路进入石岐，把司令部设在南门方基巷内。

日军虽占领石岐，却始终对中山军民有所忌惮，不但不敢如占领别处那样给士兵放假，还匆匆以主力布防于石岐外围。次日，进入岐江河日军舰艇共计一百多艘，意在耀武扬威，为不久前在中山创下的败绩涂脂抹粉。

敌军进入石岐后，接连三次到侨立医院搜索伤兵，但一个也没有搜索到。失望之余，领队的少佐拔出指挥剑，意欲对病人、产妇大开杀戒，经医院内的外国传教士哀求才勉强罢手，但仍把医院内的药品和器材全部带走。

8 日下午，张惠长在石莹桥召开军事会议。他指出，必须趁敌立足未稳之际快速反攻，先绝其与外围的联系，然后分进合击之。

谁也没有想到，仅在三天后，入侵石岐的日军就匆匆撤走。

别动队司令袁带闻讯，急率数百人与第一游击区司令部参谋长萧祖强部在横栏会合，迎头截击敌人。双方相持多时，敌军才在炮舰的火力掩护下离去。

10 日上午，我军复入石岐，中山县的第一次失陷（俗称"石岐三日沦陷"）至此结束。

1940 年 1 月 16 日，日军在粤北会战受挫。2 月，改组后的驻华南日军，又把目标指向了顺德和中山。

3 月 1 日，日军第 38 师进犯顺德县城大良；4 日，日军获悉吴飞竟偕林卓夫赴南屏向联合中学学生训话，当晚就在澳门盘桓，决定趁此机会，立即进犯中山。

从 3 月 5 日直到 15 日，日军 18 个师团共动用一万兵力入侵中山。

5 日，日军从顺德攻入大小黄圃。

6 日，从海路登陆唐家、香洲，陷前山、坦洲、翠亨。

7 日，陷南朗、张家边、三乡、恒美、石岐、沙溪、大涌。

15 日，陷小榄。至此，除三、九区外，县境大部分沦陷。日军到处抢掠财物、奸淫妇女、屠杀平民。

由于缺乏统一指挥，致使日军长驱直入，只遭到各自为战的部分地方武装的零星抵抗。

7日下午，日军第18师团进占石岐，据学宫为司令部，又把原警察局改为伪绥靖救国军司令部。不久，日军扶植下的伪军参谋长欧大庆经小榄到了石岐，建立起各级伪维持会和伪政府。自此中山沦陷于日寇的铁蹄下，历时五年之久，直至日本投降才得以光复。

吴飞此时已无法返回县城了。6日下午4点，他辗转经坦洲回到三乡平岚，7日晚再转赴斗门。此后，吴飞将游击队司令部及县政府迁到八区。同年5月，吴飞解职，袁带继任游击队司令，书记长林卓夫兼任县长。1941年年初，林卓夫卸任，萧豪继任县长。同年2月8日，日军入侵八区，县政府迁新会，游击队司令部迁往鹤山。同年10月，"挺三"司令袁带兼任县长，县政府一并迁往鹤山。

石岐沦陷，并不表示中山守军已经丧失战斗力，经重新召集、整编，吴飞、袁带等人将游击队司令部及县政府先设在八区，再迁入新会、鹤山。1940年5月改编为挺进第三纵队，所辖部队控制着鹤山、顺德、中山部分区域，守住一片国土。到后来，坚决抗日的张惠长也从澳门赶来了。1943年8月，曾一度迁到澳门复课的中山县联合中学也迁到以鹤山作屏障的恩平。资料表明，到1944年为止，日军对鹤山共进行了53次扫荡，18次炮轰，158架次空袭，造成505人死亡，389人受伤，比起周边沦陷区，损失还是较小的。

与此同时，中山县公安局侦缉队长梁新年率领的五十多名侦缉队员，在退入三、九区后，与九区抗日集结大队会合，新组了一支"抗日奸伪、保卫家乡"的游击队伍。为避敌耳目，挂的是"民利公司"招牌，以二、三、四、九区为潜伏行动根据地，坚持长期抗战。

艰苦的八年抗战终于结束了，1945年8月12日，日本天皇向全国广播，正式宣布向盟国无条件投降。

1945年7月1日，经国民党中央党部秘书长吴铁城、立法院院长孙科、广东省政府主席李汉魂等电促，闲居古镇海洲的张惠长接替方岳昭重任中山县长，在县境内距小榄十多公里的三区怡围设立战时县政府。

8月15日，县长张惠长、国民党县党部书记长刘次修、"挺三"司令伍蕃等人率部推进至二区溪角乡办公，就近监视县城日军。张惠长派警察局局长萧仇率武装队伍先进入县城维持秩序。日军司令鍼谷亦派遣高级官佐二员，至溪角叩访张惠长，表示唯命是听。

10月7日，石岐县城光复。159师师长刘绍武、县长张惠长率文武官员举行入城仪式，并在仁山召开县城光复群众大会。同日，县政府从鹤山沙坪迁返石岐，进驻学宫。

中山民众敲锣打鼓，燃放鞭炮，欢庆中山光复。万人空巷观看受降仪式，纷纷把唾沫吐向被押赴码头的日军。

为了赢得抗日战争的最后胜利，中山付出了沉重的代价。据1945年12月中山县政府的统计，在沦陷期间，仅饥饿致死一项，县民的死亡数高达12.4万人。

战后的中山满目疮痍，作为光复后的第一任县长，张惠长如何着手？

首先，重整国有金融机构。1945年底，广东省银行中山支行重建（降格为办事处），行址设于石岐孙文西路222号；1946年，中国农民银行中山办事处在石岐成立，地址设在石岐太平路405号，主要业务是农业贷款，兼办商业、机关、团体、个人的存、贷款。为执行国民政府"恢复农村经济，改良农业生产"的政策，该行与中美联合总署、广东省粮食增产处合作，办理了大批化肥及良种贷款业务。贷款的主要对象是国民政府组织的乡、村农业生产合作社，由县、乡政府担保还款，其次是乡农会由县政府担保还款。

其次，成立民意机构。1946年2月11日，中山县临时参议会成立，魏觐明任议长。会址设在石岐高家基林氏宗祠。

更重要的当然是恢复生产。沦陷期间，日寇"以战养战"，大肆掠夺，迪光电厂的发电机组也被搬走。张惠长动员李德联出资重建石岐电厂，恢复县城供电。1946年10月，李德联投资的思豪酒店开张，带动了中山建筑业的复苏。由于广东海关撤销出口税，各行商人纷纷搜集蚕丝、桐油、茶叶、桂皮、鸡鸭毛、纸张、竹器等运往美国、英国。经报验出口的商品，当年大幅度增加1/5。随着货畅其流和侨汇的恢复，居民生活得到明显改善。

同年11月，县政府决定按田亩每亩征谷十市斤，作为本县的军人复员和建设经费。而在此前的同年5月，县政府还责令商会以"按铺面阔度比例负担该段筑路经费"的办法新辟南基路。

县政府在开源的同时实行节支，缩减基层机构，撤销第一、二、四、五、六、七区，全县乡镇由 364 个缩编为 67 个。

县政府呼吁海外华侨捐资，把石岐烟墩山开辟为中山公园；在迎阳公园建造"中山县抗战殉难先烈之墓"。同年 8 月，香港永安公司捐资于家乡竹秀园兴建景春水闸。

教育方面，则制订了《推行国语运动实施计划书》，组织机关学校职员参加培训班学习；规定公务活动一律使用国语；又采取多种形式推行国语，规定师范生注音符号考试不合格者不得毕业。

张惠长的贤内助薛锦回也没有闲着，她随同张惠长返回中山时，从鹤山带回了将近 200 名孤儿。

薛锦回（1905～1985 年），祖籍中山三乡，父亲曾在上海经商，毕业于哥伦比亚大学家政系，1928 年在上海与张惠长结婚。抗日战争期间，薛锦回曾担任中山县妇女协会会长，与中共刘紫云合作，举办过两期妇女骨干培训班，讲授"妇女运动历史""国共合作宣言""救护常识""军事知识""论新阶段"及教唱抗日歌曲等。在横门保卫战中，曾组织妇女到前线救护伤员、送茶送饭。

1940 年 1 月，张惠长被革除职务后，薛锦回随夫来到了澳门，其后独自回上海。1942 年初，张惠长先撤到中山黄圃，再转赴鹤山县时，薛锦回冒险由上海出发，途经已沦陷的香港转赴鹤山，与丈夫共患难。

1943 年，她在鹤山开办"中山儿童教养院"，亲自上街宣传，筹集善款、粮食、衣服、棉被等，接济因战乱而失去双亲的难童。

抗战胜利后，她任中山县妇女工作委员会主任委员，主持救济院。救济院原名"中山难民收容所"，院址初设在石岐莲塘街郑氏三公祠。该院把难童按年龄和文化程度分为六个班，分别按小学不同程度的课程施教。早上 5 点起床，8 点上课。课堂是流动的，有时在操场，有时在宿舍，有时在天井。下午组织难童生产自救，工种有编织、垦殖、饲养等。1946 年初，薛锦回认为不宜把难童和成年难民混在一起，征得各界支持，专为难童办起了"中山县育幼院"。

在此期间，她还积极为因抗战而失学的儿童办学校，如 1946 年 8 月在寿山里开办的"中山小学"。又打算筹建四区中学，已选好南朗大车村山麓为校址，并从张家田产中拨出 100 亩作为启动经费。

她对民众教育也很重视，曾借用县中的课室举办妇女识字班。针对当时中山盛行的买卖婚姻、包办婚姻，她效仿抗战前民众教育馆的做法，提倡集体结婚，提倡结婚自由,保障妇女权益。

在以张惠长为首的县政府的治理下,光复仅一年,中山已重现生机。

1945 年国共双方签订的《双十协定》,本该为国人带来持久和平,不幸的是,协定并未得到切实执行,1946 年 6 月,国共两党内战全面爆发。同年 10 月,张惠长因"剿共"不力被免职。

卸任县长后,张惠长虽然还挂着立法院委员、国大代表等虚衔,政治生涯实已结束。1949 年,他偕同夫人薛锦回经澳门前往台湾。资料表明,由于张惠长一贯的反蒋立场,蒋介石在他的档案里批上"永远不能起用"几个字,只让他偶尔参与中华航空公司事务。1980 年 7 月 17 日,张惠长心脏病突发,在台北逝世。

(供稿　刘居上)

追忆横门保卫战　抗战胜利叹多艰

　　1937 年 7 月，卢沟桥的枪声震醒了中国人民。时隔年半，日寇的铁蹄便已逼近中山，一场全民抗日救亡的运动如火如荼地展开了。

　　此际，中共中山县委顺应抗战形势，致力于国民党县政府当局团结合作。在共产党的领导下，广东青年抗日先锋队中山县总队（简称"抗先"）、中山县战时妇女协会（简称"妇协"）于 1938 年 12 月至 1939 年 1 月先后成立了。转眼间，三千多名"抗先"队员、"妇协"会员活跃在中山城乡，开展抗日宣传，为抗击日军入侵做准备。抗日先锋队的成立，为以后建立抗日武装打下重要基础。

　　1939 年春天，在这一重要时刻，中共六届六中全会扩大会议关于"巩固和扩大民族统一战线"的指示传到中山。中共中山县委为进一步做好统战工作，由县委书记孙康以"抗先"副总队长、县立第七小学校长、群众代表及同乡的身份，积极与国民党中山县县长张惠长接触，共商联合抗日保家卫国大计。我方在商议中指出，中山七区（三灶）已落入敌手，数千居民被屠杀；广州已沦陷，日军入侵中山势在必行，必须全力做好抗战准备。与此同时，还转达全县广大群众对抗战的迫切要求，以及宣传我党关于"国共合作，一致抗日"和"全面抗战"的主张，要求他下定抗日的决心，依靠全县人民群众的力量一同抗日。

　　张惠长是中山县四区大环乡人，原任国民党中央委员和航空署长，是一名老政客。他是孙科派的人物，同蒋介石那一派扶植的当时的国民党县党部书记长林卓夫有着较深的矛盾。为了维护他在中山的统治势力，在"抗日救国"的问题上，经过会谈和晓以民族大义，又面对日军逼近、中山群众的高昂抗日情绪以及中共中山县委的有力督促，他表示接受我党的建议，愿同全县人民一起抗日，并同意"开放"抗日群众运动，表示"有一尺之土，当据而力战，矢引据一邑，若何艰苦，当不可懈而致失守寸土之责也"。于是，张惠长积极加强战时体制和战备部署，重视构筑防御工事，谋筹战时后勤支前等工作。他决定根据战事进展情况，将全县武装力量包括其政警大队（三个中队）、县守备总队（十个中队）和商会义勇壮丁大队（三个中队）及县武装集结部队（由九个区的抗日自卫大队改编而成），先后全部开赴前线御敌。张惠长统一指挥全县各区的战备和防务，严防日军偷袭。在构筑防御工事方面，张惠长到沿海地区巡视后说："横门接近大海，敌舰更易扰入。"他督促横门守军和四区政府采用"倍筑封锁线，线外布施地雷，线内利用地形潜伏纵守"的措施。另外，对其他区如二区的叠石、五区的红湾涌口沿海一带地区，他布置当地政府要陆续构筑防御工事。后来县"抗先"总队与当地政府共同努力，发动群众用一百多艘船只和数万吨大石，构筑了涌口的封锁线。与此同时，张惠长注意后勤支前等工作，他动员社团，组织了中、西医救护队，岐关车路公司运输、救护队等。一旦战事发生，武装部队立即奔赴前线。中山"抗先"和战时"妇协"则负责组织宣传、运输、救护、担架等队伍，支援前线。因此，在日军还未进犯横门之前，各种准备工作有序进行，各沿海地区都有守军进驻。在中共中山县委领导下的抗日群众组织也逐步开赴前线。

据1994年出版的《张家边区志》第93页记载：1939年3月，日军派出海陆空三军侵占中山七区三灶岛，并在那里修筑机场，作为日军侵占全广东的桥头堡。而进攻中山，日寇还有陆路和水路可走。对于日寇来说，横门水道是一条便捷的通路。横门岛，即今天火炬区、翠亨新区所在地，它位于珠江口西南，也是珠江八大出海口之一横门出海口所在地，是中山港的交通咽喉，也是火炬开发区的天然屏障。火炬开发区当时叫中山第四区，现在去珊洲村寻访古迹，还可以看到旧居民楼的一些旧门牌上写着"中山第四区"字样。再说横门岛，其西南为横门和横门水道，横门岛、横门口、横门水道一带统称为横门。横门距石岐19.5公里，在伶仃洋西北部，海岸防御线长，海滩、河滩均便于舰艇登陆，战略地位十分重要，敌人一旦占领了小隐河口或大王头山，即可直接沿公路进犯石岐；从水路进入，敌舰可抵大雁沙，再沿水路可经港口或张溪，沿陆路可经濠头口、起湾直至石岐。这就是当时日本侵略军对中山县的进攻态势。

当时的战斗情形如何？据中共中山市委党史研究室主编的《中山革命史通鉴》第135、136页记载：横门抗击日寇登陆战斗发生在1939年秋天，日寇先后两次以海、陆、空的优势兵力进犯中山四区横门。在中共中山县委的领导下，抗日群众配合守军，击退了日寇的多次进攻。第一次横门保卫战发生在1939年7月24日至30日，打了七天；第二次发生在当年的9月7日至20日，打了近半个月。让我们共同回忆当时两次激战的经过，第一次横门保卫战——当天，日寇出动铁拖、汽艇，加上飞机、大炮掩护，侵犯横门沿岸，抗日军民与日军战斗了七昼夜，收复了七顷、马鞍山、蚁山及横门部分地域，将日寇阻于第一道防线的横门沿岸，直至30日下午4点，日军在飞机掩护下仓皇登艇，狼狈撤退。在这场战斗中，日寇伤亡近百人，一只运输艇在撤退时触雷沉没，中山县军民取得了第一次横门保卫战的胜利。日寇在首次进攻遭到挫折后贼心不死，于1939年9月7日至20日，再次出动一千五百多人，飞机十架，连续发炮四百余发，再侵犯横门等地，并在横门海面部署浅水舰五艘、汽艇三十余艘。经过一番侦察后，又以十倍于我方的兵力，再次向横门口的芙蓉山、玻璃围、白米山、大尖峰、东利涌、珊洲等地发起猖狂的进攻，均被英勇的抗日军民所击退。至9月20日，日寇除了派出一小股兵力在张家边大王头山碉楼固守外，其余尽退回舰艇去了。两次的横门保卫战，都以我方军民的胜利而告终。2006年6月14日，中共中山市委核定横门保卫战遗址为革命遗址，并把它定为党史教育基地。

两次横门保卫战胜利，应归功于抗日民族统一战线。为什么这么说呢？让我们翻开由中共中山市委组织部、中共中山市委党校、中共中山市委党史研究室主编的《中国共产党中山党史人物100名（1921～2011）》这本书，第37页记载了当时中共中山县委负责人孙康的工作成效：孙康正确贯彻中央抗日民族统一战线的方针，严格按照发展进步势力，孤立顽固派的策略实施工作，使当时国民党中山县当局的部分上层人士逐步向我党靠拢，如县长张惠长、国民党第七战区挺进第三纵队司令袁带，各区的队长周守愚、刘逸平、孙海筹等，有效地打开了抗日统战局面，壮大了抗日力量，促进了中山的群众运动蓬勃发展。在广泛发动群众的基础上，中山成立了以当地的农民子弟、华侨家属子弟、城市学生等为主体的广东抗日青年先锋队中山县队部（简称"抗先"）、中山县战时妇女协会（简称"妇协"），奠定了中山敌后抗日游击战良好的群众基础。

当时的国民政府中山县长张惠长任"抗先"总队长，孙康任副总队长，各区的区长任分队长，由共产党员担任区副分队长。张惠长的夫人任县"妇协"会长，共产党员刘紫云任副会长。当时，驻横门前线的中山守备部队有国民党的中山守备部队第三大队所属七、八、九中队。同时，在中共中山县委的领导下，"抗先"队员、战时"妇协"会员和集结队、乡警队、更夫队等一千多人，奔赴前线与守军并肩作战。

日寇的侵犯，造成了我方军民的重大牺牲，更加激起了我方军民的激昂斗志。当时禾田夏收刚结束，日寇铁蹄所至，烧杀抢掠，激起了群众莫大的愤慨，纷纷主动要求参战。不久，日寇靠近张家边，声称要进攻石岐。下文记述的是三位战斗英雄的事迹。

第一位，当时的国民政府中山县长张惠长（1899～1980年），他是大环村人。大环村，现称火炬开发区城东社区大环小区。张惠长曾任国民政府空军总司令，当时为县长，可谓能上能下。就是这位老空军司令，战斗在抗日的最前线。他亲自到地处珊洲村至南塘村的白米山制高点视察小隐涌口（现小隐水闸，又叫洋关水闸）敌情时，被日寇军舰发现，军舰向山顶发炮，张惠长差点被敌舰炸死。

第二位，国民党爱国人士、中山抗先第四区队长孙海筹，他是沙边村人。沙边村，现称火炬开发区张家边社区沙边小区。孙海筹后来对香港《星岛日报》记者说："这次横门保卫战，我们动员了全县的青年、妇女民众一千多人到前线支援，参加战地服务。敌人向横门发起进攻的当天，后方的民众就在激烈的炮火中踊跃到前方慰劳军队，供茶送饭。在战斗进行的七个日夜里，前方的士兵不用生火做饭，他们在前方奋勇作战杀敌，没有一丝后顾之忧。士兵负了伤，就有救护队前来包扎；重伤者由担架队抬往后方。民众的这种爱国热忱，殊为难得。我军能迅速取得横门保卫战的胜利，与民众的支援是分不开的。"

第三位，共产党员黎民惠（1920～1941年），小名黎一平，曾化名马启贤，与张惠长是同乡，也是大环人，1938年加入中国共产党，同年任广东青年抗日先锋队总队委员。黎民惠从小家境殷实，父亲黎祝南是旅美华侨，1926年回国后与侨商合资在香港开办了嘉华百货公司。优越的家庭条件为他受到良好的教育提供了保障。1931年，从家乡大环小学毕业后，黎民惠跟随叔父到香港华仁英文书院读书，1935年到广州中山大中中学读书。1937年，横门保卫战打响时，黎民惠正带领游击区守备队在小隐、珊洲一带协助工作。他鼓励村自卫武装青年，与驻地守备队一起迎击侵略者。1939 年 11 月，国民党顽固派的活动日益频繁，他们把矛头对准了黎民惠所在的政治队，想把一些活跃的队员调往前线各中队去。中共党支部认为，这是我党掌握武装的最好时机，应该将计就计。在政训中尉干事董世扬（中共党员）的暗中协助下，将一些党员调到装备较好的中队。黎民惠就这样到了守备队第一中队任中尉政训员，进驻横门前线的珊洲村。在此期间，他注意协调官兵关系，依靠当地群众，共同守土抗敌。为了更好地教育守备官兵，黎民惠以政训队名义组织演出抗日救亡话剧《流寇队长》。为了演好该剧，黎民惠亲自扮演男主角，并特邀石岐第一混合授课处教师李蕙扮演女主角。黎民惠和李蕙由此相识、相爱，最终结为抗战伴侣，生有二女，后因环境所迫，均不得不送给别人抚养。黎民惠于 1941 年 10 月 22 日，在西海根据地与日寇的一次战斗中壮烈牺牲。

　　时至今日，重读横门保卫战的历史，回顾国共合作这段艰难曲折的历程，对当代乃至今后的中山建设和发展仍具有非凡的意义。据中共中山市委组织部、中共中山市委党校、中共中山市委党史研究室主编的《中国共产党中山党史人物 100 名（1921 ～ 2011）》第 296 页记载，黄旭（1921 ～ 1996 年）又名黄华旭，1921 年 10 月出生于香港，祖籍中山三乡雍陌村。1938 年加入中国共产党，先后担任中山青年抗日先锋队第一战士队队长、珠江纵队第一支队情报站站长、中山特派室政治特派员、中共中山县委书记等职务。横门保卫战刚结束，国民党中山县当局就掀起了反共逆流，对"抗先"队员进行迫害。在一次县、区"抗先"干部大会上，国民党当局指责"抗先"队员误入歧途。黄旭当即上台据理驳斥，抗议国民党当局对"抗先"队的无理压制与迫害。黄旭的慷慨陈词有力刺痛了在场反动派的神经，他们站起来狡辩，并持枪威胁黄旭，要求其停止发言，但是黄旭面不改色，针锋相对，理直气壮地说下去，毫无一丝畏惧。在他的抗战生涯里，一直坚持着正义的斗争。另外，中共党员孙康受到国民党当局的通缉，也是因为有在统战中结为朋友的大环村张惠长、沙边村孙海筹帮助才得以安然脱险。

　　在抗击日军的战斗中，沿线乡民积极支援守军，青壮年纷纷要求参加抗战，誓死保卫乡土，妇女则竞助炊事，送茶送水。在澳门的中山同胞则踊跃捐赠物资、食品、药品等慰问前线官兵。军民合力齐抗战，使前线守军备受鼓舞，连续打退日军的多次进攻，最后取得了战斗的胜利。

此次战役中，日军伤亡200人以上，中山守军在英勇抗战中，伤亡四百多人。"一游"政训队的党支部副书记关晃明同志在敌机轰炸扫射大岭时，为掩护群众光荣牺牲。女救护员李风珍和李二梅为抢救伤员而殉难。

回顾横门保卫战的历程，已达到"团结抗日，保卫中山"的目的，获得旗开得胜的辉煌成果。中山党组织在省委的正确领导下，坚持抗日民族统一战线、团结国民党进步力量，与全县人民一道，在横门一带成功地阻击了日军的疯狂进攻，粉碎了日军进犯中山的阴谋，也是中山党组织重建后（1936年）广泛发动群众，依靠群众，组织集结队、"抗先"队和妇女协会，向日军打响的第一枪。横门战役的胜利，不仅消灭了日军的嚣张气焰，而且在人民群众中树立起我党的崇高威望。同时，也是第二次国共合作时期中山抗战军民团结抗日的一曲凯歌。中共中山县委因势利导，即以横门战役的胜利，向全县人民群众广为宣传，组织各种庆祝活动，进一步鼓舞全县军民再次掀起抗日高潮。这次战斗的胜利，为中山沦陷后坚持抗战，并为后来五桂山抗战部队的创立和最终取得胜利，奠定了坚实的基础。

（供稿　黄敬潮　谢长贵）

这边孙康遭通缉　那边惠长被撤职

（一）

　　孙康早就习惯了被通缉的日子。在他的思维里，早就有这么一句：有一种胜利叫撤退，有一种失败叫通缉。不过，1939 年夏天的这一次，通缉令来得这么快，令他感到突然——入侵中山的日寇还未被打退，国民党反动派的反共暗流就来到了身边。黎一乐在《中山抗战初期史料考述》第 147 页是这样记录孙康如何收到风声的："（1939 年）9 月下旬，国民党当局下令驻扎在西椆的陈泽寰前去逮捕县立第七小学校长孙康。在陈动手的前一天，总务员孙钦汉（中共党员）在学校接到第四区警察分局长、第四区抗先队长孙海筹打来的电话后，即通知孙康转移。给孙海筹报信者是县长兼守备总队长张惠长。"该书第 153 页还有一个注释，说这一条是据孙继普老人回忆的，孙继普当时是县立第七小学教师、中共四区区委副书记。

　　早在 1927 年初，四区沙边人孙康就加入了中国共产党。同年 4 月，中山卖蔗埔起义爆发，21 岁的孙康就带领几十名张家边农民自卫军参加战斗。起义失败，国民党中山县当局派兵四处搜捕农民起义军，解散农会。孙康等人受通缉，于 1928 年底转往南洋一带继续从事革命工作。这是第一次被通缉的情况，参见《中国共产党中山党史人物 100 名（1921 ~ 2011）》第 35、36 页。

　　《中国共产党中山党史人物 100 名（1921 ~ 2011）》在第 36 页记述了孙康第二次被通缉的情况，不过这次被通缉该书用的词语是"驱逐出境"。这一次不是由国民党当局通缉，而是"被新加坡当局驱逐出境"。这一次到底又是怎么一回事呢？孙康离开中山后，辗转南洋，于槟榔屿积极向《槟城新报》投稿，抨击蒋介石叛变革命，获得当地华侨关注。1929年，他任《槟城新报》主笔，一改该报"保皇"做法，为"三民主义"摇旗呐喊。该报在当地影响很大，尤其是对青年人。他的文章被泗水、婆罗洲等地的报纸转载，不但起到了宣传作用，还联系了组织。不少在大革命失败后转到南洋而失去组织关系的中共党员，都是通过报纸刊登的这些文章找到了党组织。孙康的做法，引起了国民政府驻新加坡总领事的注意，他向当局进行了交涉，欲擒拿孙康。孙康被迫潜伏于吉隆坡一所平民学校，发生在1933年的"被新加坡当局驱逐出境"事件，事发突然，使他与党组织再次失去了联系。

《中国共产党中山党史人物100名（1921～2011）》第36、37页讲述了孙康第三次被通缉的情况：1937年至1939年，在孙康领导下，中共中山县委的工作是卓有成效的：1937年8月，中共中山县委成立，孙康任中共中山县委首任书记。到1939年，中山的共产党员已经发展至五百多名，居全省各县党员数量之首。中山县委在孙康的领导下，带领全体党员积极组织群众开展抗日救亡运动。就在孙康卓有成效地开展工作的时候，危机悄然向他迫近。第三次通缉令向他发出，就在庆祝打退日寇第一次进犯横门的时候，国民党的反共逆流袭向中山，孙康只得又一次选择逃亡。

（二）

除了被通缉的次数多，孙康的另外一项多就是担任校长职务了。当时，他在未暴露之前，通常是以校长身份来做潜伏工作的。例如1933年，他利用沙边小学校长身份，开展校际活动，组织读书会，教育团结了一大批进步青年，活动范围扩大到三乡、南朗、石岐等地。现在，在火炬开发区沙边村的孙康故居，是全市的党史教育基地；还有土地革命时期中共中山县支部成立遗址，地点就在现在的沙边小学内，它被核定为中山市的革命遗址。

1937年至1939年间，孙康在县立第七小学当校长，当时的县立第七小学，就设在现在的火炬开发区西桠村幼儿园内。让我们来看看当时县立第七小学的热闹情况："中共中山县委即以'抗先'名义成立'横门前线支前指挥部'，指挥部设在县立第七小学内。指挥部主任孙康，副主任谭桂明、曾谷、欧晴宇，组织部长叶向荣，宣传部长阮洪川，总务部长欧初。当时，除以指挥部名义紧急动员全县抗先队员积极参加支前工作外，县委还指示四区区委，抽调党员作为骨干，组成武装集结队，与来自全县各区一千多名"抗先"队员、妇协会员分别组成宣传队、救护队、担架队、运输队等，急赴前线开展紧急战地勤务支援工作。"这是黎一乐在《中山抗战初期史料考述》第142页中的记述。从里面的记述可以得知，孙康在哪儿当校长，中山县委的指挥部就设在哪儿！无论是沙边小学还是县立第七小学。

（三）

这边厢，孙康同志在努力为抗日民族统一战线奔走呼唤，那边厢，迫害与通缉的魔爪就伸了过来。当时驻防中山的国民政府正规军，在日本侵略军进犯中山时已经奉命撤退至大后方，那个时候广东的大后方是韶关一带，有一段时间驻在乳源。参加横门保卫战的只是一些国民党的地方组织，张惠长手下主要是一些民团组织。中共组织抗日民族统一战线，孙康的工作做得非常出色，但当时仍然有人指责他放弃武装斗争，这是无理的指责。至于说与张惠长等人走得太近，更是毫无道理。当时形势迫人，大敌当前，当然是先团结起来，把强敌驱逐出境，至于兄弟纷争，要等强敌走后再算。

不过，孙康当时确实受到两方面的压力。当时政治斗争十分复杂，黎一乐在他的书的第145页是这么记述的："冯镐是在1939年8月初从南海县来到石岐上任的。冯下车伊始，立即配合中央党部的伍智梅设法解散中山战时妇女协会，迫害青年抗日先锋队的主要领导人，通缉中共中山县委书记兼'抗先'队负责人孙康。冯镐又名金高，1906年出生于广东南海，1925年参加共产主义青年团，1927年党团合并时转为中共党员，同年背叛革命，出卖组织，投靠国民党反动派，充当了中统特务。"1939年8月间，正是大敌当前，本应一致对外的关键时刻，冯镐一来到中山，就开始通缉孙康！

（四）

事隔多年，欧初一讲起孙康，就竖起大拇指表示称赞。在《少年心事要天知》这本书第22页，欧初这样写道："孙康的统战工作艺术非常之高。他是当地人，又是归侨，同当地各阶层都有着良好的关系。他善用这些关系，获得了多方的合作和支持。当时中山的县长张惠长来头不小，他是张家边人，抗日态度比较积极。孙康亲自争取到张惠长对抗日救亡运动的支持。广东青年抗日先锋队中山县队于 1938 年 12 月在四区西桠的县立第七小学成立，张惠长出任总队长，孙康担任副总队长。在孙康的推动下，中山战时妇女协会于 1939 年 1 月在石岐成立，由张惠长的夫人薛锦回任会长，共产党员刘紫云任副会长。"孙康的确善于做统战工作，张惠长夫妇都被他拉到统战队伍中来了。张惠长在 1937 年至 1939 年对日作战期间以民族大义为重，的确是一个中华儿女应该有的行为。

孙康与张惠长在 1939 年 9 月至 12 月间，都既受内部误解，又受组织处分或被通缉。孙康受到党内同志的误解，说他"右倾投降，在党内搞小资产阶级路线，不抓武装"。但了解情况的同志对此都很不同意。1939 年孙康受国民党反动派的通缉，被迫撤退。张惠长受国民党新贵的排挤，说他通共，1939 年 12 月，受到广东国民政府"撤职并戴罪自赎"的决议。这一对在抗战中屡获战功、屡破顽敌的拍档，最终不是"被通缉"，就是"撤职并戴罪自赎"，而且都是"出师未捷身先死"。

（供稿　欧锦强）

初三十八潮劲涨　横门勇斗日本狼

（一）

　　"看来，鬼子已经把我们这里的水文规律摸得很清楚了。今天是初三吧。现在涨潮至最高点，他们就来登陆，铁拖长驱直入，在大王头浅滩登陆。"这是 1939 年 9 月初的一天，说话的是一个中年人，50 岁光景，身材肥胖，却保持着绅士的风度。他叫张惠长，时任中山县县长，还兼任一大堆职务，有中山守备队队长、民众抗日自卫团正统率委员和抗日先锋队县大队队长等。张惠长刚刚被撤去了游击区司令之职，不过他觉得无所谓，目前就是要先将日寇赶出家门再说。他站在珊洲白米山顶，左手叉着腰，右手拿着望远镜眺望，对身边的随从人员李万龄说。

　　"县座，这山顶光秃秃的，就怕日本鬼发现！"李万龄在一边提醒。

　　"初三十八，高低尽刮。"张县长答非所问。

　　"什么初三？什么十八？请县座赐教。" 李万龄不知道中山海边一带的潮汐规律，所以虚心请教。

　　"刮指过刮，就是海水漫至基岸顶线的意思，你是省城来的人，不知道乡下农事。我虽然在美国饮过洋墨水，但至今仍不敢忘记乡下大湾的鱼虾，还有一个是'初八廿三'，潮水退尽，随便到我们大湾，哪里找不到小鱼细虾？不愁无得食！所以我最恨日本人！"

　　"大湾？大湾在哪里？" 李万龄问。

　　"大湾，就是大环的别称，刚才来的路上我们就经过了。大河在这里转了个大弯，就叫大湾，后来改名为大环！那边是江尾头，这边就是大湾。"

张惠长话未讲完，日本鬼子的炮弹就在身边炸响了。只听到"轰——轰——轰"三声巨响，泥土飞扬。张县长连忙趴在阵地上，先是感觉好像帽子不见了，一摸，绅士帽还在，只是上面穿了一个大窟窿。李万龄负伤，好在只伤及手臂。卫生员立即前来包扎伤口。原来在洋关水闸那边的日本鬼子炮舰上，指挥官通过望远镜，见到这边山顶上有人在指手画脚，故而开炮。

"日本鬼子，等着老子来收拾你们！"张县长说。

（二）

张惠长没有立即收拾这些进犯的日本兵，而是回到了横门保卫战前线指挥部，此时指挥部就设在四区的西桠村县立第七小学内。如果横门失守，县城石岐将会无险可守。前线指挥部里人员忙乱，刚好来了支前的妇女代表，带头的是一位身材窈窕的女士，名叫薛锦回，是张惠长的太太。薛锦回是华侨，嫁给张惠长后，觉得自己只是一名家庭主妇，并不喜欢抛头露面。后来日本人进犯中山，她在家里再也待不住了，就做起了妇救会主任。"唉，这是个怎样的时节啊！刚才听人说，老爷受了伤，也不知伤成怎样？"老爷，就是张惠长，在家，她称张惠长为老爷。正想着老爷，老爷就进来了。

"老爷，你没有受伤吧？"太太关心"老爷"。

"受伤的是李万龄，手臂挂彩了，没有大碍！"一边说，张县长一边把绅士帽丢到桌面上，拿起太太递来的凉开水，一饮而尽。

"听说来了一班青年人，其中也有来自省城的，包括欧初仔也来了。"

"还是共产党的组织能力强，他们那些人虽然没有什么像样的武器，但是精神却是个个饱满，是硬汉，不像我们的队伍，净出逃兵。"张县长伤心地对太太说。

"老爷，不要生气了，免得伤了身体。回头我叫小英从家里拿过来一顶新帽子。"太太说的小英是她们家的丫环。

日本人的入侵，破坏了大家的生活，绅士不再是绅士，太太也不再是太太，学生不再是学生，连丫环小英也不知跑到哪里去了。小英本是一个勤快的人，是夫人从外家那边带过来的。张县长望着那顶穿洞的帽子，他还在痴痴地想那潮水，为何初三十八来了就最高潮，初八廿三到了就最低潮？

昨日的古战场，今天的鱼米乡

摄影　欧锦强

（三）

　　青年学生欧初在混乱的人群中，正往前线方向走，经过大环，前往珊洲。听说有人负伤了，日本炮舰开了炮。当时武器不够，不管怎样，像其他支前人员一样，先到前线去再说。正在这个时候，一大队人马走过，其中有一个高大的军官头戴钢盔，非常英武。

　　"报告参谋长，前方日本鬼子的橡皮艇冲锋舟正在往岸上冲，已经被我们打退了，回到海上。"士兵向萧长官报告。

　　"好！打得好！"这个萧长官，就是国军第一游击区司令部参谋长萧祖强，大涌南文人，曾入读保定陆军学校第一期工兵科，是黄埔陆军学校第一期毕业生。

　　萧长官见到欧初，拍拍他的肩膀说："小鬼，几岁了？你从哪里来？"

　　"报告长官，我叫欧初，18岁，来自省立广雅中学，广东青年抗日先锋队广雅支队的队员兼横门前线支援指挥部总务部长。我们来这里支援前线的战斗，负责运送弹药和抢救伤员。"

"好端端的上不成课，都是叫日本鬼子搞的！"萧长官说，"好，来得好，等打完日本鬼子，再回去上课！读最好的大学！"

"好的，萧长官！"眼前的这位国民党指挥官，勇敢而镇定。在少年欧初的印象中，从延安来的人，打仗都非常勇敢；而国民党的许多官兵，开小差的不少。眼前的这位萧长官会不会是从延安来的呢？这是在战争时期，连在家里当太太的都来到了前线，那些想从前线溜回去的人不害羞吗？欧初的家乡离此地不远，翻过白米山，过了莲花地，再往前走一阵子就到了。不过，绕过弯弯的山路，也要些时间的。欧初的家乡也在海边，是左步头村，出去就是冲口门，对出就是淇澳岛，岛对面就是伶仃洋。"伶仃洋的潮水啊，也是初三大，十八大，初八小，廿三小。"少年欧初心想。

（四）

侵华日军第 21 军第 5 师团师团长濑户正雄带着残兵败退，想不到这么小的地方居然那么难攻入。作为一个研究大香山地区的专家，他已经侦察过横门一带多次。周边都被日军攻陷了，但中山横门这个小地方却像钉子一样。

濑户想，翠亨村就在不远处，离这里不用半天的路。孙中山说过："世界潮流，浩浩荡荡，顺之则昌，逆之则亡。"现在，日本武运正隆，怎么一个小小的横门钉子，却拔不掉。经过了多天的鏖战，兵士们疲惫不堪不说，回去如何面对第 21 军安藤利吉司令官的询问呢，那简直太没有面子了！不过，我们的情报工作一流，没有可怀疑的。当初自己扮作商人，侦察地形的时候，那些潮水的规律早就已经摸得一清二楚了，怎么会攻不下呢？

桌上放着一份情报，情报上明明写着"初三潮水高涨，十八潮水高涨"。情报中不是说国民党与共产党互相打架很厉害的吗？怎么他们在这里这么团结？这次我们已动用了 2500 人，配备军舰和飞机，眼看又已经进攻了 14 天，还是攻不下，怎么办呢？濑户师团长想，回去算了，兵士们已经太累了。他叫来传令兵，下了收队令，然后，望着正在往下退的潮水，喃喃自语："初三的潮，十八的潮！"

（供稿　欧锦强）

广雅高才欧初仔　少年心事要天知

（一）

老战士欧初的故事很多，本篇从"少年心事"讲起。在欧初抗战时期回忆录《少年心事要天知》这本书中，我们知道了他许多的"少年心事"。话说欧初的故乡在中山县第四区的左步头村。16岁时，他的家在广州的居安北街，街坊当中有许多人是粤汉铁路的职工，他的大舅父就是粤汉铁路的火车头工人。他初中先后在广州一中、二中就读，高中考入广雅中学。1937年，欧初考入了梦寐以求的广雅。广雅是十分难考的，当时入学考试时，高中只招两个班，仅有120个名额，报名应考者却有2000人之众。发榜当天，欧初的母亲生怕儿子考不上，还专程到黄沙的吕祖庙求了一签。后来接到录取通知书，欧初高兴得难以形容，一时间有许多浪漫想法：从广雅中学毕业就读大学，然后实现做记者的夙愿，云游四方，针砭时弊，名扬天下。可是，后来欧初读不下去了，这是为什么呢？我们说少年情怀总是诗，难道欧初有什么少年心事，像歌德笔下的少年维特一样为情所困？

非也，全为时局所驱使。16岁的欧初，风华正茂，书生意气，当然容得下许多浪漫的少年心事了。但是，1937年残酷的现实，却打碎了欧初的梦。那么，又是谁把正在做梦的少年欧初拉到硝烟四起的横门保卫战前线的呢？欧初在回忆录中写道："1938年5月，校园里忽然张贴了一张通知：十八集团军参谋长叶剑英要专程到广雅演讲！我们早就听说过叶剑英的传奇事迹，又一直想听听共产党高级领导人谈谈抗日方略，有这个演讲，简直喜出望外。到演讲那天，大批老师同学一早就到码头去列队迎候。"

关于他与叶剑英的对话，欧初也有记述："叶将军先向广雅中学的黄慎之校长致谢，然后同前排的师生逐个握手。来到我面前，他停下脚步，握住我的手问道：'你叫什么名字？'我按捺着紧张情绪，报出我的学名'欧初'。叶将军又微笑地问了我的年龄和籍贯，我一一作了回答。接着，叶将军不顾旅途劳顿，步入一所名为'振响楼'的旧祠堂，向广雅的高中学生和教职员工作了题为'抗日胜利的基本条件'的演讲。他首先代表八路军全体将士向广雅的师生致意，特别称赞广雅中学是'抗战的大熔炉'，使广雅的师生受到莫大的鼓舞。"

让我们来探究一下欧初的少年心事：第一，日寇的入侵使青年学生欧初投笔从戎，将"浪漫的少年心事"放于一边了，即把读大学做记者的梦放下了，转到拿起枪上战场的路上；第二，是"乡贤""景仰者"叶将军的一番激动人心的言辞彻底改变了少年欧初的人生轨迹，将奋斗方向从个人奋斗转到为国家为民族的存亡而奋斗；第三，梦的力量是伟大的，少年的梦，民族振兴之梦，祖国强大之梦，在欧初身上得到了实现。既有叶将军的报国梦，也有欧初自己的自强不息、艰苦奋斗的实践。2014年，欧初已94岁高龄，他应该不会为当初做不成记者而感到遗憾，形势比人强，做时代的弄潮儿，也构成了梦的一部分。

（二）

由于工作需要，中山市委党史研究室、火炬开发区党史研究室于2014年8月13日，联合赴广州采访了老战士欧初同志，特别是对横门保卫战这一段历史进行口述记录。同行的有电视台的记者，对采访进行了录音和录像。我们认为，必须掌握大量的第一手资料，而且许多资料要通过互相印证来进行研究。这样，我们的党史研究工作、社科研究工作以及地情研究工作、文学研究工作，才能越走越深远。在这次采访中，欧初给我们讲了一个令人震撼的故事，这个故事详见于《中国共产党中山党史人物100名（1921～2011）》第64页。"欧初是一位清正廉洁、求真务实的领导，在任职期间政绩突出，他最引以为慰的一件'政绩'是为抗日英雄萧祖强平反。萧祖强出身于大涌南文，曾是保定陆军军官学校第一期工科兵、黄埔陆军速成学校第一期毕业生。横门保卫战期间，出任国民党第一游击区司令部参谋长，指挥横门保卫战。年仅18岁的欧初当时是中共横门前线支援指挥部总务部长，负责组织输送弹药和抢救伤员，他目睹了萧祖强英勇作战的精神。抗战胜利后，萧祖强回到了大涌南文。南文乡向中山县申请政府表彰抗日功臣萧祖强。1947年6月，从南京寄来一张蒋介石亲笔题写的'捍卫乡邦'四个大字。1951年，'土改'开始，萧祖强因此被错判反革命罪而入狱，不久死于狱中。1992年时任广东省顾委会常委的欧初，写信提请中山市委为萧祖强平反，当年得到落实。平反后，萧祖强的二十多位后人从世界各地回到家乡庆祝。"

这件事在现在看来十分平常，但当时要做得功德圆满，却是十分不易。第一，当时如果做得不好，自己就会受到牵连，许多人是避之则吉的；第二，想要做得让各方面都满意，就要有十分高超的技巧，事实证明此事做得不错；第三，坚持真理、乐于助人的这种率真，一直贯穿于老战士欧初的一生，所以，把这件事归于"少年心事"这一篇中去，我认为是恰当的。

（三）

按照惯例，当天采访结束，由我们代表火炬开发区宴请老前辈，或是黄春华主任代表市委党史研究室宴请，都是可以的。但当天中午却是伟明哥热情地招待了我们。我在采访之前，已在《中山日报》上见过欧初写的文章，讲小儿伟明钓鱼，伟明钓了一桶，贺龙元帅连一条鱼毛也钓不着。我对此事非常感兴趣，趁着吃午饭的时候向欧老与伟明哥请教，他们也很开心地讲述了这件趣事。

伟明哥说："当年的广州市委大院，就是现在的省委大院，就在珠江边。记得当时警卫不让我们在市委大院内的湖边钓鱼，平时警卫们跟我们这几个院内的调皮蛋子都很熟，是让我们钓鱼的啊，怎么今天不准了呢？我们就生了一肚子气。后来却见到贺龙元帅在大院内的湖边钓鱼，当时年纪小不懂事，也不管什么元帅将军，只觉得为什么他可以钓，却不准我们钓，受不了，就在湖面一角的单车棚那里捣乱，将单车的铃声摇得响亮。这个时候，贺龙走过来问，你们一班小鬼在干什么？我答，是他们（指警卫）不准我们钓鱼，为什么只准你来钓，不准我们钓？后来贺龙跟警卫说，也让他们钓吧。就在前一天，伟明在珠江边钓，钓了一大桶长尾鱼仔，贺龙钓不着，就问我'你这个小鬼为什么钓这么多'。其实，我也看到了贺龙钓鱼，鱼竿是很漂亮，往湖中轻轻一甩，就是三十多米，但鱼饵不对，要用苍蝇，或用熟透了的树籽儿。"

一讲到伟明，欧初就眉飞色舞起来。他说伟明最淘气，挨打最多。记得有一次，他气上心头，追着伟明打，一边追，一边脱下人字拖鞋要作飞靶打过去。

伟明机灵,一边走,一边回望父亲干什么。伟明的祖母在一旁,一心护着小孙子。这边欧初的鞋打过来,打不着伟明,却打着了这位护孙心切的祖母。欧初的母亲说:"阿尧,爱死么?"阿尧是欧初的小名(欧初乳名叫帝尧)。"爱死么"是客家方言,意思是"想死啊"。"你用拖鞋打阿妈,想死啊!"时任广州市委书记的欧初被母亲教训了一顿。

（供稿　欧锦强）

同仇敌忾齐抗日　国共合作铸史诗

与国内其他各支中国共产党领导的抗日武装力量相比，在抗日民族统一战线的建立上，珠江纵队很有自己的特色，除了和国民党、地方实力派、开明绅士以及宗教界人士建立起抗日民族统一战线外，还同港澳同胞、海外侨胞有着密切的联系。珠江纵队许多指战员都是港澳同胞和海外侨胞。这里专门探讨国共两党在中山县建立抗日民族统一战线的情况并进行分析。

国共两党在中山县建立抗日民族统一战线始于 1937 年年底，至 1939 年 7 月和 9 月两次横门保卫战，精诚合作达到顶峰，随后形势急转直下。到 1940 年年初，国共两党合作建立的统一战线遭到严重破坏，最后直至抗战结束，统一战线名存实亡。

中山县国共两党抗日民族统一战线的盛衰同以下几个因素有着很大的联系。

一是同国共两党之间的大气候有关。

1937 年 7 月，国民党中央以发表《中共中央为公布国共合作宣言》和蒋介石庐山谈话的形式，宣告国共两党正式开始第二次合作。在这个大气候下，中国共产党在中山的活动处于公开或半公开的状态。1937 年 8 月，在石岐重建中共中山县委，紧接着中国共产党与国民党中山地方政府之间开始了沟通与合作，并取得了横门保卫战胜利的辉煌成果。

1939 年 1 月，国民党中央召开五届五中全会，虽然仍提出"坚持抗日"，但同时也制定了"溶共""防共""限共"和"反共"的方针。这在历史上被称为国民党顽固派的"反共逆流"。在此背景下，以林卓夫为代表的国民党中山地方政府开始积极反共，并在 1940 年年初达到顶峰。

1941年皖南事变后，中国共产党对国民党顽固派进行了坚决的反击，此后，国民党中央不再明目张胆地反对共产党。因此，中山的抗日民族统一战线也就处于名存实亡的状态。

二是同特殊的历史人物在特殊的历史环境有关。

抗战时期中山县的国共合作能顺利开展，同国共两党的两个地方领导人有着很大的关系。一个是中共中山县委书记孙康，另一个是国民党中山县长张惠长。孙康是中共中山县委重建后的首任县委书记，他以超强的活动能力，大力发展了共产党领导下的抗日武装队伍。作为当时的国民党中山县长，张惠长也是一个非常关键的历史人物。

为什么这样说呢？因为当时的中国共产党力量虽然相对弱小，但建立抗日民族统一战线正在党内达成共识。而国民党却不一样，自始至终，国民党内部就有不同的声音。尽管蒋介石发表谈话要求国共合作，在全国范围内却一直没有具体的共同纲领，也没有具体的组织形式。是否结成统一战线仅仅依赖个人主观状态和个人境界。如果不是张惠长，换另外一个人当国民党县长，很可能国共合作的统一战线根本建立不起来。

当然，这样讲，并不是说张惠长很同情中共，热爱中共。事实上，在抗日战争结束后，张惠长再度出任国民党中山县长，开始积极反共。

张惠长之所以在抗战初期积极与中共合作，主要因为他本身就是一个有满腔热血的爱国人士。他属于抗战派，一向主张抗日，曾对蒋介石不抵抗政策颇有微词。他在广州任西南空军总司令的时候，明确支持十九路军抗战，并派手下去充实十九路军的空军力量。

再从当时中山县共产党的力量来看，由于中共中山县委刚刚重建，力量比较弱小。与共产党合作一起抗日，对张惠长来讲，在当时是一个很不错的选择，更何况在当时还有全国性的国共合作大环境。

为了抗战，孙康和张惠长携手合作。1937年8月，中共中山县委重建，孙康任县委书记。10月，张惠长任国民党中山县长。孙康通过熟人联系，同张惠长多次接触，张惠长同意"开放"抗日群众运动，使中山的抗日救亡运动进行得如火如荼。

1938年年底，张惠长同意担任广东青年抗日先锋队中山县队总队长，孙康任副总队长。1939年1月，张惠长的妻子薛锦回任中山县战时妇女协会的会长，共产党员刘紫云任副会长。"抗先"和战时"妇协"都是统一战线组织，国共两党联手大大加强了中山抗战力量，从而取得了两次横门保卫战的胜利。

但战后，由于国民党顽固派反共逆流的影响，孙康被通缉，张惠长也因为"反共不力"被撤职。国共合作的统一战线也由兴盛走向衰落，兴衰起伏的时间跨度同两个特殊历史人物的任职和去职的时间跨度一致。

值得一提的是，抗战时期中山国共合作的统一战线，其辉煌和衰败交织在一起，高度重叠，让人震撼。

当张惠长和孙康任中山"抗先"总队长和副总队长，薛锦回女士任战时"妇协"会长的时候，恰值国民党中央出台"溶共""防共""限共"和"反共"的方针。中山县内以国民党县党部书记长林卓夫为代表的顽固派，蠢蠢欲动。当第一次横门保卫战刚结束，见证国共合作辉煌成果的时候，林卓夫却扣留了战时"妇协"里的共产党员程志坚等人。当第二次横门保卫战还在进行的时候，林卓夫却派人到县立第七小学捉拿孙康等共产党骨干人员。幸亏四区警察分局局长孙海筹从张惠长那里得知消息，致电孙康，孙康尽快布置转移，才避免了一场损失。反共逆流的出现，最终使国共合作的大好局面于1940年1月接近尾声。

抗战时期中山县国共合作，建立的抗日民族统一战线对随之而来的中山抗战影响是巨大的。

第一，在抗战全面爆发之际，在中山宣传了民众，鼓舞了民众和武装了民众。抗日民族统一战线组织中山"抗先"和战时"妇协"成立后，立即在群众中进行了广泛的抗日总动员。全县"抗先"队员鼎盛时有三千余人，参加战时"妇协"的妇女一千多人。队员们通过办报、演出等形式不断对民众进行宣传，激发了广大中山民众的抗日激情。两次横门保卫战发生的时候，"抗先"和"妇协"会员组成的宣传队、救护队、运输队和慰劳队等开展紧张的支前工作。在敌机和炮火的轰炸中，民众开始经受战火的洗礼。尤其是在中山周围地区纷纷沦陷之际，两次横门保卫战取得了胜利，更是极大地鼓舞了当地民众的抗战热情，各区抗战武装随后也纷纷出现。

第二，为珠江纵队打下了干部基础和军事基础。1939年春，中共中山县委以"抗先""妇协"等合法群众组织的名义在县中、女中分别举办青年、妇女干部培训班，每期30人参加，培训了大批青年和妇女骨干。县立第七小学在横门保卫战时是中共中山县委所在地，曾举办多期游击队干部训练班和中共党员学习班。这些都在干部和军事上为即将到来的珠江纵队抗战做了必要的准备，为后来的珠江纵队打下了坚实的干部基础和军事基础。

国共合作促进了抗日民族统一战线的建立，举国上下军民百姓一同投入到了壮烈的抗日洪流之中，在中国革命史上书写了辉煌的史诗般壮美的篇章！

（供稿　黄敬潮　谢长贵）

英勇登陆诺曼底　杰出华人立军功

　　"二战"期间，不仅国内战场上活跃着许多中山同胞的身影，在国际反法西斯战场上也可以看到中山华侨矫健的身姿。祖籍大岭村的欧阳金海（1926～2009年）就是一位参加过第二次世界大战中最著名的战役之一、迄今为止最大的登陆战——诺曼底登陆战的华裔军人。在他因病去世后，中国驻美国旧金山副总领事参加追思告别礼时，高度评价他是一位伟大的国际主义战士、著名的反法西斯战斗英雄，这是祖国母亲对他的充分肯定。

　　下面我们摘录一篇2006年6月6日，记者在美国旧金山采访欧阳金海老人，后来发表在《参考消息》"华人世界"栏目的文章。

"血流成河的海滩"

　　头部还残留着两块弹片的欧阳金海先生，翻出了已经尘封多年，因参加诺曼底战役而得到的美军最高嘉奖——紫心勋章。欧阳先生在诺曼底战役中两次光荣负伤，先后获得两枚紫心勋章。他还拿出在诺曼底穿过的军服。他解开衬衣，亮出胸部左上侧的枪伤疤痕和手臂上的伤痕，向我们述说当年参战的心路历程。

　　欧阳先生说："我18岁那年参加了著名的诺曼底登陆战。我出生在孙中山的故乡中山县，14岁来美国父亲处，父亲欧阳官秋在美国曾参加过第一次世界大战。我来美几年后便应征入伍，随美军加入了反法西斯战争。62年前，在诺曼底战役前的几个月，我与战友们被送往英国接受战地训练。我所在的357部队只有我一个华裔士兵，事前大家都不知道会参加诺曼底战役，只被告知要到欧洲打仗。"

"6月6日凌晨，我们乘坐登陆舰穿过英吉利海峡，来到距诺曼底海滩几百尺的海域后，便跳船泅渡抢滩登陆。那时，映入我们眼帘的是血流成河、尸陈遍野的海滩，满地都是枪支弹药。我捡了几枚手榴弹塞进原先用来装水壶的背袋里，抄起冲锋枪，与战友们一起冒着德军的炮火前进。那是一场残酷的战争，诺曼底战役结束时，我再没有看到一位熟悉的战友！"

"阎罗王不敢收留我"

"诺曼底战役接近尾声时，在法国的圣路易市，一群遭到追击的德军突然转过身来还击。"欧阳先生回忆道，"我的头部和胸部同时中弹，眼前一黑，倒地昏死过去。也不知过了多长时间，终于醒了过来，伸手往剧痛的胸口一摸，血还在流。哦，我还活着。"

他开玩笑说："原来阎罗王不敢收留我，一脚把我踢了出来。"

由于失血过多，欧阳金海再次昏迷过去，醒来时已躺在医院，被包成木乃伊一样，在床上动弹不得。由于不能洗澡，头发上的血块、血迹足足清理了两个月。

在住院的那几个月时间里，他终于看到了除自己之外的另一张华裔面孔，那就是法国医院的中国厨师。

欧阳先生说："这位中国厨师很关照我这个同胞，经常来到病床前问我想吃什么？从死亡线上挣扎回来的我告诉厨师，西餐、面包都吃腻了，很想吃碗牛肉饭。厨师满足了我的要求，给我做了一碗香喷喷的牛肉饭，由一位漂亮的法国护士给我喂了这顿人间美味。"

在诺曼底战场上载誉而归获得两枚紫心勋章的欧阳金海先生，为了让世人永远记住这段历史，在采访结束时，亲手把他在诺曼底战役中穿过的军服和一枚紫心勋章交到记者手上，委托记者带回北京，捐赠给中国华侨历史博物馆。

（供稿　陈永解）

抗战先烈留青史　忠魂永记后人心

　　抗日战争期间，东镇有多位乡亲为国捐躯。大环村建有抗战英雄纪念亭。现将有关资料摘录如下，供后人怀缅。

　　大环抗战英雄纪念亭序

追维七七	日寇披猖	大举侵华	屠戮城乡
全民奋起	抗击虎狼	吾乡豪俊	蹈厉鹰扬
张公惠长	主政乡邦	接受中共	抗战主张
张公鹏光	按党指示	组织抗日	统战救亡
黎民惠君	率众从戎	转战敌后	浴血珠江
战斗英雄	黎源仔君	赴汤蹈火	斩杀豺狼
大环健儿	二十余众	奔赴五桂	参加武装
粉碎扫荡	赤帜飘扬	十三壮士	荣列国殇
中山之英	环溪之光	兹我中华	国运兴昌
发扬传统	勋烈馨香	建亭勒石	千古流芳
大环村民委员会敬立			

　　注：大环抗战英雄纪念亭是旅香港乡亲黎一安先生独资兴建，由省委老领导欧初题字。

大环村十三位烈士简介

黎民惠　中共党员　任中共特支书记　广东省青年抗日先锋队委员中队指导员 1941 年 10 月在顺德县西海乡牺牲

黎源仔　中共党员　手枪队长　战斗英雄　1944 年 1 月在中山县四区南朗牺牲

黎少华　手枪组长　在中山县四区南朗乡牺牲

黎耀昆　游击队员　在中山县四区湖溪里牺牲

吕鉴洪　游击队员　在中山县四区大环桥牺牲

黄润五　游击队员　在中山县四区濠涌牺牲

黄乌圣　游击队员　在五桂山区石莹桥牺牲

吕康就　游击队员　在中山县六区石门牺牲

张信友　游击队员　在中山县四区合水口牺牲

黎耀容　游击队员　在博罗县牺牲

张寿耳　游击队员　在博罗县牺牲

柯章源　游击队员　在中山县一区张溪牺牲

张榕根　游击队员　在中山县六区长沙牺牲

（供稿　黎一安）

后　记

作为基层宣传文化工作者、党史工作者、社科工作者，我们有义务、有责任做好本地乡土素材的资料搜集、整理、推广、使用工作，《东镇史话》为我们提供了一个很好的平台。肩负使命，我们义不容辞，以满腔的热情，共同完成这项"功在当代，利在千秋"的工作。

征稿启事发出之后，我们得到了许多文艺及社科工作者与前辈专家的大力支持，其中吴竞龙、刘居上、邓仲锦等老前辈倾尽多年积累和思考，精心写作，赐稿良多，为本书锦上添花。吴添渭、黄善池、孙锦源等一大批基层文化工作者、通讯员也送来了许多稿件。当这些风格各异的稿件汇集在一起的时候，问题便产生了：如何统一风格？经研究，我们采用了章回体形式，统一了全书的标题风格，使这些"张家边的故事"讲述得更有"古"味。

在编写过程中，我们参考了《佛山史话》《中山史话》等书的叙事体例，更具体结合本地实际情况，采取了一个混合式的篇章结构，并根据稿件情况，尽量统一叙事风格，整合成文，增强文章的可读性。

本书采用的许多图片，是建区二十多年来，众多摄影工作者不辞劳苦、辛勤积累的影像素材。这也是《东镇史话》区别于其他史话的一个显著特征。

一个伟大的时代，需要有更多老百姓从自身视角讲述自己的故事，哪怕这些故事是爷爷讲述的，或讲述爷爷那辈的。这既是收集整理地方文化的需要，也是对当地群众进行文化启蒙传统教育的需要。本书以1949年前东镇历史资料为主要内容，偏重于老百姓自己的故事，即口述历史。这种个性化的表述方式，能以最自由、最接地气的方式进行叙述，我们虽然未冠以"口述故事"字眼，但是我们力求书中能带有这样接地气的味道，即东镇的味道，奉送给读者诸君。

　　为什么沿用"东镇"之名？东镇这个地名带有历史记忆，通过老一辈人，以及从这里走出去的数万海外侨亲的口口相传，将成为过往几代人以及未来更多人的财富。它能代表我们这里，代表国家中山火炬高技术产业开发区的过去、现在，能给我们的未来展望提供许多有益的启示。我们努力用"说史话、讲故事"的形式，反映这方土地胸怀天下、敢为人先、包容和谐、积极进取、灵活变通、咸淡交融等许多优秀的精神传承，便于更多人去阅读和传播。

　　本书在编写过程中，得到了火炬开发区党政企事业单位、社会团体、个人以及中山众禾广告传媒有限公司、白莲广告公司等的大力支持和帮助。在此，一并表示感谢。

　　由于记述的年代久远，历史资料掌握有限，编写人员能力所限，时间仓促，不足之处，敬请读者批评指正。

2017 年 9 月